発達心理療法

新装版

実践と一体化したカウンセリング理論

福原眞知子
仁科弥生　共訳

Allen E. Ivey
Developmental Therapy

川島書店

DEVELOPMENTAL THERAPY

Theory into Practice

by

Allen E. Ivey

Copyright © 1986 by Allen E. Ivey
Originally published in English by Jossey-Bass Inc., Publishers,
433 California St., San Francisco, CA 94104, U.S.A.
All rights reserved.

まえがき

　30年前，フロイト，エリクソン，そしてピアジェの著書の中で，発達理論の基本概念に初めて出合ったときから，私は多くのセラピストと同じように，この理論の価値を固く信じてきた．そして発達理論は，私にとって大きな意味を持つようになった．なぜなら，自分のクライエントに，口唇的依存性，青年期同一性，幼児特有の具体的思考などの症例が見られたからである．しかし，それと同時に，これらの概念的アプローチを日常の治療場面に適用することの難しさにも気づいたので，発達理論と実際がどのように関連し合っているかという疑問を追求することはしないでいた．

　治療の実際と発達理論が今もって遠い関係にあるというのは，気掛かりな問題である．ソーシャルワーカー，心理学者，精神衛生カウンセラー，精神科医，治療医師，看護婦それぞれは，すべて人間の発達という問題に取り組んでいる．結局，治療とカウンセリングの究極の関心は，クライエントの発達にあるのである．では，発達理論はどのようにして治療という実践に統合され得るのであろうか．この困難で複雑な疑問に答えることが本書の目的である．本書において，私は基本的な発達理論，特にピアジェの理論を，治療とカウンセリングにおける日常的な現場の訓練に結びつけようとしている．

　具体的に言えば，面接セッションにおいて，発達理論と実践をどのように関連づけるかということである．この疑問に答えるため，私は発達理論の大家，フロイトとピアジェを集中的に研究することにした．この研究の進行は，一進

一退であった．最初は，古代ギリシャの思想に戻ることで助けられた．プラトーの意識についての概念は，多くの発達理論者の間に共通の基盤があることを教えてくれた（後に，フロイトの研究は，ラカンによるフロイトについての例の論争の的になった再解釈へと私を導いてくれた）．レービンガー，ケーガン，コールバーグ，そしてギリガンの仕事について発達理論の基盤を調べるにつれて，ピアジェの概念が統合的なテーマを構成していることに気づいたのである．

この発見により本書を執筆するに到ったのである．すなわち，私はこの統合的なピアジェのテーマには，人を援助する職業のための一般的有効性と関連性があると信じるに到ったのである．発達に対するピアジェの考え方によると，子供たちは感覚運動的思考および前操作的思考から具体的操作を経て，最終的には形式的思考に移行する．私はピアジェ派の思考と，*The Republic*（『国家篇』）に述べられているプラトーの4段階の意識レベルとの間に類似点が存在することに気づいた（本書の多くの部分はプラトーとピアジェの思索に由来するが，諸概念は必ずしもいずれかのものではない．また，ここでの定義と用法は本書独自のものである）．

私は，隠喩的に，成人も子供と同じように，体系的な認知的発達段階を移行すると仮定してみた．もしそうであるならば，われわれは治療過程におけるクライエントの認知的発達の変化を直接に「観察」できるはずである．自分のマイクロカウンセリングのビデオテープを見直して，この仮定が正しいことを確認した．クライエントは，面接の最初に前操作的問題を提示するのである．「前操作」という語は，われわれに助けを求めてやって来るほとんどすべてのクライエントを，非常によく説明している．環境を「操作する」ことができ，その過程において気分がよく，自分自身をよく思うことができるならば，クライエントは治療を受けたりはしないであろう．セラピストとして，われわれが扱うものが，クライエントの不合理な観念であっても，行動的欠陥であっても，あるいは無意識の思考過程であっても，クライエントに関する描写には，すべて前操作的な行動，思考，あるいは感情が表われている．

まえがき　iii

　前述のビデオテープをさらに詳しく調べてみると，ピアジェ的観察またはプラトー的観察の結果が，より一層明らかになる．いったん前操作的考えを明確に定義したならば，クライエントを1段階「前」に戻し，問題や関心事を感覚運動的現実に「基づかせる」ことが有用に思われる．特定的には，クライエントが問題を経験しているとき，何を「見て，聴いて，感じる」かということである．プラトーが言ったように，われわれは，外観という当てにならない世界で，最初に知覚したイメージに思考の基礎を置くのである．

　いったん，感覚または知覚データが「現実」（あるいは外観という世界の第1段階）のレベルに位置づけられると，クライエントの発達を具体的操作段階に進めることが可能になる．セラピストは，クライエントに，問題の明確な具体例を尋ねるとき，過度に単純化されるのを覚悟の上で，感覚運動的作業と具体的操作的作業の両方を実行してきた．「具体例を挙げてください」という古典的な質問をすると，混乱状態にある前操作期のクライエントが，しっかりした感覚運動的機能を働かせ，そして具体的問題に関する線的な説明へと移行することを助けられることがよくある．こうして，どのように「具体的な操作」を行うことができるか，という問題を解決することが可能になる．セラピストは，様々な治療技法と理論を用いて，この作業を行うことができるが，中でも，主張訓練，現実療法，および論理療法に関連した技法と理論は，その最たるものである．

　具体的操作の次には，形式的操作——パターンの吟味——がある．ロジャーズやフランクルをはじめとする多くの精神力学論者が提供した理論を用いて，生活パターンを調べるのである．この時点で，初の発達心理学者フロイトの業績が特に有効なものとなるが，それはラカンが「フロイトへの復帰」で再構成したために一層役立つものとなっている．

　ピアジェ派の思考では，形式操作は「最も高度な段階」を表わす．発達に「最も高度な段階」は存在するのであろうか．本書では，この概念について真剣に問うことになる．一輪の花について，直接，花を感じること（感覚運動），花を生けること（具体的操作），花に対する感情を詩に書くこと（形式的操

作），あるいは花の特性について鋭く公平に論評すること（弁証法）．これらの
うち，どれがより優れていると言えるであろうか．「真実」の探究と至上善は，
実に捉えにくいものである．

　ラカンは，発達の第4段階の存在を，それとなく示唆している．この段階は
弁証法において現れ，セラピストとクライエントがより一層同等の位置に立っ
て，真実を追求するのである．しかし，プラトーが，思考の高度な段階（単な
る「外観」の世界と比較した場合の「知性によって知り得る」世界）に関する
コメントの中で示唆したように，真実は発見されたときと同じ速さで見失われ
てしまうこともある．治療の弁証法的第4段階では，セラピストも理論家達
も，今まで以上に注意を払わなければならない．

　本書で提起する理論には，治療という実践のための極めて特定的な意味が含
まれている．第1に，クライエントの認知的発達レベルを確認することができ
る．第2に，われわれの言語的介入と非言語的介入作業をクライエントの特定
の認知レベルに合わせることができるため，探索過程や次の認知的発達過程を
促進することができる．実際，カウンセリングの技法と理論を，観察可能なク
ライエントの発達レベルに合わせることに役立つのである．

　このアプローチが適用される範囲内でもう一つ重要なことは，それぞれ異な
る治療の様式が，特定の認知的レベルで特に有効なことである．したがって，
弛緩訓練，ゲシュタルト療法，構成的行動修正法などは，感覚運動的発達レベ
ルに合っているのに対し，主張訓練およびマイヘンバウムの認知－行動療法の
多くは，具体的操作レベルのクライエントに特に適している．思考療法と感情
療法は，認知の形式的操作レベルのクライエントに適切である．

　本書は八つの章から構成されており，線形形式の非常に複雑で全体的な構想
の提示を試みている．各章の最終節では，マイクロトレーニング法で有用であ
ることが明らかにされた標準フォーマットの概略が述べられている．章の中心
となる構成概念が，簡単な形式で表されており，つづいて，構成概念の例証と
して，練習問題が一つ以上あげられている．この教育モデルの原点は，バンデ
ューラの社会的学習理論にあるが，ブレンターノの行為の意図性をも表わして

まえがき　v

いる．すなわち，思考（章の構成概念）と活動（体験的学習）の関係が一体の
「実習」になっている．

　第1章では，発達心理療法のアプローチの概要を説明し，プラトーとピアジ
ェの概念を関連づけている．第2章および第3章は，人と環境の問題，そして
成人のクライエントにアナロジーとして現れるようなピアジェの基本的構成概
念を探究している．なお，第3章には，いくつかの段階をへて進む，クライエ
ントの認知的発達を促すための，きわめて特定的な示唆が含まれている．

　第4章は，本書の核心部分と言えるであろう．図8は，発達心理療法のアプ
ローチに関する基礎部分を，その過程の説明を付して視覚的に要約したもので
ある．第5章では，変化，発達，あるいは変換の過程の特性を探究すること
で，これらの概念を補足する（これらのキーワードは，互換的に用いられる）．
第6章では，クライエントの認知的レベルの評価方法を検討し，さらに発達心
理療法セッションの面接記録を用いて，詳細に考察する．また，ここにはクラ
イエントの進歩の度合いを測定する尺度も加えた．

　最後の2章は，発達心理療法の概念の拡大を試みている．第7章では，女性
の発達に関するギリガンの関係論，ラカンの概念，およびグレゴルクの統合的
な研究の意味を探る．治療とは統一体である．すなわち，伝統的な発達論者達
がわれわれに信じさせようとするほど，治療は線形でもなければ，管理されて
もいない．したがって，非常に異なった3人の理論家の概念を探究する目的
は，その違いを統合することに他ならない．第8章では，全生涯にわたる発達
を吟味し，ボウルビィの分離と愛着の概念の応用に特に注目し，また無意識の
発達の概念にも目を向ける．

　発達心理療法の概念は，プラトーの「ほら穴の寓話」を反映したものであ
る．その寓話に触発されて，私は，何年も前にこのトピックに関する探究を始
めた．エピローグにおいては，このプラトーの，おそらく最も有名な著作を紹
介し，この哲学的業績を治療および実際という実践的な問題に関連づけて，発
達心理療法の分析を行う．

　したがって，本書は，セラピスト，理論家，研究者，そして実用主義者のた

めのものである．発達心理療法は，まさに発達理論を治療現場とカウンセリングの実際に直接適用し，その過程を測定することが可能であることを示唆している．特に，第4章に記述され，また，スタイル転換カウンセリングの概念に反映されているように，発達心理療法とは，多くの異なる治療アプローチを一つに統合する力である．全体としての主な目的は，クライエントの発達過程を促すことである．

　すべての心理療法とカウンセリングは，究極的にはクライエントの発達に関わっているのではなかろうか．

1986年9月
マサチューセッツ州アムハーストにて

アレン・E・アイビィ

日本語版への序

　このたび，*Developmental Therapy* を福原真知子博士が日本語に翻訳して下さることになり，光栄に思っております．福原教授との長年にわたる話し合いを通して，私は大いに励まされ助けられて来ましたので，私の著書は注意深く翻訳されて読者の皆様に紹介されることと思います．福原教授の学識と，この分野の仕事に携わる人々への献身に対して，心からの敬意を表わしたいと思います．また，共訳者の仁科弥生教授にも深く感謝致しております．

　本書は，アメリカ合衆国そして海外で紹介されて来ました．心理学者として私達は，ジャン・ピアジェの独創的な研究に注目し，それがカウンセリングおよび心理療法の過程と密接な関係を持っていることを知る必要があります．時には複雑な本書の中で，私がピアジェの考え方を，彼自身は意図しなかったかもしれない新しい方向に展開していることに，皆様は気づかれることでしょう．私がこの題材について述べる場合，私はピアジェを慣例的な扱い方によるのではなく，比喩的な意味で使っているということをお断りしておきます．とは言え，私は元ジャン・ピアジェ協会会長であるジョージ・フォーマン博士と親しく共同して研究を進めて来ましたので，私の考えがピアジェ学説の根本から遠く離れることはありません．

　本書とピアジェの間の重要な違いを明らかにしておかねばなりません．中で

viii

も最も重要なのは，「ヒエラルキー（階層）」に関するピアジェ派の学説に私個人は同意していないという点です．ピアジェを扱うとき，私達は一般に，認識の「より高度な」形のことを考えます．本書では，それとは全く対照的に，様々なタイプの認識の強さと価値に焦点を当てます．したがって，直接的な感覚運動的経験が，複雑で形式的な操作による思考と同等に評価されるのです．この違いが特に重要であり，それによってピアジェの学説を現代心理学の認知のモデルと融合させることが可能になります．ピアジェは，私達が認知心理学を「発達」させてゆくのに役立っています．

　私の解釈は，日本という環境に合っているのではないでしょうか．感覚運動的認識論は芸術の鑑賞に通じる，というのが私の信念です．日本の芸術は，実に，「具体的」に説明され，「形式的」に分析され，さらにその分析は「ポスト形式的あるいは弁証法的」に分析されます．しかし，私達は自分の感覚——見ること，聴くこと，感じること——を通して，直接にそのような芸術に触れることができたときに，はじめて芸術あるいは人生を最も完璧に楽しむことができるのです．本書で論じているのは，時として，あまりに分析的であり過ぎる治療という仕事の中で，私達は感覚運動的経験というものに対して，もっと大きな注意を払わねばならない，ということなのです．

　本書のモデルの中には，多くの研究結果が含まれていることに皆様は気づかれることでしょう．本書で，私は発達心理療法に関する最初の系統的な経験的研究である福原博士の仕事の重要性を，指摘しました．彼女の豊かな学識がこの翻訳を一層明快なものとしていることをありがたく思っています．

　また新刊の *Developmental Strategies for Helpers : Individual, Family and Network Interventions* の英語版も今年完成しました．この本には，本書で示したモデルの具体的な応用が示されています．

日本語版への序　　　ix

　本書 *Developmental Therapy* では，心理療法の過程に認知発達の考え方を取り入れた新しいアプローチを試みております．日本の読者諸氏にもお役に立てば幸いです．

　1991 年 5 月

マサチューセッツ大学教授
アレン・E・アイビィ

謝　　辞

　1951年，スタンフォード大学の1年生であった私にとって，学生生活のハイライトは，ジェリー・A・オカラーン教授の西洋文明の授業であった．教授は，歴史だけでなく美術，音楽，そして哲学の分野にわたって学生を啓発した．その講座のなかで，プラトーの *The Republic*（『国家篇』）の「ほら穴の寓話」についての討論に入って間もなくのことであった．このうえなく魅惑的で不可思議な部分との出会いがあったのである．囚人が洞穴の中，そして洞穴の外の真実と光を探している．そのとき以来，この囚人の真実と光の探求が私自身の目標となったのである．一時は，この寓話の言葉の数々を，第1章の最初の記述として繰り返した．執筆が進むにつれて，寓話の重要性は残したまま，エピローグとして役立つように登場させることとした．現在，オカラーン氏は退官され，ボランティアの歴史家として国土管理局に勤務されている．私を，光に向けて旅立たせてくださったことに対し，オカラーン教授に謝意を表明する．

　私が1971年に発行した著書 *Microcounseling*（『マイクロカウンセリング』）について，*American Psychologist* の中の書評で，ノーマン・スプリンソール氏は，好意的にこの本を支持してくださった．"Sooner or Later..." というその書評の題目は，おそらく，発達心理療法に関する本書の必要性を初めて指摘されたものであった．その好意的な書評の中で，氏に次のようなコメントをいただいた．マイクロ技法のモデルには実益があるが，「早晩，このモデルに対して理論的な裏付けをする必要がある」ということであった．

　そもそも，夢としてはぐくまれた本書執筆の構想は，1968年に始まった．それは，コロラド州立大学の私達仲間が，マイクロカウンセリングと，マイクロ技法に関する第1回目のモノグラフをちょうど書き終えたときであった．そのとき描いた夢のお蔭で，ジェームズ・ハースト氏と共著で "Communication as Adaptation" という論文

xii

を書くに到った．この論文がカウンセリングの過程と結果との関係の概念的基盤となった．その概念的基盤は，本書の第2章の基礎であるとともに，本書にとって極めて重要な，プラトーの知識（エピステム）と知性（ノエシス）という概念を予知したものであった．

1983年6月，私はポルトガルのオポルト大学に招かれ，教授と学生たちにマイクロカウンセリングについて講演をした．その4ヶ月前には，ノーマン・スプリンソール氏が，同じ教授会と学生たちに，発達的心理教育の講演をしていた．私の講義も好評であったが，マイクロ技法と治療が発達過程と関係があることについて，教授と学生から質問攻めに会った．心理・教育学部部長のバルトロ・カンポス教授と助教授のオスカル・ゴンカルベス氏は，積極的に学生たちに質問を促してくれた．

同年の秋，私はジョージ・フォーマン氏によるピアジェの理論の講座を受講することにした．フォーマン氏は，ジャン・ピアジェ会の会長を務めていたことがあり，マサチューセッツ大学教育学部教授会の特別研究員である．秋も深まった頃，私は，ブリティッシュ・コロンビア州のビクトリア大学から，ランズダウン奨学金受領者として招かれた．この大学の教授会での発表で，私は本書の核心となる独特な概念の概要を述べた．教授会の一員であったドナルド・ノールズ氏との討論は，私にとって特に有意義であった．氏の素晴らしい小冊（ナンシー・リーブス女史との共著）*But, Won't Granny Need Her Socks ?* は，私の本棚の特定席に置かせてもらっている．

明けて1984年の1月は，マサチューセッツのアムハーストで，非常に辛い日々を過ごした．寒く，荒涼たる日々であった．最愛のメアリー・ブラッドフォード・アイビィはフロリダの母親を尋ねていた．私は，7日間で精根を尽き果たして，本書の元原稿をワードプロセッサに打ち込み，*Genetic Epistemology*（『発生的認知論』）という題名を付けて，ジョッシー・バス出版社に送った．

ジョッシー・バス社がこの原稿を受理してくれたことは，ことの終わりではなく，一つの始まりであった．ウィリアム・ヘンリー，アーシュラ・デルワース，およびクラシア・アルケマの各氏より，正確に書くよう，締切を守るよう，さらに概念をもっと実用的なレベルにまで拡げるようにという要望があった．また，その古い題名は好ましくないとも指摘された．諸氏から，いつも変わらぬ支持や激励を与えられたお蔭で，この原稿を完成することができたことは疑いの余地もない．諸氏に心からお礼を言いたい．そして，題名についても諸氏の意見が正しかった．原稿の最後の仕上げをしてくださったのは編集担当のイブリン・マーサー・ワード女史である．女史が思慮を持って念入りに仕事をしてくださったことに，心から感謝している．

1984年の春がもたらしたものは，新たな挑戦であった．私は，ストックブリッジ

謝　辞　xiii

のオーステン・リッグズ・センターのジョン・ミュラー氏，そしてマサチューセッツ
大学ボストン校のウィリアム・リチャードソン氏による講座に出席した．この講座
は，エドガー・アラン・ポオの『盗まれた手紙』を扱ったラカンのセミナーについて
であった．ここで，ラカンの説にピアジェ説を幾分混ぜ合わせ，発達心理療法はさら
に発展した．これに続き，比較文学部のジョン・ミュラー氏とドナルド・レビン氏に
よる講座では，ヘーゲル，弁証法，そしてラカンについて再吟味した．この他に，同
大学比較文学部のジェニファー・ストーン女史による二つの講座で学んだ結果，上記
の原稿に，さらに複雑さを加えることができた．こうした経験から，「盗まれた意識」
や確かにラカン派の概念である「話の途中」を扱っている第4章が生まれた．このう
ち「話の途中」の部分には読者サイドの解読が必要であろう．

　ラカンの影響を受けたそのちょうど同じ頃，ワシントンのマウント・バーノンにあ
るチャック・イーストン氏の古本屋を尋ね，コンフォード訳によるプラトーの『国家
篇』を見つけた．イーストン氏は，私の高校時代のバンドリーダーであった（氏は，
私が下手なチューバ奏者であったことを覚えているかもしれない）．出版に到るまで
の道のりには，紆余曲折があった．この過程で，私はプラトーの「ほら穴の寓話」を
読み返し，プラトーとピアジェの発達の概念形成には，重要な類似点のあることに気
づいた．授業中，こうした考えを披露したとき，トッド・ロッシー君という大学院生
が，私の直線的な説明を手厳しく批判し，イサカ大学のジョイス・エルブレヒト君と
彼の共同研究について話してくれた．ロッシーから聞いたエルブレヒトの考え方が重
大な突破口となって，私は発達モデルの直線的な説明から抜け出し，経験の循環性を
重視するようになった．そして，再び，出発点に戻ったのである．

　1985年秋，フルブライト補助金により，オポルト大学からオスカル・ゴンカルベ
ス氏がマサチューセッツ大学へ招聘された．毎週，ルースターズでの朝食会でオスカ
ルと討論したことは，発達心理療法の方向づけについて，またピアジェ，プラトー，
フロイト，ラカンなどの著書と発達心理療法との弁証法的関係についての構想が進展
をみるうえで，重要なものとなった．本書には，オスカルの影響が至るところに反映
されている．

　1985年から1986年にかけて，同僚に論評を求め，次々と原稿を訂正した．原稿は
変更を重ね，なかなか完成しなかった．それどころか，現在をもってしても完成して
いないのである．発達心理療法の構想は，効果がある観念に富んでいるので，古い観
念を書き換えて行かなければならない．明らかに，発達心理療法は，いま初期の段階
を踏んでいるのである．

　本書執筆過程においては，多くの方々に御尽力をいただいた．特に，フレッド・シ

ュバイツァー氏（ハートフォード大学人間サービス学部）とミッシェル・コシュ氏（デシスト大学）にはお世話になり，広範囲にわたるフィードバックを書面および口頭で惜しみなく与えられた．サセックス大学のエリック・ヒュートン氏には，鋭い論評をいただいた．マリー・リッテラー女史がT・S・エリオットに注意を向けさせてくださったお蔭で，エリオットの詩のほんの数行の中に，本書のエッセンスがいかに多く捉えられているかを知った．マサチューセッツ大学のアルフレッド・アルシュラー氏，ジェラルド・バインシュタイン氏，そしてジョージ・フォーマン氏は，原稿のいろいろな箇所について，親切に意見を述べてくださった．マサチューセッツ大学の学生諸君，特にミゲル・リベラ君，エドワード・マクレナー君，パトリック・フレミング君，マーガレット・フラーティ君，そしてウィリアム・メイラー君は，役に立つ考えを提供してくれた．また，エレクトラ・ペトロプロス君が，ラカンが用いたギリシャ語の翻訳を手伝ってくれたお蔭で，プロティノスについて，また，ラカンとハイデッガーとの関係について，より深く理解することができた．ロンドン経済大学のジョン・アイビィ氏は編集と文体について，広範囲にわたる有意義な批評をしてくださった．カウンセリング心理学の同僚であるウィリアム・マシューズ氏は，支持と批評と斬新な考えを提供してくれた．出版までの過程において，終始一貫して友人であり，仲間であったのは，ブリティッシュ・コロンビア州フレイザー・バレー大学のテリー・D・アンダーソン氏である．氏のスタイル転換カウンセリングの考え方は，第4章の構成に当たり，重要なものであった．フランク・レイリー氏が好意と知恵を貸してくださったお蔭で，ジョン・ボウルビィの分離と愛着の概念について，新しいレベルにまで理解を高めることができた．コネチカット・ソーシャルワーク大学のキャロル・B・ジャーメイン女史には，対象関係理論の援用について，有意義な批評をいただくとともに，ジョン・ボウルビィとの知的絆をより緊密なものにすることを助けられた．

　ロンドンのタビストック・クリニックのマルカム・パインズ氏には，この原稿執筆の初期において，論評と提案をいただいた．さらに，執筆が最終段階に近づいたときにも，極めて重要な最後の明確化に助力と意見を提供してくださった．パインズ氏の優れた学識と個人的な支援に対し，心から感謝している．ロイス・グラディ女史からも特に御尽力をいただいた．本書の中心をなす発達の球形表現は，その前の章についての女史の視覚的概念を述べたものであり，共有させていただいた．私の最初の発達モデルは，線的進行過程であったが，円環的四分円形，螺旋形，螺旋状に進む円環形へと順に変化して行った．最終的に，ロイスが数個の次元のものを，一つの統一した視覚的概念にまとめた．

謝　辞　xv

　本書執筆の全過程を通して，発達心理療法の論証に積極的に参加してくださったのは，オーストラリア，メルボルンのモーリス，フラン・ハウ夫妻である．このお二人から，感情的，知的両面の支援を受けたことは，特に心に留めている．サンディエゴのブランチャード訓練発達研究所のケネス，マージョリー・ブランチャード夫妻は，執筆過程を通し，重要な意味で私と常に共に居てくださった．このお二人と，場面リーダーシップモデルについて討論したことは，治療スタイルの組み合わせについての初期の考えを公式化するうえで，非常に有意義であった．

　東京，実践女子大学の福原真知子教授（現在，常磐大学教授）は，1名のクライエントが7回の面接の間に示した発達についての興味深い論文と図表の使用を許可してくださった．福原教授の研究のお蔭で，発達とは通文化的，多文化的現象であることが明らかにされた．

　また，DEC レインボー 100 と，ワードスター（R）パッケージにもお礼を言おう．コンピュータは確かに物事を簡単にしてくれるが，誤ってボタンを押してしまったために，章の半分を消してしまうこともある．このような場合，パッケージ全体は発達段階を1歩進めたのか，それとも3歩後退させたのか分からないのだが…．

　そして，この支援ネットワークにおける一番重要な貢献者，メアリー・ブラッドフォード・アイビィにも感謝の意を示さなければならない．メアリーは，単に私の妻というだけではない．共同執筆者であり，活力にあふれたコーチでコンサルタント，限りなく才能豊かな聴き手，そしてセラピストでもある．メアリーは，発達心理療法が意味するものをあらゆる点で例証している．彼女の治療スタイルは，第6章で詳細に分析されている．彼女の存在が私にもたらす喜びを読者にも理解していただけるであろう．

　本書は，多くの人々の思索と努力の所産である．ラカン派の理論は，われわれが話すことが，どのようにして「他者の話」として考えられるかを論じている．他者の話についての私流の解釈によれば，他者とは無関係で著された本の誕生というのは，誤称の一例であろう．関係と相互依存の弁証法に従えば，次のようなことが示唆される．人間は独りではない．苦しく，孤独な著作活動の過程においてさえ，独りではないのである．

　けれども，われわれ特定の文化においては，本書についてのすべての責任は，最終的には私にある．本書における，諸概念についての特定の解釈と統合は，筆者独自のものであり，読者も気づかれると思うが，既存の諸理論を構成し解釈するに際しては，偏見を持たず，自由な態度をとってきた．構成概念の統一を追究するためには，柔軟性と順応性が必要である．しかし，既に述べたように，大勢の支持者の存在や，

xvi

お互いに共有する人間関係がなかったなら，このような観念を発展させることはできなかったであろう．本書は，われわれの相互依存と，その他者との相互作用の複雑性とに目覚める必要性についての書である．本書は終点ではない．むしろ，治療である発達過程について，より統一した見解に向かうための小さな最初の一歩，そのような役割を果たすことを願っている．

引 用 ・ 出 典

"Little Gidding" からの引用は，T. S. Eliot の *Four Quartets* による (Harcourt Brace Jovanovich, 1936 ; © T. S. Eliot, 1963, 1964)．出版社の許可により掲載．同様に，Faber and Faber Limited, Publishers, London, England の許可も得ている．

冒頭の引用句は，Teilhard de Chardin の *The Phenomenon of Man* による (New York : Harper Torchbooks, 1959)．許可を得て掲載．

発達の過程を視覚的にとらえた球形モデル図は，Massachusetts 大学 Lois Grady による (1985)．本人の許可により掲載．

Carl R. Rogers の *On Becoming a Person* からの引用文は出版社の許可により掲載 (Houghton Mifflin Company, 1961)．同様に，Constable & Company Limited, London, England の許可も得ている．

Carol Gilligan の *In a Different Voice* からの引用は，Harvard University Press の許可により掲載．

"The Allegory of the Cave" (「ほら穴の寓話」) の引用は，F. M. Cornford 訳の *The Republic of Plato* による (Oxford University Press, 1941, p. 227-231)．出版社の許可により掲載．

第 5 章の the Janis Model of Decision Counseling は，I. Janis の *Short-Term Counseling* より引用 (Yale University Press, 1983, p. 27)．出版社の許可により掲載．

福原真知子の "Is Love Universal ?——From the Viewpoint of Counseling Adolescents" は，第 42 回国際心理学者会議 (Mexico City, 1984) 論文．本人の許可により掲載．

著者紹介

　アレン・E・アイビィ博士は，マサチューセッツ大学・アムハースト校の教授で，カウンセリング心理学プログラムの共同指導教授を務めている．アイビィ氏は，1955年，スタンフォード大学において，心理学で文学士号を取得し，Phi Beta Kappa 会員に選ばれている．次いでフルブライト奨学生として，コペンハーゲン大学で1年間学んだ後，1959年，ハーバード大学でカウンセリング心理学教育学博士号を取得した．

　アイビィ博士は，その訓練にビデオを活用したマイクロカウンセリングについて，20年来執筆，研究をしてきたことで有名である．氏は現在，発達心理療法と，その精神分析的および，多文化的次元における応用に関心を持ち，これをすすめている．著書は10冊以上（7ヶ国語に翻訳），論文は120余りにものぼり，*Microcounseling*（[1971]，1978，オーサー共著），*Counseling and Psychotherapy*（[1980]，1987，M・アイビィ，シメック-ダウニング共著），*Face to Face : Management Communication Skills*（1979，リテラー共著）などがある．

　アイビィ博士は，米国心理学会（APA）カウンセリング心理学部会会長を務めた．現在は，米国心理学専門委員会（ABPP）メンバー，APA評議員および特別会員でもある．国外での活躍も目ざましく，1982年より，南オーストラリアのフリンダーズ大学においては，心理学のフルブライト（シニア）講演者として，また，ヨーロッパの各地で，さらには太平洋地域や日本でも講演をした．同氏の初期の臨床的経験としては，バックネル大学（1959），およびコロラド州立大学（1963）のカウンセリングセンターの設立，そして，マサチューセッツ州ノーザンプトンの退役軍人管理局顧問（1969～72，1985～現在）などが挙げられる．

To Mary Bradford Ivey — scholar, co-author,
and friend — a multiplicity in One

The more we split and pulverize matter artificially, the
more insistently it proclaims its fundamental unity.

Teilhard de Chardin
The Phenomenon of Man

目　　　次

1.　発達理論の臨床への統合——発達心理療法とは——　……………………*1*

統合実践としての発達心理療法／発達：その定義／発達の代案的構
成諸概念／発達理論，ピアジェ，および治療的動き／発達論者とし
てのプラトー／弁証法と治療法／弁証法的真実の本質／心理療法の
メタゴールとしての意識の発達／理論を実践へ／要約

2.　人と環境の弁証法——治療状況の意味を読む——　……………………*39*

ある古いジョーク／順応としての進化：生物学的および心理学的モ
デル／調節，同化，および治療環境／調節，同化，および治療理
論／注意，情報処理理論，および人間 – 環境相互干渉／均衡化：環
境および認知的バランスの変化／理論を実践へ／要約

3. ピアジェと治療理論——認知の発達を促す技法——·······················*83*

でも，おばあちゃんはくつ下がいらないのかしら？／ピアジェ，心
理療法，および発達／ピアジェの発達の主要な4レベル／クライエ
ントの発達段階の移行を援助するための特別技法／感情の弁証法／
同化，調節，感情，および認知／弁証法，対話，およびポスト形式
的操作／理論を実践へ／要約

4. クライエントに治療スタイルを合わせる
　　　　——スタイル転換カウンセリング——·····························*141*

盗まれた意識／盗まれた意識の理論的な読み方／スタイル転換カウ
ンセリング／四つの治療スタイルおよびその発達レベルとの関係／
クライエントの発達レベルの評価／理論を実践へ／要約

5. 対決，そして新しい発達レベルへ——治療効果の維持—— ······*191*

創造的なピアジェ／ピアジェの創造性の機構／混乱，対決，および
弁証法／治療，対決，そして創造性／治療的介入に対する直接的な
クライエントの反応の評価／認知的発達の実例／治療における変換
過程／面接で創造されたものを維持すること／理論を実践へ／要約

6. 発達心理療法の実践——症例分析—— ·····························*243*

治療の弁証法の様々／面接における発達のマイクロ的分析／対決の
重要性／日本での7回のセッション／理論を実践へ／要約

目　　次　xxi

7.　治療を越えて——発達を多次元でさぐる——……………………………*281*

　　関係的全体論としての発達／ギリガンの異なった見方／ラカンの四
　　つの話／グレゴルクによる成人の認知スタイルのモデル／発達の統
　　合の試み／神学へのちょっとした冒険／理論を実践へ／要約

8.　生涯にわたる愛着と分離——不可能なバランスを求めて——……*327*

　　分裂，分離，および愛着／生涯の発達／無意識の発達／意識と無意
　　識の分解／既知を超越した発達心理療法／生涯にわたる命題「合」
　　とは？／理論を実践へ／要約

エピローグ：発達とは——プラトーの寓話が示すもの——　……………*375*

訳者あとがき　………………………………………………………*381*

参　考　文　献　………………………………………………………*383*

邦文参考文献　………………………………………………………*395*

索　　　引　………………………………………………………*397*

1
発達理論の臨床への統合
──発達心理療法とは──

　次の会話は，10歳のクライエントとの最初の面接場面からの抜粋である．

クライエント：〔涙を流して〕毎日メチャクチャ．何にもできないんだもん．
　　　　　　　もう，ひっどいの……．
セ ラ ピ ス ト：かなり大変そうね．何がそんなにあなたを悩ましているの？
クライエント：全部．もうダメ，全然．我慢できない！
セ ラ ピ ス ト：じゃあ，我慢できないことを一つ，例を挙げてみてくれる？
クライエント：お部屋〔さらに激しく泣く〕．あの部屋は，あたしのいつもと
　　　　　　　おんなじ．何もかもこんがらがってる．何にも見つかんない．
セ ラ ピ ス ト：あなたのお部屋のことを話してちょうだい．

　面接はこうして始まるが，それが心理療法の過程の始まりである．治療やカウンセリングを受けに来るクライエントの多く，いや，おそらく，そのほとんどが，取り乱し，混乱した生活を送っている．このようなクライエント達は発達が阻害されつづけてきたため，彼らは「行き詰まって」身動きのできない状態にある．治療の仕事は，このようなクライエントに対し，意図的な動きと発達ができるようにクライエントを解放することである．

　上記の症例の場合，クライエントは混乱状態にあり，多数のしかも雑多な感

覚印象の世界の中で途方にくれている。セラピストは，混乱を調節する代わり
に，すぐにデータを整理し，同化することによって発達の過程を始動させる。
面接が始まったとき，この幼いクライエントは，完全な混乱状態であった。セ
ラピストは，混乱の背景にある情動に耳を傾け，これを反映させ，それから
「我慢できないことを一つ，例を挙げてみてくれる？」という単純であるが重
要な質問をして，クライエントの認知的レベルを向上させる。我慢できないこ
との具体例を求めたことにより，セラピストは，既にクライエントの混乱を緩
和しており，セッションが焦点をもち始める。治療のその後の時点で，クライ
エントは「生活の混乱」の基礎にある問題と複雑さの全体を，よりよく理解す
ることができるようになる。

　部屋は，一人に限らず，多くのクライエントによっても用いられうる隠喩で
ある。私達は，いわば文化や家族というシナリオによって与えられた任意空間
に住んでおり，自分に提供された部屋の範囲内でしか発達することができな
い。文化と家族が提供する混乱したメッセージは，成長を促すよりも，むし
ろ，しばしばこれを損う方向に働く。治療とカウンセリングは，その部屋の生
活が私達に与えるものの意味を解き明かし，さらに完全な人間としての，私達
の可能性を発達させることを目的とする。

統合実践としての発達心理療法

　発達理論は，長年，臨床実践から切り離されてきた。本書は，プラトー派哲
学，およびジャン・ピアジェの発達心理学を応用した発達実践の体系的モデル
を提示している。発達心理療法は，発達の過程，および結果の双方に焦点を合
わせ，成長と変化を促すために用いる特定の治療技法を示唆している。

　クライエントは，様々な発達上の問題を，カウンセリングおよび治療環境の
中に持ち込むものである。セラピストは，最初にクライエントの発達レベルを
評価し，次に，人格的な成長を促すために，発達的に見て適切な介入を行う。
それぞれ異なった理論が提供する効用は，クライエントの様々な成長段階によ

って異なる．本章では，治療に当たって，それがクライエントの発達的変化の特定のパターンに適合するように，理論的構成概念を統合するための基準枠組みが述べられている．

ただし，最初に，発達心理療法について簡単に定義しなければならない．発達心理療法とは，ここに示されているように，新しい統合的な立場であり，次の四つの主な観点から組み立てられている．

（1）**哲学的立場**　これはプラトーのもう一つの読み方に基づいており，発達のパラドックスを考察している．このパラドックスは，エリオットが"Little Gidding" の最後で最も適切に要約している．

　　　　私たちは探索を止めることはできないだろう

　　　　そして，私たちのあらゆる探索の終わりは

　　　　出発したところに到達し，

　　　　その場所を初めて知ることだろう　　　（1943，p. 39，星野美賀子訳）

人の一生は，旅であり，同時に行きつく先であり，そして存在する有り様である．旅は発達である．行きつく先は，私達が出発したところへまた戻るということの避けることのできない繰り返しである（ただし，新たな意識を抱いて戻るのである）．そして，存在する有り様は，私達の存在論，すなわち過去，現在，および未来の経験のすべてのことである．

（2）**カウンセリングおよび治療過程における人間発達の理論**　これは，プラトー，ピアジェをはじめとする発達論者の仕事を独自に統合したものである．ここに提示されている理論モデルは，プラトーのものでもピアジェのものでもない．彼らの業績から発展した，しかもそれらに新たな次元が加えられた全く新しいモデルである．

発達心理療法モデルの核心をなすのは，発達的進歩は循環して始まりに戻る，つまり，出発したところに戻るという信念である．しかし，私達のこの進歩と，出発点に戻るということの意識は，逆説的ながら，継続的な新しい意識である．

（3）**治療およびカウンセリングの実践**　これは，既に進めてきたカウン

セリングおよび心理療法の技法と構造に関する筆者の研究に基づいている（ア
イビィ，1971；アイビィとオーサー，1978；アイビィ，1983ａ，1983ｂ；ア
イビィ，アイビィ，シメック－ダウニング，1987）．治療的活動が継続的に展
開し変化するというこのモデルの中で，理論は実践に移されるが，このとき，
セラピストが特定の介入を行った結果として，クライエントに予測可能な結果
が生じるという期待を伴う．発達心理療法モデルでは，クライエントにおける
特定の発達的変化や認知的変化を，セラピストおよびカウンセラー側の特定の
活動を通して予期することができる．

（４）　治療セッションの相互構成モデル　　このモデルでは，クライエント
がセラピストから影響を受けるのと同様に，セラピストもクライエントから影
響を受ける．このモデルの基底にあるのは，現実は相互干渉によって構成され
るという信念である．すなわち，一つの弁証法的モデルで，そこでは，真実は
一つの根源からではなく，治療的環境にあるクライエントとの相互発展を通し
て発生する，というものである．

　以上が，発達心理療法に関する四つの主要概念である．次節では，発達を定
義し，ピアジェの理論が，成人の発達とどのように関連しているかを考察し，
そして，ピアジェとプラトーの発達理論の類似性について例証する．ピアジェ
とプラトーの概念が結合して最終的に発達の一般的なモデルとなり，それが本
書の構想を支えるモデルとなっている．

発　達　：　そ　の　定　義

〈発達とは，カウンセリングおよび心理療法の目標である．〉　私達セラピス
トは，クライエントの自我の発達や同一性の発達を促そうとするときでも，あ
るいは人との関係の結び方の発達を助長するときでも，常にクライエントの発
達上の変化と成長に関与している．セラピストは，治療の中心的目標として，
認知的および感情的発達についてしばしば語る．大学の学生課の職員は，学生
の発達に関与しており，経営コンサルタントは，組織の発達と人的資源の開発

を扱う.

　発達は，現実の世界において，より効果的な新しい行動と組織を意味するものであり，しかもそれらは変化し，発達しているものである．発達は，また個人に対しても，容易に確認できないような観念，信念，態度，そして無意識的な過程さえも変えてしまうことを要求する．発達は，人間の成長，変化，および変換にとって重要かつその基礎となる属に特有の過程なのである.

　Oxford English Dictionary（縮小版，1971）には，「発達」という語について，11 の異なる意味が記載されている．初めに，発達とは過程であり，結果である，と定義されている．すなわち，「発展する過程または事実であり，そして，この過程の具体的な帰結」である．過程であり結果であるという発達のとらえ方は，本書の論題に対して非常に重要である．つまり，カウンセリングおよび心理療法は，クライエントの広範囲にわたる発達的結果に至る発達的過程であるからである．カウンセリングと心理療法の過程は，同時に理論的，経験的実践の結果であることを考えるとき，この一見単純な主張は，より複雑なものになり得る．例えば，精神分析療法の実践と過程は，フロイトとその後継者達による過去の業績の結果である．過程と結果の統合が，本書の基本的なテーマなのである.

　クライエントは，二進も三進も行かなくなった過程を抱えて，治療を受けに来る．例えば，恐怖症は，一つの過程であり，クライエントの生活における別の要因と過程の結果である．クライエントの発達は，明らかに過程と結果の統合である．セラピストとしての私達の仕事とは，より一層の発達を促すために，クライエントを役に立たない過程から解放することである．発達の結果は，さらなる発達，すなわち観念と現実を継続的に明確化するという同じ過程の発達である.

　最後に，発達は様々な言葉と密接に関連している．各々の言葉の区別立ては役立つが，それらは類似した現象をも指す．「変化」，「成長」，「創造性と創造」，「変換」，そして「発展」などの言葉は，すべて発達の中心的側面に関係しており，折々に「発達」という言葉に替って使用される.

ここに提示されている発達の実際に用いられる定義は，過程と結果の相互作用によって異なる．過程であり，同時に結果でもある「発達」という構成概念には，実にいろいろな意味と適用範囲とがありうる．このような複雑な構成概念を考察するための枠組みや，パラダイムもまた数多く存在する．

発達の代案的構成諸概念

発達を記述する方法はいろいろあり，また，この仕事を手がけてきた発達論者も多い．彼らは様々な視覚モデルで発達過程を記述しており，そのすべてが興味深く有効である．

発達は，ヒエラルキー化として捉えられることが多いが，その場合，個人は複雑さと組織化という点で「低位」レベルから「高位」レベルへと移動する．図1では，この構造を踏襲する有名な発達モデルを三つ示した．なお，この構造は，よく知られていて明瞭であるという理由で，価値のあるものである．発

図 1　三つの発達モデル

道 徳 性 の 発 達	自 我 の 発 達	知的および倫理的発達
（コールバーグ，1981）	（レービンガー，ウェスラー，レッドモア，1970）	（ペリー，1970）
服従と罰	前社会的 象徴的衝動性 自己防衛 同調者	基本的二重性 多元的前合法性 多元的従属性
素朴な利己主義	良心的	多元的整合性または相対的従属性 相対主義，相互関係のある状態 競争する状態，あるいは拡散する状態
善人	自律的	予測されるコミットメント
権威と社会的秩序の維持 契約や法律重視		初期的コミットメント
良心または原則	統合的	コミットメントの含みをもった志向 発達するコミットメント

達の動きを予期し，変化過程における特定の目標を期待することが可能である．図1に示したようなモデルは，道徳性の発達や，自我，または知的発達などの訓練に際して目標として使用されることが多い．

線形モデルの不利な点は，時折，「高位」の方が良いと仮定することである．これは，循環的および関係的発達論者，ギリガン（1982）が，女性の道徳性の発達についての画期的な著書 In a Different Voice の中で真剣に問いかけた仮説である．ギリガンは，次のように示唆した．すなわち，線形で階層的なモデルは，男性には適合するが，複雑かつ関係的な女性の世界の説明には充分ではないという．ギリガンのモデルでは，発達は，結果または発達課題のリサイクルの問題として，さらに関係の複雑さと折り合う問題として解釈されている．ギリガンは，階層的な男性のモデルについて疑問を提示している．

1982 年，ケーガンは，発達の螺旋形モデルを表わすことによって，さらに階層的モデルに挑戦している．ケーガンが提唱したのは，発達は，循環してそれ自体に戻り，循環するたびに新しい発達レベルに達するということである．彼は，取り入れ的自己，衝動的自己，傲慢な自己，対人的自己，制度的自己，個人間の自己などに関する論議において，ピアジェの理論を敷衍した．同時に，発達は，社会政治的，および文化的状況下において起こることも指摘している．特に，一つの文化において，段階的には適切な発達が，別の文化では不適切な場合もあるのである．

ギリガンのモデルは，強い衝撃を与え続けながら今日に至り，新しく，かつ重要な方法で女性の発達の様相の多くを捉えているが，女性ばかりではなく，男性にも起こり得る関係的発達過程については，充分に考慮していない．たしかに，コールバーグによる道徳性の発達の階層段階に従って進む女性もいる．ケーガンの螺旋形モデルは，線形モデルと循環モデルの利点を組み合わせている．ケーガンは，休止期間について述べているが，この期間中，発達螺旋は，しばらくの間，実際としては相対的に静止し，再び移動を始める前に，それ自体の意味を獲得する．

本書における私の目標を述べよう．それは，このような非常に有用な発達の

モデル――発達過程に関する線形で，しかも階層的モデル，循環や螺旋形モデルなど――を，重大な性的，文化的，倫理的，政治的相違などをも考慮した一つの発達の概念的モデルに，できるだけ多く組み入れることである．現在の発達モデルによって示された特性は，すべてのことが一度に起こるという同時性の重視にある．私達は確かに規則的な進歩を辿って発達し，また，繰り返しのパターンで自分自身に戻るように見える．けれども，全体は，常に各部分の総和以上のように思われる．

発達理論，ピアジェ，および治療的動き

　発達理論は，様々な視点から概念化されてきた．その中で，エリクソンの精神分析的発達理論の構想（[1950] 1963），コールバーグの道徳性の発達理論（1981），そしてレービンガー，ウェスラー，レッドモアの自我の発達概念（1970）などは，この領域に関する重要かつ有力な視点を示すほんの三つの例である．しかし，発達における研究のほんどは，理論の段階に留まっており，日常の臨床実践に対しては，比較的小さい影響を及ぼしているに過ぎない．

　発達は，個人が相対的に体系的な様式で進行する一連のレベルまたは段階，と概念化されているように見えることは否めない．個人は，次のステップに進む前に，一つの発達段階で，しっかり立つことを学ばなければならないと考えられている．ピアジェの発達理論は，この点を強調している．例えば，*The Moral Judgement of the Child* (1965) で，次のように解説している．基本的な諸段階がしっかり確立していなければ，子供は，より複雑な道徳的観念を発達させることはできない．

　発達には，二つの主なタイプがあることを強調しておかなければならない．発達は，順々に，次の段階へ，次の問題あるいは機会へ進むことである，と考えられていることが多い．この考え方は，〈タテ（垂直）の発達〉とでも言えるものである．すなわち，様々な発達ステップを上昇することを意味する．しかし，通常〈ヨコ（水平）の発達〉，すなわち充分な土台作りがもう一つの段階へ

移動する前に必要である。例えば，治療中，クライエントの突然の洞察を観察することがよくある。その過程においては，重要な発達的進歩を示したかのように見える。けれども，次週には，実際には何の変化も起こってはおらず，重要な洞察は忘却され，抑圧されてしまっていることに気づかされる。このような症例では，次の発達段階に進む前に，「ヨコ」の発達，および理解がさらに展開されることが必要である。

「ヨコ」の発達の重要性，および，この発達がその後に及ぼす影響については，エリク・エリクソンによる八つの発達段階説（1950）に最も明確に例示されている。つまり，人は「自律性 対 恥と疑惑」という発達課題をうまく達成するためには，乳児期に「基本的信頼 対 基本的不信」という問題を克服しなければならない。また，青年として，明確な自己概念あるいは同一性を発達させるためには，前の諸段階を成功裡に乗り越えていなければならない。

図2では，エリクソンによる個人の発達の8段階が略述されている。エリクソンは，次のようなことも述べている。一つの発達課題は，通常一つの段階での主たる課題であるが，すべての段階は，その個人の一生を通じて作用する。したがって，例えば同一性 対 役割混乱の問題を乗り越えつつあるティーンエイジャーは，信頼，自律性，自発性について，まだ関心を持ち続け，これら問題の解決にも絶えず繰り返し迫られる。加えて，親密性，生殖性，自我統合の諸問題も，完全に分離することができず，青年が同一性を克服するときの様相は，後の発達段階にインパクトを与えることになる。このように，エリクソンのモデルは，線的および階層的（コールバーグ），並びに関係的（ギリガン）なものとして発達を捉えようとした早期の試みと見ることができる。

ピアジェの発達の理論構成は周知のものであるが，次の四つの段階が含まれる。

1) 感覚運動的段階：ここで，幼児は，知覚的および運動的シェマを，常に増大する全体に統合することを学ぶ。
2) 前操作的段階：初期言語学習および象徴的表象期である。
3) 具体的操作段階：子供は世界に作用することを学び，その世界について

考えるようになる．

4) 最終段階：通常は，青年期前期にこの段階に到達する．青年は，より豊かに情緒と感情に通じるようになり，自己を省察し，「考えることを考える」ことができるようになる．

	1	2	3	4	5	6	7	8
VIII 成熟期								自我統合 対 絶望
VII 成人期							生殖性 対 停滞	
VI 若い成人期						親密 対 孤独		
V 思春期及び青年期					同一性 対 役割の混乱			
IV 潜伏期				勤勉 対 劣等感				
III 移動‐性器期			自発性 対 罪悪感					
II 筋肉‐肛門期		自律性 対 恥と疑惑						
I 口唇‐感覚期	基本的信頼 対 基本的不信							

図2 エリクソンの発達段階

出典 エリクソン著 *Childhood and Society*，W. W. Norton 社の許可により翻版．1968 年著者により著作権更新．なお，英国 Hogarth Press 社からも掲載の許可あり．

ピアジェの業績は，通常，主として子供と青少年に関するものと考えられている．ケーガンは，先頃ピアジェの考え方の応用を試みた (1981)．それによって，上述のモデルの範囲が拡大され，特に思考に関する「ポスト形式的操作期」の可能な様式としての弁証法が吟味されている．ピアジェの思想は，その概念の大きな影響力に反し，カウンセリングと治療への実践的応用という点からの，特に成人グループに関しての，このモデルの研究は比較的少ないといわねばならない．

ピアジェの諸段階に類似した現象は，成人の発達や，心理療法とカウンセリングの過程に繰り返し現れる．成人の場合，発達の諸段階での移動は，より迅速で瞬間的なものかも知れない．しかし，その諸段階は存在し，確認することができ，さらには，治療過程で役に立つという証拠がある．この問題については，第3章でさらに論議を深めるが，以下に発達心理療法が志向することの概略を述べておく．

（1）**前操作的要因**　治療中のクライエントの多く（全員の場合もある）は〈前操作的〉問題について援助を求めている．彼らは，自分を取り巻く環境を，望むようにうまく操作することができない．適切な行動に欠けているか，あるいは発達の前操作的段階に自らを釘付けにする呪術的思考や，曖昧な思考をしがちなのかも知れない．本章の冒頭で述べた10歳のクライエントは，予想されるようなやり方で，環境に働きかけることができなかったのは明らかである．

思考の前操作的様式は，ピアジェの言う7歳を越えても継続し得るし，また継続している．

（2）**感覚運動的要因**　有能なセラピストは，クライエントが前操作的問題をどのように構成しているかに関心を持つ．クライエントが感覚に基づいたデータを通して，どのように問題を見て，聞いて，感じるかを知りたいのである．この感覚に基づいたデータの基礎知識は，セラピストに特定のシェマを提供する．後になって，セラピストはそのシェマを用い，クライエントがさらに効果的な存在の仕方へ向かって動くように援助することができる．具体的知覚

（行動的でも認知的でも）を探求する場合，セラピストは，前操作的思考から知覚のより基本的な要素に戻る．10歳のクライエントの症例では，セラピストは，子供に具体例を求めたため，その子供の感覚的印象を得ると同時に，状態の事実と感情について，具体的に系統立てることを開始したのである．

（3）**具体的操作**　カウンセラーは，「特定の（具体的な）例を挙げてみてくれますか」という質問をすることによって，変換過程を開始し，クライエントが自分の状態について具体的に考えるのを援助する．セラピストは，様々な技法（例えば，主張訓練，不合理な観念や思考過程の確認）を採用して，クライエントが問題の線形の原因と結果を確認し，それらに，より効果的に作用することができるように援助する．10歳のクライエントの場合，実際には形式的操作は不可能であるため，セラピストは治療を中止するかもしれない．年長のクライエントの場合は，より一層の認知的な気づきが必要であろう．

（4）**形式的操作**　セラピストの中には，問題の省察（考えるということを考えること）を強調する人がおり，クライエントは，自己概念の発見［ロジャーズ流の人間中心理論（person-centered theory）］，あるいは思考および情動の分析（精神力学的方法）を奨励される．さらに，認知行動的アプローチを重んじるセラピストは，思考と行動の一致を追求する．行動の変化について考えるだけでなく，具体的行動を開始しなければならないのである．

　上記に見られるように，1人1人のクライエントは，基本的な認知的スタイルあるいは行動のスタイルを提示する．こうしたスタイルを，カウンセリングや心理療法における既存のシステムの中の高度に特定的な発達技法を駆使して，明確にし修正することができる．

　ピアジェの理論を理解する場合，その多くは，形式的操作は発達の最終段階であるという仮定に基づいている．ケーガンの主張する弁証法的，あるいはポスト形式的操作の段階について，多くのピアジェ派達は，単に形式的操作段階の拡張と考えている．なぜなら，人間は，ひとたび形式的操作ができるようになると，ほとんど際限なく，ますます複雑になる一連の認知的操作を処理することができるからである．例えば，形式的操作では，考えることについて考え

ることが要求される．次のステップでは，考えることについて考えることをさらに考える．このような思考は，いろいろなレベルの抽象作用へと続く．

弁証法の概念は，ピアジェ派の発達理論に多大な貢献をしている．弁証法は，またプラトー派の思想にも根ざしている．

発達論者としてのプラトー

プラトーによれば，啓蒙に至るまでの推移には，認知的発達の四つのレベルが必要である．意識の各々のレベルは，それ以前の現実の知覚に基づいてでき上がり，次の高位のレベルへ向かう道を準備している．コンフォードは，プラトーの意識のレベルの概要を述べているが，図3では，ピアジェ派による発達の構成概念とプラトー派の思想との間に見られる興味深く有用な類似性が示されている．

図3 ピアジェ派とプラトー派の発達の理論体系における構造的類似性

レベル	ピアジェ	プラトーによる精神の状態
外観の世界	感覚運動的 前操作的	想像（エイカシア）
	具体的操作	信念（ピスティス）
外的可視的世界と観念の世界の境界線―――――――――――――――――→		
知性的世界	形式的操作 （ポスト形式的）	思考（ディアノイア） 知識（エピステム） 知性（ノエシス）

プラトー派のモデルは，まず「外観の世界」（外的可視的世界）と「知性的世界」（観念の世界）に分けられる．プラトーの概念と，心理学でなされる行動と認知の区別との間には，有用な対応関係が存在する．外観の世界は，見て，感じ，接触して，さらには具体的に信ずるとか，あるいは働きかけることができる．最も一般的な意味で，外観の世界は，「行動」という語とほぼ同意義であるが，このレベルは，また基本的認知にも関与している．知性的世界は，より洗練された認知に対応する．実際，知性的世界は，可視的外観が示唆

するものよりも遥かに複雑である．したがって，生活と行動の現実は，単なる可視的外観を遥かに超えている．現実への気づきは，可視的世界および知性的世界における理解と経験を必要とする．可視的（具体的で行動的）世界と，知性的（認知的）世界の〈双方〉を理解することが現実対処には不可欠なのである．もっとも，プラトーの思想の多くには，「至高善」はより複雑な認知の知性的世界によって表わされるという含みがある．

　イリガリィは，プラトーおよび「至高善」の概念を鋭く批判している（1985）．彼女は至高善のことを，男性的秩序の領域の一例であると見ている．プラトーについて，いくつかの別の読み方も可能である．ここでは，プラトーの思想について，線的解釈と全体論的解釈の〈双方〉が有用であるという立場をとっておこう（イリガリィに関する論評は，本書のエピローグで詳しく述べてあるので参照されたい）．

　プラトーが「精神の状態」と称した四つのレベルがある．これらの状態は，可視的世界と知性的世界の観念から発しており，理論と実践にとって重要である．次に各々の精神の状態には「対象」があり，それに向かって方向づけられている．プラトーは，その最初の状態（または認知）をエイカシア（または想像すること）と呼んだ．このレベルは，ピアジェ派の感覚運動機能のレベルに類似したものと考えることができる．この状態において，個人はイメージという感覚的世界によって四方から攻められる．啓蒙されていない精神は，これらの外観が真の現実であると信じるのである．感覚運動の段階における子供は，周囲の世界のイメージに対して間違いだらけの「不器用な混乱」を経験し，これらのイメージを分類し，その意味をつかむことが，その子供にとって最初の仕事となる．イメージの意味を理解できない成人や子供の思考の働きは，前操作的段階にとどまり，呪術的である．一つの例として，歩いているとき，自分に付いてくる影に気づいた5歳の子供の場合を挙げることができる．子供は次のように推理する．「あの影は，僕（私）がどこに行くか知っているから，ずっとついて来るんだよ」．多くの子供は，ある時点で自分の影から逃げ出そうとする．子供は，成るほどと思わせる説明をするが，現実を正確に表現するこ

とはできない。

　多くのクライエントが，このような呪術的イメージを持って治療を受けに来るが，その場合の認知的レベルもまた，想像（エイカシア）のレベルに対応する。例えば，自分は後をつけられていると信じ込んでいる神経症患者，あるいは細菌を寄せつけないために，頻繁に手を洗わなければ気が済まないという患者は，呪術的イメージに反応しているのである。本章の冒頭で記載した 10 歳のクライエントは，最初，混乱し，ぼんやりしたイメージの感覚運動的世界に埋もれている。理性的な質問を通し，セラピストは，容易に子供を，より具体的かつ散漫でない認知レベルへと移行させたのである。

　次の認知のレベルはピスティス，すなわち可視的事象に対する信念である。プラトーは，「知識が欠けた正しい信念」について語っている。この段階では，子供や成人は，目に見える具体的な対象，その名前，そして現実の文化的秩序を意識するようになる。個人は行動することはできるが，その行為の理由についての知識や認知は限られている。この意識の 2 番目のレベルは，具体的な信念を持ち，適切に行動するが，その理由は分からないという子供が，そのよい例である。治療中のクライエントは，適切に行動しているかも知れないし，不適切に行動しているかも知れない。しかし，どちらの場合も，可視的外観に対して反応しているのである。クライエントは問題について考えているかもしれないが，考えることについて考えることはしない。信念あるいは活動のレベルで行われる治療としては，伝統的な行動療法，技法訓練運動，およびグラーサーの現実療法の初期の業績（1965）など多くが含まれる。

　第 3 レベルにおける精神の状態は，ディアノイア，あるいは思考と称される。プラトーは，抽象的思考過程の対象を描写する最善の表現法は数学であると信じていた。私達は数学を通して，外観の世界の説明を助けるための橋渡しとなる抽象的モデルを構築する。同様の方法で，人間のモデル（例えば，精神分析的，ロジャーズ流，宗教的あるいは経済的など）を作成し，自分たちの世界の出来事を説明する。クライエントもセラピストと同様に，モデルを作成して現実を説明することができる。そして，ちょうど数学のモデルが不完全なよ

うに，人間の抽象モデルもまた不完全である．プラトーは，数学のモデルが，証明することのできない仮定の上に作成されていることを，私達に思い出させることによって，再度モデル作成の限界を指摘したのである．「前提は真実であり，次には結論が導かれるかもしれないが，仮定そのものが絶対的原則に依存するということが示されるまで，全体の構造は宙に浮いたまま……．ディアノイアという状態が示唆するのは，前提から結論に至るまでの論証的思考か，あるいは推論である」（コンフォード，[1941] 1982，p. 233 から引用）．それ自体が現実のモデルであるというカウンセリングと治療理論についても，同じようなことが当てはまる．治療に関する理論の多くは，それらが拠って立つ前提について検討を行っていない．この認知の第3レベルは，形式操作の段階にある青年によって例証されるであろう．その青年は，他者のものの見方を見て，そして，一つの状態を解釈する方法は，一つだけではないことを発見することを学ぶのである．実際，こうした対立知覚の発達は，心の中で進行しているモデル構築の一種である．青年の主な発達課題は，他者のものの考え方を理解するようになることである．同様に，感情移入では，カウンセラーとセラピストはクライエントの思考過程および思考モデルについて考えることが必要である．

　ロジャーズ派および精神力学的治療が，このカテゴリーにおける援助の抽象的モデルの主要な例である．これらの療法の目的は，抽象作用について考えることである．しかし，セラピスト達は，どの程度までその前提に注意を払っているであろうか？　これは，興味ある問題である．自分の立場に対し，あまりにもしばしば自己中心的な傾倒を示す理論家は多い．これは若い青年の単一思考に似ている．こういったセラピストと理論家は，モデルを作成するとき，モデルが，数学のモデルと同じように，前提や仮定の上に築かれていることを忘れることがよくある．けれども，クライエント集団の大多数は，ディアノイアの段階，すなわち，意識の考えるレベルで操作するため，「考える療法」が非常に好まれる傾向がある．

　人格理論を説くケリーは，人間を科学者として説明している．すなわち，科

1. 発達理論の臨床への統合　　*17*

学者は，自分を取り巻く環境について絶えず仮説を立て（モデル作成），その仮説を検証し，さらに常に広がり続ける一連の人格構成体で受け取ったデータに基づいて，それら仮説を修正しているという．ケリーの研究は，プラトー派の構成概念の最後の部分と密接に関連している．

　意識の4番目の状態は，「形式」の探究に関与している．その精神の状態の対象は，真実と「善」の究極的な探究である．「最も正しい，包括的な心理学的理論とは」についての討論は，善の形式の探究の一例であると考えることができる．プラトーは，善を定義するよりも，むしろ弁証法を通して，その形式を発見する過程を描くことを選んだ．弁証法は，まぎらわしい連想を持つ言葉となった．コンフォードは，次のように述べている（[1941] 1982）．「*Republic* において，弁証法は哲学的会話（対話）の技法を意味するにすぎない．それは質疑と応答によって進められ，応答者に何らかの形式の「説明」（ロゴス）を与え，あるいは応答者からそれを受けることを追求している」．

　このように，対話（弁証法）は，主に真実あるいは善（どちらも，それ自体としては定義がなされていない）についての議論，または探究を必要とする．この対話としての弁証法の単純な概念が重要である．この定義づけにより，日常の会話も，カウンセリングと治療，そして学術的な討論も，ともに異なる形式の弁証法となる．弁証法も対話も，尋常の人間にとってむずかしすぎるものではない．それは日常生活の一部である．ただし，真の対話は，単なる会話よりは複雑である．弁証法は，特殊な相互作用を必要とする．真の弁証法では，参加者は（理想的には双方の参加者は），「弁証法的気づき」を持つことが必要である．特定的に言えば，それは弁証法自体の存在，および真実のつかみどころのない本質についての気づきである．

　対話，そして形式（モデル，理論，意味など）の探究においては，前提や仮説を検証することが重要である．ディアノイアの意識性のレベルにおける探究は，モデルに対するもので，モデル構築のための前提に対してではない．一方，この第4レベル（エピステム）においては，基礎となる観念を吟味することが強調されている．ここには，対話や弁証に関与している個人が「思考につ

いて考えることを考える」という抽象作用のレベルが存在し，それは，一連の鏡で連続して起こる反射と似ている．2人の人間が，抑圧という精神分析的構成概念の長所とか価値に関する見解について論争するとしよう．意識のディアノイアレベルにおいて，2人は，そうした構成概念が有用かどうか，そして，いったい抑圧は本当に存在するのかという疑問について議論や論争をするであろう．これは，この分野で永い間論争されてきた典型的な疑問である（例えば，フロイトが案出した形式の長所の問題について検討するには，1985年のリーバーソンの研究を参照されたい）．エピステムの第4レベルにおいては，討論者は前提の定義に関与するようになる．すなわち，「長所とは何か？」，「価値とは何か？」，「たとえわれわれの抑圧の定義が不完全であったとしても，われわれはその一般の定義について同意することができるか？」などである．心理学的論争は，その多くが認知の低位レベルで行われ過ぎている．もっと前提についての対話および検証が必要である．

弁証法のレベルで機能する治療は，今その概念化が始まったばかりである．フェミニスト療法（バロウとガバラック，1984）は，平等主義的モデルに依存する援助の体系的フォーマットのおそらく最も明確な例である．このモデルでは，セラピストはクライエントと対等になり，個々の問題を概念化するときの前提と仮定を，真面目に検討する試みをしている．特に，フェミニスト療法は，典型的な男性志向の明確に限定された療法における矛盾を洗い出し，カウンセリングの多くの志向とは際立って異なる視点から真実を考察している．

しかし，真実，善，あるいは形式について，最終的に定義することなどできるのであろうか？　プラトーは賢明にも，修正の効かない厳密な用語を決して使用しなかった（コンフォード，[1941] 1982, p. 17 を参照のこと）．そして，特別な必要性と状況に合うように用語の意味を変えている．人は，真実と最終的な回答に近づけば近づくほど，逆説的に，言葉と構成概念の複雑さ，そしてその究極の散漫さや透過性によく気づくことになる．再び，ケリーの思想（1955）のある部分と古代ギリシャの哲学の間には，密接な類似性が存在することが明らかになる．この領域では，弁証法の特性と，弁証法が治療の実践に

対して持つ意味について，特別に気づくことが最も重要である．

弁 証 法 と 治 療 法

　多くの発達論者は，現実は個人の心の内で構成されると信じている．しかし，弁証法的見解によれば，現実は相互構成されるのである．つまり，一つの観念，概念，あるいは事象を構成するには二つの部分が必要である．この場合の「二つ」とは，1人の個人の心の中の二つの概念ということもあり得る．このように，現実の相互構成は，個人の内側でも，あるいは，外側でも，どちらでも成立し得るのである．弁証法的論法は，一個人の内部，あるいは2人の個人の間に存在し得る．

　ピアジェの初の大作 *The Language and Thought of the Child** ([1930] 1955) は，この現実の相互構成をおそらく最も巧みに描写したものであろう．子供の会話に関するピアジェの研究は，相互構成の古典であるが，しかし，一般に弁証法の主要な例とは見なされていない．ピアジェは，2人の子供の弁証法的発見の過程について，また，その思考の〈構造〉について述べている([1930] 1955)．後者に関しては，その構造が，治療中の成人が自己について考える思考構造，あるいはセラピストが間近に迫った面接の対処方法について考える構造に似ている可能性について触れている．

　＊　*The Language and Thought of the Child* は，1923 年フランス語で初めて出版され，1926 年に英語版が刊行された．ピアジェは，この著書における考え方のいくつかについて批判を受けたが，それは，おそらく彼の作品の中で最も弁証法的である．1930 年に第2版（本書が参照している）が発行されたとき，ピアジェは，これらの批判について言及し，表現の明快さを高めることを狙った．ピアジェは，この批判のために，発達に対する弁証法的，人間環境的アプローチからはなれて，子供の内的な認知的世界の研究へと向かったと，一部では信じられている．

　　2人の子供の間には，いつ……本当の意味で会話が行われているといえるだろうか？　任意の最小限度を設定すれば何時でも行われる．同じ話題について，少なくとも2人の対話者が，連続した三つの回答を述べ

ている.

  1　Aによる言葉
  2　1に順応したBによる言葉
  3　2に順応したAによる言葉　　　　　　　　　　　　　(p. 71)

Pie　[6.5（6歳と5ヶ月）]：おい, 君がそれ（鉛筆）を欲しいからっ
　　　　て, あげないよ.

Hei　[6.0]：いやだ. 僕のなんだから返せ.

Pie　：君のなんかじゃないよ, もちろん. みんなのもの, 子供たち全員
　　　　のものなんだ.

Lev　[6.0]：うん, Mlle. L. と子供たち全員のものだよ. Ai や僕のも
　　　　のにもなるんだ.

Pie　：Mlle. L. が持ってきたんだから, あの子のだね. でも子供たち
　　　　みんなのものにもなるんだ.　　　　　　　　　　　(p. 88)

　この簡単な3段階の構成は, 弁証法または対話を表わしている. 同時に,
「順応としてのコミュニケーション」（第2章を参照のこと）を表現しており,
それは生物学的進化の生活体 - 環境の干与関係と類似している. 二つの観念を
対立させ, あるいは分離させることにより, 1人の人間は自分の頭の中に現実
を構成することができ, 2人の子供はお互いから学習し, あるいはクライエン
トとセラピストは発達的変化を作り出すことができる.

　心理療法では, クライエントがある発言をするかもしれない. そのクライエ
ントに反応して発言することが, セラピストの仕事である. その発言が役に立
つ場合, クライエントは自分の現実の構成を修正することができる. 役に立た
ない場合は, セラピストがその失敗を認め, 自分の行動を変えることがセラピ
ストの義務となる. 治療において, 変化が生じないことについては, クライエ
ントではなく, セラピストの責任である. 同様に, 抵抗もセラピストあるいは
カウンセラーの問題であって, クライエントの問題ではない. 本章の10歳の
子供とセラピストの弁証法が, このポイントを説明している. 10歳の子供が
生活をメチャクチャであると表現したとき, セラピストはその子供に, 「何が

あなたを悩ましているの？」と尋ねた．子供が答えられないことをセラピストが悟り，その答えられなかった質問を，さらに具体的な言葉で，もう一度組み立て直すまで，子供は生活はメチャクチャであると繰り返し続けた．

この構成主義者的見解は，クライエントが治療セッションに持ちこむ問題を説明するのに役立つ．これらクライエントの場合，構成の発達過程が止まっていることが多い．行動を起こし（自分の世界，または頭の中で），反応を経験するが，その反応に気づくことが〈できない〉のである．したがって，ここでは，ピアジェが述べた構成に関する第3の必要条件が欠けているのである．構成的発達と弁証法に対して個人の心を開放することが，セラピストの目標の一つなのである．

弁証法には，より実行可能的な答えの探究，および真実の探究が含まれる．ピアジェの例における幼い子供たちは，所有権という抽象概念を探している．すなわち，鉛筆は誰のものかということである．その過程において，子供たちは実行可能な合同解決に向かって進むように見えるが，真実は幾分確認しにくいものであることを発見する．同様な状況にある1人のクライエントを想像してみよう．このクライエントは，最初，一説の真実に固執していたが（例えば，妻が台所の仕事を手伝うように自分に頼むのは不当であるという一説），後に弁証法によって，家事労働についての択一的な解釈と信念に気づくようになる．

「弁証法」という語は，定義と用途に関して多くの可能性を表わしている．本書では，この概念の選択的用法がいろいろな箇所で用いられるであろう．弁証法の第一義的な意味は，現実の相互構成という観念である．弁証法の最も基本的な形式は，相互作用において真実や知識を組み立てる2人の（あるいはそれ以上の）人間を必要とする．1926年発行の著書の中で，ピアジェが相互構成を明確に説明し，「構成主義者」の立場に戻ったとき，彼はこの重要な観念から去っていったように思われる．構成主義者の弁証法では，人間は，環境との相互作用を通して自己の内部に世界を構成するという．このように，弁証法の最も基本的な二つの形式には，他者との相互構成，そして自己の内部での内

的構成が含まれる.

　実践的公式化における弁証法は，専門家が人間－環境相互作用と称する関係にも現われる．人間の環境との関係，および他者の中に各々が引き起こす変化は，決定的な弁証法の公式化である．セラピストとクライエントの関係も，知識と真実に対する弁証法的かつ相互構成的アプローチと考えることができる．その他，本書で論じられる重要な弁証法は，同化と調節，分離と愛着，そして意識と無意識についてのものである．これらの弁証法では，それぞれ二つの概念が互いに対立して定義されている．弁証法的進展，あるいは発展的統合を提供するのは，こうした対立の関係に他ならない．

　以後，「弁証法」という語は，異なった文脈で，いろいろな意味に用いられる．これらの区別となる特徴には，二つの主要な公式が基礎となっている．第1は，弁証法とは，常に存在し活動している一定の過程であるということである（これは，ピアジェが述べた幼い子供たちの例が示している）．このような場合，弁証法は参加者側に意識的な自覚がなくても起こる．この過程についての気づきの同じような欠如は，クライエントとセラピストとの間にも，また私達が経験する事実上，すべての相互作用においても起こりうる．第2は，人間は弁証法的過程を意識するようになり得るということである．この気づきは，特に家族療法やフェミニスト療法などの療法中に現われる．これらの療法は，人間－環境相互作用としての面接過程の検討を試みている．言うまでもなく，感情転移と逆転移の論争，あるいは関係についての論争の考察には，これと同じ弁証法の気づきが含まれる．要約すれば，弁証法とは，たとえ意識されなくても常に存在しているのである．「人間－環境」的相互作用という言葉は，カウンセリングと治療の専門家には馴染みが深いが，「弁証法」の代用語として，しばしば使用されているのかも知れない．

　思考あるいは活動の「真理値」は，心理療法の結果の検討には不可欠である．プラトーはこの問題について，かなり詳細に考察を試みている．それは治療の究極の目的にとって一つの指針となる．

弁証法的真実の本質

　弁証法は，現実を相互構成することを意味している．プラトーは二つの異なった構成概念を用いて，弁証法的真実の最高位レベルを論じている．プラトーによる意識の最高位レベルの複雑性を理解するためには，エピステムとノエシスとの区別立てが重要である．

　エピステムは，「知識」という語に相当する．知識とは，真実を探究した結果である．知識の例には，ニュートン派による物理の理論をはじめ，ケリーの人格発達観（ただし，その思考過程ではない）や，さらにはイタリアのパスタの調理法の整理の方法でさえも含まれる．こうした知識のモデルの一つ一つについて，その理論が築かれている基礎的前提を考察することができる．知識は歪められて究極の「真理」となり，固定的になることが多い．宗教や治療理論の中には，この種類の知識であるものもある．「絶対的で，常に変化する真実は存在するか？」という疑問によって，論点は曖昧にされてしまう．この場合，その真実が存在すると主張する人々が，信仰を知識に飛躍させて来たのである．

　ノエシスは「知性」と訳すことができ，知識とは極めて異なる弁証法の見方を表わしている．理性的なものの考え方をする人は，真実をより曖昧なものと認識しており，さらに，知識は消え去り，新しい形に変化すると信じている．アインシュタインはニュートンの仮説に挑戦し，それを変えることによって，物理学に新しい学説をもたらした．逆説的に言えば，アインシュタインの学説は真実の相対性という観念を保持しながら，それ自体は知識へと形を変えているのである．知識と知性は，両者独自の弁証法的関係において存在するように見える．

　このことは，ケリーの研究で例証することができる．それはまさに知識を表わしている．そのうえ，ケリーの人格構成体の理論を活用すると，彼の理論が絶えず変化し発展していることが明らかになる．ケリーの研究は永続的であ

り，また変化もする．

　知識と知性の概念は，心理療法の理論と実践に直接的に適用することができる．確実な知識を求めているクライエントとセラピストは，単一の世界観，または事象の解釈に焦点を合わせ続けることができる．治療にとってより大きな目標は，知性である．つまり，真実は新しいデータと理解とによって変化するという意識である．換言すれば，クライエントが問題を解決するたびに，新しい問題が現れるのである．

　「それは事象ではなく，事象についてのわれわれの見解である」．これは1世紀のストア派の哲学者エピクテタスの注釈であるが，知識と知性の世界における抽象的な論点が最もよく要約されている．クライエントは現実について混乱して治療に来る場合が多く，彼らは現実についての二者択一的な考えによって，困難な状態に追い込まれている．フランクルのロゴセラピーや認知的アプローチをはじめ，他の多くの治療方針が主に関心をもっているのは，個人が自己およびその状態について考える考え方を変容させることであり，行動的変化という可視的世界についてではない．治療中のクライエントのために，真実処理の適切な様式が徐々に発達するように弁証法的動きを促すことが仕事である．クライエントが，究極の「完璧な」真実を追求するのは特徴的なことである．このエピステム，すなわち知識の探究は確かに有用であるが，同時に，この探究はノエシスの気づき，すなわち，知性のもっと曖昧で変化する真実の気づきを妨げたり，難しくしたりすることがある．

　治療の理論は，定義上は「ゲームの勝敗に直結しない」．つまり，それは知性的世界に関与している．しかしながら，理論化の試みの多くは，クライエントの直面する現実に対応することに失敗している．このことは，唯一の「最良の」方法あるいは理論をひたすらに探求する試みに特にあきらかであり，そこでは，それぞれ個人によって必要性も様々に異なるということが考慮されていない．とはいえ，今日，この研究領域は，理論間の共通性の探究に再び向っており，さらに治療の「最終的真実」は，以前信じられていたほど最終的ではないことが，次第に認識されてきたため，現在，折衷主義的立場，あるいはメタ

理論主義的立場に移行しつつあるといえよう.

　プラトーにおいて必ずしも明確でない点がある. それは, 外観と理解度の区別立ては有用ではあるが, あくまでも単なる区別に過ぎないということである. プラトーは, 弁証法に実体を与えるために, 概念と対象を区別する必要があった. 彼の後期の作品である *Sophist and Parmenides* の中では, この区別に対して反対の論議を展開している. 例えば, 自然の知識については, それは *Republic* で述べられた以上に到達できるものであると論じている. プラトーが追求した外観と現実の最終的な統合が, 本書の特別な目的の基礎となっている. すなわち, 多くの区別立てをしてはいるものの, 究極的には, 人間と心理学についての統合的見方を重視する. 差異, 区別, 弁証法は有効なものであるが, 基礎となる統一体を不明瞭にすることがある (区別と差異にもかかわらず存在する統一体の概念については, 最終章で考察する).

　このように, 弁証法的真実の本質に関する議論では, プラトーの伝統的な解釈, およびプラトーとピアジェを比較した図3について特に批判することを目的としている. ここで述べられたプラトーについての特殊な解釈とは, 知識あるいは知性の「より高い」形式は, 必ずしも存在しないということである. むしろ, 両者は弁証法的関係において存在するということである.「より高い」および「より良い」という概念は, 個人の準拠枠と信念の体系によって左右される. したがって, 図3の線形モデルは記述的には有用であるが, 不完全である. 故に, 発達のメタモデルとして, 統合された視覚モデルを次に提示する.

心理療法のメタゴールとしての意識の発達

　図4では, 意識の発達についての統合モデルが示されている. このモデルは, 球形の枠組みの中で線形, 円形, 螺旋形のモデルが同時に作用するという発達心理療法の志向性を表わしている. この視覚モデルが, 線形モデル, 階層モデル, 関係モデル, および螺旋形モデルを一つにまとめる試みであることに注目すべきである. さらには, このモデルでは, ある様式を他よりも「高位」

であるとは考えないのである．プラトー派による知性（ノエシス）の概念が，このモデルの中核部に位置している．人はいったん知識（エピステム）に到達すると，それ以上の知識と経験がノエシス（知性）によってそれを「解体」するものである．新しい発達課題が待っている．私達の存在の核心は，発見よりもむしろ探求であると論ずることができる．

発達心理療法のモデルは，その志向性において弁証法と見なされるべきであ

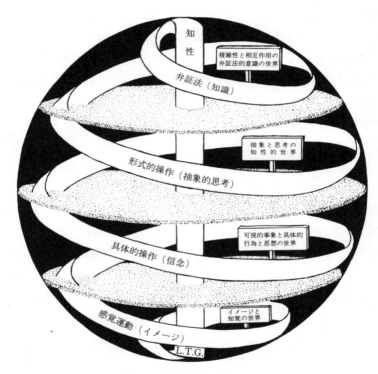

図 4　発達の球形モデル

注　発達の全次元は同時に活動しているが，やがてある時点で一つの局面が焦点の中心点になる．次の段階への確実な変換が可能になるまでに，技法と知識の適切な土台が各レベルで必要である．

出典　この球形モデルは，グラディが最初に描いたものである．グラディの許可を得て掲載．

1. 発達理論の臨床への統合　*27*

る．人間 – 環境相互交渉の恒常性ゆえの弁証法である．特定的に，クライエントは螺旋状に進行する発達で表わされる．クライエントは，球形の視覚的表現で示され，この中には四つの主要次元，すなわち，イメージと知覚，可視的事象と具体的行為と思想，抽象と思考，および複雑性と相互作用の弁証法的気づき（意識）などの世界が存在する．この環境とクライエントの対話あるいは弁証法こそが，発達，変化，そして，成長を導くが，また安定とホメオスタシス，固着，あるいは不動と異常という結果をも招来するのである．

　視覚モデルが説明するように，私達は，見る，聴く，触れるという感覚的様態を通して，まずデータを受け取る．次に，これらのデータをシェマまたはシステムに整理する．この場合のシェマやシステムが，環境への予測可能な具体的操作を可能にする．こうして，形式的操作あるいは抽象的思考を通じ，自己の行為と思考を反省することができるようになる．最後の第4レベルでは，弁証法により，全体の過程と相互作用の結果を意識することが可能になる．

　個人は始点に戻ることができるため，発達の第4レベルは必ずしも最終段階ではない．このことは，「出発したところに到達し，その場所をはじめて知ることだろう」とエリオットが示唆している通りである．第1レベルへの帰着，そして新しい発達課題との直面は，発達の螺旋的進行を描き，過程に対する気づきと始点への回帰を意味している．このとき，始点といえどもそれは同じではないという新しい気づき（ノエシスすなわち知性）が伴う．弁証法的気づきのもう一つのタイプ（エピステムすなわち知識）は，人を始点に戻るよう導くが，自分は始点にたち戻り，単に円を描いているに過ぎないという気づきは伴わない．

　ギリガンの関係，あるいは全体論的モデルをこの球形モデルに重ねた場合，始点への回帰は単なる循環ではなく，それとともに関係に対する鋭い気づきを伴い，発達の全次元がどのようにして同時に存在し得るかが明らかになる．他者および環境との弁証法的関係のため，球体は拡張し，形を変えるかも知れない．例えば，生態学の動態は，始点への回帰という，このタイプの気づきを表わすといえるが，しかし，それは上方向へ動き続ける必要はない．

前述の 10 歳のクライエントが 20 歳になって，まだ散らかった部屋で生活していると仮定してみよう．部屋の状態は個人の生き方の隠喩であることが多い．このクライエントは，本章の初めに提示した通りに，セッションを開始するであろう．「私(僕)の生活はひどいものです」と言い，何となく手を揉み続けるであろう．セラピストは，クライエントの生活について具体的なイメージや特徴を尋ね，〈一つの〉状態のいくつかの具体的な局面を明確にすることにセッションの焦点を合わせる．

一つの項目（散らかした部屋など）にセッションの焦点を合わせた後，セラピストはクライエントが部屋をきちんと整頓するのを援助するという方向で働きかけることができる．この時，最初に何を片づけるかをクライエントに考えさせ，さらにクライエントが積極的に出ていって，部屋を掃除するように示唆する．

いったん，部屋をきれいに片づけたあとで，クライエントに，部屋を整頓すると，どんな感じがするかをよく考えさせ，「自分の行為を整理する」ことが必要な他の生活状態を探すように励ますことができる．この内省的過程によって，クライエントは，外観の世界から移動し，抽象と思考の世界に引き込まれる．これらの内省から生活様式のパターンを発見することが可能になる．

治療が進むと，クライエントはパターンのパターンについて考え，自分が機能している状態についての知識を獲得し始める．自分と世界がいかに相互に影響し合っているかについてのこの新しい知識は，多くの変化のための重要な手段を提供することになる．ところが，知識そのものが矛盾を提示することがあるため，新しい知識は単なる知識であり，その真実の価値は消えてしまったという知性と気づきをクライエントは獲得する．この場合，クライエントは治療の新しい発達課題に直面することができる状態にある．知識レベルに固着したままの状態である場合は，「生活は混乱している」というテーマに関する堂々巡りか，少し形を変えて繰り返されるパターンが予想される．この循環は問題にもなり得るし，新しい関係の理解ともなり得る．再度ながら，上方向への移動が必ずしも良いとは言えないのである．

知性（ノエシス）によって，クライエントは，さらに別の発達課題のために再び始めに戻ることができる状態となる．クライエントは部屋をきれいにしたため，今度はもっと複雑で混み入った課題，すなわち恋人や子供との難しい関係を整理するという課題に取り組む準備ができている．発達には特定の終りがないように見える．発達は過程ではあるが，同時に，絶えず変化する意味や活動の結果でもある．自分の部屋の整頓に関する知識の結果は，自分の生活全般をきれいにする必要性に関する新たな知性に通じる．

治療における「治癒」の定義の一つは，治癒は存在しないということであり，また新しい環境的現実や偶然の出来事に順応する必要性と変化に，人は常に理知的に直面しなければならない，ということである．この弁証法的気づきにより，クライエントは自分自身の主題や生活状況に没頭していることも発見し，内省する自分を内省する内省の世界に入ることもできるであろう．この絶え間のない内省により，クライエントは再びイメージの世界へ，そして人生に対処するために，そのイメージを組織的に組み立てる必要性へと究極的に導かれる．具体的外観の世界も抽象的観念の世界も，どちらも独立しては存在し得ない．仮象と現実，すなわち抽象と具体的事象は，両者が一方を定義するために必要とされる統一体を表わしている．

理 論 を 実 践 へ

本書の大まかな概念的枠組みを本章で示して来た．けれども，発達心理療法とは単なる理論ではない．〈実習〉，すなわち理論と実践の統合を目ざすものである．

次のサムライ（武士）剣士の話には，こういった実習についての隠喩が示されている．

　　日本人の名人剣士達は，複雑な一連の細部にわたる修行を通して技を習得する．理論的分析と考察とによって，名人に達する剣術の過程は具体的な構成要素に分解され，要素ごとに入念に研究される．この専門的

技術に精通する過程において，生まれながらの剣の達人は，しばしば刀の扱いがかえってぎこちなくなることを発見する．熟達した剣士は，個々の技の練習中に，自分の技全体が低下することに気づくことさえある．〈自分が何をしているかを意識することは，協応と円滑さを妨げることがある〉．

いったん，個々の技を練習して完全な域に達すると，サムライは山頂へ隠遁して瞑想にふける．自分が習得したことをすべて故意に忘れる．現実世界に戻ったとき，個々の独特な技が，自分の存在のあり方の様式に渾然一体となっていることに気づく．そのとき，サムライは技について考える必要がほとんどなくなっている．彼らはサムライ剣士になったのである．（アイビィ，1983a，p. 37．ハワイ大学 Lanettee Shizuru との私信，1980 年 12 月による）．

これと同じモデルは，テニス，バレエ，料理など多くの生活活動の学習に関しても有効である．実践は統合に到達し，存在の自然な状態に通じる．〈実習〉は，技法と理論の統合として，また不自然な認識論上の区別立ての排除として説明することができる．

理論と実践を統合するという目標のため，本書の各章に「理論を実践へ」というセクションを設ける．このセクションは，マイクロトレーニングの方法論（アイビィ，1971；アイビィとオーサー，1978）で有用であることが証明された標準フォーマットに準ずる．中心的構成概念が簡略な形式で表わされ，次に一つ以上の体験的練習が続き，構成概念が具体的に説明されている．教示方法は社会的学習理論（バンデューラとウォルターズ，1963）が原点となっているが，ブレンターノの行為の意図性（1874）にも負っている．関係のある思想（構成概念の表象）と活動（体験的練習）は，実習において一つになる．それに続く概要の部分の目的は，認知的素材を活動と行動へ移行させることである．

これらの練習で提示される重要な弁証法は次の通りである．

1) セラピストとクライエントの相互構成．

1. 発達理論の臨床への統合　*31*

2）　クライエントの内面的構成の変化（おそらくセラピストについても同様
　　である）．
3）　セラピストとクライエントの両方を観察する観察者の相互作用．
4）　セラピストとクライエントを観察する観察者の集団的省察（または観
　　察）．

構成概念 1　〈発達はカウンセリングと心理療法の目的である．〉　変化，成
長，創造性，変換，および進化は，すべて発達に関連している．その場にじっ
としている，変化を拒絶する，あるいは変化することができないなどという状
態は，発達とはいえない状態である．

（**1**）　**学習目標**　　不動の状態および固着と対比させて，様々な発達のモデ
　　ルの例を定義し提示できるようになること．

（**2**）　**認識事項**　　発達心療療法の基礎となる基本的枠組みを，次の主要な
　　4 次元の構成として表わす．すなわち，

　　　1）　哲学的立場．
　　　2）　人間発達の理論．
　　　3）　治療とカウンセリングの実践．
　　　4）　治療セッションの相互構成モデル．

　　である．発達を定義し，発達過程の重要な対立概念形成のいくつかを要
　　約した．

（**3**）　**体験的学習課題**　　初めの部分の抽象的概念をさらに個人的に意味の
　　あるものにするために，次の練習の一つ以上を用いることができる．

　　　a．発達の中断および停止の例を自分自身の中で確認する．その例
　　を書き留め，仲間と話し合う．

　　　b．発達的変化および成長の例を自分自身の中に確認する．自分は
　　どの段階にいたか，そして，今どこにいるか？　何が起きたか？　何が
　　動き出すときに助けとなったか？

　　　c．本章の冒頭のページにある 10 歳のクライエントの例を考える．

「生活が混乱している」という問題を抱えた段階にいる自分自身を想像する．仲間と役割演技の治療セッションに参加し，そこで「生活が混乱している」という我慢できない状態にいる自分を想像する．何がきっかけで，行きづまりから開放された状態になり，発達的動きの再開が促されるだろうか？

d．図1の三つの理論的モデルについて考える．これらは自分の理解をどのように深めてくれるだろうか？

構成概念2　〈プラトーもピアジェも人間発達の理論家であり，両者の理論構成は驚くほど似ている．〉

(1)　**学習目標**　二つの発達理論の枠組みを記述し，その類似点と相違点を書き留めることができること．

(2)　**認識事項**　図2および図3は，この構成概念に関する多くの重要な観念を要約したものである．本書の，これらの図に関連している諸概念は，発達心理療法の基本的構想を理解するうえで，特に重要である．これらの考え方については，本章で既に述べられている．

(3)　**体験的学習課題**

a．子供達やその発達について考える．初めに，ピアジェ派の理論枠組みの各段階を例証する子供達の行動を確認する．次にプラトー派のシステムを採用し，プラトー派の用語を使用した場合，どのように子供達の行動を記述し直し，考察することができるかを確かめる．ピアジェはプラトーをさらに拡大し，プラトーはピアジェを拡充しているだろうか？

b．4段階から成る理論枠組みの各段階を象徴する具体例を自分自身および自分の発達の中に確認する．外部の可視的世界とその世界の特性について考える内的世界との間にある境界線は越えるのが難しい線である．青年期の怒りと欲求不満は，この線が越え難いことを例示している場合が多い．青年期は，自己についての発達しつつある意識にとっ

て，厄介な段階だからである．

構成概念3 〈知性（ノエシス）と知識（エピステム）は，プラトーの第4段階の主要側面である．本書の全体的な議論には，知ることのできる真実と，捉えにくい真実を区別することが重大である．〉

（1）　学習目標　　知性と知識を定義し，両者間の相互作用について自分の個人的経験から例を挙げることができるようになること．

（2）　認識事項　　14〜16ページおよび23〜25ページは，本項の概念の諸定義についての略述である．いかなる知識も最終的に不変となるものではないため，知識は「下位の」状態と見なされている．私達の発見は，新しい情報によってしばしば覆される．知性は，私達の気づき，あるいは知識が一時的なものに過ぎないという気づきであると要約することができる．一つの信念は，たとえ何世紀にもわたって続いていたとしても（例えば，地球は宇宙の中心であるという信念のように），新しいデータの出現によって覆されることもある．しかし，それでも知識と知性とは弁証法的関係において存在し，そこで両者はそれぞれ究極的な定義のために，相互に依存し合っているように思われる．

（3）　体験的学習課題

　　a．子供の時に固く信じていた信念で，後の発見によって自分の知識は不充分な土台に基づいていたと気づいた例を自分自身の中に確認する．職場もしくは家庭での最近の問題に，これと同じ過程を適用する．自分が個人的に持っていた信念の中で，新しい知識と経験によって覆された信念はどんな信念か？　知識と知性間の相互作用あるいは弁証法は，自分自身の生活の中では，どのような役割を果たして来たか？

　　b．真実の二つのタイプを代表するような友人，同僚，あるいは家族のことを考える．これらの人々がかたく信じている信念にかかわる行動と思想にはどのようなものがあるか？　彼らをそれに固執させているものは何か？　彼らにそれを思い切らせたものは何か？　捉えにくい知

性に深く傾倒しすぎて，絶えず考えを変え，決してはっきりした態度をとらない人を知っているか？

　　c．　自分の家族の難問に対して「正しい」答えを持っているクライエントと一緒に実験的役割演技に参加する．このタイプに共通する問題の種は，子供や結婚の問題について，相手を責める配偶者である．傾聴技法を使用して，クライエントの世界観を引き出す．それに代わる問題は，役割演技の対象となったクライエントの側が強く持っている信念についてであろう．この役割演技の目標は，相手のものの見方の「正しさ」を批判することではなく，現実についての独特の構成の中に入り，それを理解することである．この練習では，正しさを知識の隠喩，そして概念構成システムをゆるめることを知性の隠喩として解釈している．

構成概念4　〈弁証法は治療過程の中核をなす．〉　一つの観念，概念，あるいは事象を構成するには，二つの部分が必要である．「二つ」とは，1人の人間の精神における二つの構造であることもある．現実の相互構造が意味するものは，私達は対話および相互関係の中で生活しているということである．

（1）　**学習目標**　弁証法を定義づけ，活動における弁証法の事例を挙げ，治療の相互作用における自分自身の弁証法を考察することができること．

（2）　**認識事項**　19～25 ページでは，弁証法の考え方が簡潔な形式で略述されている．この時点での治療における弁証法は比較的新しく，用語およびその意味合いのしっかりした理解を発展させることは難しいかもしれない．本書の後半の部分（第6章と第7章）の内容が示しているのは，弁証法とは，2人の人間の相互作用——それが治療である——を説明するための，単にもう一つの表現であるということである．本書では，弁証法が頻繁に用いられるため，次の二つの主要な定義を心に留めておく必要がある．

　　1）　ピアジェが描いた2人の子供，あるいは治療中のクライエント達

が使用する過程としての弁証法.

2) 上記の過程の気づき.

（3） 体験的学習課題

a. 本章で記述された子供達の対話を音読し，それからピアジェの4段階の理論枠組みについて討議することが役立つであろう．個々のコメントは次のコメントで修正され，そのコメントは次のコメントでさらに修正されるというこのモデルは，弁証法の展開の動きである．弁証法に気づくことが難しいときもある．それは，私達のすぐ前にあり，私達は自分の存在の一部のようにそれを体験するからである．弁証法的気づきを発達させるためには，個人が相互作用に気づくことが必要であり，そうすれば，新しい，より深いかかわり方で，他者との関係を持つことができるようになる．

b. 親と話をしている子供を観察する．初めに，親の言葉が子供に与える因果的影響を観察する．親が子供の行動や言葉の変化の「原因」となっていることに気づくだろう．

次に，子供が親に対して持つ影響を観察する．子供はどのように親の言葉と行動の変化の「原因」となっているか？　親は子供の順応行動に基づいて，どのように自らの行為を適合させるか？

誰が誰を変化させるかということは，観察者のものの見方によって左右される．弁証法では，相互の因果関係と変化，そして観念と行為の相互発展を認めている．両者を同時に観察し，自分の目の前にある多重チャンネルのコミュニケーションを分類することの難しさに気づく試みをしてみよう．このように観察において個人的混乱と困難を経験するということは，弁証法に自分が関与していることを表している．自分は相手の行動の原因となっているのだろうか？　それとも相手が自分の行動の原因となっているのだろうか？

c. しばらくの間，自分の思考過程について考える．リラックスし，心に浮かぶ観念を，何でもよい，二つ取り上げる．二つの観念は，関連

している必要はない．両者を互いに関連づけて考えてみる．両者の間に
どのような類似点，あるいは結びつきがあるか？　どのような相違，あ
るいは分離があるか？　これら観念について熟考を重ねるにつれて，自
分が二者の関係の弁証から新しい観念を創造していることに気づくであ
ろう．

　この内的対話すなわち弁証法は，ピアジェが自らの生涯を通して精密
に調べ，描こうと試みたものである．弁証法は，子供の現実の構成，お
よび成人の生活における新しい観念と思想の構成にとって固有の創造的
過程である．

　d.　もう1人の人間との討議を録音テープやビデオテープに記録し，
あるいは役割演技をする．理想的には，その討議は，まだ未解決の問題
に関する対話でなければならない．5分後にテープを止め，各々の言葉
を吟味し，自分とパートナーが相互に与える影響に注目する．観察者に
役割演技の構成に関するコメントを求める．次に，その観察者が述べた
自分の弁証法についての構成や強制をコメントする．すなわち，自分を
観察する観察者を観察するのである．

要　　約

　本章は，意識と認知の発達に対する構造化されたアプローチを確認した．こ
のアプローチは幅の広い内容の様々な状態に適用することができる．ここで提
示されている諸構造は，子供の発達，面接におけるクライエントの変化と成
長，治療とカウンセリング理論における発達などを説明するために使用するこ
とができる．
　統一された発達心理療法の球形モデルでは，発達構造に焦点を合わせたこと
により，カウンセリングと治療の上位目標として，意識の変化を考察すること
が可能となる．しかし，意識の変化は，現実世界で同時に起こる行動の変化を
伴わなければその価値に欠けることになる．本書は，認知的発達に焦点を合わ

せているが，行動の発達や増加し続ける次元における行動の選択性の発生には，認知的気づきの増大を伴わねばならないということは重要である．

　本章は，発達がカウンセリングと心理療法の目的である，という記述から始まった．その目的に向かう一つの重要な道は，意識の組織的な発達であるということを，この発達心理療法のモデルが示唆する．続く各章では，この考え方をより詳細に述べ，認知的発達と行動的発達を促すために，特定のカウンセリング技法と治療技法をどのように使用するかを，例をあげて説明する．

　次の章からは，カウンセリングと治療における理論と方法の両方に焦点を合わせていこう．クライエントの発達的移行を促すために，具体的な提案を述べる．クライエントによっては，他のクライエントと異なったカウンセリング理論や治療理論の方が効果的な場合もある．したがって，発達状態の評価が重要な論点となる．いったん，クライエントの発達レベルと認知的レベルが判定されると，クライエントとともに，そしてクライエントのために，発達を組織的に計画することが可能となる．

　第2章では，弁証法の概念をさらに詳細に考察し，こうした理論構成を生物学的発達およびカウンセリングと治療の研究に関連づけている背景的情報を提供する．クライエントとセラピストの「発達的バランス」に関連する重要な概念として，ピアジェ派による同化，調節，そして均衡化という構成概念を探究する．

2

人と環境の弁証法
——治療状況の意味を読む——

　意識は真空の中では発達しない．それは他者との弁証法的対立の中で動き発達する．本章の焦点は，環境とそれが個人の発達に与える影響とに絞られている．人間－環境相互交渉は，弁証法的関係の中でおそらく最もよく知られている形式であると考えることができる．

　アルトマンとゴーバインは，「個人的存在と社会の相互作用」としての弁証法について論じ合っている（1981）．この個人－社会あるいは人間－環境の対話から，次のような結論が導かれる．

　　　対話は，物理学的，そして心理学的世界の機能に関する統一世界観もしくは一連の前提条件を生み出す．（これらの）対立的過程は，……起こり得る一連の関係と（ともに）統一システムとして機能し，……（そして）その関係は力動的である．変化は時間を超えて，事情につれて起こる．……続いて起こる変化，すなわち累積する変化は，ヘーゲルの観念に関連している．これは，命題と反対命題とは，反対事象を新しい現象に取り組む一つの総合体によって解くことができるという観念である．
　　　　　　　　　　　　　　　　　　　　　　　　　　　　　　　　　（p. 286）

要約すれば，人間と環境についての対話あるいは弁証が示唆するところは，人間は環境に影響し，環境は人間に影響しているということである．人間と環境の関係は，おびただしく，力動的であり，変化しているが，ともに常に統一さ

れた全体なのである.

　本章の具体的な目的は，治療としての人間と環境の弁証法の基礎にある四つの主要概念を提示することである. 発達としての生物学的進化のモデルを原型モデルとして示す. 同化と調節を定義し，それらを治療過程に関連づけ，さらには，情報処理論を同化と調節に関連づけている. 最後に，均衡化における発達心理療法の立場を述べているが，これは，発達心理療法のモデルを使用した体系的評価方法の最終的な開発には，特に重要である.

　治療における人間 − 環境相互交渉の含意を考察してみよう. 治療とは，クライエントの成長を促すために，セラピストによって，ある環境が提供される関係であることを，必ず思い出さなければならない.

ある古いジョーク

　ロジャーズと自殺希求の患者についての古い物語がある. クライエントが自殺について話しており，ロジャーズは，絶えずクライエントの鬱状態の感情を反映して返す. クライエントは，ついにセッションに飽きてしまい，窓の所へ行って外を見る.

クライエント：窓から外を見ていると，飛び降りようと思うんです.

ロ ジャーズ：窓のところにいると，飛び降りたくなるんですね.

クライエント：はい，我慢できない状態なので，私は…….

ロ ジャーズ：あなたは我慢できない状態にいると感じ，よじ登って窓の外に出たいと思うんですね.

クライエント：はい，飛び降りるんです.

ロ ジャーズ：飛び降りるんですね.

クライエント：さようなら！

ロ ジャーズ：さようならと言いましたね.

クライエント：グシャッ！〔飛び降りた音〕.

ロジャーズ：グシャッ！

　このジョークでは，ロジャーズに対しては不公平であるが，読者は過去にそのジョークを真に受けた人々を思い起こすであろう．筆者は，大学院での2回の1時間セッションを，はっきりと思い出す．そこで，筆者は，同輩の学生の1人が，まる2時間沈黙を続けるという仕事を「やり遂げる」のを観察した．私達はそのとき，彼の行為を賞賛した．

　セラピストはクライエントのために，あるタイプの環境を提供するということが明確に描かれているので，この古いジョークと実生活でのそのジョークの好例をここに挙げた．発達を可能にし，第1章で示した意識のレベルの間の移行を促したり，あるいは妨げたりするのが，この環境である．ロジャーズは，セラピストの面接場面の支配という伝統を断ち切ったのである．そして，セラピストという〈人間〉が，クライエントに起こり得る変化に対して，強い影響を与えることを指摘した．存在と生成を重視することで，ロジャーズはさらに存在論的な治療へのアプローチへと進んだ．それは，セラピストとクライエントの弁証の統合を認めるアプローチである．

　信奉者達が時折極端に走ることもあったが，ほかの誰でもないロジャーズが，治療において援助の環境を提供することの重要性を確立した．ロジャーズは温かさ，肯定的な関心，および共感の大切さを強調しながら，治療環境の重要性を力説した．セラピストが支持的環境を提供している場合，クライエントが成長し発達する可能性は高い．援助の分野に対するロジャーズの偉大な功績の一つは，この環境の重視なのである．

　他のタイプの治療は，クライエントに異なる環境を提供する．クライエントは，カウンセリングと治療の人間－環境相互交渉を通して，発達課題に取り組み，発達段階を進むことができる．各々の治療は，様々な方法でクライエントの動きを援助するが，こうした治療アプローチの様々な環境については，第4章で考察しよう．

　発達心理療法は，多くの異なった領域の変化と成長についての考え方を統一

することを追求して来た．次に挙げるのは，発達過程の基本となる順応の生物学的モデルである．

順応としての進化：生物学的および心理学的モデル

進化とは，過程であると同時に，結果である．進化的順応の結果は，生物学的有機体の明白な特性に明らかである．例えば，雉の翼の構造，尾羽の大きさ，社会組織のための遺伝能力などのように，それらは様々な構造として現われることがある．同時に，このような〈現在の結果〉は，未来の新しい結果に通じる〈過程〉でもある（アイビィ，ハースト，1971）．

人間の発達について類推すると，発達した技術や結果は，同時に知識と知性の新しいレベルに通じる過程であるということができる．例えば，発達した技術や結果としては，手－眼の協応，あるいは治療セッションにおいて，感情を反映する能力などがある．手－眼の協応が，音階と楽譜を読むことについての知識と結びついた場合，それはピアノの演奏をするという結果を導くことができ，次はこの結果が過程となって，それ以上の結果を導くことができる．クライエントの場合，受動性という行動的結果は，後に過程となり，主張性の欠如，能力利用の失敗，自己有効性や自己価値の欠如などの様々な人格的結果に通じる．もちろん，こうした技術は，単に生物学的なものではなく，社会－個人史が進化した結果でもある．

一つの生活体がどのような特性を持つことになるか，および真にどの生活体が生存することになるか，その選択は，ある一定の要因で決定される．第1の要因は，遺伝学的なものである．遺伝子は特定の生物学的構造を生み出し，偶然性の変異が，その構造内の多様性を準備する．ただし，どの構造が生き残るかを決定するのは，自然選択と環境フィードバックである．実際，構造内の偶然の遺伝的変化は，環境フィードバックにより生活体の生存と繁栄が可能になったときのみ作用し，安定化する．負のフィードバックは，新たに獲得した構造の喪失，あるいは生活体そのものの絶滅に帰することもある．

2. 人と環境の弁証法 *43*

　この進化モデルの中では，生活体のすべての活動や物理的特性は，最大の生存確率のための適応構造である．ローレンツが著したセイラン（雉の1種）の行動と生理学的適応の生物学的モデル（1966）が適切な例を示している．

　　雄に色鮮やかな羽，奇異な形状などの大袈裟な発達が見られたときは，いつも次のような疑惑をもつ．雄は，もはや戦えなくなってしまい，交尾の相手を選ぶときの決定権は雌にあるのではないか，そして雄は，この決定に異議を唱える手段を失くしているのではないかと思うのである．極楽鳥（フウチョウ），エリマキシギ，オシドリ，そしてセイランがこうした行動の例を示している．セイランの雌は，雄の大きな次列風切羽に反応する．その羽は美しい目のような斑点で飾られており，雄は雌の前にそれを広げて求婚する．それが非常に大きいので，雄はほとんど飛ぶことができないが，羽が大きければ大きいほど，余計に雌を刺激する．一定の期間中に，雄がもうけた子孫の数は，この羽の長さと正比例する．その極端な発達が，他の点でたとえ不利であっても，たとえばその巨大さのために他の食肉動物の餌食になり，その間にさほど極度に大きくない羽を持つライバルが逃げてしまっても，それでもこの雄鳥は，より平凡な雄鳥よりも沢山の子孫を残すであろう．巨大な翼の羽を持つ傾向は，種の利益に全く反していつまでも保たれる．雄の翼の小さな赤い斑点に反応する雌鳥を充分に想像してみることもできる．斑点は翼をたたむと見えなくなってしまい，雄の飛行能力にも保護色にも支障をきたさないであろう．しかし，セイランの進化は，袋小路に陥ってしまっている．雄たちは，できるだけ大きな翼の羽を作り出す競争を続け，雄も雌も決して分別のある解決に達せず，この馬鹿げた行為をすぐに止める「決心」をすることはないであろう．　　　　　　　　　　（p. 37）

　セイランの環境は，次列風切羽の進化的適応を同時に支持し，反対するフィードバックを提供している．構造の拡大を支持することは，雌を魅きつけ，多くの子孫をもうける能力である．負のフィードバックは，鳥を貪り食べ，子孫の生産を妨害する食肉動物から生じている．翼の羽の構造が残存するかどうか

は，フィードバック的適応過程によって異なってくる．

同様に，治療中にクライエントが提示する問題は，クライエントの過去と現在の環境の結果である．彼らの行動，思考，感情，そして徴候は，最初は未来の存続を達成するために発達してきたが，現時点では明らかに役に立たなくなっている．これらの心理学的構造は，かつて機能的な用途に叶っていたが，セイランの大きすぎる翼の羽と同じように，独立存在的になり，役に立たない付属物になってしまった．セラピストおよびカウンセラーとしての仕事は，新しい環境を提供することである．以前より有用で，正確な環境フィードバックを提供する新しい環境によって，クライエントは成長と発達の過程に立ち戻る．また，進化論的生物学には，特定の定義可能な結末がないことに留意することが重要であり，私達は，プラトーの知識（エピステム，結果）と知性（ノエシス，知るという過程）という概念に再度直面することに気づくのである．

まさに進化論的生物学と同じように，治療の結果には，特定の定義可能な終結がない．サイコセラピストとカウンセラーは，自分の努力の結果について話すことが楽しい．面接は，患者の生活に肯定的な変化をもたらしたであろうか？　それは時と場合によって異なる．この点については，1960年代におけるカリフォルニア州ビッグ・サー，エサレンのエンカウンターグループでの筆者の経験を挙げて説明しよう．最初の結果は良好であった．私が反応して行動するように，集団の洞察は直ちに変わったので，私は集団の過程を楽しんだ．ビッグ・サーを素足で歩き，温水を浴びるのは楽しいことであった．一週間後家にかえり家族に会って，その結果は大失敗となった．家族は，オープンシャツを着た素足の心理学者が，夫や父親であることを望まなかったのである．しかし，エサレンで学習したことは，1年後に自分の集団リーダーシップ技法の発達を促し，再びその経験が価値あるものに思われた．結果として学習したことが，他の事象に到達する過程となっていたのである．それから2年後，エンカウンター運動に幻滅を感じ，すべての努力が莫大な空費に思えた．このように，経験の評価は，長年にわたって変わり続けるのである．

環境は，明らかに私達の思考と存在に強い影響を与えている．それは，結果

をもたらすが，同時に他の結果へ通じる過程でもある．ロジャーズのいう環境が，温かさと支配的でない肯定的な関心を提供する場合，一定の結果と過程が続いて起こる傾向がある．一方，特定の目標に焦点を合わせた行動環境を提供した場合，異なる結果と過程が予測される．治療環境の性質は，後で起こり得ることに影響を及ぼすのである．

　この結果と過程に関する統合的見解が示唆するところは，カウンセリングと治療の研究における典型的な区別は，単純化され過ぎているということである．明らかに，過程と結果の分離は，研究文献が示唆するほど整然としたものではない．再び過程と結果の研究をプラトーの知識と知性の概念に関連づけてみよう．知識は結果，知性は過程に類似していると見なすことができる．いずれがより重要であるかについては，観察者の目が判断すればよい．

　生物学的（セイラン），心理学的（クライエントと私達自身），そして哲学的（プラトー的知識と知性）構成概念は，一つの統一体に融合される．過程と結果の区別は，その統一体の中で，逆説的に明確になり，同時に不明確にもなる．過程と結果とは，相異なる状態での統合であるように見え，両者がそれぞれ相手の核心的側面となっている．

　ピアジェ派の理論の二つの中心的構成概念である同化と調節とは，この統合をさらに押し進め，また人間 – 環境相互交渉としての治療環境の重要性についても，再度例証するものである．

調節，同化，および治療環境

　セラピストの仕事は，クライエントの知識と活動を，もっと役立つ公式に作りかえることである．セラピストは，この過程を助長するための環境を提供しようと努める．調節と同化とは，単一の過程（あるいは結果）の2局面である．これらの構成概念は，治療過程を理解し，あるいは導くための有効な定式化と言えるかもしれない．

　ピアジェは，同化を「精神生活の基本的事実」と見なした．これは「行動の

パターンを繰り返し，そしてその繰り返しの枠組みの中で，外的対象を利用する傾向」（p. 42）として精神生活の各段階で現われる（[1952] 1963）．同化は認知的過程であり，私達はそれによって新しいデータを生活の中に統合する．樹木を樹木として確認するのは，この対象は本当に樹木であると私達に示した精神構造が，既に心の中に存在するからである．日々の生活を営むとき，構成概念やシェマを使用することにより，理解し行動することができるのである．クライエントは，かつて自分のために作用した精神構造を同化して来たが，その構造の最初の効用が失くなった後でも，それらを頻繁に使用し続けている．セイランの過度に肥大した翼の羽と同様に，同化した構造は，もはや役には立たなくなっていることがある．

　ケリーは，人格構成体の心理学（1955）の中で，堅い構成概念について語っている——堅い構成概念とは，容易には変化しない構成概念である．セラピストの仕事は，クライエントが構成概念や観念を緩めるのを援助することである．堅い構成概念は過度の同化に他ならない．

　調節は，個人が新しい刺激に直面するときに絶えず起こる．最初は，新しいデータを既存のシェマや構成概念に同化しようと試みる．このことは，必ずしも可能であるとは限らないため，調節として次のいずれかが必要である．古い同化や，構成概念を緩めること，あるいは新しいシェマを生成して，新しい同化や構成概念を生み出すことである．この精神構造の修正または変換を調節と称する．

　同化と調節とは，一つの過程を説明するための異なる二つの表現である．調節においては，個人は環境から刺激を受け取る（そして，おそらく変換する）．同化においては，環境に働きかけ，自己のものの見方を環境に押しつける．いずれの局面も，他方がなくては成り立たない．陰と陽のように，発達の特定の時期において，両者のいずれか一方が非常に優勢で，主たる働きをしている場合でさえも，分離することはできない．これらの構成概念は，共同して発達の順応過程を提示している．

　同化と調節についての発達心理療法の構成概念は，ピアジェの独創的観念の

2. 人と環境の弁証法　　47

修正とその拡大である．こうした観念を，治療過程に関連づけようとする試み
においては，さらに深い探究の比喩として，これらの構成概念を使用すること
ができる．このような関係において，調節はピアジェが示唆したよりも幾分受
動的な行為であり，同化はより能動的な過程と考えられる．本書では，これら
の特徴の範囲を拡げて，治療活動のために，表現を明快にすることを助け，効
用を助長することを試みた．

　調節において，人間は環境を取り入れるか，あるいは環境に対して順応す
る．池を見下ろす窓から外を見つめるとき，環境全体を同時に取り入れること
ができる．環境に効果的に対処するためには，環境と合体し順応しなければな
らない．順応の失敗は，過度に硬直した構造と，新しいものに対する調節の不
能を表わす．精神力学的，あるいはフロイト的意味では，新しいデータに順応
できないことは，「記憶のない反復」と反復強迫を示している（同化がどのよ
うに行動的反復に通じているかについては，この節の冒頭にあるピアジェの論
評を参照）．

　しかし，過度に調節して環境と〈一体化〉し，自己の感覚を失うこともあり
得る．もちろん，これは多くの瞑想的訓練，すなわち〈存在する〉とは何であ
るかを問うという，経験全体において起こる．ウッディー・アレンの映画
Zelig は，あまりにも完璧に自分の環境に対して順応してしまったために，周
りの人々と同じになってしまった人物を呼び物にしている．主人公は，医師と
話をするときは，自分も医師になってしまい（あるいは医師であると思い），
会話に医学用語を使う．太った人と一緒にいれば，腹部が膨れ，無口な人と一
緒のときは，自分も無口になるのである．

　私達は皆自己の中に調節的な *Zelig* の要素を多少なりとも持っている．環境
状況が変われば，行動も反応も違ってくる．賑やかなパーティーでは，私達の
多くは他者と同じように行動する傾向があり，普段より饒舌になり，普段より
酒を多く飲む．外国に行けば，新しい環境に同調するために，ナイフとフォー
クを使って食事をしようと試みる．調節的姿勢は，他者のものの見方を採用
し，自分の認知的構造を変換するよう要求する．自分の周りのものを取り入

れ，調節することに失敗し，物事はこうあるべきである，という自分が描く絵の中に世界を曲げて取り込むとき，私達は自閉と，他者から疎隔の方向へと進むことになる．感情移入は，セラピストとして，私達にクライエントの世界観の中に入り込み，それに合わせるように要求する．ロジャーズの他者の反応の鏡映法，および広範囲にわたって用いられる傾聴技法は，カウンセリングと治療における調節的姿勢の主要な例と見なすことができる．

ゆえに，調節は，世界をあるがままに受け入れ，これらのデータを取り入れ，変換し，現実に調和するという知覚と能力の中核である．次の形式的定義は，ファースによって提唱されたものである（1970）．

　　　効果的な活動が動き出す過程は，特定の現実状態の方向に向いている．調節は一般的な構造を，特定の状態に適用する．それ自体，常に何らかの新しさの要素を有している．限定的な意味では，新しい状態に対する調節は，以前の構造の分化，したがって新しい構造の出現に通じている．　　　　　　　　　　　　　　　　　　　　　　　　　　　　（p. 157）

映画 *Zelig* の中で，アレンが演じた過度の調節が例証しているのは，調節がどのようにして，同化に近似したものに転化して行くかということである．再度，ケリーの人格構成体の用語を使えば，過度の調節によって示される緩やかな認知的構造は，あまりにも影響を受け易く，開放的になってしまったため，堅さ，すなわち同化された剛直さの形を呈するようになったのである．このように，同化と調節は，一つの過程を説明する二つの異なった表現法であることは，再び明らかである．ファースは，同化について詳しく敷衍し，次のように考えている．すなわち，同化とは「効果的な活動の取り入れ過程．環境データを取り入れること．その場合，因果関係や機械論的意味においてではなく，内部構造の一機能として取り入れる．この機能の本質により，環境からの潜在物の同化を通して，活動を追求する」(p. 158)．

同化は，自己の準拠枠から環境の取り入れを意味する．*Zelig* の準拠枠は，自分を取り巻く世界に対し，常に調節することであった．この幾分紛らわしく循環的な意味において，同化と調節とは密接に関連してはいるが，逆説的に，

2. 人と環境の弁証法　　*49*

全く別個の過程であると考えることができる．相互の弁証が，知覚の統一体を形成する．調節は同化という並行過程に密接に結ばれている．

　同化において，私達は環境データを受け取り，既に心の中に存在する構造と知識とによってそれを濾過する．例えば，池を観るとき，単に池全体を調節し取り入れはしないであろう．代わりに，個人個人独自の方法で池に反応する．生物学者ならば，池の生態系や，あるいは，シジュウカラがつがう習性に焦点を合わせるであろう．子供なら，泳ぎに行きたくなったり，葦を採集したくなるであろう．心理学者の場合は，生物学者と子供の行動を解釈し分類することに焦点を合わせるであろう．同化では，自分の注文を環境に課することによって，環境を変えるのである．

　過度の同化者は，データを呑み込み，すべてを自分の準拠枠にねじ入れる．分析の最中にいる精神分析患者を見ればよい．患者は，フロイト流の準拠枠の中で出会う人々全員の行動を解釈している．宗教団体のメンバーとの雑談は，別の例を提供してくれる．彼らは，すべてのデータを自分の観点から解釈しがちである．心理学者の学会，特に，いわゆる行動主義者と人道主義者の討論では，他者から得たデータを自分の準拠枠の中に同化する人々をよく見る．治療において，多くのクライエントに共通する問題は，自分の理論的レンズあるいは世界観を，常に自分の家族や他者に押しつけることである．再び言及するが，*Zelig* の変わらない存在モードは調節的であったが，それは，究極的には，事実上同化的になるのである．

　ロジャーズの療法は，援助に対する本来調節的なアプローチとして提示されてきた．人間中心のカウンセラーやセラピストの主な仕事は，他者の世界観を理解し，それに合わせて調節することである．対照的に，行動主義的および精神力動的方法は，しばしばクライエントに学派の理論的レンズを使わせようとする点において，元来同化的である．ただし，この区別立ては，重大な疑問を残すことになる．

　調節と同化とは，比較的明確に区別することができるが，この二つの構成概念は，最終的には分離することができない．例えば，窓から飛び降りようとす

るクライエントについてのロジャーズの古いジョークは，一見，調節の究極の姿を表わしているかのように見える．それは，セラピストがクライエントの言葉と行動を単に反映しているだけ，と思われるからである．しかし，このタイプの行動の反映を提供する場合は，強い，焦点のはっきりした理論の方向づけが必要である．これにより，クライエントは他者に傾聴し，他者に対して調節することができるようになる．したがって，究極の調節者とは，クライエントが窓から飛び降りるのを見ている人（あるいは，2回の面接の間中，ずっと何も言わずに坐っている人）のことをいう．このような調節者は，実際ロジャーズの理論的レンズを直接クライエントに押しつけているという点において，非常に強力な同化者なのである．個人個人が，支持的療法環境を与えられることによって，自分のやり方を発見できるという信念自体が，強力な同化である．つまり，特にその観点をとりたいと思うとき，調節的行動を同化的と定義できるということが，ここでのポイントとなる．

　分析心理学は，元来，同化的志向であると言われてきた．明らかに，その目標は，セラピストがフロイトによって著わされたと信じている通りの世界観を，クライエントも持つことができるようにするという場合が多い．このように，自己の信念を別の個人に強いることは，人間中心療法における活動の強制の不足と同様に，強く批判されることもある．しかし，分析心理学は，別の視点から眺めたいと思えば，調節的でもあるのである．

　古典的な精神分析の自由連想について考えてみよう．クライエントは心に浮かぶことをすべて言うように奨励され，分析者側の参加は最小限に留める．分析者がクライエントの表出を傾聴し，それに調節するとき，クライエントは徐々に統一した自己像を発達させる．分析における自由連想の使用は，ロジャーズの鏡映法の行為よりも，遥かに調節的な行為と見なすことができるが，これもまた，強力な一連の理論的法則と同化から生じているのである．

　しかし，概して，活動志向の強い療法は，本来同化的な傾向にある．例えば，精神力学的治療，論理療法，干与関係分析，および行動主義心理学は，データを取り入れ，各々の理論的レンズを通して分類する．それにもかかわら

ず，全く同化的な治療も全く調節的な治療も存在し得ないことは明らかである．同化と調節は，統一体の一部分として，ともに作用している．行動主義や論理主義の心理学者が，クライエントから受け取る新しいデータに合わせて調節できなければ，クライエントの同化はほとんど役に立たなくなるであろう．

クライエントは，雇用者の酷い待遇や，差別について不平を言う．精神分析家は，両親あるいは他の重要な〈対象〉との過去の窮境と関連があるとして行動を組み立てる．論理主義のセラピストは，事態を不合理な思考の結果と見なす（「それは本当に〈そんなに〉ひどいんですか？」）．干与関係主義（TA）のセラピストは，親，成人，そして子供の視点から事態を分析し，一方，行動主義心理学者は，刺激 - 反応条件を調べる．人間中心主義のセラピストは，一層の自己実現を求める要求の例として状態を構成する．それぞれは，各自の理論的レンズと同化に従って行動するが，同時にクライエントに対して耳を澄まし，よく聴くほどに調節しているのである．

カウンセリングや治療では，カウンセラーはクライエントの環境であり，クライエントはセラピストの環境である（図5を参照）．カウンセラーは共感的反応によってクライエントに合わせ，クライエントのものの見方を想定する．セルマンは，見方の解釈の諸段階について語っている（1976）．個人の発達が

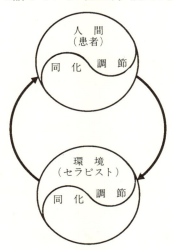

図5 治療における人間 - 環境相互作用
注 ただし，クライエントは常にセラピストの環境であることに留意しよう．

52

高度であればあるほど，他者の見解によりよく調節し，理解することができる．調節的療法は，自分がどのように現実を構成しているかというイメージを，クライエントに提供することにおいて優れている．例えば，ロジャーズ派の療法では，セラピストがクライエントの見方を解釈し，クライエントの準拠枠を反映させる．調節的カウンセリングと治療に関連するものとしては，言い換えの傾聴技法や感情の反映，最小限の奨励，要約などがある（アイビィとオーサー，1978）．セラピストは，クライエントとの共感のために努力するとき，クライエントの世界の見方に調節しようとする．

　抜群に同化的なセラピストも，注意深く傾聴することによって，クライエントに調節している．同化するセラピストは，温かさと敬意を示し，クライエントの準拠枠に高い関心を持っている．しかし，彼らの最終的な仕事は，自分の理論的視点から，クライエントの現実観を作り直すことである．同化的セラピストは，クライエントが彼らに合わせるように，クライエントを自分たちの世界観に共鳴させようとする．この場合，解釈や指示，論理的帰結，フィードバック法，対決技法などの積極技法の使用によって，それを達成することができる（アイビィ，1983a）．

調節，同化，および治療理論

　ここで，同化と調節の概念を要約して，それらを別の志向性を示す治療とカウンセリングに関連させてみることが役立つかもしれない．調節的療法と同化的療法との区別が，ここでは，普段の実践で見られるよりも大きく付けられている．前述の通り，この論議における区別立ては，通常のピアジェの系統的記述を越えてしまっている．それにもかかわらず，それらは理論的にも実際的にも役に立つ．例えば，行動主義理論は，元来同化的であると論じられている．しかし，行動主義的セッションを考察してみると，次のような印象を受けるであろう．多くの行動主義的セラピストは，なんと注意深くクライエントの世界観を理解し，それに対して調節しようとしているのかということである．この

ように，この二つの概念間の区別立てについては，常に慎重でなければならない．

次の概要は，基本的議論の要点を述べたものである．

（1）クライエントは，二つの主要な過程によって，自分の世界像を構成する．

a．**調節**：環境を取り入れ，環境に反応し，そして構造を変える．過度の調節者は，環境に「なる」．緩い人格構成概念と関連している．

b．**同化**：先在する精神構造から環境を眺め，データをその構造に適合させることによって，自分の見解を環境に押しつける．過度の同化者は，データを呑み込み，自分の関係づけの枠組みにねじ入れる．堅い人格構成概念と関連している．

c．**結合した調節と同化**：この用語は，対をなす二つの過程を分離することはできないということを，より明確に示すための造語である．同化された世界観は，過去の調節の歴史の結果である．クライエントは，母親という概念を長い調節の歴史を通して知り，あるいは同化してきた．今度は，過去の同化が，現在の刺激をどのように調節するかを決定する．過去の同化が樹木について教えていてくれた場合にのみ，樹木とその可能性を知る（調節する）ことができる．同化と調節とは，一つの統合体の対をなす局面である．対をなす過程の本質は，過度に堅いか，あるいは過度に緩い概念構成システムに結果的になるかもしれないが，透過性のある人格構成概念はこの見解と関連している．

（2）治療では，カウンセラーが環境である．カウンセラーは共感的反応（見方の取り入れ）によってクライエントに合わせて〈調節〉し，あるいは先在する理論的レンズ（行動主義，ロジャーズ派，精神力学）で，クライエントのデータを〈同化〉する．それにもかかわらず，いずれの場合も，セラピストは〈結合した同化と調節〉に関わっている．

（3）〈調節している〉カウンセラーと作業をしているクライエントの場合，自分の過去の〈同化〉をフィードバック（鏡映）させる機会を得るため，明確にされたデータによって現実の新しい構成を発達させることができる．〈同化〉

54

しようとしているセラピストと作用をする場合，クライエントは，セラピストがより実行可能であることを希望する現実の構成に合わせて調節し，それを取り入れるようになる．

（4）　すべてのセラピストとカウンセラーは，〈結合した同化と調節〉を使用するが，異なる技法と理論は，同化と調節のそれぞれに一般には関連している．

a．　**調節**：クライエントへの調節に最も関連性のある理論は，ロジャーズ派の人間中心療法である．調節と最も関連性のある技法は，奨励と言い直し，言い換え，感情の反映，要約などの技法である．

b　**同化**：同化と最も関連性のある理論には，精神力学や，行動主義，論理主義が含まれる．同化と関連性のある技法には，解釈や指示，論理的帰結法，フィードバック法，勧告などが含まれる．

c　**結合した調節と同化**：すべての理論は，傾聴をある程度重視しているので，調節を重んじることになる．ロジャーズ派を含めてすべての理論は，世界観を持っている．したがって，クライエントにその知覚を押しつけている．質問と対決の技法は，おそらく結合的技法の主要例であるが，すべての技法は，たとえ指示を提供する場合でも，ある程度調節と関わっている．

（5）　したがって，治療とカウンセリングは，人間‐環境相互交渉と考えられるが，この場合，二つの「現実」が2人の当事者——すなわちセラピストとクライエント，カウンセラーとクライエントによって交わり，調節され，同化される．

調節技法あるいは傾聴技法を用いるカウンセラーと治療や，カウンセリングに参加しているクライエントの場合，自分のデータの構成と同化を自らにフィードバックさせる機会を得る．鏡の中の自分を見る過程において，彼らは自分についての新しい見方を獲得し，自己あるいは状態についての自分の見方を同化し直すことがある．

対照的に，同化的志向の治療に参加しているクライエントの場合，セラピストの見方を共有することを期待されているため，結局，必ずしも自分のもので

2. 人と環境の弁証法　55

はない組織立った世界観へと調節することになる.

　もちろん, クライエントはセラピストの環境として作用していることを忘れてはならない. セラピストがクライエントからデータを受け取る場合, まず, それを正確に聴きとらなければならない. このとき調節的過程と傾聴技法が必要である. しかし, 過度に同化しすぎるカウンセラーもいる. 彼らは自分たちのものとは別個の現実を聴きとるのに, 短い時間しか掛けない. セラピストの過度の同化の例には, クライエントを正確に傾聴できないことや, クライエントの経験に対する曲解が含まれ, これらは, 特に逆転移現象の中に明らかに見られる. もっとも, 過度の調節もこれと同様に問題となり, 次のような場合に起こり得る. カウンセラーが, あまりにも容易にクライエントのものの見方に引き込まれ, ついにはクライエントを非現実的に擁護し, 現実について, より役に立つ別の見方の提供に失敗する場合である.

　このように, クライエントの成長が起こりうる場合には, 同化と調節とは認知的バランス, あるいは透過性のある構成概念の中に存在しなければならない. セラピストがクライエントに提供する環境は, クライエントが新しいデータ, および現実についての新しい表現と構成を同化するのを助長するものでなければならない.

　しかし, 治療環境は, 単なる同化と調節の過程より, 遥かに複雑な要素を含んでいる. おそらく情報処理理論では, カウンセリングであり, 治療である人間 – 環境相互交渉について, さらに詳しく正確な説明が提供されるであろう.

注意, 情報処理理論, および人間 – 環境相互干渉

　この節では, 同化と調節の概念を情報処理理論にまで拡げる. 私達は, 自分の存在の一瞬一瞬ごとに絶えず情報を処理している (同化し調節している). 「おかしなことに, 10秒間の思考をはっきりさせるために説明するのに, 時には, 10分間必要であった.」(ウッドワース, 1938, p. 783).

　調節と同化には, 〈注意〉の焦点に共通の接点がある. この一対の過程は,

〈注意の過程〉の統制のために，絶えず争い，あるいは弁証法的であると言われている．もちろん，注意の統制の内的中心は同化，すなわち個々のクライエントに先在する構造である．統制の外的中心は，クライエントを取り巻く環境的刺激に対する調節にある．

注意という構成概念は，調節と同化の重要性を，カウンセリングと精神療法において，さらに主要な位置にまで高めた．アイビィは，注意とかかわり行動について，幅広い考察を行っている（1971）．かかわり行動は，視線の接触，身体言語，声の調子，言語的追従などという，外的に観察可能なワトソン派の行動過程である．注意には，もっと捉え難い内省的な性質がある．

> インタビュアーは，どこか他のところに注意を向けていながら，すべての身体的および言語的表現を用いて，かかわり行動に参加することができる．注意に関するスキニーの見解は，それは個人対個人の行動的関係において，最もよく観察されるという点にある．一方，ウィリアム・ジェームズが述べた注意の焦点は，依然，もっと直観的で自律的目的をもった要素であり，直接観察しにくい状態である．

> （アイビィ，1971 年，p. 47）

同化は内部から指向された注意，調節は外部から方向づけられた注意として説明することができる．セラピストのかかわり行動と，外部から観察可能な行動は，クライエントが受け取る刺激を表わしている．注意は，内的で観察不可能な同化と調節の過程である．かかわり行動および他の観察可能な行動は外的刺激であり，それに対して注意が引き付けられる．

セラピストの側のかかわり行動は，乳児が発達の初期にしばしば注意を向ける光の刺激に類似していると考えることができる．注意は，刺激に反応する乳児（あるいはクライエント）の内的過程である．光に気づいたとき，乳児は光に関して先在する前言語的同化や構成概念を何も持っていない．したがって，乳児は，まずその外的刺激に対して調節しなければならない．その調節は，いったん確立されてしまうと，同化された構造と化し，それを通して，以後の光を眺めることになる．これと類似して，クライエントは，先在する精神構造で

セラピストに会う．セラピストは，かかわり行動をはじめとする，直接に観察でき，数えられる行動と，理論の実践を用意することによって，環境（隠喩的には「新しい光」）を提供する．クライエントはこの環境に対して調節し，次に新たな認知的構造，続いて行動を生成することができる．

このように，注意とかかわり行動は，内観主義者と認知的研究と行動主義の接触の「窓口」を形成する．かかわり行動と観察可能な行動は，クライエントとセラピスト間の刺激‐反応条件である．注意は，両者の同化および調節の内的過程である．

情報処理理論は，この基準枠組みにもう一つの次元を追加する．多くの情報処理モデルは，1人の人間だけに関して概念化されてきたため，現実である人間‐環境相互交渉について考察することができなかった．図6は，2人の人間の情報処理モデルを提示している．このモデルは，認知的アプローチと行動的アプローチの両方を対人相互作用に統合することを可能にする．

図のモデルは，ブルメンタール（1977），アンダーソン（1985），およびエリクソンとサイモン（1984）による梗概を修正したものである．この三つの論文は，すべて認知と情報処理に関する文献を探究しており，次の点でほぼ一致している．発達心理療法モデルの統合に特有のものは，次の通りである．

1) 人間‐環境相互交渉の弁証法的描写：情報を処理しているのは，1人の人間だけではない．治療には2人の人間がいる．

2) ピアジェの同化と調節の構成概念の統合：注意や記憶の過程の主要側面の説明に役立つと思われる．

3) 視覚ダイアグラム：これにより，直接意識がどのように長期記憶に接するかを記述することができる（このタイプのダイアグラムの多くは，独立した「箱（ボックス）」の中の長期記憶を，短期記憶および直接意識から分離させている．図6では，ダイアグラムの概要と，主要なポイントが示されているが，この図は，基本的モデルの詳細な説明にも役立つものである．

情報処理モデルの情報を処理しようとする場合，まず，処理する情報を持っていなければならない．最も基本的なレベルでは，その情報は外的環境から入

図 6　人間 - 環境相互

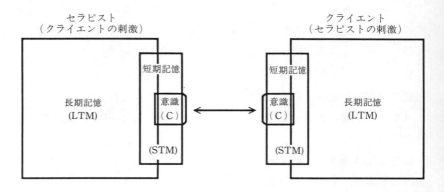

(1) 概　要　2人の人間が複雑な相互作用の状態にあり，各々が相互の環境および一次的刺激として作用している．クライエントの観点からいえば，セラピストの刺激は感覚的様相（見る，聴く，感じる）によって観察（調節）される．意識 (consciousness; C) におけるこれらの観察の結果は，短期記憶 (short-term memory; STM) に入り，充分に印象が強ければ，長期記憶 (long-term memory; LTM) にも入る．長期記憶に達したセラピストの刺激からの情報は，結果的に，認知的および行動的変化をもたらしやすいと考えられる．

　　しかし，クライエントは単に受動的な調節者ではない．先在する認知的構造を持ってセッションに来る．それは，自分がこれまでに同化してきた，そして意識的および無意識的レベルで既に長期記憶の中に存在している認知的構造である．セラピストは引き金として作用し，過去の記憶構造（同化）を引き出す．その過去の構造が，短期記憶と意識に影響を与える．したがって，クライエントはセラピストに対して注意を払い，調節しているように見えるかも知れないが，注意の過程は，親に対するように，セラピストに反応しているのかも知れないし，あるいはクライエントの思考や認知的パターンは，セラピストが観察するものとは非常に異なった位置にあるのかも知れない．

　　セラピストは，クライエントの観察可能な行動だけを観察する．セラピストは，通常長期記憶内の理論レンズを持って面接に臨むため，一貫して，自分の同化した理論上の世界観からクライエントの行動を解釈しがちである．クライエントが親に関する刺激を提供した場合，フロイト派の同化は，行動主義の同化とは非常に異なる．セラピストは，あまりにも完全に理論で同化されているため，クライエントの刺激に対して傾聴し調節することに失敗する．このような場合，調節的傾聴技法，また，おそらくは人間中心アプローチの必要性が生

交渉としての情報処理

ずる．最終的に，何らかのクライエントの刺激がセラピストの主な長期記憶を
引き出し，セラピストはクライエントを意識しないまま，これらの無意識的過
程に反応することがある．

（2）　意　識（C）　　心理学的現在と定義することができ，その時間の長さは，
100 ミリ秒（迅速な注意統合時間）から 750 ミリ秒（意識的現在あるいは緩衝
時間）に及ぶ．意識は，短期記憶および長期記憶に組み入れられる．このよう
に，個人は外的情報源（セラピスト）あるいは内的情報源（STM または
LTM）からの情報に対して注意を向けている（調節している）．意識的現在
は，100 ミリ秒と定義されようと，750 ミリ秒と定義されようと，同化と調節
が出合う場を表わす．過去の同化は，セラピストの現在の環境をどのように解
釈するかを決定する．セラピストの仕事は，他者の意識に入り，新しい認知の
発達と，新しい刺激の調節を助長することである．この目的を達成するために
は，当然セラピストはクライエントの刺激に対して調節し，同時にデータを新
しい介入に適切に同化しなければならない．

（3）　短期記憶（STM）　　意識に直ぐに達する印象をおよそ 10 秒間保持する．
外的刺激（調節）あるいは過去の内的刺激（同化）からの注意という強化によ
って支持されない限り，情報はその期間の後，急速に減衰する．私達は，約
100 個の項目を短期記憶に保持できることが，研究により指摘されている．明
らかに，この期間内で，新しいデータを完全に調節，同化し，長期記憶の貯蔵
庫の中に組み入れる用意が整う．情動や抑圧のために長期記憶に干渉されて，
長期記憶に入れなくなる項目もある．

（4）　長期記憶（LTM）　　過去の同化と調節の貯蔵庫である．また，それは前意
識（認知的意志で容易にかつ直接に接しうる）と，無意識（外的刺激と内部情
動状態に応じて，私達と共存することも共存しないこともある）の領域として
説明することもできる．

（5）　関　係　　100〜750 ミリ秒の意識的時間は，短期および長期記憶の上に重
なっていることに留意することが重要である．多くのダイアグラムは，意識的
現在，STM，および LTM を分離する．しかし，上記の記述は，私達が〈常
に〉LTM に対し，直接かつ即時に接していることを表わしている．このこと
を劇的に表わすのは，危険な凍結路面に来ると，私達の注意が楽しい会話から
車の運転に向け直されるときである．この道という刺激は，LTM に働きか
け，活動を引き起こし，行動と思考に指示を与える．これと同様な方法で，
LTM 内の多くの同化した構造とイメージに，私達は常に接している．

ってくる．光に気がついた乳児の例をもう一度考えてみよう．その子が光のところに来たのは，不器用な混乱の世界のたくさんの物の中で，光が最も明るい刺激であるからである．乳児は，まず光に対して調節し，それから徐々に経験を同化する．セラピストは面接において最も明るく，最も強力な刺激である（セラピストにとってはクライエントがそうである）．しかし，クライエントとセラピストは，ともに長い社会的，歴史的背景を伴って面接に臨む．そうした背景は，各々が他者の構成概念に対して調節し同化する方法に影響を与える．両者は，それぞれ相手と〈二重関係〉を持っている．例えば，セラピストは，新たにクライエントを観察し直し，調節をするが，同化してきた長期記憶が関係の第2局面として割り込む．同様に，クライエントの記憶には，即時記憶と長期構成部分とがある．二つの位置に四つの部分が存在している（ラカン，[1966] 1977）．ラカンはこれを次のように意味づけている．文化的，社会的歴史あるいは，それぞれの歴史は，たとえ意識的にわれわれがその存在に気づいていない場合でも，現在に充分生きているということである．このように，治療は生活そのものと同様に，非常に複雑な実践である．このラカンの基準枠組みは，340〜344 ページで展開されている．

　各々の演技者は，見る，聴く，あるいは感じるという感覚知覚を通して，他者の刺激を観察する．これらの感覚知覚自体は純粋な調節である．例えば，そのときクライエントはセラピストがそこに「いる」という理由で，セラピストを正確に取り入れる．しかし，それ以上に，セラピストはクライエントの過去の歴史の中の誰か，おそらくは親か他の権威者の象徴であるかも知れない．過去の同化した歴史からのこの最初の転移は，クライエントの知覚が歪められ，不正確であり得ることを意味している．結局，クライエントがセラピストに父親か母親に対するように反応したとしても，セラピストはクライエントの父親でも母親でもないのである．

　セラピストの認知にも同様の過程が起こっている．セラピストはクライエントをイド，自我，超自我として見る．また，親，成人，子供あるいは一連の刺激‐反応状況として見る．セラピストは過去に行なった理論の同化により，ク

2. 人と環境の弁証法　　*61*

ライエントのある一定の行動に注目し，カテゴリー化するが，一方では，他の行動を無視している．クライエントとセラピスト両者の過去の同化が充分に強力なものである場合，彼らは自分の目の前の特色のある人間を故意に見たり聴いたり（調節）しないようにすることさえある．

意識的現在（図6のC）は，およそ100ミリ秒の〈急速な注意的統合〉（ブルメンタール，1977），あるいは750ミリ秒の〈意識的現在〉（ベクミー，1931），または〈緩衝期〉（アトキンソンとシフリン，1971）として定義されてきたが，研究により次のことが明らかにされている．一つの項目を短期記憶に組み入れる時間は50〜250ミリ秒の範囲にわたり，およその平均値は100ミリ秒である．この100ミリ秒の一瞥で，気に留めることができるものとしては，このページの1語，テーブルの上の少なくとも四つの物体，シアトル近郊のレイニア山の息を呑むような眺め，ベートーベンの交響曲の音符数個，あるいはクライエントのフロイト的言いまちがいの一つなどが含まれる．これらの一つ一つが，存在するものの調節，あるいは取り入れを表わしている（けれども，逆説的に言えば，目の前のデータ処理を可能にしてくれる認知的構造を以前に組み入れていなかったら，あるいは同化していなかったならば，自分が今何を取り入れているか分からないであろう．再度ながら，それは同化と調節の結合的作用の効果なのである）．

一方，100ミリ秒の期間は長期記憶に引き継がれることがある．人間が見るという行為を行うとき，単に見るというよりも，むしろ過去のイメージを見るのである．クライエントは正しく真直ぐに視線を向けて，セラピストに耳を傾けているように見えるが，実際は，厄介な性的問題のことを考えているかも知れない．同様に，セラピストは優れたかかわり行動をとっているかも知れないが，実際には，クライエントが表現した理論的問題について考えている．

おもしろいことに，一つの事象に触れる時間が100ミリ秒以下である場合，研究によって次のことが指摘されている．個人は，短期記憶，長期記憶，および過去の同化を利用して，部分的刺激から図や意味を〈構成する〉のである（スミスとウェスターランド，1980を参照）．短縮された事象でも十分に強烈

な場合は（電気の速い閃光），現在の意識にも影響を与えることができる．

750ミリ秒の意識的現在（個人によっては500ミリ秒〜2秒の範囲で変わる）について興味深いのは，研究者達が次のような発見をしたからである．すなわち，イメージはこの期間に要約されて短期記憶または長期記憶の一部となるというのである．私達は，この期間中に7(±2) ビットかチャンク*の情報を頭の中に保持する．個人がおおよそ1秒間，一つの事象（例えば，このときの自分の身体の特定のかゆみ，あるいは部屋の中で気づいた特定の物）に集中する場合，その項目は短期記憶に入る．この緩衝による遅れ，すなわち意識的現在は，情報処理システムとして作用し，このシステムは，新しい刺激のインプット（セラピストの言葉，セラピストの性別，セラピストの頭の後ろに懸かっている絵，窓の外で鳴るサイレン）と内的刺激（過去の同化と，身体的動因——かゆみ，排泄，くしゃみの要求など）の均衡をとる．同化と調節における認知的葛藤は，意識的現在の場のためのものである．

  * 訳注　情報の単位．例えば，ウマという語を記憶するとき，ウとマを別々にせずウマを一つの単位とする．これがチャンク．文章や句も一つのチャンク（『岩波心理学小辞典』による）．

1900年，フロイトは，意識のメカニズムには，二つの感覚表層があると考察した．一つは直接環境と接し，一つは記憶と接している（ブルメンタールによって引用されている，1977, p. 60）．フロイトの論述の明快さは，現在，本書で示した新ピアジェ派のアプローチと，内観および認知心理学における研究の多くの背景的情報によって，全面的に支持されているように思われる．

意識的現在は，その定義が100ミリ秒であろうと，750ミリ秒であろうと，カウンセラーやセラピストがクライエントの同化的世界に入らなければならない時間である．短期記憶は，約10秒間，意識に直接アクセス可能な印象を保持する．情報は，外的刺激（主に調節）または過去の内的刺激（主に同化）からの注意の強化によって支持されなければ，急速に退化する．私達は短期記憶の中に約100項目を保持できることが研究によって指摘されている．これらの項目は，外部（完全な注意を要求するセラピストが言ったこと）または，内

2. 人と環境の弁証法　*63*

部（セラピストが気づいた誤りに関する過去の見解で，クライエントはこれにより外的刺激を否定あるいは否認することができる）からの反復された情報の断片であるかもしれない．短期記憶のこの期間における情報の統合と連鎖関係が，何を長期記憶に組み入れるかを決定すると仮定することができる．

ブルメンタールは，〈絶対判断期〉について語っている（1977）．この期間に，個人は内的刺激と外的刺激の関係を判断する．起こり得ることは，人間がコンピュータ走査と同じように，外的刺激を見て，それを内的表象と合わせること（同化）である．走査結果が合う場合，判断はイエスである．合わない場合はノーであり，個人は長期記憶貯蔵庫の新しい情報片の調節を考えなければならない．

フロイトの否認に関する 1925 年の論文が，上記の分析事項とのおもしろい類似点を提示している．

　　　自我（「私」）……が，その思考過程へ今適用している技術をどこで習
　　得したかを考えてみよう．それは，感覚認識に関係し，精神装置の感覚
　　の先端で起こる．というのは……，知覚は純粋に受動的な過程ではない
　　からである．自我（「私」）は，知覚システムの中に，少量のカセクシス
　　（情動）を送り込み，それによって外的刺激の質を試す．そして，この
　　ような試しの前進をしては再び引き下がる．　　　　　　　　　　（p. 239）

言葉は情報処理理論の用語とは違うかも知れないが，明らかにフロイトの構成概念と，ここで述べてきた見解との間には類似点がある．

フロイトの 1925 年の論文は，この問題と特に関連している．フロイトは次のように指摘している．私達は，精神生活において非常に多くの刺激と事象に出合うので，機能するためには，これらの事象の多数を否認あるいは抑圧しなければならない．実際，イエスと言うためには，ノーと言わなければならない．一つの刺激が意識に入ることができるためには，私達は多数の外的刺激に対して，ノーと言わなければならない．また，1 ビットの新しいデータを入れるためには，同時に多数の長期記憶の同化に対してもノーと言わねばならない．すべてのものに注意するということは，何に対しても，注意をしていない

ことになり，生理学的にも心理学的にも「塞がれた」状態になってしまうであろう．私達が人間として機能しようとするならば，現在および過去からの情報を抑圧する必要があるのである．

　長期記憶 (LTM) は，過去の同化と記憶の貯蔵庫と見なされ，フロイトの前意識および無意識とだいたい等しいと考えることができる．容易にアクセスできる項目もあるが，深く埋まっていて，全くアクセスさえできない項目もある．認知に関して，習慣形成について語る理論家もいる．ピアジェ的意味の習慣とは，一連の認知的同化あるいはシェマである．私達が何度も反復する習慣パターンは多数ある．

　ピアジェ的シェマ理論は，長期記憶の発達過程をおそらく最もよく説明している．乳児はいくつかの小さなシェマを発達させ，これらのシェマが徐々に一つの大きなシェマへと階層的に秩序立てられる．例えば，光を見つめるということには，少なくとも次の三つのシェマが含まれる．

1) 　知覚的――子供は光に気づかなければならない．
2) 　眼部の多くの筋肉の運動的協応．
3) 　気づきの認知的協応．

三つのシェマがすべて適切でなければ，子供は光に注目することはできない．目が手の運動と協応するまで，目と手の協応は発達しない．さらに，手の協応とその手の随意的統制には，無数のシェマと練習を必要とする．目と手の協応とは，欠くべからざる，決定的なシェマであり，玩具のがらがらに手を伸ばすために，独りでものを食べるために，そしていつかは，もっと後になってワードプロセッサで仕事をするために必要である．

　シェマ理論では，少量の認知が徐々に別な少量と結合して，拡大し続けるゲシュタルトになる．この結合は，より小さいシェマの重要な部分であるが，全体は各部分より大きい．セラピストがクライエントに提供する環境は，これと同様に，多数の小さいシェマから作られている．セラピストは，マイクロカウンセリングの技法訓練プログラムに参加したことがあるかもしれない．カウンセラー訓練生は，最初にかかわり行動（それ自体は四つの小さなシェマ――視

線の触れ合い，身体言語，声の調子，言語的追随から構成されている）の重要性を学習する．かかわり行動のシェマは，次に励まし，言い換え，感情の反映，要約などの傾聴技法のシェマと合流して，基本的傾聴連鎖と称する大きいシェマになる．基本的傾聴連鎖は，さらに指示，助言，解釈，対決などの積極技法と結合して，拡大し続けるシェマのパターンを作り上げる．そして，これらの技法は，面接の組織的5段階モデル（アイビィ，1983a；アイビィとマテウス，1984を参照）で利用され，完全な面接になる．次に，面接は極めて大きなシェマの組み合わせで様々な援助理論と結びつく．最終的に，セラピストは，技法と理論的シェマを身に付けてクライエントに会うが，クライエントも同様に高度に発達した多数のシェマを持ってセッションに訪れる．

　ある意味では次のようなことが言える．心理療法とカウンセリングの人間－環境相互交渉は，二つの長期記憶の出会い，すなわち前意識的貯蔵庫と無意識的貯蔵庫の二つの組合せなのである．セッションに実生活を持ち込むのは，100ないし750ミリ秒の意識であり，このとき，セラピストとクライエントは新しいデータに直面し，それらを調節し同化しなければならない．この相互作用は弁証法的で，相互に影響し関わり合っている．セラピストにとって，セッションの基本的目標は，クライエントを「変化させる」ことであるが，クライエントもセラピストを「変化させる」機会を持つのは明らかである．この相互作用の結果として起こる長期的変化を例証する一つとして，言葉の変化がある．研究者達は，クライエントがセラピストの言葉をしばしば反映する傾向のあることを見出している．ロジャーズをはじめ，パールズやエリスが行なった同じクライエント（グローリア）との面接を考察したところ，クライエントは各々のセラピストの言語システムに対し，順番に調節したことが明らかにされた（ミーラ，シャノン，ペピンスキー，1979；ミーラ，ペピンスキー，シャノン，マレー，1981）．こうした結果についての再確認が次のような研究によって提供されている．すなわち白人のカウンセラーは，自分自身の言葉を使うよりも，むしろ黒人のクライエントの言語用法を模倣する傾向があるという（フライ，クローフ，コー，1980）．

習慣，概念，シェマ，およびパターンは，〈自動化〉という特性を持っている．すなわち，これらは自動的に同じことを繰り返し，非常に役に立つ．例えば，私達は車の運転やダンスをするために，自動的パターンを必要とする．効果的に機能しようとする場合，頭の中にあるシェマをすべて考えることはできないからである．同時に，習慣はステレオタイプ化され，充分に新しいインプットを許容できない傾向がある．新しい町の難しい道順を辿るとき，あるいは古いダンスステップに幾分似た新しいステップを学習するとき，人は自分の能力がどんなに「だめになる」かについて考えることができる．習慣的パターンは不適当になり得る．その例として，反復という精神分析的構成概念がある．反復は思考と行動の〈構造〉の一定の繰り返しに関連している．もっとも，〈内容〉は異なる．したがって，強迫的な人格は，様々な状況で統制したいという欲望を反復する．同化された強迫パターンは習慣的である．このパターンを崩すためには，強迫的人間は分析者の存在を知り，そして認め，最終的には自分の心を新しい調節に対して開かなければならない．

クライエントは，しばしば変化と解き放たれが必要な自動化や，同化のパターンを身に付けて治療に来る．セラピストも，時折，過度に自動的な行動で治療に臨むため，目の前のクライエントを「見」そこなう．クライエントとセラピスト双方に，発達的変化および成長の問題が生じる．その解決策の一部を，ピアジェの均衡化の理論に見出すことができる．

均衡化：環境および認知的バランスの変化

乳児は，どのようにして世界に対して調節し，簡単な概念と運動を常時拡大する世界の構造の中に同化するのであろうか？　クライエントはどのようにして，世界について調節し同化する個人的で独特のパターン——役に立つものもあるが，大きな妨げとなるものもある——を発達させるのであろうか？　シェマ理論と均衡化は，この複雑さの説明を容易にするために用いることのできる重要な過程である．より大きいシェマを作るために用いられる小さいシェマの

使い方は精巧になっていく．均衡化は，その発達したシェマの特性に言及している．

　世界に対して主として調節する子供は，多くの小さいシェマを持つ傾向がある．子供または人が主として調節する場合，世界の中に差異と区別以外はほとんど何も見ることをしない．グルーピングとパターンは，同化すなわち関連するシェマの同格化を必要とする．例えば，「樹木」という言葉は，一般的かつ普遍的な語で，一見したところでは非常に記述的に思われる．しかし，この普遍的な語は，実際にはいかなる特定の明確な樹木も指してはいない．すべての木は，各々が独自に異なっており，それは人間の指紋や声の調子，体型，生活パターンなどが１人１人異なるのと同じである．「樹木」や「人間」や「家」について，何千という区別立てをして見てもほとんど意味がない．決定的なのは，子供も成人もパターンあるいはグルーピングを同化する能力を持っていることである．調節は，明らかに充分ではないのである．バズワースは次のように論評している（1984）．

　　　　新しい刺激に直面するとき，子供はそれを既存のシェマに同化しようと試みる．これが不可能な場合もある……．簡単に適合するシェマがない……．子供は何をするだろうか？　本質的に彼（あるいは彼女）は，次の二つのいずれかをすることができる．
　　　1)　……新しいシェマを作って，刺激を取り入れる（ファイルの新しい索引カード）．
　　　2)　……既存のシェマを修正して，刺激に合うようにする．
　　これらは，いずれも調節の形式である．……いずれの活動も認知的構造
　　（シェマ）の変化と発達をもたらす．　　　　　　　　　　　　（p. 15）

　同化と調節の構成概念を前提とすれば，次のように論ずることができる．常に安定と変化が存在する世界に順応し対処するためには，セラピストとクライエントは，同化と調節のバランス（認知的バランス）を保たなければならない．常に調節はしているが，ほとんど同化をしていないクライエントは，ばらばらのシェマを多数持つため，類似性に気づくことができないであろう．ばら

ばらのシェマを伴って治療に来るクライエントが多いため，これらのクライエントが自分の行動の反復パターンに気づくのを助け，こうして同化を促すことが，治療の仕事となる．同時に，無意識レベルでは，このクライエントは，既に極めて強く同化しており，それがこれらの行動パターンの基礎にある．したがって，セラピストはクライエントが初めての人々に対して独自の反応ができるようにしながら，調節の開放も助長しなければならない．例えば，クライエントが職場の上司に対し，親に対する場合とよく似たやり方で行動しているとする．セラピストがこの二つのシェマの似通ったパターンを指摘するとき，クライエントが以前の別個の二つの状況の類似点に気づく結果として，より大きな同化が生まれる．さらに，クライエントは自分の親と上司の相違に対して調節することができる．

同化に問題があるクライエントは，絶えず大きいシェマを作り上げており，重要な相違点に気づいていないかもしれない．クライエントは，おそらく，パターンが反復していることを実感しているであろう．区別立てをするために，また，より効果的に調節する方法を学ぶために，援助を必要としているであろう．反復パターンの認識には，同化と調節の分離できないバランスが認められる．過度に同化しているクライエントは，既に，類似点には調節しているが，相違点に対しては，調節していない．過度に調節しているクライエントは，類似点を同化していなくて，相違点を同化しているのである．再度，同化と調節とは，本当に分離することができないことが分かる．

均衡化とは，同化と調節の間の認知的バランスである．子供と成人は，絶えず両者間のバランスを追求している．適切な調節が同時的に行われないで，同化が過度に強調されるとき，〈正のバランス〉が生じる．治療では，これは転移および逆転移の問題として現われる．あるいは，クライエントはセラピストの述べることを，以前から存在した認知的構造に同化する．正のバランスを行っているクライエントは，移動や変化が難しくなる傾向がある．

調節を過度に重視し，多数のシェマを用いて，新しいインプットに対して絶えず新しい異なった反応をするとき，〈負のバランス〉が起こる．負の，調節

2. 人と環境の弁証法　　*69*

的なバランスの状態では，個人は過去の知識を〈保存する〉ことができない．過少調節は，クライエント側の抵抗に終わるかも知れない．つまり，クライエントは，セラピストが示唆した類似性を理解することができないか，あるいはセラピストの示唆や勧告をあまりにも快く受け入れ過ぎる．クライエントは経験に対して直ちに受け入れる傾向があるが，その開放性や自発性こそが問題の一部なのである．

強迫神経症は本質的には，同化的であると特徴づけられる．一方，様々なヒステリーは元来調節的である．強迫神経症者は，統制しようとして行動を反復するが，ヒステリー的人格は，「ところかまわず」，つまり外観では統制ができないように見える．しかし，強迫的人格とヒステリー的人格のスタイルは，同化と調節について，一時的なかかわり以上の関係を持っている．同化と調節が対をなす過程として相互に切り離せないのと同じように，強迫的人格スタイルとヒステリー的人格スタイルは，深く絡み合っている．つまり，「すべてのヒステリー患者には強迫現象があり，すべての強迫神経症には，ヒステリー性が隠れている」．

ブロイアー（ブロイアーとフロイト，1893）のアンナ（Anna O.）についての研究は，同化と調節がヒステリーではどういうふうに現れるかを例証している．アンナは，父親が死の床にあったとき，重度のヒステリー反応を起こし，母国語を話す能力を喪失，自殺の試み，および様々な身体症状を示した．今では，アンナは転換反応，重度の鬱病，および非定型精神病であったと診断されるであろう［*DSM-III Case Book* 参照（スピッツァー，スコドール，ギボン，ウイリアムズ，1981, p. 332)]．アンナの全症候は絶えず変化し，様々な人間に対していろいろ異なった状態で反応した．表層レベルでは，これらの反応は，絶え間のない変化に対する幅広い調節を表わしている．催眠法および「話術療法」(talking cure) によって，ブロイアーは，徐々にアンナの症状の原因を狭めていった．アンナがヒステリー症状の最初の出現の様子を語るたびに，彼はその症状が消失することを発見した．

彼女は次のようなときに話す力を失った.

 1)　夜，最初の幻覚の後の恐怖の結果.

 2)　別のときに意見を抑制した後（積極的禁止による）.

 3)　何かを責められた後.

 4)　類似するすべての場合（悔しく感じたとき）.

　アンナがかつて父親の枕元に坐っていたとき，隣家から流れてくるダンス音楽の音を聴いて，その場に行きたいと突然感じ，そして，自責の念に圧倒された.　そのとき，彼女は，初めて咳き込みはじめた.　それ以来，病気の間中ずっと，彼女は際立ってリズミカルな音楽に対し，〈神経性の咳〉という反応を示した.　それぞれの最初の発作を説明した後，個々の症状が消え去った.　　（ブロイアーとフロイト，1893, p. 40）

　このような例に，アンナの行動の同化的部分あるいは強迫的特性を見ることができる.　彼女は新しい一つの事象に対して調節しているが，既にある同化された構造の中にそれを取り入れている.　アンナの調節的過程は，*Zelig* と同様，非常に極端なため，融通の効かない同化の形式になる.　これと同様な方法で，強迫的人格の行動および活動を分析することができよう.

　カウンセリングと治療の過程に戻ると，過度あるいは過少調節するクライエント，または過度あるいは過少同化するクライエントは，もっと効果的な認知的バランスや均衡化を望んでいるのかも知れない.　均衡化は一種のホメオスタシスを意味するが，このとき，調節と同化の間の一時的休戦が保証され，人は安定のひとときを得る.　一般的に，ピアジェ派の理論家（例えばワズワース，1984）は，均衡化と認知的バランスが目標であると示唆しているようである.　しかし，ホメオスタシスは，要求し同化する子供にとって，あるいは治療とカウンセリングにおける，発達し好奇心が強く冒険的なクライエントにとって，充分ではないようである.

　同化と調節から生成したシェマは，新しい，より大きな，そしてより効果的なシェマ（あるいはアンナの場合のように効果性のより少ないシェマ）に変換される.　新しい大きなシェマを発達させるには，新しい構成概念，新しい行

動，新しい理解，および新しい経験を始めようとする意志などの発生が必要である．子供が眼と手の協応や，つかむという小さなシェマを新しい大きなパターンに変換したように，クライエントはセラピストからの解釈を，過去の経験や，おそらくは役割演技などと結び付け，自分の生活について新しい大きな変換，新しい理解を生成する．

ピアジェ派の理論は，均衡化あるいは調節と同化のバランスの決定の問題に対し，四つのタイプの解決法を提示している．

二つのアルファ（第1）解決法

負のバランス：同化の過剰強調．　　正のバランス：調節の過剰強調．

ベータ（第2）解決法：二つのアルファ解決法間の均衡化，あるいは，バランス．

ガンマ（第3）解決法：過去の同化および調節から，新しい全体性またはシェマを生成する．

フランクルは *Man's Search for Meaning* (1959) の中で，上記の各解決法のよい例を提供してくれる．フランクルは，ドイツ軍の強制収容所から生還したが，それは確実に生き残るための，様々な認知的手順を利用することができたからである．強制収容所の環境で生き残るためには，いやしくも順応し生き残りたい場合，数々の規則や規定に対し調節しなければならない．過度の調節（アルファ解決法，正のバランス）は，自分の生残りを確実にするために全面的にナチスと協力する個人によって示される．過度の同化（アルファ解決法，負のバランス）では，個人は現在のデータを排除し，目下の環境から身を守るものとして，他の情報を代用する．フランクルの原文には，このタイプの順応に関するいくつかの例を見ることができる．自分の隣りの男が死にかけているとしよう．フランクルはその男の死に対して調節する代わりに，堅くなったパンの一片に注意を集中する．また，あるときは，冷たい雨の中で便所掃除をしながら，フランクルは愛する妻のことを思った．現在の現実に対する調節を拒絶することが彼の生存を助けた．ベータ解決法（すなわち均衡化）の例は次のような場合である．捕虜達の脱走計画を助けたり（フランクル自身は脱走を試

みなかった），知的に刺激となる研究グループの人々と話をしていたときである．これらの手法は，すべてともに，超昇的なすなわちガンマ解決法に相当し，フランクルが収容所の恐怖ではなく，日没を眺めることを可能にした．同時に，これらの経験が，多くの人々に影響を与えてきた彼の治療についての考え方の基礎を提供したのである．

　予測できることであるが，クライエントは均衡化の様々な認知的バランスのパターンを伴って治療に来る．あるクライエントに対しては，セラピストは一定のアルファ解決法をより多く誘導しようとする場合もある．セラピストとしては，クライエントが新しい環境に対し，もっと進んで調節できるようになり，例えば，家庭で生まれたばかりの赤ん坊の要求に対してもっと柔軟に調節することができることを望むかもしれない．また，他のクライエントに対しては，子育てや，あるいは干与関係の分析または主張訓練などについての新しい情報と観念を同化できるように求めるであろう．これらの努力のすべてにおいて，セラピストは，ベータ解決法あるいはもっと適切なホメオスタシスの促進を狙っている．クライエントに新しい技術，新しい行動，そして新しい洞察の発達を求めているとき，セラピストは，それらとともに超昇的な解決法，すなわちガンマ解決法を探しているのである．

　すべてのクライエントは，一つかそれ以上の認知的バランス様式を利用する．一般的に，セラピストの目標は，クライエントをベータあるいはガンマ解決法に移動させることである．クライエントによっては，過度の同化的位置あるいは過度の調節的位置で，微妙なバランスを獲得することが賢明なことかもしれない．極端な例として，癌による死に直面しているクライエント，あるいは刑務所で死刑執行を待っているクライエントは，過度に同化的なアルファ的姿勢で精神的外傷に対処することが賢明であろう．

　クライエントによっては，もっと調節的な態度が役に立つ場合もある．一定の期間小さな空間で生活する場合（潜水艦や宇宙カプセルなど），この環境に対して調節および同化する大きな必要性が生ずる．過去の認知をこれらの状況に持ち込んだ場合，認知は全く作用しないことが判明する．社会の制度的枠組

みに入った人間は，みな生き残るために調節的姿勢をとる必要がある．学校で
の第1日目に立ち向かうときでも，バスケットボールの競技規則を学習すると
きでも，拘置所や刑務所に入所したり，あるいは国税庁の税監査を受けるとき
でも，新しいデータに対して上手く調節できることが最も役に立つのである．
ただし，すべての場合において，新しいプログラムに関連する，しっかり同化
した構造をすでに持っていれば，調節はもっと上首尾にいくであろう．一般的
に，調節は同化よりも緊張を伴う．調節は，新しいデータを古い既存の構造に
具合よく嵌め込むというよりも，むしろそのデータを取り入れなければならな
いからである．

　セラピストが提供しようとする環境のタイプは，同化‐調節のバランスの必
要性によって異なる．高度に組織化された同化パターンを持つクライエント
は，調節的なセラピストとともに作業をすることで利益を得る．調節的なセラ
ピストは，同化を反映させるため，クライエントはそれらを自分で組織し直す
ことができるからである（おもしろいことには，古い同化を新しい構成概念に
編成し直す過程は，調節の主要な形式である．同化は，調節の過程を経て，新
しいデータによって主として進展する）．あるいは，クライエントは同化的理
論に挑戦する必要があるかもしれない．この理論によると，セラピストは実質
的な新しいインプットを提供し，このインプットが認知的バランスを崩し，概
念の再組織と新しい同化のための刺激を提供することになる．

　しかし，カウンセリングと治療の主な問題は，古い同化あるいはシェマを新
しく有効な公式に〈変換する〉ことである．第5章では，ガンマ解決法で示さ
れるような新しい知識の生成と新しい意味の創造に特に注目する．

理 論 を 実 践 へ

　意識は，環境との弁証法的関係の中で成長する．意識的な精神機能を考慮す
るうえでしばしば犯す誤りは，人間が何を，どのように考え行動するかについ
て，いかに多くを環境が規定しているかという真実を見落としていることであ

る．第1章が意識の発達の内的本質に焦点を合わせているのに対して，本章では，認知および行動の発達を促し，また大きく規定するのは環境であるという点を強調している．

同化と調節という，ピアジェ派の構成概念に対する治療という観点からの再解釈が本章の核心であり，この二つの過程は，発達の諸事実を生成する手段である．次の概要は，セラピストが理論を実際の状況に適用するに当たって役立つものと思われる．

構成概念1　〈環境とは，発達が展開する状況である．〉　セラピストの仕事は，クライエントの内部からの自然的成長を可能にし促進する環境をクライエントに提供することとして提示されている．

(1)　**学習目標**　治療であり生活である人間 – 環境弁証法を定義することができること，そして，過程のすべての結果が，さらに絶え間のない弁証法的相互作用における結果および過程に通じることを理解できるようになること．

(2)　**認識事項**　39～45ページには，データが複雑に並べられているが，基本的ポイントは次の二つである．

　　1)　普通に用いられる「人間 – 環境」および「個人的社会」という用語は，本来それ自体が弁証法的である．つまり，環境が人間の本質を規定するが，同時に人間も環境を作ることを忘れないことが重要である．

　　2)　セイランの進化過程は，環境によって大きく決定づけられている．セイランの一つ一つの順応が，環境に反応を引き起こし，それが生活体の生存を決定する．各々の順応（翼の羽）は〈結果〉であるが，同時に，それは何か他のものにも通じる過程でもある．同様に，心理療法における過程と結果の二分は，それ自体が幾分独断的であり，根拠のないものである．

（3） 体験的学習課題

a．生物学的有機体と環境との相互作用を考察し，花は環境的刺激に関連してどのように成長するか，鹿の場合，島では狼との関連ではどうか，そして露天採掘されたときの地形には何が起こるかなどを考えよう．各々の過程は結果であり，さらに，別な過程あるいは結果に通じている．

b．役割実演の面接において，相手から個人の発達的進歩に関する次のデータを引き出す．

1)　クライエントに自分にとって重要であった発達的ステップを確認するように求める（例えば，高校の卒業，ピアノを習ったこと，学校のチームの一員になったこと，試合に勝ったことなど）．基本的な傾聴技法を使用し，その出来事をめぐっての事実と感情を個人から引き出す．

2)　その発達的ステップまたは〈結果〉が，後にどのようにして他の結果に通じる過程になったかをクライエントに尋ねなさい．例えば，高校卒業がどのように新しい問題や機会との出会いに通じたか，この発達的ステップまたは結果は，どのようにして生活過程の一部になったか，自分は両親と友人にどのような影響を与え，両親と友人は自分にどう影響したかなど．

構成概念2　〈同化と調節とは，発達の一対の原動力であり，セラピストとクライエントは，その環境的関係においてこの弁証法を最後まで演じる．〉

（1）　学習目標　同化と調節を定義し，両者をケリーの記述する，堅い，緩い，透過性のあるなどの人格構成概念体系の概念と関連づけ，さらに，治療理論を同化および調節を例証するものとして確認できるようになること．

（2）　認識事項　45〜55 ページは，この情報を提示している．52〜54 ページの要約は，本章の主要観念を説明するために役に立つものである．

最も重要なものは，クライエントとセラピストの知覚が同化および調節の相互練習を通して変化するという観念である．

（3） 体験的学習課題

　　a．ロジャーズ（あるいは他のセラピスト）が実際にカウンセリングを行っているフィルムを見なさい．このことは治療環境の本質の探究を援助し，その環境の特質が同化的か調節的かを判断するために有効である．治療における相互作用の結果として，クライエントの人格構成概念体系に何が起こるだろうか？　クライエントが考え方を変換し，新しい考え方あるいは存在の仕方に対して調節するために，セラピストの同化をクライエントが利用する具体例に注目しなさい．セラピストは，対をなす過程を通してどのように変化するのか？　この過程で，クライエントが徐々にセラピストの人格構成概念を採用していくことが分かるであろう．

　　b．治療の一般的な理論を列挙し，各々の本来調節的および同化的である程度を考える．すべてがケリーの述べる透過性のある構成概念の方向にどのように変化するのか？

　　c．現実に関する自分の人格構成概念の一つを考察し，自分の同化および調節過程を内観する．特に自分にとって重要であると思われる観念を考えなさい（宗教，理論，人間の本質についての重大な信念）．これは同化された観念かもしれない．この観念が調節と同化の弁証法によって，最初にどう構成されたかを思い出しなさい．次に，この同化された観念が環境への新しい調節をどう促進し，同時にどう不利に作用するかを考えなさい．

　構成概念 3　〈情報処理理論の弁証法的見解は，実験心理学，同化と調節の観念，および治療を一つの有効な統合体にまとめるための有効な公式化を提供する．〉　中心的観念は，観念の知覚および統合に関する実験的研究が，本章の概念的公式化を支持しているように見えるということである．

2. 人と環境の弁証法　　77

（1）　**学習目標**　　次の主要な用語あるいは概念を定義できるようになる．
注意，同化および調節の時間に関する研究と情報処理との関係，意識，
短期記憶，長期記憶，急速な注意の統合，意識的現在，緩衝期間，絶対
判断範囲，シェマの理論，自動化など．

　　これらの用語と関連した概念は，すべて次の主な学習目標に通じてい
る．カウンセラーとクライエントの相互作用である二重関係の概念化と
確認を行い，さらに，この二重関係が学習理論の公式で，どのように構
成され得るかを確かめるという目標である．

（2）　**認識事項**　　55〜66ページは，この構成概念の考え方を詳しく述べ
ている．図6の要約は，この説明の核心として描かれているといえる．

　　これらの概念がフロイトの1900年および1925年の研究にまで及ぶこ
とに注目することが重要である．特に新しいデータを内的構造に取り入
れるために，既に存在するものの多くを否認する必要性があるというの
はその一つである．否認しなければ，過度の調節（例えば，*Zelig*の場
合）が結果として起こり易い．一方，同化された過去の構造によって外
的現実があまりにも多く否認された場合，新しいデータが認められない
ため，すべての調節が不可能となる．

　　シェマ理論も要約され，カウンセリングの技法獲得の例が提供され
る．カウンセラーやセラピストが新しい技法を獲得する（同化し調節す
る）のと同様に，クライエントは，セラピストとの二者関係を通して技
法を獲得する．

（3）　**体験的学習課題**

　　a．　自分の注意過程に焦点を合わせた様々な知覚作用の練習が効果
的であろう．例えば，しばらくの間立ち止まって，目の前の景色を眺め
る．「意識の眼」すなわち知覚を形成する100〜750ミリ秒の期間につい
て考える．次に，10秒間の短期記憶について考えなさい．最後に長期
記憶の流れに自分を委ね，拡がる多数の連想に注意する．一つの対象に
焦点を合わせ（このようにして，他の知覚を否認する），それから目の

前の景色全体に焦点を合わせるか，あるいは注意を向けてみよう．

　急速な注意統合，および他のこの種の用語の表現は知性化され知識となるが，簡単に忘れ去られてしまう傾向がある．継続して知覚および記憶の運動を発生させて，これらの概念についてより経験的な理解を得ることが役に立つことが分かるであろう．

　　b．観察したことと，フロイトの無意識の思考の構成概念との関係について実験しなさい．視界の中の一つの対象に焦点を合わせる．その対象で連想する情動あるいは感情に留意しよう．自由連想に身を任せ，他の対象や記憶を蘇らせなさい．長期記憶の探検に進みながら，心の中の連想が，情動および感情とどう結び付いているかを考えよう．これらの方法を使用すれば，広範囲の精神力学的自由連想の練習が可能である．瞑想状態あるいは軽い催眠状態を自由に作り出せることに注意する．知覚と思考が変化すると，線的時間の感覚も変化することが分かるであろう．

　　c．ピアジェ派のシェマ理論は，治療の実践のために有用な理論的かつ概念的な基礎を提供することができる．マイクロ技法発達に関する資料を再吟味し，小さな情報を絶えず拡大するシェマに統合する方法を考察する．一つの例として，スポーツか音楽で経験したことが挙げられる．理解と活動の拡大するゲシュタルトに統合された特定の小さな認知と行動について，よく考えてみる．治療に参加するクライエントにしばしば欠けているのは，この情報の統合である．セラピストとしての仕事は，長期記憶とシェマをもっと促進的なパターンに組み換えるのを援助することである．この変換過程は，ガンマ解決法に相当し（章の最終節で説明されている），その過程で，同化と調節とは相互に作用して変化と発達を作り出すのである．

構成概念 4　〈認知的バランスあるいは均衡化のスタイルは，個人によって再三繰り返されることが多い．これは強さを表すか，あるいは治療を必要とす

2. 人と環境の弁証法　79

る認知の不足を表わす.〉　均衡化とは, 同化と調節のスタイルのバランスである. セラピストが影響を与えようとするのはこのバランスである.

（1）　学習目標　同化と調節の均衡化スタイルを確認し, クライエントの必要を満たす治療法はどれか示唆できるようになること.

（2）　認識事項　66～73 ページでは, 均衡化の問題に対する四つの可能な解決法が要約されている. 特に重要なのは, ブロイアーによるアンナの症例, およびこの理論枠組みを使用して, そのヒステリー性の行動をどう解釈するかという問題である. この症例から, セラピストにとって潜在的価値のある主な論点は次のように思われる.

1) クライエントの認知的スタイル, 特に「頑迷な」アルファ解決法を意味するクライエントのスタイルを確認する.

2) 弁証法的介在によって, ベータあるいはガンマ解決法へとクライエントが移動するのを助ける. フランクルの強制収容所での経験を, 超昇的ガンマ解決法の例として引用した.

（3）　体験的学習課題

a.　負または正のアルファ解決法のいずれかによって, つまり過度の調節あるいは過度の同化によって, 自ら困難を招いた経験を確認しなさい. どのようにして, アルファ解決法を越えて, ベータあるいはガンマ解決法に移動したか？　変換の規模はどうであったか？

b.　創造性は, しばしば新しい全体性あるいはシェマの生成によって表現されるので, それはガンマ解決法として説明することができる. そういうものとして, 事実上, すべての創造性の練習は, この問題に対し少なくとも隠喩的な関連性を持っている. 治療中のクライエントは, 新しい解決法を創造しなければならない. 創造性に関する自分の個人的経験, あるいは自分が観察した他人の経験について検討し説明しなさい. これらの概念を治療過程に適用しよう.

c.　同化と調節のバランスをとるための四つの解決法の基準枠組みを使用して, 過去に治療を行った自分のクライエントについて述べなさ

い．確認できる次元を明確に略述し，自分のクライエントを診察する他のカウンセラーにも自分の準拠枠と推理が理解できるようにしよう．後にこの主題で，治療の影響を評価する基準がこの考え方に基づいて作成されている．この時点で自分はその基準を予測できるであろうか？　あるいは，クライエントの認知的変化と発達を評価するための自分なりの基準を展開させることができるだろうか？

　d．正および負両方のアルファ解決法として記述されたアンナの症例を再吟味してみよう．アルファ解決法の二つの観点から，どのようにアンナを見ることができるかを説明できるだろうか？　過度の調節者としての彼女はどうか？　過度の同化者としてはどうか？　これらの分析を前提とすれば，最も効果的な治療環境の特性とは何であろうか？

要　　約

　第1章は，意識の発達に焦点を合わせたが，本章では意識の発達の促進を援助する環境について述べてきた．セラピストは，クライエントのために様々なタイプの環境を提供し，これらの環境がクライエントの成長のための状況を提供する．

　成長という概念に欠くことのできないものは，進化の基本的な生物学的モデルの認識と，環境が個人に作用し，個人が環境に作用するその方法の認識である．進化的順応の「結果」は，同時に新しい未来の「結果」へ向かう「過程」でもある．カウンセリングと治療の研究と実践という観点から見た過程と結果の区別は，任意的で不正確である場合もある．

　ピアジェ派の一対の構成概念である同化と調節は，本章の主要概念であった．その各々が，それ自体の範囲内で，同時に結果であり過程である．さらに，両者は弁証法的関係にあり，統一体を表わしている．おそらく同化の方が基本的構造であろう．なぜなら，人間は反応するように生まれついているため，つまり同化は人間の生得的「配線」の一部と思われるからである．しか

2. 人と環境の弁証法　　81

し，反応するように生まれついていても，行動と最終的な同化に形を与えるのは，環境に対する調節および環境の調節である．白熱灯や親が環境に存在しなければ，子供は白熱灯や親を知ることはできない．日本の文化的環境は，北米とは明らかに異なっている．一つ一つの環境は個人に調節を要求し，それらの調節は長い間に様々な人々の間に同化されたパターンに大きな相違点を作り出すのである．

　ロジャーズ派の人間中心方法は例外であろうが，治療においては，ほとんどの理論が本来基本的に同化的であることが分かる．ロジャーズの古い非指示学派は，援助に対して真に調節的な態度に近いように見える．治療では，セラピストが提供する環境が変化，成長，および発達の方向に大きく影響する．にもかかわらず，これらの区別立ては，幾分任意的であり，結合的な同化/調節に関して提示された構成概念は，両者が分離できないことを示唆している．

　情報処理理論が，人間‐環境相互交渉の関連で提出された．注意的要因および認知的過程の研究により，〈意識的現在〉は100〜750ミリ秒の期間内で存在するという定義が示唆されている．この意識的現在と短期記憶には，人間と環境の間の闘争が存在し，そこで新しいデータに対して調節するか，それともその同じデータを先存のパターンに組織するために，古い同化を使うかどうかが判断される．情報処理理論は，行動主義をはじめ，フロイト派の無意識の観念まで含む一連の構成概念と関連づけることができる．

　本章は，こうした様々なデータを，ピアジェの均衡化の理論の再検討を通してまとめたものである．均衡化の概念は，治療目標の確立，およびクライエントの様々な認知的スタイルに合う効果的な治療環境の計画に非常に有効である．

　第3章は，ピアジェの発達理論をさらに詳しく考察し，環境に関する論点を簡潔に探る．同時に，意識の特定の発達段階を経て，個人を前進させるための極めて特定的な方法論の提案を試みている．

　第4章では，再び環境の構成概念について考察し，「どういう条件で，いつ，どんな人のための，どういう治療をするか」という論題をさらに深く探究す

る．第5章では，治療的変換の重大な論点に戻り，また発達的変化と成長を作り出すために理論をいかに駆使できるかを考える．

3

ピアジェと治療理論
── 認知の発達を促す技法 ──

　自主的な，形式操作のできる成人になることが本章のテーマである．通常，ピアジェの理論は，主に子供に関連していると考えられているが，成人の変化と発達の考察を可能にする治療理論と方法の構築にとっても，それは有用な比喩として役に立つ．ピアジェの理論の青年および成人との関連性について考慮した後，極めて特定的な技法について述べる．それは自分の経験を組み立て解釈する，もう一つのさらに効果的な方法にクライエントを導くために提案するシステムである．

でも，おばあちゃんはくつ下がいらないのかしら？

　ピアジェの発達の理論的枠組みは，ノールズとリーブズによって簡潔かつ整然と要約されている．彼らは，子供が死および臨終の問題に対処する過程で，諸段階がどのように現れるかを観察している．5歳の前操作期の少女ジルは，父親のことを心配している．父親の実の母が亡くなったばかりであった．ジルがおばあちゃんのくつ下を持ってくる．父親が彼女に何を考えているのかを尋ねる．「うん，おとうさん，おばあちゃんのことを心配していたの．おばあちゃんは家にいたとき，この大きなグレーのくつ下をはいて，足を暖かくするのが好きだった．……死んじゃったから，出かける前にこのくつ下を持っていく

ことができなかったでしょ．くつ下がなくても寒くならないのかな？」とジル
は答える（ノールズとリーブズ，1983，p. 1）．

　死は，感覚運動期あるいは前操作段階の子供にとっては抽象的すぎる概念で
ある．理解を超える複雑さに出会ったとき，ジルは周りの世界に対処するため
に，呪術的で非合法的な意味を組み立てた．子供がわけのわからない，つじつ
まの合わない出来事を認知的理解の初期のレベルに持ち込むのは，この呪術的
（そして，しばしば驚嘆すべき）世界においてである．

　具体的操作段階（6〜12歳）で，子供は，死を極めて具体的な条件で捉ら
える．死んだネズミが動くかどうか棒で突いてみたりする．葬式では，何度も棺
のところに行って，死体を注意深く見つめる．具体的操作期の初期段階では，
死を単に動かないことと捉え，しばしば死と眠ることとを混同する．ノールズ
とリーブズは，8歳か9歳まで子供は死の不可逆性について完全には納得でき
ないと指摘している．これと同じ時点で，子供は死の原因（最初は武器，後に
病気）を理解し始める．自分の死についての観念は，極めて遠いものである．

　青年期では，形式的操作思考の開始とともに，死は，積極的に否定される．
今日のティーンエイジャーの仲間集団の態度は，死という現実にもかかわら
ず，死の否定に彼らを走らせる．死を否認することは，自立した自己の発達に
おける重要な変化を表わしている．葬式で，青年は後ろの方にいて，泣くのを
拒み，孤立して孤独であるように見える．この行動の底流には，深い個人的な
自己中心性と個人的同一性の探求とがある．「髪の毛がみっともないままで，
学校に行くくらいなら死んだ方がましだ」．この否定的で自己中心的な段階は，
多かれ少なかれ若者全員に存在するが，それは後に死および死の意味の多くの
複雑さの個人的認識へと移る．これは，また完全に自立した形式的，操作的成
人になることの一部分である．

ピアジェ，心理療法，および発達

　治療とカウンセリングにおける成人の発達は，ピアジェの諸段階を進む子供

の発達と同様な順序を辿る．さらに，この循環の過程で，変化と動きを促進するために，特定の治療的介入が行われる．成人は，わずか数回のセッションあるいは発言で，諸段階を進むが，クライエントとセラピストの相互作用によって，個人的成長を展開し促進するには，長いゆっくりした過程を必要とする場合もある．成人は，感覚運動データを取り入れ，情報をシェマあるいはパターンに組み立てるが，これらは感覚運動的経験，非合理的で前操作的観念，あるいは具体的な線形の合理的思考であるかもしれない．次に，成人は形式操作的方法で自分の思考や活動について考えるかもしれない．セラピストとカウンセラーは，面接や短期および長期の心理療法によって，クライエントを導いて，これらの発達過程を進ませる．セラピストとクライエントの間で起こる弁証法あるいは対話は，どんな発達レベルであれ，固着しているクライエントの心を再び開かせて，一層の未来の発達を招来するであろう．

　われわれは皆，感覚運動的学習，前操作的思考，および具体的で形式的な操作思考を絶えず人間らしく行っている．発達の初期的段階は，幼児期とともに消失するものではなく，新しい発達課題と段階に直面するときに，それらは自分の中で積極的過程として続いている．発達は，死を迎えるまで終わらない．

　クライエントは，5歳のジルとよく似た前操作的思考のパターンで治療に臨むことが多い．このような成人の前操作的思考は，「非合理な観念」，「転移」，「強迫観念」など，文化的規範に合わない思考や行動を示す様々な名称で呼ばれる．幼児に非常に近い思考パターン（意識レベル）と行動様式を持ったクライエントもいる．この種のクライエントは，感覚データの現象学を誤って解釈することがある．自分の周りで起こることに関して非合理的で呪術的な説明を，見て，聴いて，感じることから作り出す．彼らが見るものの実体は，彼らの心に先存し，感覚印象の組織化を歪める観念や認知により，誤って伝えられる．長期記憶における同化は，調節的過程によるクライエントの変化および順応を妨げることがある．

　巧みな質問と傾聴とによって，セラピストはクライエントを自分の生活で起きていることを具体的に確認することができる段階へと進ませる．クライエン

トが具体的理解に基づく物の見方ができるようになることを目指す．この治療的努力の過程で，セラピストは効果的でない思考や行動を生んだ理論的根拠や閉鎖性について学ぶことが多い．後には，クライエントが線形思考や，障害の基礎にある原因と結果などについて理解するのを援助する．例えば，行動主義のサイコセラピストは，クライエントが環境を具体的に操作し，原因と結果に関する予測可能な特定の法則を利用するのを援助する場合に，特に効果的である．主張訓練は，クライエントが環境に予測通りに行動するのを援助する場合に有効な方法のよい例である．

多くのセラピストやカウンセラーは，具体的活動と予測性で満足はしない．クライエントを，自己とその状態のより豊かな感情的および認知的理解の段階に移動させようとする．ここで，認識論，すなわち状態についての考え方は，深くその状態の一部になってしまうことから，考えることを考えるということに移動し，形式操作的思考に関与する．認知的行動の修正，非合理的観念の再構成，そしてロジャーズ派および実存主義理論における自己の考察などは，形式操作的治療活動に関する実例である．

第1章（図3および4）では，知識（エピステム）と知性（ノエシス）の区別立てと弁証法について広く考察し，認知の第4レベルを提示した．ピアジェの理論は，通常，形式操作的思考を第4レベルに分割していない．というのは，その前提の一つに，形式的操作がさらに深い熟考，あるいは考えることをよく考えることについて考えるための基本的な基準枠組みを確立する，という前提があるからである．ファースは，*Piaget and Knowledge* (1981) の中で，自己を観察している自己を，自己が観察する時に，増大する複雑性の階層的モデルを用いて，ピアジェの新しい均衡化の理論を要約しているが，その最終的な結果は，本書で示した弁証法的基準枠組みに似ている．他にも（例えば，ケーガン，1982），ポスト形式的操作レベルと，弁証法的発達が論じられている（ピアジェが本当に弁証法を論じているかどうかに関しては，意見の不一致が見られるため，この複雑な領域については，本章の終わりでさらに深く論じることにする）．

3. ピアジェと治療理論　　*87*

ピアジェの発達の主要な 4 レベル

　成人の発達は，ピアジェが確認したレベルとプラトーの意識のレベルとに密接につながった一連の事象を辿って進む．プラトーとピアジェの概念の関連性は，本書の理論と方法にとって重要な基礎である．二つの理論枠組み（これは2000 年もの隔たりがあるにもかかわらず）間には，感動的な類似性が存在する．本章では，カウンセリングと心理療法における構成的で経験主義的実践の理論化と，人間の発達についての古代および現代の理論化とを統合してみたい．

　ピアジェは発達の四つの主要レベル（感覚運動期と前操作期を一つに統合した場合は三つのレベル）を説明しているが，これらのレベルは，任意的であると明言している．発達は流動的過程であるが，記述的に有用であるため，レベル間の区別立てを設定している．4 だけではなく，5，10，あるいは83 の発達のレベルを記述することもできるであろう．ピアジェとその一派は，これらの段階の任意性を絶えず強調しているが，彼らの経験主義的研究と概念的著作は，最初は抽象的概念として始まったものを具体化して考える，特に現実的で具体的にする傾向があった．したがって，ここで要約されている諸段階は，ピアジェが自分の観念を提示して，自ら作り出した一つの現実の混ぜ合わせである，と考えればよいであろう．多数の人々によって，いったん名称が与えられ，記述され，研究されると，観念の世界で形成された任意の構成概念は現実となって，私達の生活経験にかなり直接的に付け込むようになる．かつては，ピアジェの知能であったものが，もっと固定した知識になっているのである．

　子供と成人の発達の主要段階について，下記の通り部分的には詳しく，また図 7 を用いてさらに簡潔に論じる．

第 1 段階：早期感覚運動学習（生誕〜 2 歳まで）

　子供は感覚的経験に依存する．五つの感覚によって，環境からデータを取り入れ（調節し），これらのデータを運動的経験によって徐々に組織化する（同

化する）．前に論じたように，初期的発達課題は，手と眼の協応である．子供は，外界にがらがら（おもちゃ）を見る．最初は，手当たり次第の運動によって，がらがらを叩く．このフィードバックがまず調節され，次に子供は手と腕の運動を計画的に向けて，望ましい環境フィードバックが得られることを「学習する」ことで，そのフィードバックから新しい同化が生じる．二つのシェマ，すなわち一連の手と眼の運動は，一つのより大きい発達ユニットに統合あるいは協応される．基本的なピアジェの対話あるいは弁証法は，次の通りである．

1) 子供による行為．
2) がらがらが動くときのステップ１に合わせた環境フィードバック．
3) ステップ２からのデータに気がつき，それに基づいて行動することによる子供の順応．

第１章では，２人の子供がともに知識を発達させる例を挙げて，この３ステップの理論枠組みを説明したが，この関係の構造は，環境での子供とがらがらの間の「順応としてのコミュニケーション」に繰り返し現われる．子供は，環境における事物と共同して現実の組立てに関与している．子供の心の中では，自己対自己の関係においても相互構成が継続する．

子供は極めて自己中心的なアプローチ（「私が世界だ」，「ママは私だ」，「私は乳首だ」など）によって感覚運動期を開始するが，徐々に外界の事物と自己を区別するようになる．言語的構成概念を持たない場合でも，初歩的因果関係と「もしも/それならば」の関係に気がつく（「がらがらを叩けば動く」）．18〜24ヶ月の間に単純な表象作用が起こり，子供は直接見えないおもちゃのイメージを生成することができる．

成人の場合，発達段階間の移動は瞬間的であるかもしれないが，新しい知識と気づきは子供と類似したパターンをたどる．知識あるいは発達は，感覚に基づく経験，すなわち，プラトーの「ほら穴の寓話」に描かれた世界のイメージまたは影から始まる（エピローグ参照）．成人でも子供でも五つの感覚によってデータを取り入れる．これらのデータに圧倒される場合もある．感覚的刺激に対して過剰に調節し，ある種の自己催眠または不動の状態に陥っている自分

3. ピアジェと治療理論   89

に気づくこともあり得る．このように，感覚的刺激を同化し，シェマやパターンに組織することが極めて重要である．個人は，これらの感覚に基づくデータのイメージを，有効なパターンに組織化または同化するが，しかし，シェマやパターンは錯覚であったり役に立たないものであったりする．発達は感覚に基づく経験でしか開始することができない．クライエントはカウンセリングセッションに来ると，見て，聴いて，感じたことを説明する．カウンセリングと治療に関する多くの理論は，クライエントが状況と自己をより明確に〈見る〉こと，他者の言うことを正確に〈聴く〉こと，そして〈感情〉に「触れること」を援助することの重要性を論じている．カウンセリングの生の要素は，感覚に基づいている．実験知覚心理学は，現象学的志向の療法心理学と同様に，こうした論点の多くを考察する．

子供は身体で感情を具体化し，自己と情動を分離しない．情動は子供を完全に支配し，世界に対する子供の反応を指図する．このことは，ミルクが欲しくなって泣いている子供，あるいは癇癪に襲われた2歳児などに最も明らかに見られる．感覚印象が行動と思考に先行する．

この段階の感情の次元は，「私は自分の感情である」という言葉で要約することができる．もっと年長の子供あるいは成人が危機的状況に直面すると，前の段階に後退する．事故に合った場合，状況と自己の分離が生じないことがしばしば起こる．欲求不満に陥った場合も，多くの成人と子供は，短い時間，癇癪を起こし，その過程で「自分の感情になる」．言うまでもなく，個人は生活様式を発達させるが，その場合，感情と情動に導かれているのである．

効果的な面接を行いたい場合，カウンセラー訓練におけるかかわり行動の構成概念は極めて重要なものと考えられる．セラピストは，個人的にも文化的にも，適切な視線の触れ合い，促すような身体言語と声の調子などを，クライエントに提供しなければならない．このような感覚に基づく基本的なかかわり技法がなければ，最も有能なセラピストでさえも危険を冒すことになる．

同様に，クライエントの観察能力は，クライエントが世界をどのように経験するかを決める有効な基準枠組みを提供する．人間には，「1次的先導システ

図 7 発達の 4 段階：

（1）　感　覚　運　動

「子供」は無数の感覚印象（視覚，聴覚，触覚，味覚，臭覚）を受け取るので，この経験を協応または組織することを学ばなければならない．成人もまた，感覚の世界に対して調節するが，感覚運動データを処理し，協応する仕方を決定する不動の同化した構造によって，その世界に近づく．感情は，「私は自分の感情である」という言葉に要約され，そこには，見られ，聴かれ，感じられることと，情動との間に限定的な区別がなされている．感覚運動的経験は，比喩的に（そして時には文字通り）その生活全体がばらばらなクライエントによっても示される．混乱したクライエントや患者は，「不器用なつまずきで混乱」した世界を整合することができない．情動的に，こういう個人は幼児体験の状態に近いのである．

感覚運動期に関連している治療は，身体感覚に焦点を合わせるか（ロルフ式マッサージ*，弛緩訓練，ダンス療法，バイオエネルギー論），あるいはこれら同じ感覚を積み木のように，理論を意識しないで使用する（ゲシュタルト，ロジャーズ派，精神力学）．成人も子供も感覚的インプットから切り離された自己を認識することができない．これを，対象と自己の一体化と呼んでもよい．

　　　　　* 訳注　筋肉を強くもみほぐし，身体を柔軟にし，姿勢を矯正することで活
　　　　　　　　　力を取りもどそうというマッサージ法．

（2）　前　操　作

子供は自己を対象から分離してしまうが，しばしば呪術的に（自己中心的に），他者は自分と同じように世界をみて構成すると信じている．

成人は，投射などの同化した防衛機制を伴って，治療に訪れる．自分が世界を知覚する仕方は普遍的であると信じている．このことは，非合理的あるいは非論理的思考，または役に立たない固着した反復行動にも明白に現れる．

ム」があるという考え方がある．すなわち，これは世界に対して調節するための特定的な知覚システムである．あるクライエントは，家族の一員を「見る」が，他のクライエントは家族を「聴いたり」あるいは「感じる」のである．クライエントの感覚スタイルに注目するというこのシステムは，バンドラーとグラインダーによって始められ（1975），ランクトンが拡充し（1980），結果的には多くの関心と研究を生み出した．しかし，この研究のデータは，期待されたほど有望ではなかった．問題の本質は，最初信じられていたより遥かに複雑であることが判明した．ライディングズは，様々な結果を得た 20 以上の研究を

3. ピアジェと治療理論　　*91*

成人と子供のパターンの関係

感情が認知から分離し始める．子供は出来事に対して過剰あるいは過少に反応する．
情動は状況に対して相応しくないかもしれない．治療の多くは，クライエントの前操作
的思考，および意識と行動の高次の複雑なレベルへの移動を理解しようと努める．

（3）　具 体 的 操 作

子供は，まず世界を命名し記述することを学ぶが，後に線形因果関係と予測性を学習
して，完全な具体的操作ができるようになる．子供は予測できる効果と影響に基づい
て，世界に対して行動（操作）することができる．保存は特に重要である．

情緒的発達は，個人的抑制と可逆性を示し始め，感情の基本的理解が示される．

治療中の成人は，ある程度の予測に基づいて，世界に対して行動できるようになる．
「私がこれをしたり，あるいは考えると，これが起こる」．自己は，さらに明確に対象か
ら分離され，個人は自分の活動とその影響について考えることができる．

具体的操作療法には，主張訓練および数々の職業カウンセリングと計画立案など多く
の行動主義的アプローチが含まれる．

（4）　形 式 的 操 作

青年は，まず自己中心的な否定（「私は子供ではない」）によって自己を認識するが，
徐々に自己の完全な認識に到達し，考えることについて考え，感じることについて考え
ることができるようになる．青年はデータを受け取り，多面的なものの見方に統合する
ことができる．様々な領域からの情報を結び合わせることができるのである．

考えること，および知識についての理想主義的考えや思想の基礎が確立する．完全に
機能している成人は，この段階のよい例である．しかし，自分自身についての考えは，
不正確あるいは偏ったものであり，それ自体，前操作的である．

基本的にこの段階と関連している療法には，ロジャーズ派，実存主義的，認知療法，
精神力学など，考えることに焦点を合わせた療法が含まれる．

再調査している（1986）．「一次的感覚」処理の概念は，精密な吟味には耐えな
いようである．

ところで，催眠セラピストの過程を考えてみよう．催眠セラピストは，感覚
的インプットと初歩的感覚経験に焦点を合わせて，多数の感覚的インプットシ
ステムを使用する傾向がある．例えば，下記のトランスの導入は，ロジャー
（1973）が著した麻酔学の「前操作的準備」用であるので参照するとよい．（実
際に感覚運動データは，後の前操作的思考および後の具体的操作作業に必要な
準備であるため，「前操作的準備」という言葉に注目してみることは興味深い

し，多少おもしろくもある．後にセラピストや外科医は，完了したばかりの具体的操作について考えることができる）．

催眠前操作的準備

1．予備麻酔をかけられたときから，部屋にもう一度戻るまで，——そしてその後も——あなたに直接語りかけてくる声にだけ耳を傾ければよいのです．他の物音は，すべてとても遠いように聞こえます．和らげ，なだめるような背景の音です．

2．あなたは薬で治療が進められているのですから，楽しい空想を始めて，続けることができます．……空想にすべての注意を向けて下さい．目を閉じれば，視覚的刺激はすべてシャットアウトされます．……薬は完全に効果を発します．……とろとろと，夢見るような，眠い感じ……快いけだるさを楽しむことができます．

3．直接あなたに話しかける声に耳を傾け……適切に答えましょう．もっと楽になるように簡単な指示をあげます．

4．治療中とその後，治療範囲のすべての筋肉を軟かく，力を抜いて，快い状態にするように，今，注意を向けましょう．筋肉が緊張したときは，いつでも軟かく快い状態に戻します．

5．あなたの呼吸は穏やかで，深く楽な状態です．あなたの心臓の鼓動は，穏やかで強く規則正しく打っています．

6．あなたの身体の機能は，麻酔が覚めるにつれて，急速に正常に戻ります．

7．あなたの治療の時間が近づくと，不安に代わって，おもしろい期待感に気づくでしょう．

8．後になって，この経験を思い返すとき，思っていたよりずっと易しかったことに気がついて，快い驚きを覚えるでしょう．

（ロジャー，1973，p. 29 を許可を得て掲載）

催眠セラピストは，感覚運動経験を利用している唯一の人々ではない．パールズ（1969）は，身体面に重点を置いたデータ，および「今この場で起こって

いることに注意する」ことに焦点を合わせた大家である。以下は，その例である．

　　　　パールズ：これを発展させましょう．震えに身を任せなさい．感じるこ
　　　　　とをつかみなさい．……〔彼女の全身が少し動き始める〕そう，そ
　　　　　の調子です．踊ることができますか？　起き上がって踊りなさい．
　　　　　目を開けて，身体の動きのままに，身体で表現したいと思う通りに
　　　　　身を任せなさい．……さぁ．〔彼女は，震え，痙攣し，ほとんどよ
　　　　　ろめきながら歩く〕さぁ，がらがらへび踊りを踊りなさい．〔ゆっ
　　　　　くりと，体を曲げて優雅に動く〕……がらがらへびになるって，ど
　　　　　んな感じですか？　　　　　　　　　　　　　　　　　　(p. 163)

ひとたび，身体経験にかかわると，人は「徐々に前進」を始めることができた
のである．

　ロジャーズ (1961) は，治療過程の感情的側面にほとんど全面的に焦点を合
わせたが，これはクライエントの発達を強化するために最も重要であると，多
く論じられている．この方法は，ロジャーズとクライエントであるオーク夫人
との5回目の面接の中に明らかに見られるのである．以下がその例である．

　　　　セラピスト：〔彼女が経験している傷心に向かい，穏やかに，共感的優
　　　　　しさを込めて〕いまあなたが経験しているように，その奥底で自分
　　　　　自身のために本当に涙を流したいような感情だと感じていますね．
　　　　　けれども，〈それを〉見せることはできない，見せてはいけない，
　　　　　だから，好きでもなく，むしろ取り除きたい恨みで押し隠してきた
　　　　　のです．恨みを感じるよりも，むしろ傷を呑み込んでしまった方が
　　　　　ましだと感じているのでしょう．〔間をおく〕あなたが極めて強く
　　　　　言っているように思えることは，「私の心は〈痛む〉，だからそれを
　　　　　包み隠そうとしてきた」なんです．　　　　　　　　　(p. 94)

この例では，ロジャーズ側の基本的努力は，明確な形式操作的態度で，感情に
ついて考えることである．ただし，その段階に到達する前に，感情の相互理解
の基盤が理解されなければならない．

アイビィ（1983a）による精神力学的な夢の分析のビデオテープの実演の中の，セラピスト側の次の手本に注目しよう．

　　うーん……そうですか．夢のパターンがわかりました．それは友達のパットとチャールズと一緒に，心地よく現れるんですね．素晴らしい日で，波が静まるのが聞こえます．明るい色がたくさん見えるので，良い感情だと思います．それから，ダークグリーン，危急の事態があって，波が高くなって，本を手にしています．……

　　いちばんはっきりした夢のイメージとしては何が見えますか？〔夢のイメージと結びついて〕連想するいちばんはっきりした感情は何ですか？　　　　　　　　　　　　　　　　　　　　　　　　　　　　（p. 7-8）

　このように，感覚運動的データは，クライエントが経験するための土台を提供する．多数の治療セッションを記述したものを見ると，言葉，イメージ，および構成概念などが感覚的経験と関連づけて用いられていることがわかる．このパターンを前提とすれば，バイオエネルギー学の感覚運動療法（ロウエン，1967），フェルデンクライスの運動システム（1972），および他の治療哲学は，認められていた以上に関連性があるかもしれない．バンドラーとグラインダー（1975）の構成概念は重要であるけれども，提示された方法が簡略すぎて，理論的根拠と充分に関連づけられていないように思われる．

　構造化した行動主義的アプローチは，クライエントのために環境を組織するが，同時に援助に対しても，このアプローチの特徴を示している．子供の成長のために親が注意深く子供の環境を構造化するのと同様に，一部の行動主義サイコセラピストは，特に混乱した患者の環境を組み立てる．同様に，セラピストは精神科病院の入院患者のために環境の構造化をはかる．

　人と人との関係は，最終的には感覚データに基づいている．最初の15秒間のうちに，その関係を続けたいかどうかが分かることが多い．多くの人が初恋の鮮明な視覚的イメージについて話す．例えば，恋人の声の響き，かもし出された感情，周囲の状況などである．感覚運動データは接触のための基礎を提供する．

第2段階：前操作的思考（2〜7歳）

　子供の筋肉運動の発達は速いが，前操作期の子供の世界は，しばしば非合理的で呪術的である．子供は語いが増えるにつれて，自己中心性が薄れ，他者に気づくようになるが，因果関係と行為の説明については，まだ非常に限界がある．これらの年齢を通じて，論理と合理性の土台がしっかり確立される．

　ピアジェ派の〈保存〉の構成概念は，前操作的思考パターンの特性を説明するうえで，特に重要である．知識を保存するために，子供は状態あるいは対象はたとえ一部変形され，あるいは変化しても同じままであることを学習しなければならない．例えば，子供の親が，髭か仮面を付けずにサンタクロースの衣装を着た場合でも，子供は親であることを認識できずに叫ぶ．こうした保存性の欠如は，15〜28ヶ月の年齢に予想されるが，3歳あるいは4歳児には見られないであろう．次に，子供が早くから多数の論理的操作を習得し始めることを示す適例を挙げる．

　保存は，ピアジェの有名なコップの実験に関連して，論じられることが多い．子供は，細くて丈の高いコップの中に注がれる水の量を観察している．次に，その水が，同じ水量が入る浅くてずんぐりしたコップに注がれる．知識の保存を達成している場合，子供は各々のコップの水量が同じであることを認識するであろう．達成していない場合，子供は「水が少し減っちゃった！」と驚いて叫び，状態を呪術的に考えるであろう．「呪術的」という語は，前操作的で幼稚な思考を説明するために役立つ構成概念である．このような出来事または事態間の「非論理的」関係の活用は，子供が具体的思考という難しい課題にとりかかる前にとる必要な前操作的ステップなのである．外科手術の前に，術前催眠手続きをとるという隠喩を考えてみよう．手術の前，看護婦やスタッフは術前作業を完了していなければならない．手術の場合と同じように，クライエントが状況を改善するのを援助する何らかの具体的操作を行うことは，準備なしでは容易でない場合が多い．

　このことは，前操作期，感覚運動期の子供は完全に非合理性と呪術の世界に存在していると言っているのではない．むしろ，子供は混乱する世界の意味を

理解するのに忙しく，2〜7歳までは，ピアジェ派の操作段階へ向かって，限りない前進を続けている．明確な発達段階の確認が難しいことは明らかである．しかし，幼児は，具体的に，予測的に，世界について考えることができる領域を多数持っている．その領域は，ボールを蹴ることから，友人を見つけること，文字や数字を習うこと，おそらくは読むことにまで及ぶ．子供が思考の一つの領域で呪術的だからといって，必ずしも完全に前操作的世界で操作しているとは言えないのである．

前操作的（非合理的，呪術的）思考は，多くのカウンセリングを受けているクライエントに明らかに見られ，それが，しばしば，クライエントが援助を求める理由である．典型的に，こうしたクライエントは，行動的順応の点からは環境に作用することができない．技能と知識の両方の欠如によって，クライエントは効果的な活動が妨げられている．ピアジェが論じた前操作期の子供と，カウンセリングおよび心理療法においてみられるクライエントの間には，多くの類似性がある．

治療中のクライエントの間では，次のような言葉の中に呪術的，前操作的思考が明らかに見られる．「母が私にそれをさせた」（因果関係の誤り）；「男はみんな怖い」，「私は勃起させることができない」（過剰般化の誤り）；「子供達は私を憎んでいる」（過剰般化と関係のあるデータの除外）；「彼が私をひどく怒らせる」（曲解．この人は責任転嫁をしている——因果関係の誤り）．括弧内のコメントは，子供や成人が思考過程でよく犯す論理的誤りを指している．

前操作的パターンは，行動にも明白に現われる．技術がなく，何かを成就することができない人間がいる．これと類似して，ある人間は，技術は持っているが，それらを新しい状況に転移することができない場合もあろう．例えば，友人とよく話しもするし，上手に聴くこともできるが，集団では言語的に不器用な人間がいる．前操作的行動パターンが，低レベルのフロイト的防衛機制に明白に見られる．例えば，否定は，知識を転移あるいは保存できないことを例証している．幼児が低い方のコップにも同じ量の水が入っていることを否定するのと同様に，患者は，たった一つの失敗の事実のために，配偶者の深い思い

やりと愛の実体を否定する．このように，過去の知識を保存できないことは，サンタクロースの衣装をまとった親を認知できない幼児の例に似ている．

前操作的クライエントの文章は，意味的にうまく組み立てられていない傾向がある．クライエントは，自分の感覚的経験の要素を説明することはできるかもしれないが，その経験を意味のある，論理的で効果的なパターンに組織することはできない．例えば，クライエントは「論理的に堅い」思考（あまり考え過ぎて自分を窮地に追い込む）をする．それは，「いつか誰かが失礼なことをしたから，デパートには行けない．怖くて行けない」などと考えることである．このような人々は，驚くほど複雑で込み入った説明をするが，実際はいつまでも状況の中でうまく機能することができないままである．すべての治療は，クライエントが感覚運動経験をどのように組織し理解するかという問題を扱っているが，別のレベルでは，すべての治療が，クライエントは具体的操作，形式的操作，およびより高いレベルの経験でさえ，どのように組織し，理解するかという問題を扱わなければならない．このように，人間は非常に複雑な思考パターンを持っているにもかかわらず前操作的であり得る．考えることについて考える思考において，前操作的であり得る．論理的に考え，効果的に生活することを可能にするためには，教養と知識それだけでは，基本的に充分ではないのである．

治療が，前操作的思考と活動を扱う方法がいくつかある．一つは技法訓練と心理教育を通してであり，いずれも，より効果的に環境に作用する方法を患者に直接教えることに焦点を合わせている．ゴルトシュタイン（1973）の構造化された学習療法は，患者に世界に効果的に対処し作用する方法を教える適例である．前操作的思考から具体的操作への変換は，アイビィも例証している（1973）．彼は，視線を合わせること，適切な身体言語，および声の調子など，特定の感覚運動技法を精神科入院患者に教えた．アイビィは，この指導に続いて，コミュニケーション技法の具体的操作訓練を行い，次に患者が考えることについて考えることを助け，さらには，患者が新しく学習した技法を病院の外の世界に転移するときの困難の予想へと前進させた．技法の訓練に関する二つ

の有用な参考文献は，ラーソンの *Teaching Psychological Skills* (1984)，およびマーシャル，クルツとその一派の *Interpersonal Helping Skills* (1982) である．

エリス (1971) による論理療法，およびベック (1976) やマイヘンバウム (1977) など，認知的行動主義者の研究も，前操作的思考から高レベルの操作的思考へとクライエントを前進させる変換過程を明確に例証している．彼らをはじめとするセラピスト達は，呪術的思考過程に直接踏み込み，非合理的観念，過剰般化，重要な意味を持つ事実の削除，および他の非論理的思考の誤りなどの明確化を助けている．

たいていの前操作的クライエント（「最低の」子供のようなレベルであっても，「最高の」複雑な成人のレベルであっても）は，自分の経験の要素や側面を説明することができる．しかし，経験を完全に，あるいは合理的には説明できない場合も多い．カウンセラーやセラピストの課題は，クライエントが深い洞察（再洞察に「過ぎない」場合でも）に向かって進むのを援助することである．

セラピストとしては，具体的操作への移行は，「具体的な例を挙げてくれますか？」，「何が起こったかを具体的に説明してくれますか？」など，特定の具体的質問をすることによって，最も能率よく効果的に処理することができる．何年もの間，カウンセラーとセラピストは，具体性は効果的援助にとって非常に有効な土台であることを知っている．「お母さんは特に何と言ったのですか？　あなたは何を言ったのですか？　あなたは何をしたのですか？　それから次に何が起こったの？」などの質問は，実際に起こったことの組織的説明を提供してくれる．それらは起こった後に，非論理的なものに歪められていたものであったり，あるいは行動することができなくなっていたものである．

具体的な詳細の追求は，具体的操作思考へ，うまくいけば後に具体的活動へとクライエントを導く．この時点で，カウンセリングおよび面接技法の発達的順序が明白になってくる（この発達的順序は，本章の後半で要約されている）．第1に，クライエントはセラピストとの接触を通して，感覚運動経験の基礎を

しっかり固めなければならない．第2に，経験の要素を確認し，それらに名称を与え，呪術的な前操作的思考パターンを無視することもできるようになる．第3に，特別な質問と支持を与えられることによって，具体的思考と行動の継起が促進される．後に，クライエントは線形因果関係（後期具体的操作）と，行動の反復パターン（初期形式的操作）を検討し，ついには，後期形式的操作による思考に近づき，そして，ことによると，その思考と活動のパターンを変化させることができるかもしれない．当然のことながら，多くのクライエントは，より効果的に世界に作用するために用いる，代わりの具体的手段を獲得したのちは，治療を中止することが充分にありうる．

　残念なほど一般的過ぎる誤りは，セラピストが前操作的思考に直接かかわるときに起こり得る．例えば，セラピストによっては，鬱状態について話す鬱病のクライエントの反応を強化することがある．そのときセラピストがしばしば犯す間違いは，鬱病患者に傾聴し，鬱状態に焦点を合わせて，その状態を増大させるにすぎない質問をすることである．会話のパターンに観念奔逸がはっきりと現われる精神分裂症患者と話すときは，患者の思考に論理性を見つけ，非論理性を無視する方が望ましい．さもなければ，混乱した話のパターンが続くばかりである．もちろん，このことは，クライエントの知覚したことをカウンセラーが傾聴（調節）することの重要性を否定しているのではない．むしろ本当に混乱したクライエントがセラピストの現実の解釈に対して調節し，最終的には同化するのを援助することの重要性を強調している．

　発達の過程は，通常クライエントの内部でしか起こらないと考えられてきた．だんだんと複雑さを増す個人の思考パターンの螺旋形の過程こそ，発達の典型である．しかし，発達はクライエントとセラピストの両者による，「現実」の相互生成の観点から論じられる方がよい．セラピストはクライエントが自己の存在の「ほら穴」から進歩をするのを促進したい場合，感覚運動データを取り入れ，組織的に組み立て（ただし，ただ一つの理論的方向づけがすべてのクライエントにうまく行くとは仮定しないで），それをクライエントに実際に試みる．次の基本的なピアジェ派の3ステップの公式化の後には，対話の弁証法

的パターンが続く.

1) クライエントの言葉.

2) 1に反応したセラピストの言葉.

3) 2に反応したクライエントの言葉.

カウンセリングと治療は，活動におけるこの人間 - 環境弁証法を表現しているものである．不運にも，この弁証法が効果的でない場合，クライエントの機能は，低いレベルに低下する．クライエントとセラピスト間のすべての相互作用は，事態に良い方向へも悪い方向へも作用する.

第3段階：具体的操作（7〜11ないし13歳）

子供は，この段階で論理的思考パターンに移行し，より複雑な論理を具体的な問題や関心事に適用する能力を示すのである．具体的操作思考の初期の段階では，子供は外的現実と自分独自の知覚に支配される．この段階では困難を経験するが，後には他者の観点の予測の仕方や，原因および結果の予想と説明の仕方を学ぶ．そしてプラトーが説明した可視的世界に関する信念の概念に似ている現実の線形説明の仕方を学習する.

この段階での子供は，観念をかなり効果的に保存することができる．どちらのコップの水の方が多いかという質問には正確に回答するが，保存や関係のもっと複雑な問題については，未だわからない．数の保存という概念の獲得が，この点を説明している．試験者は8個の黒い小石を1列にまっすぐ並べ，その後すぐその上方に，8個の白い小石を並べる．子供は小石の数を数え，どちらの列も同じ数であると言って，初歩的な保存を示す．次に，試験者が，白い小石の列が黒い小石の列より長くなるように，8個の白い小石の間隔を拡げる．小石の数を数えた後でさえも，多数の子供が白い列の方が黒い列より小石の数が多いと信じている.

小石の例は，保存の複雑性を示している．また，それは子供（あるいは成人）が明らかに具体的操作レベルでほとんどいつも考えている場合でも，前操作的思考パターンが残っているという事実の，非常に重要な例証である．私達は，初期の発達段階から本当には決別できないのである．いつも感覚印象に依

3. ピアジェと治療理論　　*101*

存し，経験の要素を確認し，その要素を組み立てている．必然的に子供に限らず最も知的に洗練された成人でさえも，すべてを完璧に組み立てることはできない——人間の前操作的思考とデータの呪術的な組立ては，いつまでも人間の一部分でありつづける．環境からの感覚データは，常に私達を攻めたて，その複雑性は「最終的な意味」の組立てが不可能なほどである*.

　　*　ここでは，「最終的な意味」の逆説は，故意に用いられている．クレタ島の聖人が言った古い論理的パズル，「クレタ人はみんな嘘をつく」を考えてみよう．聖人は「真実」を語っているのだろうか？　「最終的な意味」が不可能であるという記述は真実であるのか，あるいはそれ自体虚偽であるのか？　人間のコミュニケーションの主な様式である言語は，しばしば真実の全貌を語ることはできないのである．

　情緒的発達では，この段階になると，その発達につれて，感情の可逆性と線形因果関係への気づきが生ずる．初期の段階では，子供はテディベア（ぬいぐるみの熊）のことを「テディが好きだ」と言う．後には「私はテディが好きだし，テディも私を好きだ」になる．具体的操作の後期には，「……だからテディが好きだ」と言う．具体的操作レベルでは，明らかに子供は感情から独立し，世界に対する具体的操作と活動のために，感情を使用することができるはずである．感情は行動を導くが，しかし，それはむしろ子供あるいは行為者に統制されている．

　多くの（おそらくはほとんどの）成人は，具体的操作レベルで情動的に作用していると論じることができる．もちろん，このことは，女性よりも男性に当てはまる傾向である．この社会の子育ての慣習によって，男性はしばしば自分の情動を無視するように教えられる．——「泣くな．男でしょ」というようにである．このために，男性は，自己と情動とを分離させるが，その結果は，情動的に表現するという行動よりも，むしろそれを統制するという情動の具体的表現になる．こうした人間は，役に立ち，目的にかなうやり方で行動する傾向があるが，他の人間のものの見方や感情については比較的に無関心である．感情はしばしば単純化され，「良い」か「悪い」ものとして見なされる．感情がさらに発達すれば，子供も成人も，線形で率直で全体論的な感情に達するが，それは混合した感情あるいは両面価値感情の複雑さや迫真性に欠けている．

対照的に，私達の文化における女性は，情動を経験するよう奨励され，許されることが多い．したがって，女性はまだ幼い頃から身体と感情に敏感である．また，具体的操作的感情から，関係形式的操作思考へと急速に移動できる準備がよりよくできている．ただし，このテーマに関して，多くの個人的，また文化的変種のあることを留意しておこう．どんな人間も，前もって定義されたパターンには従わないものである．

具体的操作の後期では，子供は「あなたがXをすれば，Yが起こる」というように，因果関係のより深い理解へとさらに移行する．経験は，孤立した出来事というよりは，むしろ関連した因果的連鎖として捉えられる．この年齢で，子供は関連性のない断片から，連続した秩序のある生活と人生へと移行する．新しく発見した知識と理解にもかかわらず，子供は，多くの場合，機構や抽象的問題の理解に，本当に苦労する．12歳の子供は，すべての州の首都の名前を挙げ，リストにすることは上手にできるが，政府や法律の本質などの抽象概念について完全に論議することは全くできない．子供は，インディアンと米国の戦争に関する社会科の年表を作成するが，領土が元々はインディアンの所有であったという抽象的なポイントを見落とすことがある．

カウンセリングと治療に対する具体的操作の持つ含みについては，前操作的思考を扱った前節で，既にある程度略述した．セラピストは，絶えずクライエントに自分の状況の具体的な特質を探し求めさせる．経験の要素を引き出し，それらに具体的な形を与えることによって，セラピストはクライエントが自分の状況の論理を了解するのを援助することができる．内的論理が見えれば，「あなたが子供に対してそれをすれば，何が起こり得るでしょうか？」，「あなたが，ぐずぐずしたままでいると，どんな結果になるか予想できますか？」のように，因果関係が引き出されるのである．

ピアジェ派の弁証法的3ステップのモデルが，再度役に立つであろう．例えば，主張訓練の実習では，クライエントは遠慮をしないで，はっきり言葉に出して言うことを学習し，配偶者に，絶えず自分を支配させないようにする．この学習はステップ1に相当する．クライエントが実際に，この学習を自分の配

3. ピアジェと治療理論　　*103*

偶者の状態に適用したときに，ステップ2になる．これがうまく作用して配偶者が変化すれば，弁証法は首尾よくステップ3に移り，クライエントと配偶者間の一対の発達螺旋の過程が開始する．主張訓練が効果的でない場合，発達は阻止されたままであるため，クライエントはセラピストのところに戻り，セラピストはデータを考慮に入れ，環境フィードバックに基づいて治療計画を訂正することができる．

　保存は，カウンセリングと治療にとって重要な概念である．対象関係論者は，対象の恒常性と，子供に対するその重要性について語っている（例えば，フェアバーン，1952；マーラー，1971；マスターソン，1985；ウィニコット，1958を参照）．感覚運動レベルの子供でさえ，他者との関係に関する知識を保存し発達させるために，母親（および父親）の恒常性を必要とする．子供は母親に対して調節し（取り入れ），同化（作用）する．母親もまた子供に対して同じことをする．各々が人であり，各々が環境であり，同化と調節をしながら螺旋の高位レベルへの弁証法的相互発達という意味で，共同生成を行う．しかし，母親自身が困難な子供時代を経験し，おそらく乱暴で子供の世話をしない母親のイメージを同化した場合，それと同じメッセージを子供に伝達する．子供はこれらのメッセージを取り入れ，同時にこの観点から母親に同化し作用する．母親と子供はお互いを生産しているのである．

　代わりに，母親と子供の関係が非常に親密なために，父親を含めた他の誰もが心理学的に環境に入ることができないこともある．母親と子供は，自分達のためにうまく作用する閉じた螺旋形の世界を共同生成するが，それは外の世界を説明することができない．同様に，愛し合っている若いカップルは，完璧な環境を共同生成するが，この環境の有効性が続くのも，子供の誕生が，この2人の小さくまとまった世界を掻き乱すまでのことである．

　対象関係論者は，子供と初期の対象との間で共同生成された関係が，子供に成人としての在り方を準備すると論じている．経験の中心となる要素は——一定の前操作的思考パターン，および世界における操作の具体的様式など——生涯にわたって保持されつづけ，結果としては，ある意味で，常に幼い子供のま

ピアジェとマスターソンの発達段階の比較

ピアジェ		マスターソン	
0〜 2歳　　感覚運動			
0〜 1ヶ月　反射および自発的運動		0〜 3ヶ月　自閉的	
0〜 4ヶ月　最初の習慣および 　　　　　第1次循環反応		3〜18ヶ月　共生的	
4〜 8ヶ月　第2次循環反応		(3〜 8ヶ月　分化の分離－個別化副位相)	
8〜12ヶ月　手段と目的の協応		(8〜15ヶ月　実践の分離－個別化副位相)	
12〜18ヶ月　第3次循環反応		(15〜22ヶ月　再接近の分離－個別化副位相)	
18〜24ヶ月　即時理解による発明		18〜36ヶ月　初期副位相を伴う分離－個別化 　　　　　　（上記参照）	
2〜 7歳　　表象の前操作段階		36ヶ月〜　　対象の恒常性に向けて進行中	

までいる成人を生むことになる。

　マスターソンの発達対象関係論的アプローチ（1981）は，この理論を実際的に敷衍した有用なものである。マーラー（1971）とボウルビィ（1969, 1973 b）を参考にして，マスターソンは，幼児に見られる三つの主要な位相を提示した。この各々の位相は，母親との関係で上手に克服されることを必要としている。上掲の表は，ピアジェの発達段階と比較したマスターソンの発達の主要構造の要約である。

　ピアジェが，ここで，子供の精神の働きについて観察したことを記述しているのに対し，マスターソンは成長途上の幼児の主な発達課題，特に母親との弁証法的関係の中で果たされる発達課題を説明しているように思われる。例えば，精神病は自閉期における母親と子供の過度に親密な関係，あるいは拒絶的な関係から生じる。子供が個別化して，完全な対象となり，完全な対象関係を持つことができるようになるには，各々の発達レベルで母親からの分離の問題を克服しなければならない。例えば，境界線的人格は，自閉期間中に呑み込まれるような親密な母親との関係を経験する。しかし，子供が後の段階で個別化しようとするとき，母親はすがりつき行動（過剰な愛着）に報酬を与えたり，

３. ピアジェと治療理論　　*105*

分離の試みを罰したりすることがある．このように，マスターソンは，幼児期
のパターンが後の生活様式に影響を与える様相をかなり特定的に提示してい
る．成人の境界線的人格は，幼児期の母親との関係の拡張と考えられている．

　マスターソンとピアジェの比較が有用であるのは，認知的発達の観点から，
子供が何をすることが可能であるかを，私達は知ることができるからである．
さらに，ピアジェは，子供が次の段階に移動する前に，前段階の課題を確実に
完了しなければならないことを示唆している．

　対象関係理論では，重要な事実は，私達は大切な他者との関係を保存し，未
来に維持し続けるということである．カウンセラーやセラピストという非常に
具体的な存在が新しい刺激として働き，新しい思考や行動，活動などの生成を
可能にする．対象関係論的観点では，成人した子供は，過去の関係の歴史をセ
ラピストに転移（保存）する．セラピストの仕事は，この成人した子供の世界
の中に入り，経験および経験することを変容させることである．セラピスト
は，新しい具体的な他者になり，発展する存在の新しいシステムや在り方の新
しい機会を提供する．このように，治療で例証される転移は，いまや頑固な同
化となっている過去の過剰調節の１形態として説明することができる．セラピ
ストの仕事は，クライエントがセラピストの異なるという事実に調節し，最終
的には，それを同化できるようにすることである．ここで，マスターソンが再
び有効になる．マスターソンは，ナルチシズム的あるいは境界線的患者は，セ
ラピストとともに，過去の学習を繰り返すこと（転移）を指摘している．逆転
移を避けるために，セラピストは自己愛的行動を解釈し，境界線的行動と対決
しなければならない．セラピストと患者の関係の個人的独自性のお蔭で，クラ
イエントは発達中断という古い移動不能になった状態を作り直すことができ
る．

　治療では，環境に対して過度に調節することを学んでしまったクライエント
に出会うことがある．彼らは過去を保存している．言われたこと──行儀良く
しなさい，邪魔をしないようにしなさい，「すべき」通りにしなさい，などを
しようとする．治療におけるこのようなクライエントは，セラピストの関連づ

けの枠組みに進んで順応する。クライエントのその深く埋め込まれた部分こそ治療する必要があるのである。一方，過剰同化者は，自分の関連づけの枠組みから世界に作用しようとすることに余念がない。二者択一的選択を自分の見方の中に組み立てることができない限り，彼らは，他者や代わりの見方に耳を傾けることはできない。

　もちろん，投射，反動形成，否定をはじめとする防衛機制が，この事態を非常に複雑にしていることを忘れてはならない。過剰な調節と見えるものが，実際は，過剰な同化であるかもしれない。調節と同化の認知的バランスは，ピアジェ派の保存と可逆性の構成概念と密接に関連している。子供あるいは成人が保存するその様式自体が，前操作的呪術思考の例である。保存は，本来，具体的操作期に位置するが，一つの年齢集団または認知様式に限られているわけではない。

　具体的操作から形式的操作への変換は，完全に発達した成人になるためには不可欠である。これは，プラトーの感覚的現象の世界と，知性によって理解できる世界とを区別する「線」を超えることに類似していると考えられる（図3を参照）。それは，行動と活動から，思考という抽象的世界への移行であるが，この思考の世界は，個人が行動と思考から考えることを考えるという抽象へ変化することを要求する。カウンセラーとセラピストは，しばしば「あれはパターンですか？」という単純な質問によって，この次のレベルにクライエントを移行させる。様々な変換の質問には，「それは以前に起こったことがありますか？」，「異なった状況での同じような感情を自由に連想しなさい」，「その感情を他の場所でも持ったことがあるように聞こえますね。今あなたは，お父さんのことを話しているけれども，ご主人のことを話したときにも，同じ言葉を使ったのを私は思い出します」などが含まれる。この変換過程で非常に重要なことは，感情と情緒についての気づきの増大である。これらの次元については，形式的操作に関する節で簡単に述べるが，本章の後部で再度詳しく扱う。

　クライエントが，いったん自己および自己の活動について考え始めると，形式的操作思考への移行が開始する。具体的操作への変換は，「特定的な例を挙

3. ピアジェと治療理論　　*107*

げてくれますか？」という質問の一連の変形で進められるが，さらに複雑な思考への変換には，クライエントが活動を熟考することを学ぶような質問と，促しが必要である．これらは，セラピストが「あなたは，これこれしかじかと言いました．さあ，しばらくの間，休んで，今言ったことを考えてみましょう．それがあなた自身とあなたの環境について何を意味しているのでしょうか」というように簡単である．十代前半の若者がこの内省を否定しようとするのと同じように，多くのクライエントや患者はカウンセラーとセラピスト側のこの努力に抵抗しようとする．移行あるいは変換は，認知的段階自体で起こることと同じくらい，またはそれ以上に重要である（変換過程については，第5章で詳細に考察する）．

第4段階：形式的操作（11〜15歳）

　青年はデータを受け取り，しばしばいくつかの視点から抽象的に状況を眺め，またいくつかの領域からの観念を結合することもできる．青年は，感情および思考自体についてより多く考える．ピアジェは，発達の過程が青年期で最高点に達するのは，認知の構造がここで完全に確立するからであると示唆している．発達は一生を通して続くが，こうした重要な早期の構造に基づいている．

　形式的操作はまた，科学的推理と仮説検証の次元を伴う．しかし，青年の形式的思考は，自己中心性によって，また身体的外観や物事の外見に対する極度の関心から妨害されることが多い．時々，実際に青年は非常に感覚運動志向で前操作的であるように見えることがある．例えば，より完璧な家族や世界についての理想主義的思考に熱中する青年がいる（「あなただけが/彼らが……しさえすれば，そうすれば……」）．しかし，この理想的な状態に達するために，あるいは問題の多面的側面や，この上ない複雑さを考慮するために必要な具体的操作によって考え抜くということができない場合が多い．ある意味で，1960年代半ばのサンフランシスコの「花を持った若者達」*は，この不完全なタイプの形式的操作思考を実践したと言える．彼らは，世界の改革に関する論理的で複雑な観念を持っていたが，具体的現実の次元を考慮に入れていなかった．そ

の結果，ついには幻滅を感じ，離散してしまった．

 ＊訳注 平和と愛の象徴として，花を持っている若いヒッピー．

 同様に，治療中の多くのクライエントは，不完全な形式的操作思考を明らか
に示すため，前操作的な形式的思考者であると表現することさえできる．こう
した人間は「正しい」「論理的に堅苦しい」しっかりした論理的構造を持って
いるが，それは実際には機能しないのである．家族に多くのことを要求する支
配的な夫のこと（「彼らが……しさえすれば，……である」）を思い出さざるを
得ない．その夫は熱心に仕事をし，その論理は正しい．しかし，初期の形式的
操作を始めたばかりで，自己発見の空間を必要とする自己中心的ティーンエイ
ジャーと同様に，彼は遥かに複雑な現実を考えることができない．すべてが自
分の同化に対して調節された場合なら，彼の要求は，通用するかもしれない
が，その論理は不完全で，呪術的である．世界は，彼が認識しているより遥か
に複雑で多次元的である．この種の問題は，認知的行動主義の理論と実践に対
する現在の関心事に通じるものがある（ベック，1976；エリス，1972；および
マイヘンバウム，1977）．このことは，この世では，形式的操作思考と具体的
活動の双方が必要であることを示唆している．プラトーの知性の世界と，感覚
的現象の世界は，統合を求められている．

 このレベルでは，感情に関して若者と成人とを区別して考えることは実際に
はできない．感情は複雑で交錯しているので，多くの異なった形で表現され
る．初期の形式的操作では，感情はこの複雑性ゆえに否定されることがある．
形式操作的感情への移行にとって不可欠なことは，感情自体について考えるこ
とである．セラピストは，青年あるいは成人がある状況で怒ることに気づく
と，「それは，人々が，あなたをからかう状況で，あなたが怒るパターンです
か？」あるいは「なぜ，この感情と，それが何を意味するかを考えないのです
か？」と尋ねる．パターンに気づき，感情について考えることを意識すること
が，情緒的発達に極めて重要である．

 「私はテディが好きなのに，テディはあそこに坐っているだけ．だから寂し
いの．テディが生きていたら幸せなのに」．この複雑な情動の表現は，形式的

3. ピアジェと治療理論　109

操作レベルで起こることを説明している．情動は「良い」あるいは「悪い」というよりも，むしろ複雑である．私達は多くの葛藤する感情を持つことがある．この気づきから，感情は多数の形で効果的に経験することができるという認識が生まれる．カウンセリングにおける青年と多くのクライエントに関する古典的な問題は，他者に対して交錯した，両面価値感情を持つのは妥当であり，それに気づくようになることが有効であるという意識への到達の仕方である．治療の目標は，事実上この意識を発達させることである．

　形式的操作のクライエントに関するセラピストの課題は様々である．一つの選択は，形式的操作レベルに直接作用することである．これは，ロジャーズの人間中心療法をはじめ，フランクルのロゴセラピー，精神分析，再構成セラピー，ケリーの人格構成体心理学などの課題である．これらの療法の目的は，新しい，より広い，そしてうまくいけば，効果的であると思われる理論枠組みから，現実を再構成する，あるいは解釈し直すことにクライエントの注意を集中させることである．これらの理論は，新しい考え方と古いパターンに対処する仕方を提供している．しかしすべてが，現実に関する独自の仮定を検討していない点で，幾分自己中心的に独り歩きしがちである．それぞれの仮定を検討しない場合は，こうした心理療法自体が，一部の発展的療法と好対照をなす一種の形式的操作思考を表現する．これらの発展的療法は，自らの仮定に疑問を問いかけており，図4の第4レベルを表現していると考えられる．

　例えば，パールズは，反歴史主義のために批判を受けてきた．

　　　現代の心理療法は，個人の問題を扱う場合に，決して歴史的研究方法をとらない……．歴史的アプローチとは，クライエントを変化の弁証法的唯物論の過程にそって変化する人間と見なす方法である．……

　　　ゲシュタルト療法は，反歴史主義的アプローチの適例で（あり），そこでは治療の動機および他の歴史的現実を考慮に入れない．……個人の問題は，それぞれの状況から切り離されているため，現代のカウンセリング論の反史実性は，理論の有効性を低下させている．明らかな例としては，性差別と，人種優劣説などがあるが，それらは，人間の精神が反

映され，媒介する闘争になっている．これらの問題は，歴史を越えて長期にわたり人間の活動に影響を与え，そういった闘争の歴史的形態を決定してきた．治療は，これらの問題の処理に成功したと主張することはできない．　　　　　　　　　　　　　　　　　　　（リベラ，1980，p. 27-28）

　しかし，今，ここにあることに焦点を合わせた治療は，変化を作り出すことができ，この変化は効果的であることもある．一つには，パターンの認識を日常生活の実際の問題の処理に関連づけることができないという理由から（とりわけ，訓練の転移あるいは般化の手続きの欠如），研究は，ロジャーズやパールズなどの反歴史主義的，非経験主義的アプローチが完全に効果的であるとは示唆していない（グラスとクリーグル，1983）．同時に，ベック（1976）などの認知－行動的アプローチがより効果的であることが，グラスとクリーグルによって指摘されたことを思い出すことも重要である．このような療法は，ロジャーズやパールズが採用した包括的な療法よりも，パターンの特質をより具体的で現実的なものにする．現実についての思考と，より具体的な方法による現実の解釈との間のこの対話は，認知と行動の修正に関する現在の見込みと有効性を明らかにしている．現実主義がほこ先を観念に向けてきたのに対し，ロジャーズとパールズは観念と思考に焦点を合わせて，経験主義的現実を扱わない方をとったと言えるかもしれない．

　いったん反復パターンを発見し，確認すると，問題は児童期や十代の頃の重要な他者との関係というような，もっと早い時期の歴史に起源をもつことが判ることもある．精神分析の力学的療法，対象関係理論，およびアドラーは，パターンの気づきを強調し，パターンのパターンについて考える過程を実際に開始させる．このように，力学的療法は，より高いレベルの抽象，あるいは考えることについて，考えようとすることについて考えることに移行するが，これらは最高の形式的操作レベルの特徴である．

　ピアジェの理論は，現われ始める思考の複雑さを充分には説明していないため，この時点で，ピアジェとその一派が通常定義する形式的操作思考が失敗しはじめる．すべては本章の最終節で指摘されるが，そこでは，ポスト形式的操

作の思考，弁証法，および人間 – 環境の論題を考察する．ピアジェが示唆したものを超える，もう一つのタイプあるいはレベルの意識が本当に存在するのかもしれない．

　形式的操作のクライエントに対処するもうひとつの可能性を，発達パラダイムが提供している．クライエントの系統的な説明に耳を傾けた後，セラピストは，形式的操作思考をする者が感覚運動的経験に基づいて，考えるように援助する．クライエントは，世界の現象をどのように見て，聴いて，感じるのだろうか？　このような感覚データに基づいて，クライエントは状況の中のどんな要素を明確に指摘することができるだろうか？　など．同様なやり方で，複雑な力学的療法は，具体的操作レベルおよび初期の形式的操作レベルで行われうる学習から利益を受けることができる．

クライエントの発達段階の移行を援助するための特別技法

　次のステップは，治療でクライエントが関心事を処理する方法を変えることを援助する目的で用いることができる，特定の療法とカウンセリングの技法を説明するために考案されたものである．ただし，この技法は，形式ばらない関係においても，同様に用いることができる．このように，順番に配列されたステップを備えた構造は，他者が自分の思考を組織し，思考の複雑性を増大させるのを助けながら，同時に，「より高い」概念的レベルへ向かって移行させることができる．

　次の指標は経験的に作用するが，それ自体は批判も免れないであろう．諸段階を非常に簡単に移行するクライエントもいるが，面接の過程で段階を変え，飛び越え，あるいは，放棄さえするクライエントもいる．必ずしも全員が，ここで提示された円滑な進み方で「上へ向かって」移行するわけではない．クライエント自身の理解力を助長するためのこれらの発達概念の効用は，観察すると，極めて興味深い．実際の，あるいは役割演技の面接，または一連のセッションでこのステップを友人や自発的なクライエントに経験させれば，本節はも

参照 1　発達心理療法：技法の要約

　次の発達段階への変容を助長するために，クライエントに認められるいくつかの能力について考えてみる．セラピストによるこれらの能力の認知は，クライエントが次の段階の発達課題に取りかかるのを援助することができる．クライエントが現段階の範囲内で個人的能力にある程度気づいていなければ，次の段階への変容を実行することは難しい．さらに，クライエントが次のレベルに移行できるためには，各レベルにおいて最小限度の理解力あるいは言語能力が必要である．
（1）準備——問題の確認
　　a．目標：問題あるいは関心事の全般的状況を手に入れ，呪術的思考，非合理的思考あるいは行動，現実と理想の不一致，またはクライエントが直面する葛藤などを探る．
　　b．基本的技法：「何について語りたいかを話してくれますか？」事実，感情，あるいはクライエントの関心事の底流にある意味を引き出す傾聴技法．
　　c．理論的選択：自由連想および新しい夢についての議論から，行動の問題の確認までの範囲がある．
（2）感　覚　運　動
　　a．目標：クライエントに感覚的現実の基礎を与え，状況の基本的要素に注目する．
　　b．基本的技法：「何を見ましたか？」「聴きましたか？」「感じましたか？」あるいは身体の感じ方に対して特別に強調する．確実なかかわり技法を提供しなさい（文化的に適切に視線を合わせること，身体言語，声の調子，および言語的追従）．
　　c．理論的選択：弛緩訓練の練習，ゲシュタルト刺激技法，神経言語プログラミング（R），見ること，聴くこと，感じることの重複した技法，または単に，「どんな行動を見ましたか？」「何を聴きましたか？」「どんな風に感じましたか？」と尋ねなさい．刺激反応条件を探し出すために，熟練した行動主義のセラピストによって行なわれた丁寧な関数解析も，この感覚運動グループの典型である．関数解析によって，特定の後期具体的操作および問題に関する線形の原因と結果の説明に導くことができる．
　　d．変形的質問：「見て，聴いて，感じることをどのように組み立てますか？」「これらの要素はどんな意味をもつと思いますか？」
（3）前　操　作　期
　　a．目標：前操作的，呪術的あるいは非合理的観念または行動を明確化する．論点は，セラピストがクライエントの関連づけの枠組みを，それが面接に持ち込まれた通りに聴くことである．このように，この位相は，位相1と結び付いていることが多い．
　　b．基本的技法：クライエントの状態の説明の傾聴．クライエントの主要な言葉と構成概念を直接，言い直すことは，クライエント独自の出来事の構造へのアクセスを助ける．特定の事実，感情，および出来事の解釈を引き出すよう試みなさい．
　　c．理論的選択：（通常通り）無数である．認知的処理の場合，非合理的観念の探索が重要であろう．行動主義的療法では，現在の行動と望ましい行動との区別が前操作的論点を表わす．精神力学的療法では，論点は現在の理解の欠如と比較して理解したいという欲望である．各理論の学派とも，治療で扱われるべき重要な非合理的次元

3. ピアジェと治療理論　　*113*

または前操作的次元に関する独自の構成を持っている.

　　d．変形的質問：「あなたの関心事の具体例を挙げてくれますか？」　クライエント
は既に例を挙げているかもしれない. 目標は，クライエントを前操作的観念の反復を
止めて，感覚運動的要素または具体的詳細の議論に移行させることである.

（4）　具　体　的　操　作

　　a．目標：線形の特定の順序で進む形式で，クライエントの関心事の具体的詳細を
引き出す. 私達は，解釈には興味がなく，むしろ可能な限り，最も具体的な形で，起
こった特定の事柄を知りたいのである. 主観的および評価的言語を避ける.

　　b．基本的技法：状況の具体的側面を引き出す方向に向けられた質問と傾聴技法を
用いる. 事実を主に強調する.「具体的には，何が起こったのですか？　何と言った
のですか？　相手の人は何と言ったのですか？　あなたは何を〈した〉のですか？
その人は何を〈した〉のですか？」　そこでのクライエントがデータを解釈する際に，
非合理的次元を自覚するように奨励されるという点で，前操作期と区別される. ここ
では，感情に関しては，限られた重点を置き，事実についての互いの意見の一致を最
も強調する.

　　c．理論的選択：主に行動主義的諸理論. 精神分析志向で治療をしている場合で
も，目標はなおも外傷，夢，あるいは「誘発された」反応などの詳細を得ることであ
る.

　　d．変形的質問：「これらの事実を仮定すれば，何が何を引き起こしますか？」この
質問は前操作的，非合理的機能レベルへ戻ることになるが，因果関係に関する後期
の具体的操作の問題を議論に導入することになる.

（5）　後期具体的操作

　　a．目標：相互に満足のいくシステムに到達し，通常「もし/それなら」の次元で
状況を説明する. クライエントは，状況の中で思考や活動を予想通りに操作できなけ
ればならない.

　　b．基本的技法：問題，関心事，葛藤，あるいは非合理的観念などの発生の前後に
起こることを引き出す.「直前には何が起こりましたか？」「それから何が起こりまし
たか？」「結果はどうでしたか？」　これは，行動の点から，あるいは論理療法の基本
として，前提―行動―帰結によって表わす事ができる.

　　c．理論的選択：行動主義および論理療法の選択が最も明確であるように思われる
が，それらの組織的な記述は，精神力学的療法，家族療法，あるいは別の理論枠組み
で，用いられるかもしれない.

　　d．変形的質問：「これは反復パターンですか？」「この順序で，あなたが行動する
他の状況が存在しますか？」

（6）　初期形式的操作

　　a．目標：行動および思考，特に行動の反復パターンを確認し，考える.

　　b．基本的技法：「あなたは，その特別の行動，思考，あるいは解釈を繰り返す傾
向があるように思われます. このパターンについて，どう感じ，あるいは考えます

（つづく）

参照 1　発達心理療法：技法の要約（続）

か？」,「この行動や思考パターンは，あなたにとって何を〈意味〉しますか？」,「この特殊なパターンは，あなたにとってどんな機能として，役に立っていますか？」これらの技法の焦点は，クライエントおよびクライエントの状況の構造または解釈に集中する傾向がある.

　　c．理論的選択：感情，および幾分かは意味について考えることを強調するロジャーズ派のクライエント中心療法が，このレベルでは，しばしば効果的な理論枠組みである．フランクルのロゴセラピー，および人間主義心理学の多くは，この自己分析レベルで作用しているように思われる.

　　d．変形的質問：「このパターンは，あなたの思考と行動を支えていると思われる他のパターンと，どう関連していますか？」

（7）　後期形式的操作

　　a．目標：クライエントが自分の生活の中で常に反復する，より大きなパターンに気づくのを援助する．実際は，思考あるいは行動の多数の小さな断片について感覚運動レベルで考え始め，それらの断片を前操作レベルで時々役に立つ（それにもかかわらず，呪術的な）思考に組織し，次に行動と思考の具体的説明へ，それから思考と行動のさらに大きなパターンへと順に移行し，このレベルで，パターンのパターンについての考察に移行する.

　　b．基本的技法：「あなたが子供に対してとった行動のパターン，従業員に対するパターンが見えます．この二つのパターンは，どのように関連しているのでしょうか？　この二つのパターンは，さらに大きなパターンを形成していますか？」「この（これらの）パターンに関係した感情は何ですか？　その感情から，幼児期まで遡って，自由連想しなさい.」

　　c．理論的選択：フロイトをはじめ，ユング，アドラーらの精神力学療法は，このレベルの認知の特徴を示していることが多い．特に無意識的志向から現実についての枠組みを作り直すことを扱うすべての療法は，この一般的モデルに従う．これらすべての志向性は，クライエントが現実を構成しているという点で，なおも「自己志向」モデルに由来することに注目しなさい.

　　d．変形的質問：「何度も繰り返すように見える包括的な心象風景を組み立てて来ました．そのパターンには正と負の面があります．そのパターンは，家族的，社会的，あるいは歴史的情況の中で，どのように発達し，構成されてきましたか？　また現在，どのように発達し，構成されていますか？」　この変形的質問は，個人の構成と意味が関係の文脈の中で共同生成されるという弁証法的気づきへと導く.

（8）　弁　証　法

　　a．目標：「現実」は，自分の家族，歴史，性別などの弁証法的あるいは対話的関係——多数の関係的問題——に関連して構成されているという気づきを発達させること．知識（エピステム）と知性（ノエシス）の区別は，この段階では重要ではないが，双方が共同構成された観点であるという気づきは役に立つだろう.

3. ピアジェと治療理論　　*115*

　　b．基本的技法：クライエントが自分の歴史の外へ出て進み，歴史は他者とともに共同で発展あるいは生成されると考えるように奨励される過程で，主な変化が生じる．したがって，自分の家族，民族的背景，人種，性別などの影響の気づきを引き出す質問は，すべてクライエントが自己の構造は関係のネットワークという情況の中で発達したことを理解するのを援助する．

　　c．理論的選択：家族療法，フェミニスト療法，およびラカン派の概念は，すべて弁証法を強調しているように思われる．しかし，一部の対象関係理論を志向する立場と同様に，分析的理論枠組みにおける転移現象の分析も，弁証法的な気づきに到達することができる．このすべてのシステムは，様々な方法で，クライエントが相互構成し相互発達した情況で自己を理解するように導く．

　　d．変形的質問：「あなたの独自の問題や葛藤は，多くの見方から見ることができるということが分かりましたね．その各々の見方の背後にある推理や論理の欠点を確認しなさい」．ここでの論点は，構造分解主義者の枠組みにおける〈すべて〉の見方には，致命的な非論理的，前操作的欠点があるという気づきの発達である．この長い道のりを辿って，今自分が再び出発点にいることを知る．

(9)　構　造　分　解

　　a．目標：やっとのことで獲得した知識にも，それぞれ固有の欠点があるというプラトーのノエシス（知性）と出会う．完璧な形式を発見するかもしれないが，それはすぐに忘れ去られてしまう．このことは，進んで不可知なものとともに生活し，非論理の論理を受け入れようとする意志を必要とする．

　　b．基本的技法：「人間のすべての構造，観念，あるいは行動には，内的矛盾が包含されている．その矛盾を探し出し，挑戦しましょう．矛盾と対決しよう！」性別，人種，あるいは特定の生活パターンなど，当然のことと見なされる概念でさえ，すべてその意味を吟味するとき，再解釈と組織的構造分解の余地がある．

　　c．理論的選択：デリーダおよび構造分解理論をはじめ，ポストフェミニストおよびポスト構成理論，一部の文芸批評傾向，一部の現代フェミニスト的アプローチなど．これらの新しい哲学的潮流の含みは，現在，療法分野によって，ようやく理解されはじめているに過ぎない．

　　d．変形的質問：「この多様性の中に，統一性がありますか？」この質問は，構造分解主義を構造分解し，人間を感覚運動経験の統一および他者とともに経験できる統合に戻す．最初に「問題」と定義したことは，実際には機会となったことが示唆されている．

いずれが高次の意識だろうか？

　感 覚 運 動　　花を花瓶に挿し，触れて体験すること
　具体的操作　　花を美しく活けること
　形式的操作　　花について詩を書くこと
　弁　証　法　　花についての詩を分析すること（あるいは花についての詩の分析を分析すること）

再び始めるだけのために「終り」に到達したのだろうか？

っとも役に立つであろう．

これらの段階の進み方には二つのタイプがある．セラピストが特定の技法と質問に正確に従い，そして自発的で言語能力のあるクライエントを担当した場合，かなり急速に認知的レベルに導くことができる．一方，クライエントは，発達レベルを急速に移動する能力がないかもしれない．こうしたクライエントに関しては，おそらく大多数のクライエントがそうであろうが，次の高い段階へ移行する前に各段階で，より多くの時間が費やされるように思われる．ピアジェは，米国的傾向にしばしば不満を述べた．この傾向とは，1人1人に水平的デカラージュを経験させないで，すなわち内部からのゆっくりした自然な展開を経験させないまま，子供を急いで発達段階を通過させる傾向である．ピアジェは正しい．子供もクライエントも各々の認知的レベルで十分な経験をしていない場合，歪みと限られた能力を身に付けて，次のレベルに移行することになる（第6章では，水平の発達と治療の問題を詳細にわたって究明する）．このように，人は，なお一層の前進が本当に可能となり，それを維持することができるようになる前に，各段階で適切な基礎ができていなければならないのである．

ここで提示される経験的指標は，クライエントの動きと進行を概念化し研究するに当たって，役に立つことが判明するはずである．同時に，個人差は，基本的モデルに対する広い範囲の代わりのモデルを必要とする．次のステップを読むだけでは十分ではないことを再度言っておこう．実際の，あるいは役割演技のクライエントを各ステップを通して治療すれば，概念はさらに有意義で永続するものになるであろう．クライエントの認知的レベルが，セラピストの様々な介入によって変化することに気づくであろう．

内容が幾分複雑なため，発達的進行を明確にし簡略化して，参照1に略述形式で提示してある．

これらの問題点すべての含みは，感覚運動段階への回帰である．私達は，いくつかの選択的なものの見方あるいは現実の認識論や現実についての観念を体験してきて，今や一周して，最初に戻りつつある．しかし，逆説的ながら，終

わることなく，常に変化する生活の複雑性にある程度気づいて出発点に戻るのである．私達は自分の思考について考えるとき，ほとんど無限の鏡の抽象作用を経て感覚運動データから進んできた．認知および知覚心理学のデータ（第2章を参照），および自分の経験は，自分自身の感覚印象さえ所有していないことを示唆している．

この流砂のような不安定な基礎を仮定すれば，どの岩石の上に私達は立ったらよいのだろうか？　あるいは岩石は単に流砂そのものなのだろうか？　この時点で，精神性と信念の問題が特に重要になる．もっとも，こうした問題は，発達および治療過程のどの段階においても現われることがある．例えば，精神的な次元を使用して，これと同じ一連の発達順序を辿ることができるだろう．強い宗教色をこの発達パラダイムに付けることを望もうとも，あるいは現実と観念の構造解体の論題に対する知的アプローチを取り入れようとも，私達は振り出しに戻り，なお，ともかくも統一体を維持しているように思われる．

本節の説明は非常に特定的で活動志向であるが，ピアジェ派とプラトー派の思考の統合から派生しており，情報処理理論の次元にも関係している．クライエントを特定の質問と概念を用いて導く場合，特定の技法はクライエントの発達レベルを確認するばかりでなく，動けなくなったクライエントあるいは行き詰まったクライエントを援助するための方法としても作用することが判るだろう．

ここでの議論は，同等に複雑で重要な弁証法的感情の発達の領域について，まだ考慮していないが，これは既に確認されたものとおおよそ同じパターンを辿ると考えられる．

感情の弁証法

感情は情況に関連して動き，変化するという気づきの発達は，認知的であろうと情緒的であろうと，弁証法や人間 - 環境問題などの気づきの発生にとって不可欠である．変容に関する難しい発達課題は，感じていると思っていること

をよく考えることに関係している。これによって，生活は，混然とした両面価値的な感情よりも遥かに複雑であり，感情は情況との関係によって生じるという認識が生まれる。例えば，人間は臨終の親について悲しく感じるが，心痛と病いの困難な一年が終わることを嬉しく感じる。さらに，最後には，個人的な安堵を感じるが，その結果については，神に対して怒りを覚える。ただし，この気づきは始まりである。感情について考えていることをよく考えるとき，人は情動の移ろいやすさと，相対性とに気づくようになるからである。ある情況または関係で「悲しい」ことが，別の情況や関係では「楽しく，心を自由にする」ことである。この逆説とその意味について考えることは，情動の「高次レベル」の認知的処理に関する明白な例証である。

しかし，この観点からの情動は，情動の感覚運動的実体，あるいは具体的実体から遥かに遠く離れたものになる。感情の実体は，非常に遠く，切り離されてしまったため，分離自体が問題になり得る。感じていると思っていることについてよく考えることの「真実」は，エピステムすなわち知識を表わすが，それは，ある程度直観的に不適切と「感じる」感情の絶対的観念である。これは，私達をして，死をめぐる悲しみの深さの気づきに立ち返らせ，このノエシスすなわち知性は，死を感覚運動的に経験し，もっと多くの涙とともに起こり得るこの経験の再体験を可能にする。

逆説的には，感情は，個人が段階的に情動から分離した状態になるときの特別なタイプの認知と定義される。感情があまりにも知的になった場合，セラピストの課題は，クライエントを感覚運動機能に戻すことである。一方，前後関係からみて，感情を抑制できない場合は，「高次レベル」の意識への移行が適切である。当然，疑問点は，何が「正しい」認知的バランスであるかということである。

成人は，1分かそれ以下の短い時間で，四つの発達レベルをうまく通り抜けることができる。例えば，大切な手紙の配達が遅れたとしよう。このことがわかると母親は感情を暴発させて，幼い自分の子供に向かって分別を失って大声で怒鳴る。その後すぐに，子供の脅えた表情に対して調節して，母親は「怒っ

てないわよ」と言うが，そのこわばった顔の筋肉と言葉が一致しないため，子供を恐がらせる．子供のまだ恐がっている顔に気づくと，母親はしゃがみ込み，子供を安心させるように，「あなたを怒っているんじゃないの．ただ手紙が来なくてイライラしてるの」と話す．この時点で，言語的行動と非言語的行動が一致し，子供は何かが違っていると感づく．それから母親は形式的操作を行ない，ひそかに心の中で考える．「まあまあ，怒ってしまったわ．感情に負けてしまったわ．小切手はもうすぐ届くでしょう．気が揉めるけど，まあ何とかなるでしょう．〈でも〉，サリーに腹を立てたのは，どんな影響があるかしら．心配だわ．自分の気持ちがおさまったら，しばらくはサリーにもっと注意を払わなくちゃいけないわ」と．母親は，そのように考えた後に，子供と自分自身を落ち着かせる行動をとった．この1節を読むより短い時間で，母親は情緒的発達の最初の3段階を切り抜け，第4段階についての思考を幾分示したのである．

　カウンセリングと治療の場合，情動の段階をクライエントの認知的段階と同様に確認することが役に立つだろう．認知的発達は，情緒的発達に近似しているが，両者は必ずしも同時に起こるとは限らない．一般的「知識」は，女性は男性よりも情緒的発達は進み，男性は女性よりも認知的に進んでいるということである．これについての真偽は，考察と価値判断を必要とする．ギリガン（1982）とコールバーグ（1981）の発達理論を吟味すると，感情についての異なった価値システムを見出すだろう．本質において，コールバーグの道徳的発達の理論は，男性を扱った研究から生まれた．女性の発達パターンがデータに合わなかったからである．ギリガンは，コールバーグとは異なった視点から女性を眺めた場合，女性の発達には男性より複雑性があることが見出されることを示唆する．

　ロジャーズのクライエント中心療法は，感情に重点をおくアプローチの優れた例である．*On Becoming a Person* (1961) においてロジャーズが行ったオーク夫人の治療の考察は，療法での感情の進行の例証である．次の部分は，8回目の面接からの抜粋で，オーク夫人は，ついに，社会的に統制された自分の行

動の内側を見ることができるようになる.

O夫人：それは罪ではないと感じています.〔しばらく黙って泣く〕もちろん，まだ言葉で表わすことはできないのです.〔このとき，激しい情動におそわれる〕ただ〈ひどく傷ついています〉.

〔コメント：ここで，オーク夫人は自分の感情そのものである．自己と情動の分離も，主体と客体の分離も存在していない〕.

ロジャーズ：うーん．どういうわけか，非常に傷ついているという意味を除いては，それは罪ではない.

O夫人：〔泣きながら〕ご存じのように，私自身もいつもそのような罪を犯してきましたが，近年，親が子供に「泣くのをやめなさい」と言うのを聞くと，そのとき，どうして子供に泣かないでって言わなければならないのかって感じて，そう，痛みを感じたんです.

〔コメント：オーク夫人が自分自身の感情を子供に転移していることは，前操作期の呪術的感情の一例である．夫人の思考は確かに正しいかもしれないが，幾分不適当な感情を表明している．夫人が「……と感じて」と言うとき，具体的操作の始まりを見ることができる〕.

子供たちはがっかりして（原文のまま）．そう，誰が子供以上に適切に落胆することができるでしょうか．ええ，それが，まぁ私が言おうとしていること，つまり，子供を泣かせておくべきだと思いました．それで……たぶん彼のことをかわいそうに感じて．かなり客観的な部類の感じ方ですけれど．ええ，それは，いくらか私が経験してきた種類のことなんです．そう，今……ちょうど今も，と言ってるんです．それで，で……

〔コメント：オーク夫人は，今自分の感情について考え，それを考えることによって，感情を形式的操作していることを示している〕.

ロジャーズ：それは，ほとんど本当にあなたが自分のために泣いている

かのような感情の特徴を少し捉らえていますね.

　〔コメント：ロジャーズは形式的操作思考を支持し，意味の反映をしながら，それを明確にしている〕.

O夫人：はい，再びですが，葛藤があるとご覧になるのですね. 私達の文化は，自己憐憫に耽らない文化だと思います. でも，これは……，その含みはあまりないように思いますが. あるかもしれません.」

(p. 93)

　〔コメント：ここでは，非常に知性化された情動の形式的操作的分析を見ることができる. これは，ポスト形式的操作思考の第4レベルに近づく. それにもかかわらず，知性的分析は，依然感覚運動的経験に根ざしている. クライエントはまだ泣いている. これは，複数の認知的レベルにおける同時作用の特に鮮やかな例であり，効果的な心理療法において可能である. クライエントによっては，感情について考えることしかできないという問題を持っている場合がある. 彼らは，エピステムすなわち知識の認識論に固執するため，ノエシスおよび感覚運動的経験に戻るという変換を体験することができない〕.

それぞれ療法の理論が異なると，情動的発達の様々な段階によって，強調の度合いも異なってくる. ロウエン（1967）のバイオエネルギー学は，感情を強く強調する感覚運動療法の一例である. パールズ（1969）のゲシュタルト療法の例証は，前操作的感情を具体的レベルに移行させるうえで，素晴らしく効果的である（例えば，「その握りこぶしになって，自分の勇気に語りかけさせなさい」）. 分析療法が感情に対して長々しい口先だけの援助を与える一方で，そのセラピストの一部は，専ら形式的操作レベルで治療をすることによって，感情を経験することを避ける. 分析において，クライエントは自分の情動を語り，それを熟考する. 効果的な分析療法では，感情は治療の核心にある. 認知的変化や知性化は感情を伴わなくても可能であるが，永続性のある変化には情動が必要である. ロジャーズは，情緒的発達に対して基本的な注意を向けた

が，オーク夫人には認知的変化も認めることができる．感情と認知は，発達進歩のためには，統合されなければならない．

思考志向の療法もある．論理療法および認知‐行動修正療法などは，このタイプの二つの例と言われてきた．しかし，それぞれがもつ特殊な技法は，認知的発達ばかりでなく情緒的発達も促進する．ジャニス（1983）の場合のように，カウンセリングの意志決定アプローチは，カウンセリングの最も認知的な側面に焦点を合わせている．ただし，ジャニスでさえも，一部のクライエントが困難な決断に到達するのを援助するために，不可欠なものとして，「情動的役割演技」に大いに注目している．情動的役割演技は，ケリーの固定的役割演技療法とかなり似ている技法である．

このように，ほとんど，いやおそらくすべてのセラピストが情緒を扱うが，しかし，それぞれに異なった強調点を与えている．残る主な問題は，感情理論と認知の関係である．

同化，調節，感情，および認知

感情または情動は，認知の特殊な形式として確認されてきたため，認知と同様に人間‐環境相互作用の弁証によって構成されている．感情はシェマによって構成され，知性的でもある．この特殊な「感情的認知」自体は，同化と調節によって構成される．

子供がこの世界に放り出されると，残酷な，あるいは情愛の深い母親に対して調節しなければならない（あるいは，クライン（1975）が説明した「よい乳房」と「わるい乳房」というような，2者の組合せであることが多い）．母親と子供の相互作用のデータは，子供によって取り入れられ，調節されて，母親をはじめ，周囲の父親，来訪者，他人などの形をした他の対象の一般像になる（同化）．母親との関係に安定感が足りない場合，あるいは安定し過ぎている場合は，発達に問題が必然的に起こる．複雑で混乱している世界に「正しい」バランスを維持することの難しさを仮定すれば，最もよく世話をする両親の子供

でも，人生を通して直面するすべての困難に備えることはできないことが予想される．

　前もって確立（保存）した感情的かつ認知的な期待を抱いて，人は新しい人々や新しい状況との相互作用に臨む．家族，特に母親との関係の中で，このような認知，感情，そして行動を学習する．既に触れたように，マスターソンは，母親および父親との相互作用が不適当である場合に発生する病的逸脱を明確に指摘している．感情と認知の分裂が起こり得るが，その結果は様々な発達障害あるいは病的逸脱を生むことになる．クライエントは，認知的には進んだレベルにあるかもしれないが，情動的には未熟である．感情が認知を修正し，認知が感情を修正する．認知を伴わない感情も，感情を伴わない認知も存在しない．オズグッド，サッシー，タンネンバウム（1957）が，この点について例証している．意味差判別法による概念形成において，彼らはどんな対象（人間あるいは物体）でも〈感情的意味〉と結びついていることを指摘した．これらの意味には，評価（良い/悪い），活動性（能動的/受動的），および影響力（強い/弱い）が含まれる．

　オズグッド，サッシー，タンネンバウムは，様々な言葉，通常は形容詞を意味のうえで正反対に配置することによって，それらを測定する道具——意味差判別法，を開発している．因子分析技法によって，ある種の言葉は，評価，活動性，および影響力のグループを作って集まることを知った．意味差判別法とその概念的根拠について重要なことは，言葉は組織的に同一視され，重大な観念や行動，構成概念などに関連づけられるということである．意味差判別法は，感情的意味，および可能性として，感情的発達を測定するための組織的なフォーマットである．

　カウンセリングと治療では，感情の意味を明確化し，最終的にはクライエントがさらに満足すべき情動を，特にそれらが対象と関連があるときに，見つけるのを援助する．子供，あるいは成人の各々の対象は，それが人間，思想，または具体的な事物であっても，それに結び付いた感情的な意味を持っている．発達の早い段階では，感情的な意味と対象は深くかかわり合っている（例え

ば，「私は自分の感情である」，「人形を失くしたら，自分が判らなくなってしまう」，「離婚したら，人生は無意味になる」など）．人生の後の段階では，徐々にこれらの感情を対象から切り離すが，しかし，まだそれらとの結びつきは続く（分離と愛着）（ボウルビィ，1969，1973b を参照）．最も高いレベルでは，対象への混同した感情を経験し，混同した感情を遠いものとして考慮するが，このレベルにおいてさえ，感情と対象は深い絆で結ばれている．ものの見方の変化が起こったにすぎない．

　意味差判別法の概念は，感情と対象の区別を明確化するうえで役に立つ．治療の早い段階では，クライエントは母親——たしかに個人の生活で重要な対象である，と意味深い関係を持つ．母親と自己についての感情的な意味は，意味差判別法の用語では次のように表わされる．「母親が〈支配的〉で，〈弱く〉，〈怒って〉いるから，私は自分をあまり〈好きでない〉」．

　上首尾にすすむ治療を通して，母親と自己という対象は，一定であるか，あるいは同じままである．しかし，クライエントはいろいろ異なる言葉で対象関係を説明する．「母は〈強い〉人間ですが，今では私も〈強い〉んです．母に対しては〈怒り〉と〈愛〉の複雑な感情を持っていることに気づきましたが，母もまた私に対して同じ感情を持っています，それでよいのです．私は自分の人生に責任を持ち，独力でやっていくことができます．自分自身についても，母親についても，前よりずっといい感じがしています」．最初の一連の意味の記述語は，母親に影響力と活動性を与えており，結果として否定的自己評価になっていることがわかる．治療に伴い，状態は大部分が逆転する．すなわち，感情が明確化され，クライエントは肯定的で，能動的な，力強い自己描写によって終結する．感情と認知の関係が変化したのである．

　本質的に，ここで提示されていることは，感情は認知と関連して存在しているに過ぎないということである．私達は事実，物事，あるいは出来事に気づく．しかし，その出来事の意味は，情動が対象についての認知と感情の区別立てを明確にするという点で，感情によって決定される．「良い」友人を持つこともあれば，「悪い」友人を持つこともある．対象である友人は，同じままで

3. ピアジェと治療理論　　*125*

あるが，友人の意味は感情的言葉の文脈で変化する．こうして，再びエピクテトスの「われわれの感じ方を決定するのは，物ではなく，われわれの物の見方である」に戻る．対象と世界とは本質的には同じであるが，認知と感情が異なった関連づけの枠組みの方へ移動すると，これらの事象に対するわれわれの見方は変化し得る．

　移動の過程は，最終的には内的または外的対話あるいは弁証法の結果である．したがって，プラトーの思想に基づいたピアジェの理論を，弁証法，対話およびポスト形式的思考の世界にまで拡げて考察し，ピアジェ派の発達に関する本章を終えることは適切なことのように思われる．

弁証法，対話，およびポスト形式的操作

　感情の第4段階についての議論は，思考に対する構成主義的，あるいは弁証法的アプローチの重要ないくつかの側面を既に要約してきた．感情は情況との関係で変化すると定義づけたことは重要であった．とりわけ，ある情況では楽しいことが，別な情況では悲しいこともある．感情に対するこの情況的アプローチは，高いレベルの思考が複雑性と情況の気づきを示し，新しい現実によって変化していることを例証する．この点については，技法に関する前節でも，短い形式で説明されており，そこではポスト形式的操作の，あるいは弁証法の問題に対処する特定の療法，およびカウンセリングのアプローチが論証されている．

　治療におけるこのポスト形式的操作の次元は，ある一部のカウンセリングと治療方法には暗示的に示されているが，フェミニスト療法などの新しいアプローチ，または家族療法や組織開発など，ある意味で何らかの情況志向のアプローチでは明瞭である．この理論的枠組みから行われる療法には，次のような次元のいくつかが含まれる．

1)　それらの療法は，他の理論的枠組みの方法を使用するが，その理論的方向性は，理論を検討し，情況的に特定の目的に合った理論と方法を使用す

るという点で「メタ理論的」である.

2) それらは,特定の証明可能な真実（エピステムすなわち知識）を追求し使用するが,真実は新しいデータと概念（ノエシスすなわち知性）によって覆されることを認める点で,結果と過程志向である.

3) それらは現実主義と理想主義,思考と活動,および現象界と知性的世界などの区別は,有用な虚構あるいは叙述詞であるが,必ずしも真実ではないということを認識している.再び,精神主義的カウンセリングと療法が,こうした論点に対して代案的視点を提供する.

フランスの精神分析学者,ラカンは,かつて「私は真実を語っているのではない.私が真実である」と言った.ラカンは,ここで現実の逆説的本質に言及している.歴史は,いったん語られると,永続的な真実となるが,その真実の本質と意味は,読者と観察者の解釈によって変化するだろう.ラカンは,人間として,あるいは書かれたテキストまたは語られたテキストとして,真実の一形式である.しかし,ラカンはこの観点からその真実を語ることはできず,また語ってもいない.

ピカソは,おそらくレオナルド・ダ・ビンチ以来の最も偉大な芸術家であるが,業績の秘訣について尋ねられたとき,「追求はしないのです,発見するのです」と答えている.ラカンが自分について「私は詩人ではなく,詩である」（ラカン,［1973］1978）と明言するとき,この前例をさらに見事に敷衍している.このような逆説的で,幾分神秘的な言葉の中に,人間の経験である相互連結性を見出す.ピカソとラカン（そしてセラピスト自身とクライエント）は,各々の社会的,歴史的,おそらく文化的遺産のために存在し,真実を発見し得るにすぎない.

治療の目的のために,セラピストとクライエントは,常に変化する真実の本質と自分の社会歴史的根源を,弁証法のレベルで考察する.新しい別々の現実を共同で発見し,その現実と現実の観念の新しい結びつきを発見するかもしれない.しかし,この作業は,彼らを新しい発達課題に戻すにすぎず,そのすべての課題は感覚運動経験に固く根ざしている.そして,「それらは感覚に基づ

3. ピアジェと治療理論　127

いた経験から離れたことがあっただろうか？」と問わなければならない.

　家族療法理論（ガーマンとニスカーン，1981）と，フェミニスト療法（バロ
ウとガバラック，1984）は，ともに高度に情況システムであり，家族とクライ
エントだけでなく，クライエントを生み出す全体的情況も考察する．情況にお
ける個人についての考察は，弁証法理論の実践の具体例である．いずれの療法
のシステムも，自分自身についての自分独自の仮定を考察し疑問視することに
優れている．

　ローラー（1975）は，ピアジェ派の理論を，その発達志向にもかかわらず，
幾分静的であると批判している．子供は動き変化しているが，目標は「静的で
形而上学的な思考過程」であるように思われると述べている．ピアジェは，彼
が設定する段階は抽象的概念で，変えることができると明確に指摘している
が，彼の全研究の主眼点とその一派のそれは，まさにこれら抽象概念を具体化
し，現実のものにすることであった．ピアジェ派の理論は形式的操作によって
のみ完結するが，ポスト形式的操作の弁証法的な相互作用の第4段階を仮定す
る理論もあった（バセックス，1980；ケーガン，1982）．これらのアプローチ
の強調するところは，事物と対象間の関係をはじめ，発達における動作と変化
への気づき，意味を変化させる情況の争点を包含する問題，開かれたシステム
の方向性，および矛盾を探し出すための実際の努力などを考察することであっ
た．矛盾の探求は，人生を営まれるがままに意識することに資するため，特に
重要である．多くのカウンセリングと治療は，不一致と矛盾の解決をしようと
努める．弁証法的，構成主義的アプローチは，この複雑性との出会いを求めて
いる．この鈍く，時には紛らわしい言語のただ中に，人間-環境相互作用のテー
マ，すなわち情況の重要性を再度確認することができる．

　弁証法は，既に対話すなわち真実の探究と定義づけられている．発達が展開
するためには，弁証法は一つ以上の真実または観点を必要とする．弁証法は，
2人の人間が現実を共同生成することと考えることができる．しかし，本書で
繰り返し触れたように，個人は自分の頭の中で，観念や現実を構成する．乳児
ががらがらを叩き，環境のフィードバックに気づき，そのデータに基づいて活

動を変える実例は，弁証法的過程の一例である．弁証法は2人かそれ以上の人々の間で起こり得る．あるいは，ただ1人の個人の内部でも起こり得る．興味深いことに，ピアジェは著書で「弁証法」という言葉を外延的に使用してはいなかったが，おそらく個人の発達の相互調節的パターンに見られる弁証法の最も明確な例を提示している．

　意識の第4レベルを，他のレベルと区別する，もう一つの論点は，このレベルでは思考を作り出し，真実の本質についての以前の仮定に疑問を起こす対話について考えるということである．ある意味では，感覚運動レベルであっても，具体的レベルや，あるいは他のレベルであっても，人間は常に弁証をしている．弁証も対話も何が何で〈ある〉かを説明する．弁証自体の本質と重要性についての特別の気づきが，第4段階の特徴である．セラピストとクライエントが，多くの選択的現実を構成するとき，終わることのないように見える議論が両者の間に起こる．けれども，重要なのは二者択一的選択の構成だけではなく，不変の真理の価値のために，これら選択肢を考察することも含まれるのである．ここで，エピステムと知識（より安定した絶対的なものとして）の基本的な論点が登場し，ノエシスと変化する，時にはより神秘的な真実の見方と対照づけられる．ここで，神学の二つの見解が，同様に構成される．永遠にして安定した神と，進化する変化としての神である．

　したがって，常に存在する弁証法に気づき，それについて考慮を払うことが，ポスト形式操作的的思考の定義と考えられる．弁証法を熟慮することは，共同して（もう1人の人間とともに，あるいは自己の内部で）到達した仮定の永久性の本質を考察することである．

　さらに，理想主義哲学者ヘーゲルの業績が，ここで重要になってくる．ヘーゲルは，「絶対的理想」，すなわち永遠に終わることのない「真実」の探究において，弁証法に出会った．そして，弁証法的気づきに先立ち，彼の主著 *Phenomenology of Mind* (*Phenomenology of Spirit* とも 翻訳されている，[1807] 1977) の中で，ヘーゲルは精神の必要な前弁証法的諸段階について語っている．その最初の段階は，「感覚確実性」，すなわち感覚印象によって世界

3. ピアジェと治療理論　　*129*

を知ることである．感覚確実性が真実を提供することに失敗した後，社会と個人は外観の知覚と理解を経て，自己意識へ，そして自己確実性の真実へと進む．しかし，この真実は，理性に気づき，ついには弁証法を発見すると，再び崩れる．プラトーとピアジェの思考の類似性は，キーワードと叙述詞の類似点によって明らかになる．

　上の段落で特に重要なことは，発達の「高い」段階は「低い」段階に依存し，各々の高い段階で，より低い段階が維持され，変容（保存）されることが認められていることである．人は発達の起点から決して離れることはなくて，個人および文化の歴史の叙述詞と経験に固く定着し続ける．ゆえに，ヘーゲルは，何世紀にもわたって積み重ねられてきた歴史と文化についての気づきを，発達に持ち込んだのである．プラトーとピアジェの発達の形式は，歴史に無関心ではないとはいえ，発達の弁証法における歴史の威力を充分には説明していない．これは，治療分野で今後引き続いて，より詳細に探究されると思われる問題であり，本書では予備的試みとして考察されている．

　ヘーゲルは，弁証法の巨峰であると認められている．真実と知識は，対立するものから生まれる．人は最初に，感覚印象の真実によって世界について学習する．しかし，感覚によってすべての知識を獲得するわけではない．自分ではないものを通してでなければ，人は自己を全体として感じることはできない．人は明確にそのような他の対象——人間であれ物であれ——では〈ない〉．したがって，自己は分離から生まれる．意識は，自己と対象の分離を必要とする．ヘーゲルの意識の段階は，次のような同じ弁証を経て進行する．

1) 真実を獲得．
2) 内在する，あるいは外部からの矛盾によって，その真実の不十分さに気づく．
3) 定立，反定立，総合の弁証法によって，新しい真実を構成しなおす．

　当然，ヘーゲルの弁証法の「1−2−3」のパターンは，1926年，ピアジェが非常に明快に描写した2人の子供が示した現実の共同生成に極めて近い*．

　＊　ヘーゲルについてのこの考察は，哲学者や多くのヘーゲル批判者の間では，確かに一

般的ではない．時折「ヘーゲルの絶対主義」と称されるものに対して，ここでは次のような立場をとっている．この概念は静的であると同時に変化しており，変化と発達の相互の弁証法におけるノエシスとエピステムでもあるという点で，「絶対性」にもっとも近づくことができるという立場である．ただし，ポストヘーゲルのより静的なフィヒテの哲学は，絶対者の立場に向かうヘーゲルの哲学をおそらく誤って敷衍したものと考えられる．

　球形の視覚モデル（図4を参照）は，ヘーゲル，ピアジェ，あるいはプラトーのいずれの用語を使う場合でも，弁証法について考えるうえで役に立つ．われわれ1人1人が，宇宙の他の天体の方向に影響を与える天体に相当する．天体は，しばらくの間一緒になって回転するか，あるいは短い間，接触し，中心から押し出され，新しい軌道の中に移動する．それにもかかわらず，各々の天体は，他の天体に影響されているのである．

　治療そのものが弁証法である．現実を共同で生成している2人の人間がいる．しかし，ピアジェと同様に，カウンセリングと治療の理論家達は，線形の具体的操作思考と形式的操作に深く捉らわれていたので，その過程に内在する弁証法に気づくことができなかった．カウンセリングと治療は，本質から考えて，既に弁証法なのである．クライエントはセラピストに影響を与える，つまりセラピストは方法を変え，記録をとり，クライエントから学習する．同様に，クライエントも，頻繁にセラピストから学習し，セラピストの影響を受ける．しかし，セラピストもクライエントも，その影響について，また相互作用の中で何が重要であるかについても気づかないことが多い．

　カウンセリングと治療の多次元の相互作用およびその極端な複雑性を仮定すれば，この複雑性の単純化に役立つ理論に対して感謝の念を抱いてきたとしても，それは不思議ではない．とはいえ，フロイトをはじめ，スキナーやロジャーズなどの諸理論の有効な単純化は，せいぜい役に立つ作り話と考えればよいことが，今や明らかであろう．しかし，こうした作り話は，文学と同じように，歴史の物語の重要な部分を語ってくれる．著者の意向と文学論（例えば，本書の最初の著者の弁を参照）が，現実と理想主義は，まだ人間の限りある理解を超えて存在しているという認識への包括的アプローチを提供してくれる．

おそらく，「それは，うまくいってるかのように動いている．なぜ心配するのか？」という科学者のコメントで自らを慰めるべきだろう．

なぜ心配するのか？　「何を私が心配してるって？」と，*Mad* 誌のニューマンは，それを巧みに表現している．心配すべき何があるのだろうか．世界を知ることと，世界を知る方法は，認識論の争点に関連している．倫理，すなわち人としての正しい行為は，認識論と密接に関連している．倫理は，通常道徳的発達の一部として考えられている．しかし，感情的発達を認知的発達から分離できないのと同様に，道徳的発達を倫理的行為から分離することはできない．われわれの認識論，すなわち認め知る方法は，われわれの倫理的実践に影響を与え，その方向づけをする．倫理的実践の思考と活動のベクトルは，われわれの志向性の結果である．再び，将来を考えて，善とは，価値あるものとは何か（価値論）の問題が，われわれの活動の特色でなければならない．

そして，そのことは，認識論または思考の感覚運動，前操作，具体的操作，および形式的操作などの体系的方法で考えるわれわれすべての人間にとっても，全く同じことである．私達は自分の思考過程に深く熱中するあまり，目の前や自分の内部にある最も単純な事柄を見損なってしまう．すなわち，どのようにして知識と存在を生成するか，個人として，また集団として，われわれは，どのように構成されているかという真の基礎に気づくことができない．しかし，倫理と認識論，弁証法と正しい活動などに関するより抽象的な問題に進むと，再び自分自身が感覚経験の深淵の中に陥っていることに気づく．結局，これしかないのである．

治療過程は，カウンセラーとクライエントが現実を共同で構成する複雑な弁証法の過程であると提示した．発達のすべての構成体に継続して流れるのが，この弁証法である．われわれは，関連性の中においてでなくては，感覚経験を知ることはできない．作用する対象がなくては，操作的に（具体的または形式的）行動することができない．そして，変わりやすい感覚経験がなくては，基本的弁証法の過程を抽象的に知ることはできない．円と螺旋の進行は続く．しかし，おそらく，活動している哲学として，いま明らかになり始めている心理

学的過程に，われわれは真実の記録を追加したのである．

理 論 を 実 践 へ

発達心理療法の様々な特質が，強く示唆している点は，クライエントとの実際の作業の中で，新ピアジェ派と新プラトー派の概念を用いること，さらに，これらの概念を，療法の実践のための一般的な活動技法の観点から開発することの重要性である．ここでの目標は，発達レベルを診断し，発達する認知能力を進行させるよう考案された様々な特定の質問や技法を用いて介入し，さらに発達的変化に注目し，それを評価することである．

構成概念 1 〈ピアジェ派の感覚運動，前操作，具体的操作，および形式的操作の思考と機能についての隠喩は，成人の機能にも存在し，有用な理論的診断および治療の公式化にかなうものと考えられる．〉

（1） **学習目標**　感覚運動レベル，前操作レベル，具体的レベル，形式的レベルなどにおける成人の思考と活動の例を定義し，それらを治療の実践で確認できるようになること．

（2） **認識事項**　本章の基調をなす考え方は，83 ページから 111 ページにわたって系統的に記述されている．種々の複雑な解釈とともに提示されているが，基本的な概念は，明確に保たれている．すなわち，成人は，様々なタイプの認知能力をもった自分を治療中に現わす．それら認知能力は基本的なピアジェ派の体系的記述と重要な類似性をもつ．

（3） **体験的学習課題**

　　a．前操作的，呪術的思考を行った児童期に起こった出来事を考えてみる．あなたの思考の本質が，どのように前操作的であったか，その概略を述べなさい．次に，その思考に導いた特定の感覚運動的感覚印象のあらましを述べなさい．何を見て，聴いて，感じただろうか？　自分の前操作思考が基となって，どのように環境に対する誤った具体的操作

に至ったかを指摘しよう.

　b.　今度は，成人の関連づけの枠組みから，もう一度上記の練習を行ってみよう.　現在または過去の非合理的信念，あるいは効果のない行動または思考の例で，子供の前操作的パターンと隠喩的に類似したものを確認する.　内省によって，この経験の感覚運動的基礎を体験し，思考，信念あるいは行動が，あなたを具体的世界で行動するようにどのように導くかを検討してみよう.

　c.　上記の二つの練習を体験するとき，形式的操作思考を行っていることになる.　つまり，あなたは「考えることを考えて」いる.　さて，前の二つの練習に加えて，認知と同様に，感情の考察を試みよう.　要約した形としては，感覚運動的感情は，「私は自分の感情である」と記述できる.　前操作的感情は，適切な感情から分離しつつある感情の形として，そして具体的操作の感情は個人の統制をより多く受け，認知を導き，あるいは修正する感情として記述できる.　形式的操作の感情は，感情から距離を置いて熟考し，これら感情について考え，その過程で，その感情の状態をしばしば経験し，変化させることに関係している（感情についての形式的操作の思考は，感情の新しい感覚運動的経験や感情的存在の新しい状態に通じることが多い）.

　このような感情の簡単な要約を，自分の児童期および成人としての経験に適用してみよう.

　d.　クライエントを確認し，そのクライエントが前操作，感覚運動，具体的操作，形式的操作の各存在様式をどのように表現しているかを略述する.　このクライエントの感情の次元について定義し論じる.

構成概念2　〈構成概念および思考パターンの言語的変化を，われわれが知ることを可能にする特定の技法により，言語活動を行う個人をステップバイステップ式で系統的に導くことができる.　さらに，計画的な方法で発達的認知の特定の局面を模索することで，どのクライエントも援助することができる.〉

（1）**学習目標**　特定の発達的認知の9段階によって，言語的に問題のあるクライエントを導くことができるようになること．クライエントが次の段階に移行する前に，その特定の認知段階を，より深く探究するのを助けることができること．

（2）**認識事項**　111〜117ページにかけて，認知の九つの特定的な発達段階のために非常に具体的な質問が提示されている．それは，最初の課題は問題を確認することであると述べている．その問題は普通，前操作的，非論理的思考の形式で示されることが予想される．次には，感覚経験にクライエントを基づかせる試みを行ない，それから緩やかな一連の質問と変換が続き，それらが最終的には，言語上のクライエントが，その同じ問題を，広範囲の認知的観点から吟味することを可能にする．

　　その提言の重点は変化と移行に置かれている．これは，治療とカウンセリングが，モデルが示唆するほど，速やかに結果を生じると言っているのでは〈ない〉．ここで求められていることは，セラピストの活動が，認知の代りの様式の発達とどのように関連し，またどのようにその発達の促進を援助し得るかということへの概念的気づきである．

　　クライエントが1種類の認知を，さらに深く探求するのを援助する際の，問題の持ち出し方や，クライエントとのセッションを始める仕方をセラピストに提供するために，各段階での質問が考案されている．認知的レベルの迅速な通過は治療ではない．それは練習である．クライエントが新しい，さらに複雑な認知のレベルに進むには，時間が必要である．そのうえ，様々な種類の理論的概念は，認知的レベルのタイプの違いによって，その効果も異なるように見える（例えば，弛緩訓練と感覚志向療法は感覚運動的レベルで，より適切であるが，形式的操作レベルでは，認知療法すなわちロジャーズ派の療法など，カウンセリングの典型的思考アプローチが最もよい例である）．

（3）**体験的学習課題**

　　a．自分の生活で起こったことで，自分にとってある程度重要な出

来事（恋人，友人，あるいは親との間で経験した特定の困難）について考えてみる．さらに，111〜117ページの指針を用いて，認知的発達の質問に対し自分の回答を書き留めなさい．弁証法的段階に近づくときに起きる変化に特に留意すること．

　　b. 自発的に申し出たクライエントに，同じ練習をさせる．理想的には，自分の治療行為をビデオテープまたは録音テープに記録する．最初の試みでは，記憶を頼りに，全シリーズを行おうとするよりも，用意された練習の特定の言葉を守りなさい．自分の目標は，専門的技能，すなわち他者の認知的発達を促進する能力を身に付けることである．

　　c. 上記と同じ二つの練習を行うが，今度は１種類の認知的段階に焦点を合わせて，その各段階をより深く究めるよう努めよう．例えば，具体的操作の質問から開始し，次にその段階に関連した認知が次第に明らかになるように，ますます特殊な質問をする．各々の発達段階で作業を始めたら，さらに深い経験と理解を求めて進みなさい．

　　d. 上記の練習の概念を，自分の治療とカウンセリングの現実の実践に適用する．

構成概念 3　〈セラピストとの有意義な相互作用により，認知的問題と関連した感情は，受動的で弱い負の評価から，能動的で強い正の評価に変化することができ，また今後も変化するだろう．〉

（1）　学習目標　クライエントの言語体系の中の意味差判別タイプの叙述詞を書き留めてリストにし，効果的な相互作用によって，クライエントをより肯定的評価の，力強い，能動的な叙述詞に移行させることができるようになること．

（2）　認識事項　短い数ページ（117〜125ページ）で，成功した治療の重要な結果のあらましが述べられている．すなわち，あまり積極的でも効果的でもない形容詞から，もっと積極的な叙述詞への移行にみられる変化である．「私は悲しい人間だ」という言葉に示されるように，感情

が認知を限定するというのがその理論である．治療が効果的な場合，認知的「個人」は同じままであるが，その認知をめぐる感情的意味は変化する．例えば，「私は嬉しい人間だ」というように．クライエントは，自分の状態について，感情的叙述詞を使用して何が変化を必要としているかをわれわれに暗示する．提言が示唆するのは，クライエントにとって重要なことの多くは，しばしばわれわれが認識する以上に，われわれにとって得やすいということである．

（3）　体験的学習課題

　　a．前述のロジャーズとオーク夫人のセッションの記録を考察し，両者の短いやりとりの間の自己叙述詞の変化に注意する．叙述詞は，より肯定的評価に，より力強く，そしてより能動的になっているか？

　　b．役割演技の面接を行いなさい．クライエントは，否定的な自己叙述詞を使う試みをしなければならない．セラピストとしては，このような否定的叙述詞に焦点を合わせ，それらを前操作的観念として扱わなければならない．特に，否定的叙述詞を感覚運動的経験に戻し，それから具体的操作と形式的操作へと進みなさい．この練習を通して，クライエントは，このような自己叙述詞を新しい関連づけの枠組みに変えることが期待される．

　　c．自分のクライエントが示した自己叙述詞の変化を考察することによって，セラピストとしての自分の作業を評価する．クライエントは，前よりも能動的，力強く，肯定的評価の言葉で，自分および自分の世界を語っているだろうか？

　構成概念4　〈治療の弁証法的関連づけの枠組みは，感情および治療過程そのものの新しい構成体を提示している．〉

　（1）　**学習目標**　　弁証法の用語で感情を記述し，治療における変化を促す方法として，本質的に，より意識的に弁証法的である方法を案出する課題にとりかかることができること．

3. ピアジェと治療理論　　137

（2）　**認識事項**　125〜132 ページに，より弁証法的な論点が提示され，確認しにくい真実の探求のために別の関連づけの枠組みを提供することによって，情況がどのように出来事の意味を変えるかを考察している．

（3）　**体験的学習課題**

　　a．自分の生活における一つの重要な出来事で，もともと，それに関連して，強い肯定的なあるいは否定的な意味を連想していた出来事について考えなさい．その情動に「触れて」みよう．次に，自分がその情動を考えるときの情況を変えてみる．例えば，高校を卒業する嬉しさについて考えたとしよう．情況を変えると，同じ出来事に対して感じたかもしれない淋しさに気づくことができる．卒業は，家から離れるということを意味したからである．情況的弁証が出来事およびそれに付随する情動の意味をしばしば決定するということが気づかれないままに，情動は経験の既定の事実として解釈されることが多すぎる．

　　b．自分の生活における現在の関心事を確認し，その関心事の情況を変え，自分の情動が，どう変化するかに注意する．

　　c．この経験をクライエントに適用してみる．多くのクライエントは，たった一つのはっきりした情動にのめり込んで，治療を受けに来る．情動を弁証法的な情況に置くことは，情動に相対主義を持ち込むのを助け，これは，クライエントに以前は動きがとれなかった経験をうまく切り抜けさせるのに促進的効果がある．認知的環境を変えることは，生活体験の組み立て直しや，その解釈のし直しにとって重要な部分となり得る．ロジャーズのオーク夫人の治療は，夫人の変化する情況が，出来事の情動的経験をどう変えたかを例証している．

　　d．本章の最終節は，確認しにくい真実の探究としての弁証法を論じている．現在の文化では，ほとんどの人間は，具体的操作または形式的操作で作用しており，弁証法的推理のもっと複雑な局面にはかかわっていない．こうした弁証法的公式化に対して，自分の個人的反応はどうか？　それらは，どんな感情または思考を思い出させるだろうか？　人

間は弁証法において行動し成長すると論じられてはいるが，これと同じ
関連づけの枠組みで考え，概念化を行うことは難しいことである．

要　　約

　治療における面接，およびクライエントの長期にわたる変化についての考察
を再構成するに当たって，新ピアジェ派の思想の貢献は大きいように思われ
る．クライエントの発達段階を査定し，次に個人の発達的変化を促進するため
に，かなり特定的な介入を適用することができるということを，本章は提示し
てきた．そのうえ，こうした構成概念は，ロジャーズ派の人間中心療法，ゲシ
ュタルト療法，精神分析などのような異なった療法にも関連している．
　本章の概念的な飛躍を仮定すれば，おそらく，いくつか注意点を述べておく
必要があろう．まず，子供をあまりにも急いで発達段階を前進させようとする
米国的傾向に反対するピアジェの指摘を，もう一度思い出すことが，極めて重
要である．基礎が十分にできていない場合，進行は発達的進歩というより，犬
が輪をくぐり抜けて跳ぶことを覚えるのと同様に，クライエントが「小手先の
技」を覚えるようなものである．クライエントが，本章で提示した9段階を経
て前進することは，提示した弁証法の公式によって，かなり容易に達成される
と思われる．しかし，この進歩を意味のあるものにし，長続きさせるために
は，この練習だけでは不十分である．
　発達にとって，しっかりした基礎の重要性を，おそらく最も適切に説明して
いるのは，対象関係理論，特に本章で論じたマスターソンの研究である．マス
ターソンの発達的対象関係理論と，ピアジェの理論との間には，興味深い類似
性がある．面白いことに，マスターソンはピアジェ以上に弁証家である．マス
ターソンは，認知的および情緒的発達にとって，幼児期における，しっかりし
た基礎作りの重要性を強調すると同時に，母親と子供の相互作用（後には父親
との相互作用も）の大切さを力説している．認知的および情緒的発達は，外界
から隔絶した状態の中では起こらない．母子関係，家族，地域社会，文化など

3. ピアジェと治療理論　　*139*

の中で起こる．

　次章では，セラピストがクライエントに提供する環境を，かなり詳細に探究する．マスターソンは，セラピストがクライエントにとって，新しい関係の対象となることを指摘したかも知れない．クライエントは，古いパターンの対人関係を面接に持ち込みやすい．クライエントの将来の成長と発達を決定するのは，セラピストが提供する環境である．クライエントは，セラピストをだまして，古いパターンを継続させようとするため，転移および逆転移という，問題となる治療的関係が事態を曇らせてしまうことがある．

　セラピストが提供する環境の考察は，古い調節と同化の問題を考え直す機会を，われわれに与えてくれる．このことは，新しい均衡化あるいは認知‐感情のバランスへの道が開かれることを示唆する．

4

クライエントに治療スタイルを合わせる
──スタイル転換カウンセリング──

　本章では，セラピストが探偵として──すなわち，他者の世界および世界観に立ち入らなければならない人間として登場する．そうすることにより，セラピストはクライエント独特の必要性に適するように治療スタイルと理論を修正し，適切な環境を提供することができる．また，選択すべき療法理論をクライエントに合わせるための概念的な基準枠組みとともに，クライエントの発達レベルを査定するための特定的な提言も示されている．

盗 ま れ た 意 識

Nil sapiente odiosius acumine nimio.　　　　　　　　Seneca
（あり余る洞察力ほど忌まわしいものはない）　　　　　（セネカ）

　18xx 年秋のパリ，ある風の強い晩，日が落ちて間もない頃，私は友人のC・オーギュスト・デュパンと一緒に，フォブール，サン・ジェルマン，デュノ街33番地，4階にある彼のせまくて陰気な書庫兼書斎で，瞑想とメアシャムパイプ（海泡石で作ったパイプ）という二つの贅沢を楽しんでいた．少なくとも1時間は深い沈黙を続けていた．たまたまその場を見たものの目には，2人とも，その部屋の空気を重苦しいものに

している煙草の煙の渦の中で，すっかり心を奪われているように見えたかもしれない．……すると，そのとき，部屋のドアが開いて，古い知人が姿を現わした．パリの警視総監 G. 氏である．

(ポオ，[1845] 1946, p. 125)

　おそらく，文学史上最も著名で影響力のある推理小説 *The Purloined Letter*（『盗まれた手紙』）は，このように始まっている．ポオは，「考える」探偵——明らかにシャーロック・ホームズの先駆者——を造り出し，推理小説のすべてのジャンルの原型を鋳造したのである．

　心理療法とカウンセリングは，推理小説に似ている．解き明かさなければならない複雑で混乱した状態だけではなく，そこに探偵が存在する．最も高度に，そして複雑に考える人間——デュパンのように優秀な探偵——は，分析家であり熟練したセラピストである．さらに，パリの警視総監 G. のように有能で地味な努力家もいる．当然，その状況に対する第3者がいる．何も語らずに見守る人間，すなわち，ストーリーを読み，その展開に夢中になる読者自身である．こうして知らない通りの 33 番地，4 階の 3 人組は，たちどころに読者をストーリーに引き込む．

　推理小説の読者の多くは，誰が「盗人」（読者の目の前にずっといたもの）であるかを見破り，どのようにして手掛かりを見落としたかがわかると，驚きそして大いに喜ぶ．このように，作者と「一体になる」ことによって，読者は，高い意識と気づきの段階へと押し進められる．また，殺人者や盗人に早く気づいた友人を，いまいましい不愉快な者だと思うことが多い．ストーリーの傍観者としては，自分の目前で起こっていることを，むしろ見ない方がよいとさえ思うこともあるのである．

　『盗まれた手紙』の中で，警視総監 G. は，ある大臣のことをデュパンに話している．この大臣は，国務について国王や王妃と話し合っている間に，王妃の目の前で彼女の秘密の手紙を盗んでしまった．王妃は，国王にその手紙のことが知られてはと心を痛め，手紙を取り戻したく，警視総監およびパリ警察にそれを探し出すよう協力を求める．警察がしくじったため，デュパンが因襲的な

4. クライエントに治療スタイルを合わせる　　*143*

警察と犯罪者を出し抜く仕事に着手する（これが，典型的な虚構の探偵の仕事となっている）．

　デュパンは，その事件の迅速で簡単な解決について語り出す前に，自分の思考過程について傍観者に語っている．彼はまず，パリ警察の愚かな努力について説明する．

　　デュパンは続けた．「その種の手段としては立派なもので，しかも申し分なく実行されていた．ただその欠陥は，それらがこの事件，そしてこの相手には不適当であったということだ．警視総監にとって，一連の実に巧妙な方策は，一種のプロクルステスの寝台であった．つまり，無理やりに，その寝台に自分の計画を合わせているんだ．だが，彼は扱っている事件について深く考えすぎたり，浅はかすぎたりしては，絶えず間違いを犯している．彼よりすぐれた推理をする小学生がたくさんいるよ．8歳位の男の子で，『丁か半か』の当てっこゲームで勝ち抜いて，みんなの憧れの的になった子を知っている．そのゲームは簡単で，ビー玉を使う．1人が，このビー玉をいくつか手に持って，もう1人にその数が偶数か奇数かを当てさせる．うまく当たれば，当てた方が1つ取り，はずれれば1つ失うことになる．私が言った少年は，学校中のビー玉を全部もらってしまったんだ．もちろん，その子には推測のある原則があった．つまり，それは相手をただよく観察し，その器量を計るということ．例えば，大の間抜けが相手で，その子が握った手を挙げて，『偶数か奇数か？』と尋ねたとする．例の子供は『奇数』と答えてはずれたとしても，2度目の挑戦のときには当たるんだ．それは，彼が心の中でこう考えるからなのさ．『1回目には，間抜けな奴はビー玉を偶数にした．奴の程度の知恵なら，2回目には奇数にするのがせいぜいのところだ．だから，奇数と推理しよう』．そして彼は奇数と言い，当たるわけだ．さて，相手が最初より少しましな間抜けだったら，その子供はこんなふうに推理しただろう．『こいつは，1回目に，俺が奇数と言ったのを知っているから，2回目には最初の間抜けがしたように，最初の

思いつきでは，簡単に偶数を奇数に変えようと考えるだろう．でも，考え直して，それはあまりにも単純な変え方だと思い，結局前回と同じ偶数にしようと決めるだろう．だから，偶数と推理しよう』──その子供は偶数と言い，当たる．この小学生の推理の形式は，仲間からは『つきだ』と言われるが，結局のところ何なんだろうね？」．

「それは，推理者の知性を相手の知性と一致させたことにすぎないね」と私は言った．

デュパンが言う．「その通り．少年にその成功のもとである完全な一致を，どんな手段で果たしたのか尋ねたとき，こんな答えが返ってきたんだ．『相手がどのくらい利口か，馬鹿か，どのくらい善良か意地悪かを知りたいとき，それからその瞬間に，彼が何を考えているかを知りたいと思うときは，自分の顔の表情をその相手の表情にできるだけ正確に合わせて，それから，まるでその表情に調和あるいは一致するかのように自分の頭や心に浮かんでくる考えや感情が，どんなものであるかを確かめるまで待つんです』．この少年の答えは，ラ・ロシュフコーやラ・ブーギブ，マキャベリ，カンパネラなどのものと考えられてきた見せかけの深遠さの，すべての根底にあるものなんだ」．

「もし君の言うことを私が正しく理解しているとすれば，その推理者の知性を，相手の知性に一致させることは，相手の知性を計る正確さ如何にかかっているわけだ」と私．

デュパンが答える．「実際的な価値としては，それによって違ってくる．だから，警視総監と彼の部下たちは，第1に，この一致させるということをしないために，第2には，自分達が交戦する相手の知性の測定を間違ったために，いや，むしろ測定しなかったと言った方がよい，そのためにしばしば失敗する．彼らは，自分達の巧妙な機略だけしか考えない．隠されたものを探すときは，〈自分達〉ならそれをどこに隠すかというお定まりのやり方にだけ注意を向ける．これはこれで正しい──つまり，彼らの巧妙さは，一般大衆を忠実に代表しているという点で

ね．しかし，個々の犯人の悪知恵の特質が彼らのものと異なる場合，当然犯人が彼らの裏をかくよ．このことは，彼らより相手が一枚上手の場合には必ず起こるし，劣っている場合にでもよくあることだ．彼らは，捜査の原則を決して変えない．せいぜい，何か非常の緊急事態に迫られたり，あるいは法外な褒賞金が出たりすると，その捜査の原則には全く手を触れないで，旧態依然の常套手段の範囲を拡げるか，大袈裟に用いたりする位のものだ」． (ポオ，[1845] 1966, p. 131-133)

　デュパンは，自分の方法を語った．それから大臣の官邸の部屋を尋ね，打ち解けて雑談をしている間に，予想したとおり，マントルピースのちょっと下の名刺差しの中に，これ見よがしに置かれた盗まれた手紙を発見する．簡単な計略にのせられて，大臣は窓の外を見るように仕向けられる．その間に，デュパンは，自分が用意した「手紙」を王妃の手紙と取り替える．狐につままれたようにぼんやりしている警視総監にその手紙を返し，デュパンは報奨金を要求するが，物語は，そこで終わらないのである．

　デュパンは，一枚の白紙に自分の痕跡を次のように残す．"Un dessein si fueste, S'il n'est digne d'Attree, est digne de Thyeste."（こういう由々しい目論見は，アトレウスには及ばないにしても，テュエステスには相応しい）．このようにして，だましの循環が続く．

盗まれた意識の理論的な読み方

　『盗まれた手紙』は，おびただしい数の文芸批評による分析の対象になっている．この中で著名なものは，ボナパルト（1971）の精神分析的解釈である．彼は観察者，被観察者，および被観察者を観察する観察者という3人関係の構造について，古典的精神分析のエディプス的解釈の観点から，多くの研究を残している．単純化されすぎた形式ではあるが，ポオが，読者を様々な魅惑とミステリーの受動的な観察者として，謎の世界に引き込むのを思い出すことは役に立つ．ラカン（1975）は，複雑で散漫な作品の中で，ポオの物語の古典的な

解釈を行ったが，それがまたデリーダ（1975）によって率直に批判されている．この極めて重要な1編の推理小説を分析した文芸評論は，300編以上にものぼるという（ミューラーとリチャードソン，1987を参照）．『盗まれた手紙』に関するこの広範な文献は，次に，この物語が何故そのように人々を研究に誘ったのか，その理由についての広範な分析へと発展したのである．

　ラカンによる記号論的で現代的なフロイトの解釈や，ボナパルトの古典的研究，あるいはデリーダの構造解体理論（deconstruction theory）など，そのいずれを受け入れたとしても，主題の根底にあるものは，基本的姿勢と一致する，認識論的一貫性であることは明らかである．『盗まれた手紙』は，知ることの寓話とも言えるが，プラトーとピアジェの知ることのレベルとは，幾分類似している点もあるが，非常に違う点の方が多い．「盗まれた手紙の寓話」に対する基本的な隠喩は，あの8歳のビー玉チャンピオンという人物に移して述べられている．少年の勝利は，他者の思考の世界に入り，その世界の出来事を他者がどう考え構成するかを予測するところにある．この意味では，ポオの8歳の少年は，他者の思考の世界に入る，高い意識をもった，啓発された人間に類似している．他者を理解したい場合には，他者の認識論，すなわち世界を知る方法を理解しなければならない．

　とりわけ，ビー玉チャンピオンは，自分の友達の行動の一貫性を，おそらく見抜くのである．間抜けな相手は，後期前操作的思考あるいは早期具体的操作思考の人間に類似している．競争について全く理解しないで，ビー玉を手から手へと動かす．間抜けは，自分の現実の組立ての中に没頭している．その彼よりもわずかに進んだ競争相手は，8歳のチャンピオンに気づき，同じ手にビー玉を握ったままである．ところが，チャンピオンは，「推理者の知性を相手の知性と一致させること」によって，その変化を予測してしまう．この2番目の少し進んだ間抜けな相手は，具体的操作を表わす．つまり彼は，積極的に環境について考え，結果を予測する．もちろん，チャンピオンは，他者との関係において自己の気づきを例証するという類（たぐい）の形式的操作思考を表わす．つまり，行動パターンの熟視と，多数の現実に対処する能力である．

4. クライエントに治療スタイルを合わせる　　147

　パリ警視総監と探偵デュパンは，異なった認知的レベルを表わしている．警視総監は，状況により深くのめり込んでいる．彼は，大の間抜けのように，相手も自分と同じように考えていると仮定し，大臣に自分の考えを投射する．警視総監とその部下たちは，大臣の部屋を捜索し，その手紙を見つけようと並々ならぬ努力をするが，いつも自分達の認識力の及ぶところまでである．警視総監とその部下たちは，相手の思考について考えることができない．

　「より高いレベルの間抜け」である大臣は，警視総監のすることを予測し，はっきり見えるところにその手紙を隠す．思索の達人であるデュパンは，感情移入ができ，大臣と警視総監の両者の立場に自分を置くことができる．簡単な計略によって，デュパンは大臣の注意をそらし，盗まれた手紙を手に入れることができる．

　〈これは，盗まれた意識のたとえ話である．〉　影響を及ぼし変化を作り出したいならば，相手の世界を知る方法——他者の認識論——を理解しなければならない．

　有能な探偵，ガイド，あるいはセラピストになるためには，他者が考えることを読み取り，解釈しなければならない．クライエントの世界観，認識論，意識のレベルなどを理解したい場合は，自分の思考過程と方法を，クライエントの認知的過程に合うように調整しなければならない．具体的に世界を操作できないクライエントに対して，形式的操作的療法を提供しても，ほとんど効果は望めない．

　しかしながら，推理小説と心理療法の差異は，探索の目的が何であるかという点にある．探偵は他者を騙し捕らえたい．一方，セラピストは，他者の世界を理解して，成長を促そうとする．他者を理解する過程は類似しているが，支配しようとする目標は根本的に異なる．治療とカウンセリングは，クライエントの意識性を高めようとするが，探偵は，単に他者の意識を支配しようとするに過ぎない．この積極的な支配という行為によって，デュパンのように，最も秀れた探偵さえも，その労苦を何度も繰り返す破目に陥るのである．物語の終わりで，デュパンは，彼自身，他者を支配する過程にまんまと陥ったままであ

る．デュパンの幾分独りよがりの自己満足は，他者との関係において，自己を知ることの欠如，および弁証法の欠如を示唆している．類推によって言えることは，セラピストとしては，明らかに有能に見えるにもかかわらず，自分の思考過程の虜になってしまって，相互進化する人間としてのクライエントを見失ってしまうことがあり得るということである（この問題は，逆転移として現われることがある）．

　治療は，個人とその意識の開放に関わっている．効果的な治療とカウンセリングの本質である解放過程には，クライエントを理解し，クライエントをセラピストと同等の意識レベルにまで高めることが含まれる．しかしながら，多くの治療的態度は（デュパンのように），意識の変化を生じさせないままでクライエントを治しても，充分であると見なしている．治療理論が異なると，目標も異なってくる．本章では，図3の球形モデルから引き出された四分円モデルを使用して，治療スタイルと環境を述べる．

　治療環境をクライエントの意識レベル（世界観あるいは認識論）に合わせるという目標は，ポール（1967）の次の古典的な質問に対して，部分的な答えを提供している．すなわち，「〈その〉特定の問題を持った〈この〉人物には，〈誰〉による〈どんな〉治療が最も効果的か，〈どんな〉一連の情況下でそれが〈どのように〉生じるか？」という質問である．当然，ポールの言葉に欠けていることは，目標，価値，および価値論の質問である．すなわち，上記の論点〈すべて〉に「どんな目標または方向のためにか？」を追加すればよいのである．私達は，どんな目的でカウンセリングと心理療法を行っているのだろうか？　騙し欺くためか，無目的の変化のためか，あるいは研究した発達のためだろうか？　本章では，この質問の一部に答え，後の章で，さらに深く探究を進める．

スタイル転換カウンセリング

　「スタイル転換（style-shift）カウンセリング」とは，アンダーソン（1982）

4. クライエントに治療スタイルを合わせる　*149*

が用いた非常に説得力のある用語であり，本章の核心をわずか数語で説明している．つまり，当面のカウンセリングと治療のスタイルが効果的でない場合は，クライエントの発達的要求に合うように，スタイルを変えればよい．さらに，クライエントが徐々に認知の複雑さを発達させ，発達段階を移動するにつれて，クライエントの発達に沿ってスタイルを変えればよい．アンダーソンは，カナダの監獄組織で働いていた経験とアイビィ（1983a, p. 213-219）との協議会に参加した経験から，発達理論とカウンセリング方法を一つにまとめるための実践的なシステムを開発した．

　アンダーソンの主張の最も重要な点は，面接あるいはカウンセリングのスタイルを分類することである．彼によれば，誤ったスタイルなどは存在しないこと，そして，カウンセラーが複数の理論または方法に，ほどほどに通じていることが役に立つことなどが強調されている．スタイル転換カウンセリングの過程について，次の五つの基本ステップが提示されている．

　1)　クライエントのレディネスのレベルの評価（クライエントは，発達的にどの段階にあるか？）．

　2)　発達レベルに合ったカウンセリングアプローチの選択．

　3)　そのアプローチの試行．

　4)　そのアプローチの効果の評価．

　5)　介入が効果的でない場合は，別なアプローチへとスタイルの転換．

　カウンセリングスタイルについて，四つの基本タイプが提示されている．

　第1のスタイルは，構造化された環境を，クライエントに提供することに焦点を合わせている．アンダーソンは，このレベルに相応しいものとして，行動修正，および「環境工学」的アプローチを提示している．作業としては，クライエントに構造化した環境を提供することであるが，そこでの一定の選択は，最も強化され，または許されやすいものである（治療モデルの選択の過程に，彼が行った特定の囚人集団の治療からの影響を見ることができる）．

　第2のスタイルは，〈考えること〉と呼ばれ，現実療法および論理療法がその例として挙げられている．このアプローチは，認知能力の発達が具体的操作

150

段階にあるクライエントに最も効果的であると考えられている.

第3のスタイルは〈感じること〉で,人間中心アプローチ,および実存主義/人間主義的アプローチがそれに相当する.当然,この場合,クライエントは,考えること,および感じることについて考えることができる.このレベルは,ポオの小説のビー玉チャンピオンのレベルと一致する.

第4のスタイルは〈学習〉レベルと呼ばれ,ここでは,アンダーソンによると,人間の潜在力を増大させる方法としての心理教育およびワークショップ訓練に重点が置かれている.学習モデルの例としては,エンカウンターグループ,構造化された技法訓練,および様々な個人やグループの人間関係学習プログラムなどが含まれる.この点で,アンダーソンのモデルは,本書において提示された弁証法モデルと異なる.しかし,両者とも移行および新しい発達課題の研究を重視している点では,依然類似している.

上記の概要は,本書で略述したクライエントの発達に関する新ピアジェ派とプラトー派の概念に類似したカウンセリングのアプローチが,存在することを例証する事になるだろう.1人1人のクライエントのために,セラピストやカウンセラーは,発達成長のための環境を提供する.クライエントの現在の発達レベルに合う適切な治療環境を提供することは,成長と変化の促進に役に立つ.ほとんどの療法は,クライエントの発達のいくつかの位相を扱っている.例えば,精神力学的アプローチは,後期形式的操作に焦点を合わせているが,同時に感覚運動的経験,前操作的思考パターンの認知,および高度な理解力の追求における諸問題などにも重点を置いている.どんなクライエントでも,いくつかの発達レベルが混って存在する.純粋に形式的操作段階の,あるいは具体的操作段階のクライエントなどは存在しないのである.

四つの治療スタイルおよびその発達レベルとの関係

四つの治療的環境が図8で要約されている.すなわち環境の構造化,コーチング,相談および弁証法である.この四つのスタイルは,認知的機能の感覚運

4. クライエントに治療スタイルを合わせる　　*151*

動的様式をはじめ，具体的操作，形式的操作，弁証法などの様式で，環境に働きかけているクライエントに合うように考案されている．けれども，治療スタイルをクライエントの必要性に合わせることは，図が示唆する以上に複雑である．モデルや図について特に危険な点は，限りなく複雑な関係を過度に単純化することであろう．

　それにもかかわらず，この環境スタイルのモデルは，セラピストがクライエントのために環境を提供するということを思い出させるのに役に立つ．セラピストは，最終的にはクライエントがセラピストのスタイルに合わせるだろうと期待して，すべてのクライエントに同じ環境を提供するだけのことが多すぎる．治療とカウンセリングに対するこのようなアプローチは，人間の複雑さの単純化の行き過ぎの一例であり，それでは青くさい心理的帝国主義に陥りかねない．本書のねらいは，複雑な次元としての要因を探究すること，そして過程と結果の単純な区別立てや「最良の」治療についての論議は，専門的な実践と研究にとっては，もはや満足すべき考え方ではないことを強調することである．

　代表的な諸理論の例を挙げて，モデルの個々の側面について吟味する前に，理論的アプローチの一つの範例を用いて，治療環境の数個の次元が単一の理論によっても立証され得ることを説明することが重要である．例えば，現実主義のセラピストは，非行少年少女と接触および関係をもつことを即座に強調する．彼らとの関係を発達させるために，感覚運動的および具体的操作の方法で，多くのことが行われ得る．非合理的で無責任な行動について考察にとりかかる前に，数ヶ月の間，セラピストは卓球をし，青年を旅行に連れてゆき，そして，「仲良くなっている」かもしれない．現実療法の成果は，青年が具体的な因果関係──活動の結果として期待または予測され得ること──を学んだときに現われ始める．青年が治療過程で成長するにつれて，セラピストが提供する治療環境は変化する．青年が自分の状況について考えるように奨励されるにつれて，構造化された早期の環境は，より開かれ，刺激的になる．行動と思考のパターンが確認されると，青年は形式的操作の思考方法で物事を充分に考え

図 8 四つの治療環境スタイルとその発達療法との関係

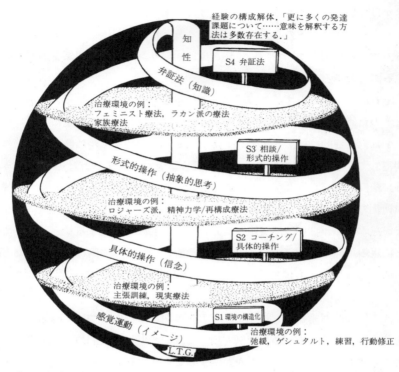

心理療法の発達理論は，発達の逆説に基づいている．すなわち出発したところに到達し，初めてその場所を知ることである．人生は旅であり，同時に行きつく先であり，そして存在する有り様である．

注　この図は，最初グラディが描いたものであり，本人の許可を得て掲載．

次に，四つの基本的な環境スタイルを詳細に説明する．

スタイル1：環境の構造化

治療環境は温かく，構造化され，比較的に指示的である．例としては，身体に焦点を合わせたバイオエネルギー論，弛緩訓練，ライヒによる理論に基づく療法などが挙げられる．入院患者の精神医学的治療のために構造化された行動アプローチも，このスタイルの例である．セラピストの行動は，クライエントに何をするかを告げることに集中する．影響力の大きい積極技法を，高度に使用する．

このレベルは，感覚運動機能に問題を持つクライエントに対して，あるいはクライエント

に感覚に基づく情報の基礎を与える場合に，発達上適している．例えば，クライエントは，入ってくるなり，親を責め始める．セラピストは，前操作的概念上の問題に関する感覚データおよび事実を得ようとする．変換には，前操作的思考の具体化が含まれる．

スタイル2：コーチング/具体的操作

治療環境は，個人の発達のためにかなりの構造を提供しようとするが，クライエントは観念と構造の生成の過程により頻繁に参加する．この療法の例としては，主張訓練，現実療法，意志決定療法などが挙げられる．傾聴技法と対人積極技法のバランスが存在する．

このレベルは，自分の環境に具体的影響を及ぼすことができない人間の発達に適している．例えば，意志決定あるいは行動の観点から見た体重コントロールのプログラムや禁煙プログラムは，このアプローチを例証している．目標は，線形の因果関係をより明確に定義し，予想どおりに環境に作用することができるように前進することである．

スタイル3：相談/形式的操作

早い段階では，個々の自己意識の発達を促すために，温かさと支持が特に重要である．この段階では，指図や圧力に対する抵抗が特に強いため，傾聴技法が最も適している．ロジャーズ派の療法とロゴセラピーは，この四分円の第3レベルの早い段階における効果的な療法の特徴を示しているが，後の段階では，精神力学や，干与関係分析などの転換療法の方が，より適切である．後の段階では，セラピスト側のより積極的な行動が再度適切になる．そのうえ，認知的行動修正は，スタイル3とコーチングスタイル2を結び付ける．

この段階は，形式的操作レベルで考え始めたり，動いたりしている人々に適している．目標は，最初は明確な自己感覚あるいは方向について明確な感覚を得ることであるが，後には，関連づけの代案的枠組みの生成を奨励することになる．

スタイル4：弁証法

治療への弁証法的アプローチは，真実を平等主義的に追求することで特徴づけられる．その理論的志向の違いによって，自己の露呈がかなりあり得るが（フェミニスト療法），それがほとんど存在しない場合もある（ラカン派）．「最終的な」真実を無視する傾向と，新しい疑問や発達課題に進んで出会おうとする意志が存在する．他の四分円のレベルでの矛盾を解決し統合する傾向に反し，ここでは矛盾を積極的に追求する．

弁証法の本質は，この姿勢の療法の技法を「より低い」発達レベルの人々に相応しいものにするが，療法の弁証法に完全に参加するためには，最終的にはクライエントが意識の新しいレベルに到達することを必要とする．このレベルの個人的追求を経験する人々に共通することは，ノエシスとエピステム間の緊張，永久の真実と曖昧な真実間の緊張に気づくことである．

情況の中で発見されたような「真実」には，進展あるいは変化が必要であり，しばしば新しい発達課題のために「出発点への回帰」を必要とするということに気づくと，経験の弁証法的構成解体が起こる．

「クライエントと彼の世界の認知的構成をともにし，それから，クライエントの必要性と願望に合わせて，治療スタイルを変えながら，クライエントとともに動くことが賢明に思われる」．

るということを考慮するよう要求される．現実療法は，子供が自己について知り，独りで，自覚的決定ができるとき，充分に成果を挙げたことになる．最後に，この全過程にわたって，非行青年はいずれか一つの発達レベルに完全に定着することはない，ということを覚えておく必要がある．したがって，セラピストは柔軟な状態を維持し，青年と一緒に多くの異なる治療環境を移動しなければならないのである．

　クライエントおよびセラピストを分類するには危険が伴う．それは，実際には，1人1人が，いずれの分類システムを以てしても説明できないほど複雑だからである．感覚運動をはじめとする発達レベルは，無限に区分することができるというピアジェの指摘を思い出さなければならない．しかし，次の論議が示しているように，各々の療法は，クライエントの発達の様々な局面に対処するための特有の有効性を持っている．

スタイル1：環境の構造化

　治療環境は，確かな直接的接触，関係，および温かさを（個人の必要に応じて）提供し，それは感覚運動的現実に基づいている．クライエントにとって，複雑な世界がより処理しやすくなるように，充分な構造と方向づけを与えることに重点が置かれる．重い障害を持つクライエントは，赤ん坊と同じように，世界の混乱に対処することができない．複雑なものを単純にしなければならない．同時に，セラピストは，もっと複雑な今後の理解に向かって，率先して進まなければならない．クライエントの発達を強化するために，すべての療法は，治療過程の様々な時点で感覚経験に基づく必要がある．この感覚運動的経験という基本的な次元が，後の成長のための土台を形成する．

　代案的療法を詳細に考察することが本書の目的ではない．むしろ，治療における身体的体験に直接重点を置くことが，通常認められている以上に重要である，ということを示唆する．ゲシュタルト療法活動や弛緩訓練，ダンス療法，マッサージなどの訓練や方法は，クライエントの問題を完全には解決しないが，身体の感覚を失ってしまった，過度に知性化したクライエントが身体的現実に基づくようになるのを援助することができる．

行動修正および環境の構造化をはかる，ある種の方式が与える指示性は，クライエントが世界を組織し概念化するのを援助する．さらに，セラピストがクライエントに，夢あるいは外傷体験で，何を見て，聴いて，感じたかを話すように要求するとき，クライエントは感覚的現実を吟味することを学ぶ．

スタイル2：コーチング/具体的操作

クライエントがより具体的に経験の組織化を発達させると，呪術的思考が消失し，線形の因果関係が現われ始める．この段階で，セラピストは高度に構造化した環境を提供し続けるが，クライエントに対して，もっと全面的に環境に働きかけ，自分の活動の結果として生じることに次第に気づくように促す．

セラピストをコーチにたとえることは，この発達レベルにおいては適切である．有能なコーチは，方向づけと構造の雰囲気を提供し，運動選手の独特の才能に気づく．対話あるいは弁証法は，個人的な達成と自己管理を促進する試みとして，コーチによって指導される．

主張訓練は，治療におけるコーチングスタイルの特に明確な例である．主張訓練には，役割演技が含まれることが多く，それは抽象的な話を実際の行動に具体化する．行動の目標を確認し，特定の予想される結果を得るために行動するように，クライエントをコーチし方向づけをする．

例えば，クライエントが「息子と一緒には何もできない．あの子はどうしようもない」と言ったとする．この前操作的申立ては，質問技法によって，具体的思考に変えることができる．（「息子さんは具体的に何をしたのですか？」，「あなたは何をしたり，言ったりしたのですか？」）．いったん前操作的思考が，セラピストが提供した環境によって変換されると，クライエントは非合理的思考を修正し，活動の組織的な計画を展開し，あるいはさらに断定的で適切な反応を役割演技することができる．

このような個人の成長と発達に対する具体的なアプローチ，すなわちコーチングによるアプローチは，その重点を，思考と活動に置く．感情が関わっていても，個人が感情を効果的に処理することができない場合が多いため，感情は広範囲にわたって強調されることはない．こうした場合は，むしろ距離をおい

た形式的操作環境が，情動を扱ううえで，より効果的である（もっとも，興奮させ情動表現を促す身体療法が効果的であると主張する人もいる）．とは言うものの，情動は具体的操作レベルでも存在するので，多くの場合，簡単な反映と承認とによって対応しなければならない．この段階では，クライエントが，ある感じ方をすることを認めることで充分である．

　スタイル3の形式的操作を用いるセラピストも，同様にクライエントを具体的操作によっても導く．具体的行動によって表わされる防衛機制の考察をはじめ，夢や児童期の外傷的出来事の詳細についての討議，干与関係分析の「親の」シナリオの役割演技などは，すべて何がどんな順序で起こるかという具体的論議を必要とする．精神分析のどんな自由連想も，経験という具体的要素がなくては成り立たない．このように，後半の段階では，具体的思考と初期の形式的思考との境界は，完全には明瞭ではない．

　促進的なコーチの援助によって，クライエントが具体的操作に習熟すると，治療の環境は，それ自体変わり，クライエントとセラピストの関係も変容する．これは，クライエントに過去の行動や経験を熟考するよう求めることによって実現される．一つの効果的なアプローチは，「ちょっと立ち止まって，今，言ったこと，そして，それについてどう感じ考えているかをよく考えてみて下さい」とクライエントに求めることである．クライエントに繰り返されるパターンを確認するよう要求することは，より形式的操作的な考え方で，自分について考えるように促す，もう一つの方法である．

スタイル3：相談/形式的操作

　コンサルタントの隠喩は，このアプローチを説明するのに役に立つ．コンサルタントとの関係では，個人と，その個人が自分自身と状況についてどのように考え，感じるかということに焦点が絞られる．経営コンサルタントは，しばしば経営者であるクライエントに経営陣の活動について質問し，クライエントが自分自身について考えるように援助しようとする．そして，おそらくは，この思考過程を通して，自己と経営陣を変容させることを狙う．

　ロジャーズ派と精神力学の志向する治療的態度が提供する環境は，コンサル

4. クライエントに治療スタイルを合わせる　　*157*

テーションモデルの一例である．それは，これらの療法が，個人に自己としての自分について考えることを強いるからである．言うまでもなく，これらの治療スタイルは，完全な形式的操作を行うクライエントには，より効果的である傾向がある．形式的操作の早い段階では，クライエントは，極めて自己中心的である（十代前半の若者達によく似ている）．彼らの抵抗を避けるための最も良い方法は，ロジャーズ（1957）の主張する治療のための「必要にして充分な条件」を採用することである．自己中心的なクライエントの思考が，形式的操作に完全に変容するのを助けるために必要であり，また重要である次元が，これらの条件によって提供される．その過程は，次のとおりである．2人の人間が接触している．クライエントは傷つきやすく，不安である．セラピストはクライエントに対し，無条件の肯定的な関心をもち，セラピストは共感的な理解を経験する．そして，クライエントは，少なくとも最小限度の関心と共感を受け取る．このような支持的な環境を提供されると，クライエントは，世界を組み立て直す独自の新しい方法を生成することができるであろう．

　精神分析の転換療法や，ユング派やアドラー派の療法は，本来，より同化的である．一方，ロジャーズ派のセラピストの課題は，クライエントの苦しい努力に対し，調節することである．前者の治療的態度のセラピストは，自分の世界観を他人と共有することを躊躇せず，クライエントを自分の現実についての解釈に，直接引き入れようとさえする．分析的な患者は，形式的操作段階にあるものが多く，彼らは，また高度に同化的でもあるため，抵抗と転移の問題が重要になる．

　形式的操作療法の特殊な例としては，認知－行動修正療法（ベック，1976；ベック他，1979；マイヘンバウム，1977），および論理療法（エリス，1971）が挙げられる．これらのタイプの療法は，具体的操作と形式的操作の間をかなり自由に移動するように見える．そのうえ，これらのアプローチのほとんどは，感覚に基づいたデータに多く依存し，クライエントのために，しっかりした接触と温かさを提供しようとする．認知－行動アプローチの有効性は，同時に，いくつかの事が起こる場合に，それらの技法の混合にあると論じることが

できる．結局，これらのアプローチは，本質的には，形式的操作であるように思われる．主張訓練は，人がどのように反応し行動するかに焦点を合わせる傾向があるのに対して，認知‐行動療法は，それに加えて，人が行動の世界について，どのように考え，感じるかということも考慮する．これらの療法は，認知的観念（観念論）のレベルで終わらないで，現実の世界（経験主義あるいは現実主義）において，絶えずそれらのアプローチに基づいて，相手を変容させ，相手に作用しようとする．

　形式的操作療法は，クライエントが自己を眺めることができると仮定する．多くの患者やクライエントは，自分の世界の構築に没頭している．形式的操作療法の主な課題は，クライエントを具体的世界から観念の世界──思考と活動について考え，思案すること──へ移動させることである．ある種の形式的操作理論は，弁証法モデルに近似している．例えば，ベック（1984，ディフィリーにて）は，クライエントの思考パターンに変化をもたらすための3ステップのモデルを提示している．

　第1ステップでは，クライエントが何を考えているかを認知する．傾聴技法を用いて，クライエントが何を，どのように考えているかを特定的に確認する．

　第2ステップでは，クライエントが（前操作的言動または矛盾する言動などの）不完全な，あるいは効果的でない思考パターンを認識できるようにする．認知的再構成とフィードバックによって，クライエントは思考パターンを熟考するようになる．このように考えることを考えることは，非常に典型的な形式的操作思考である．

　第3ステップでは，クライエントは，フィードバックができるようになり，変化が生じたか，そして推理が正しいかなどを判断する．このステップでは，クライエントが，その思索を「現実の」世界に戻し（治療時間は「観念論」の世界である），変化が起り得るかを彼が確かめることが必要である．

　ベックのアプローチは，弁証法によって子供が現実を相互構成するという，ピアジェの1926年（[1930] 1955）の例証に構造としては幾分類似している．

4. クライエントに治療スタイルを合わせる   *159*

ベックは，クライエントは，自分を考察することができると仮定している．しかし，ベックの著書のセッション記録を考察すると，前章で述べたものとは似てなくはない言語的ステップの組織的進行を彼がしばしば辿っていることが明らかになる．前章では，セラピスト側の明確な質問と発言がクライエントの認知的発達に明確な結果をもたらすことができる，と提案されている．例えば，ベック（1979）は，ある期間，病床を離れられずに，鬱状態にあった患者の治療に当たっていた．ベックは，彼に部屋のドアまで歩けるかどうか尋ねた．患者は，倒れるだろうと言った．ベックは，「私があなたを受け止めましょう」と言った．引き続いてとられた処置によって，この男はまもなく病院中を歩くことができるようになり，それから1ヶ月後に退院した．このアプローチでは，セラピストは感覚運動的経験から治療を始め，前操作的観念を具体的運動性の行動に変換し，そして治療の後半の段階では，（必要な場合は）考えることを考える内省的過程に取り組み始める．認知‐行動療法は，発達心理療法のいくつかのレベルを結合しているという点で，多くを示唆しているように見える．このこと自体が，なぜグラスとクリーグル（1983）は治療に対する認知‐行動アプローチが最も効果的であると判断したかを説明している．

　形式的操作あるいは相談（コンサルティング）環境における治療の目標は，代案的な関連づけの枠組みを生成することである．クライエントの物事についての考え方が変わるほどには，物事は変化しないものである．ただし，研究文献のどの体系的な考察からも，次のことは非常に明白であるように思われる．すなわち，思考または観念の変化に，現実の世界における活動が伴わない限り，治療は部分的に効果をあげるだけの場合が多いということである．活動の伴わない思考は，しばしば無意味である．

　フランクルのロゴセラピー（フランクル，[1946] 1952，1959；ルーカス，1984）は，催眠治療家ミルトン・エリクソンの業績（エリクソン，ロッシー，ロッシー，1976；ハーレイ，1973）と同様に，相談療法と共通点もあるが，それはより弁証法的な援助観を提供するもう一つの再構成アプローチである．

スタイル4：弁証法

弁証療法およびカウンセリングは，「矛盾と対決する」という句に最も適切に要約されている．治療の他の3レベルの課題は，矛盾を解決することであるが，弁証レベルにおける仮定は，矛盾，不調和，および不一致は人生の事実であるから，それらを積極的に求め，それらとともに生きなければならないということである．解決は求められるものであるが，矛盾は人生体験の非常に現実的な部分として，認識されなければならないものである．

さらに，弁証法として分類できる療法では，理論が基礎をおく真実の根拠を吟味する．もちろん，ロジャーズの人間中心療法，あるいは米国流の自我心理学などの複雑で重要な理論が，非弁証法的であり，それ自体の関連づけの枠組みの検討を怠っているというのは，幾分危険である．しかし，これらの理論を，フェミニスト療法，家族療法，あるいは精神分析家ラカンなどの治療システムにおいて，絶えず行われる自己吟味と較べてみると，「曖昧な真実」の追求の程度において，著しい違いのあることがわかる．それにもかかわらず〈すべて〉の有意義な療法は，ある程度弁証法的である．弁証法は，変化の過程が生じるために必要なものである．

この討議のために，弁証療法は，真実に対する独自のアプローチを自覚的に認識し，研究する療法であると考えられるであろう．プラトーの意味では，これらの療法は，実践の基礎となる仮定や目標を吟味する．ベックの認知的作業は，自覚的な弁証法の基準枠組みのほとんどの側面にきわめて近い思考システムの特に明確な例である．

弁証法は，マルクス主義の定立・反定立の用語で，あまりにもしばしば記述されすぎてきたと思われる．このことが，前進する前に解決しなければならない大きな矛盾は，ただ一つであると人に考えさせることになる．この時点で，コンフォード（[1942] 1982）によるプラトーの *Republic*（『国家篇』）の解釈が再び有効になる．「より高次の思考方法を弁証法と称するが，これは，ヘーゲル以来，誤解を招く連想を伴うようになった言葉である．『国家篇』では，弁証法は，単純に哲学的な会話（対話）の技術を意味し，それは問答と，ある

一定の形式の‘説明’を行うことによって進められる」(p. 223)．ヘーゲルおよびマルクスの理論において，しばしば仮定されているようには，プラトーの対話の問答法の構造は，通常，定立と反定立の単純な解決で終わるものではない．このように，弁証療法は，単に自覚的なばかりではなく，真実を追求するという基礎的過程に常に気づいている．

ピアジェの初期の研究もまた，弁証法的なアプローチを定義している．幾分ベックと同じように，ピアジェは，彼の操作の根底にある仮定について，必ずしも熟考していたわけではない（ただし，この点は議論の余地がある）．確かに，エリス，あるいはロジャーズの開かれたシステム (open-system) の目標は，弁証法的思考の多くと一致している．ピアジェの治療方法は，ベックのそれと類似しており，次のパターンに従う．

1) クライエントによる言葉（定立）．
2) セラピストによる言葉（反定立）．
3) クライエントによる2に基づいて組み立てられた言葉（新しい反定立を生む総合）．

発達の全過程を考慮に入れるとき，弁証法は，治療あるいは発達に関する重要な人間‐環境または人間‐状況の構成の見逃すことのできない側面であることがわかる．このパターンを，さらにわかりやすく（そして観念的でなく）「対話」と称するとき，成長，治療，および発達は，弁証法の必然の結果であることが理解できるのである．

著名なロシアの理論家ルリア (1929) は，弁証法の特性を明確化するために，ピアジェ派の思考を利用しているが，彼の論評は，時にはもっと容易に理解できる人間‐環境構成の対話とあまり変わらない．

現実の世界に順応するばかりではなく，その力学を予想して，世界を自分に合わせることができるように，現実に鋭い関心をもち，あらゆる種類の変化する条件を考慮に入れることができる能力，状況に応じて，様々な工夫や様々な手段を用いることを可能にする行動のかなりの可塑性と柔軟性，そして，最後に，身について固定化した行動形式をすべて

拒絶すること——これらは，弁証法的な思考方法を最も適切に反映する
行動の特性である．　　　　　　　　　　　　　　　　　　　（p. 99）

また，面白いことに，ノルウェーのセラピストであり，理論家であるロブ
（1982）も，ピアジェの例を用いて，弁証法を説明している．

子供が哺乳瓶を手にするときの扱い方を用いて，この概念を説明しよ
う．この例は，ヘーゲルよりはむしろピアジェ的（1968）であるが，こ
れから使用することになる弁証法の原理をよく説明している．瓶に対す
る子供の活動（例えば，瓶に触れる）は定立であり，瓶の反応（答え）
は反定立，そして子供が瓶を持つ事を学ぶ方法（持つという特質の発
見）は総合である．総合には，触れること，瓶の反応，および持つこと
が含まれる．次の活動では，新しい総合と定立へと進み，それもまた新
しい総合に統合される．このモデルは，臨床医と患者との関係というよ
うに，さらに複雑な対人関係の場面に適用することができる．患者は攻
撃的に振る舞い（定立），臨床医は理解によって反応する（反定立）．次
に，患者は「自分の攻撃—セラピストの反応」を総合に統合しなければ
ならない．これは，患者が新しい方法で攻撃を実行する機会を得ること
を意味していると考えられる．　　　　　　　　　　　　　　　（p. 22）

さらに，ロブは，ここまでの議論に欠けている重要な次元を追加している．
対話では，総合，あるいは知識の生産の過程で破壊されるものは何もない．し
かし，データは新しい考え方，感じ方，活動の仕方に変換される．対象または
構造は，変形的な変化の型で保存され続ける．簡単なアナロジーで表現する
と，クライエントの「トランプの一組」が切られて，新しい順番に並べられ
る．「トランプ」は同じであるが，意味（および潜在的には活動）は異なる．
弁証法の切り混ぜは，知ることの変換である（この変換過程については，次章
で深く考察する）．

この時点で，「このことと，治療や，いわゆる気づきの最高段階と，どんな
関係があるのですか？」という質問がなされるかもしれない．クライエントに
とって，弁証法的段階には，弁証法に気づき，矛盾を積極的に求め，そして真

4. クライエントに治療スタイルを合わせる　*163*

実を継続的に探求することが含まれる．セラピストは，過程としての人生——弁証法としての人生の発達とその気づきを支える環境を提供しなければならない．つまり，「純粋な変化を考えなければならない．すなわち，〈反定立自体の中の反定立，あるいは矛盾するものを考えなければならない〉」（ヘーゲル，[1807] 1977, p. 99）．このことは，治療の目標が次のようになることを意味している．すなわち，それは認識化ではなく事実化であり，解決ではなく変革であり，安定とホメオスタシスではなく変化と発達である．

ここに，弁証法的な気づきの例として，3タイプの治療環境を挙げよう．フェミニスト療法，ラカン派の精神分析，およびある種の家族療法である．矛盾や純粋な変化を求める4番目のアプローチが，心理教育の発達志向によって示唆されている．（例えば，アイビィとアルシュラー，1973；ラーソン，1984；モシャーとスプリンタール，1971）．

バロウとガバラック（1984）は，フェミニスト療法には次の基本的な次元が含まれていると提言している．

1) セラピストとクライエントの平等主義的で対等な関係．

2) クライエントに成長と解決の必要性と対決することを求める，積極的で参加的なカウンセリングスタイル（矛盾を積極的に追求する）．

3) 新しく発見した矛盾を，積極的な解決を追求するために，地域社会の問題とし取り上げる試み．

女性にとって本当にはフェミニスト療法の「終り」はない．女性はそこで社会の矛盾に出会い，そしてそうした新しく常に変化する矛盾と闘い始める．ヘーゲルが述べたように，フェミニスト運動は，「純粋な変化」に関心を持っている．健康の定義は，不調和および矛盾に気づき，それらと共に生きることである．バロウ（1984）が行った次の面接は，上述の要点を例証している．

　　カウンセラー：前回のセッションで初めてお会いしたとき，あなたは自分の経歴，現在の生活，関心の焦点，世界観などについて情報を与えてくれました．あなたのフェミニストとしての価値志向，そして自分の仕事や家族の葛藤の原因などを探りたいという意志，さら

に，あなたが自由に選択できるものと，それに対するあなたの知覚
や感情などをはっきりさせる作業をしました．私は，自分のカウン
セリングに対する姿勢や自分のフェミニスト的世界観について，い
くらかあなたにお伝えしました．また，6回のセッションを一緒に
行い，再評価しようということで意見が一致しました．最初のセッ
ションから今日までの間に，あなたは，その最初のセッションに対
して，どんな感想をもたれたでしょうか？

クライエント：そうですね．私の感想は，複雑でたくさんあります．私
は，あなたに安心感を覚え，なぜ特定の情報が必要であるのか，ま
た，なぜ契約を結ぶというような一定の事柄を提案しているのか，
あなたの説明が判ったので，気分が楽になりました．私の経歴，発
達，そして現在の混乱についてお話しすることは容易でした．あな
たが私のことを病気であるとか，無能であるとか考えなかったの
で，ほっと安心しました．多くの女性が同じような問題に直面して
いますが，様々な方法で解決することができると言われたことは，
大変役に立ちました．支持され，理解されていると感じました．今
までこのような問題を持ち出したときによくあったように，つまら
ないこととして扱われてはいないと感じました．また，自分は独り
ではないということ，けれども同時に，選択は自分がするものであ
り，それは女性は何をすべきかについての標準的な性差別論者やフ
ェミニストのイデオロギーの問題ではないということなどに希望を
感じました．

カウンセラー：そういった感想は，確かに複雑ですが，肯定的であると
同時によく考えた結果ですね．もっと不明確な，あるいは面倒な感
想は何か他にありましたか？

クライエント：一つありますが，少し漠然としています．そうですね，
よくわからないのですが，何と言うか，私達の相互作用について
は，どう考えるかということなんです．このセッションは，何年か

4. クライエントに治療スタイルを合わせる　　165

　　前に受けたカウンセリングとは違うんです．それは，もっと隔たっ
　　た，専門的なよそよそしさがありました．しかし，今回は，フェミ
　　ニスト支持グループの友達とも違うんです．

カウンセラー：あなたにとって，これと似ている状況あるいは関係はあ
　　りませんか？

クライエント：たぶん，研究助成金で共同研究をした仲間たちに似てい
　　ますが，このセッションには，自分と自分の要求の余地がもっとあ
　　るように思えるんです．そして，それは末の子供を自宅で出産した
　　ときに立ち会ってくれた助産婦さんと共有した感情にも似ています
　　が，それほどはっきりしてはいません．でも，この経験にぴったり
　　合うモデルは，実際，他にありませんね．

カウンセラー：してみると，私達の相互作用は，あなたの過去の経験に
　　うまくあてはまらないのですね．あなたにとって，そういう解釈で
　　よろしいでしょうか？

クライエント：そうですね．あなたとどんなふうに関係を持ってよい
　　か，よくわからないのです．例えば，あなたを昼食にお招きすると
　　か，個人的な質問をするとか，あるいは専門家や上司のように対応
　　するとか？

カウンセラー：じゃあ，役割と境界がはっきりしていない．不安定だと
　　いって間違いではありませんか？

　　　　　　　（バロウ，ノースイースタン大学．著者の許可を得て使用）

　上例では，セラピスト（バロウ）は，極めて重要な多くの過程に，同時に関
わっている．まず，セラピストがクライエントとの関係の中で順応し変化する
というピアジェの3ステップの過程の存在に，われわれは気がつく．クライエ
ントも相互作用ごとに順応し，変化する．これは，フェミニスト療法の平等主
義的側面を例証しているように思われる．個人療法に必要な背景的情報とし
て，文化的および歴史的な真実の追求が明らかに存在する（「私の経歴，発達，
そして現在の混乱についてお話することは容易でした．……多くの女性が同じ

ような問題に直面していると言われたことは，大変役に立ちました」）．また，次のカウンセラーの言葉に示されるように，状況も非常に重要である．「あなたにとって，これと似ている状況あるいは関係はありませんか？」この過程を通して，女性のクライエントは，真実すなわち自分の「問題」が，社会構造的かつ文化的な問題でもあることに気づくようになる．治療的弁証法あるいは対話は，真実の本質を鮮明にし，それを定義し直すのである．

　フェミニスト療法が成功すると，女性が自分の生活の中の矛盾に気づくのを助け，また，クライエントを新しい意識レベルへ前進させる．その新しい意識レベルとともに，困惑させ，混乱させるような多くの決定——一連の新しい発達課題——にクライエントは迫られる．成功した療法は，クライエントを発達の第1段階——感覚運動的気づき，および満身の可能性に立ち戻らせる．この出発点への回帰は，出発点に戻ったという気づきと結びついて，人との関係と仕事の発達課題に新しくアプローチすることを可能にする．

　治療に対するもう一つの自覚的な弁証法的アプローチは，ラカンによるものである．ラカンは，米国流の精神分析が確立した「自我心理学」を冷笑している．「自我心理学」は，個人は自由であり，社会条件や個人的，文化的歴史の弁証法の外側で意志決定をすることができると仮定する．フェミニスト療法と同じように，ラカンは，クライエントが生活は見かけよりも複雑で矛盾に満ちていると気づくようになるよう援助しようとする．ラカンの著作と思想は，不鮮明で，難しいものが多いが，その治療哲学は弁証法的であり，いくらかの実践的価値を持っている．例えば，*The Direction of the Treatment and the Principles of Its Power*（ラカン，[1966] 1977）の一文の中で，彼は，治療活動の明確な弁証法的原則を提示している．ラカンは，理論は，セラピストと患者の直接的な関係，および文化的，歴史的，社会的条件の外では有効であり得ないことを指摘している．

　ラカンは，治療における解釈の位置づけを，次のように述べている．「それは，精神図式の優先順位が動機になってはならない．フロイトにおいても，この調整は弁証法的で，患者自身の言葉から出発しており，解釈は，……解釈で

4. クライエントに治療スタイルを合わせる　　*167*

あることによってのみ正しいことを意味する」(p. 240). このように, ラカン
は, 人はほとんどあらゆる種類の解釈をし, あるいは現実を再構成することに
よって, 治療を行うことを示唆している. その上, パターンが治療を支配する
こと, そしてクライエントは治療時間内に古いパターンを再演するかもしれな
いことを指摘する. クライエントは, この時間の間, セラピストだけと精神分
析家に対して過ごすため, 古いパターンを再演したり, それを行動化したりす
るだろう (転移).

　クライエントが過去のパターンを行動化するとき, セラピストは「過渡的対
象」の役割を引き受けることによって, まずクライエントが古いステレオタイ
プ化したパターンを行動に移し, 次にセラピストとの関係において, 新しい過
渡的パターンを発達させることを可能にする. このラカンの解釈とフェミニス
ト療法には, 明らかに類似性が見られる. クライエントが新しい真実, 新しい
存在形式へ移行するという困難な期間中, バロウはセラピストとして直接的な
支持を与えることによって, クライエントの過渡的対象として機能する. 古典
的な対象関係理論 (ウィニコット, 1958) は, 過渡的対象を過去の思い出と考
える傾向があるため, 人々, 特にセラピストが, 今後の成長のための過渡的対
象として行動することもできるということに気づくことができない. 上述のフ
ェミニスト療法の例は, このラカン理論の解釈と同様に, 変転の弁証法を示し
ている. フェミニスト療法のセラピストは, クライエントと同等な関係を確立
することによって, 新しい, 一層の成長のための有用な過渡的対象として役に
立つ. ラカン派のセラピストは, 古典的な精神分析家に多少似て, もっと隔て
のある態度をとるが, それにもかかわらず, 同じ目的を果たしている. ラカン
は, 「フロイトへの復帰」を要求しているが, 精神力学理論の彼の解釈は, 北
米で通常行われているよりも複雑であり, 弁証法的である.

　ラカンは, 治療セッションにおける「いかに自分の存在をかけて行動する
か」という問題についても考察している. 答えは簡単である. 「転移神経症の
患者から逃れるには, 患者を窓際に坐らせて, 自然の美しい側面をすべて見せ
る以外に方法はない. そして‘外に出なさい. さあ, 良い子だから’と付け加

えるのである」(p. 256). 弁証法の答えは，フェミニスト療法とは多少異なり，それは二重性と矛盾を受け入れることに焦点を合わせる. フェミニスト療法はもっと積極的に現実に対処し，それを変化させようとする. ラカンは，他の著書の中で，この問題をもっと直接的に扱い，「正しい距離」の概念について論じている.「正しい距離」とは，人々の間の正しい距離——見せかけの自立や依存関係というよりも，相互依存の認識を意味する. 相互依存の概念自体は，活動における弁証法——人は相手から，および相互に学ぶことを表わしている. フェミニスト療法ならびにラカン派のモデルでは，ともにクライエントとセラピストは弁証法的な関係において存在する.

　家族療法は，キーニー (1983) の認識論的志向で特に例証されるように，弁証法的思考の豊かな宝庫でもある. 家族療法は，治療の状況的側面，およびセラピストと家族は必然的に深く没入する関係を持つという事実に深層で気づいている. キーニーは，ベイトソン (1979) の形式と過程の弁証法を参考にしている. 最初のカテゴリー（帰納の水準）は，過程が単純な活動の説明であるような行動を表わす. 家族療法では，最初の課題は，見えるものを単に述べるだけであることが多い. 次に，見えるものが形式の分類に抽象化されるが，それは，早い段階では活動のカテゴリーを表わす. 行動の弁証法は，家族の活動の説明と，その同じ活動のカテゴリー化との相互作用の中で起こる. 異なる家族療法は，似たような言葉を用いて，その同じ活動を述べるが，しかし，その活動の分類の仕方が異なることがある.

　例えば，性的に不一致の状態にある夫婦の行動を考えてみよう. 各々の行動が述べられ，次に，彼らが性行為を始めようとするときに用いる視線の交錯のパターン，特定の発声や行動などというような項目にカテゴリー化される. いずれのタイプの家族療法も同じ行動を説明するが，異なったカテゴリー化をすることがある.

　状況の弁証法は，より高いレベルにまで分析を進める. ここでは，家族のメンバー間の相互作用が説明され，次にそれらが相互作用のカテゴリーに分類される. 家族療法のセラピストは，個人的指向の療法を，活動や活動のカテゴリ

4. クライエントに治療スタイルを合わせる   169

一化に焦点を合わせすぎ，存在のもっと複雑な相互作用的本質を見落している
と批判することが多い．性的な問題を抱えた夫婦を状況的に説明することもで
きる．彼らの相互作用は，一連の行動として述べることができる．例えば，妻
は，自然に，そして温かく夫に触れたが，夫はすぐに性的接触を要求して反応
するとしよう．すると妻は夫の感受性の無さに怒り，夫は家を出て行くかもし
れない．このことは，過食症の初期症状を示している彼らの十代の娘との最近
の口論の状況の中で，あるいは仕事で嫌な日々を過ごしている夫との関係にお
いても起こり得る．これらの相互作用の説明は，採用した家族療法理論に従っ
て，様々なカテゴリーに分類され得る．例えば，行動主義家族療法のセラピス
トは，パターンを刺激－反応として説明するが，方略－組織療法のセラピスト
は，相互作用を根の深い反復するものとして述べるかもしれない．精神力動志
向の家族療法のセラピストは，そのやりとりを過剰な愛着への恐れを同時に持
った相互依存のパターンとして説明する．

　メタ状況の弁証法は，抽象作用のさらに高いレベルに進み，家族の「バレエ
の踊り方」を説明する．ここでの分析は相互作用の「パターンのパターン」の
分析である．繰り返される相互作用の家族の台本を演じるために，家族はどの
ように「振り付けをされている」のか？　社会的，歴史的，および状況的な劇
の本質は何であるか？　次に，これらの説明を劇のシステムおよびタイプのカ
テゴリーに分類するのである．

　理論的な差異が最も明らかになるのは，メタ状況のレベルにおいてである．
ボウエン（1978）の，多世代間家族理論は，いくつかの世代の家族のメンバー
に通用する，進行している家族の振り付けを追求し，治療中の現在の家族が，
前の世代の古いパターンをどのように再演しているかを問題にする．マクゴー
ルドリック，ピアス，およびジョルダーノ（1982）は，数え切れないほどの家
族の日々の行動の中に，文化パターンがどのように振り付けられているかを，
完全に実証している．したがって，彼らは，ボウエンのモデルに，イタリア
人，ユダヤ人，アイルランド人，あるいは黒人の文化が，性的不一致の夫婦の
相互作用にどんな影響を与えるかについての詳しい情報を追加することになろ

う．

　さらに複雑な帰納と分析の水準に移行するにつれて，セラピストは，最終的には変化させられなければならない実際の行動から，さらに離れる．家族療法にとって主な問題点は，介入を行うべきレベルをどのように決定するかということである．行動レベル，状況レベル，あるいはメタ状況レベルのいずれで行うかの問題である．いずれの介入も，全体のシステムに影響を及ぼす．行動を変化させるための決定が行なわれ，この変化が効果的である場合，家族の全体的相互作用が変化する．代わりに，最も抽象的なレベルにおける文化的指向の介入が行われても，行動の諸変化に影響を与えることが期待される．

　家族療法理論は，どのレベルの介入が最も適切であるかという問題を効果的に提示し，分析のいくつかのレベルの間には相互連絡が存在することを指摘した．過程に気づき，家族療法はその過程の一部であるという事実に気づくことによって，家族療法は弁証法的になる．自己，および治療過程における自分の位置を吟味する能力は，弁証法の一例である．

　しかし，ほとんどの家族療法のセラピストは，そうした気づきを自分だけに留めておくことを選び，過程の弁証法的な気づきをクライエントに伝えないようである．このことは，変化過程に気づくことは，結果的に以前の古い行動を許し，それに戻ることになるという信念において行われている．当然，この理論枠組みで操作する家族療法のセラピストは，フェミニストおよびラカン派のモデルの平等主義的あるいは弁証法的理論枠組みで操作するセラピストとは，かなり異なる．クライエントの上位にセラピストを位置づけるこの傾向は，より曖昧な知性（ノエシス）の弁証法と比較すれば，知識（エピステム）の弁証法であると考えることができる．

　フェミニスト療法，ラカン派の療法，および家族療法の効果を高める技法は，心理教育運動の中にも明らかである．心理教育は，すべての発達段階（感覚運動，具体的操作，または形式的操作のいずれの段階であっても）のクライエントに新しい技法と観念を教えることに関わっている．ただし，技法を「明日のために魚の釣り方を学ぶことは，今日，魚を食べることよりも重要であ

４．クライエントに治療スタイルを合わせる　*171*

る」という信念のもとに教える点で，矛盾に出会うことになる．技法の訓練については，アンダーソンのスタイル転換理論についての節で既に論じている．技法の訓練は，新しい発達課題や挑戦を絶えず個人に提供すると信じられている世界に向けられている．そして，もちろん，すべての療法は，それがロルフ式マッサージであろうと，深層心理分析であろうと，原初の叫び療法，論理療法，人間中心療法，家族療法のいずれであろうとも，人々が世界において彼独自の方向づけを見つけるのを援助するという目標に，ある程度向かっている．この意味で，すべての療法は，自覚的に弁証法的である．

　「最高段階」の定義がどのようなものであろうとも，個人および個人の集団が，多数の現実を生成することができるということは自明のことである．しかし，道徳的に言えば，また実践的な目的にとっても，最高段階という概念は，誤りであるかもしれない．知識とは一時的であり，変化するものであることを認識するとき，ノエシスすなわち知性の概念は明らかに重要となる．ピアジェがかつて言ったように，「解決されたすべての問題に対して，新しい疑問が起こる」のである．ここで論じられている療法と心理教育に対するアプローチは，過程志向性が強く，「最終的な」結果にはあまり注意を払わないという人生への志向性を，個人に提供する方法の典型である．

　解決された各発達課題は，さらに外面的な成長の機会をもたらし，同時に，さらに豊かな内面的成長，および新しい発達課題を学習する機会も提供する．このように，閉ざされて終結した知識（エピステム）の中に，成長が封じ込められない限り，発達のより高いレベルに進み続ける人間は，誰も逆説的に基本的な感覚運動および前操作的経験に戻されることを余儀なくされもする．

　技能を持った個人が，別のグループと，さらに効果的に関係を持つために，外国語を学習することを決心した場合は，最も低いレベルで言語訓練を始め，新しい言語で形式的操作を行うことができるようになるまでには，感覚運動的，前操作的，および具体的経験を体験しなければならない．この絶えず新しい発達段階へのリサイクル（再循環）は，図８の最も重要な次元である．

　発達には，この観点からは，定義できる終わりがないと仮定すれば，成長に

とって適切な環境を提供するために，クライエントの発達レベルを評価する実践的な過程を考えることは役に立つ．クライエントとの作業への参加の一つの適切なポイントは，セラピストは，問題領域における自分自身の特定の発達的機能はもちろん，一般的発達機能をも評価し，それからクライエントの構成概念および発達レベルに合った治療環境を提供することである．

クライエントの発達レベルの評価

ここに提示されたモデルは，曲解されやすいと思われる．発達カウンセリングが必要とするのは，単に段階に適したカウンセリング方法を治療過程に組み入れることだけではない．まず最初に重要なことは，クライエントは皆，いくつかの異なった発達レベルの混合した存在であり，達成を必要とする多様な発達課題をおそらく見せるであろう．これらの課題自体は，様々な感覚運動的，前操作的，具体的操作的，および形式的操作的なものの継起を意味する．一人のクライエントは，あるレベルでは呪術的で前操作的であり，もう一つのレベルで具体的操作的でもあり，また別のレベルで形式的操作的であり，さらに別のレベルで弁証法的であるという場合もある．発達は，残念なほどに一般的すぎる信念とは対照的に，前方へ進む線形の過程ではない．多くの異なった発達課題のために，人間は，皆非常に多くの発達レベルを合わせ持つ存在である．

したがって，1回の面接において，クライエントが経験することに対して調節するために，セラピストは，多数のレベルで，いくつかの治療環境を提供する必要があるかもしれない．おそらく，一つのセッションでは，一つの様式の思考と感情が優勢であることが多いが，必ずしも，そうとは限らない場合もある．それゆえに，セラピストは，クライエントの発達レベルを正確に評価し，それから，カウンセリングの介入をクライエントの必要性に合わせなければならない．クライエントの発達レベルの評価には，いくつかの選択的方法が存在する．

まず，新しい成人のクライエントが具体的操作レベルにあると仮定しよう

4. クライエントに治療スタイルを合わせる　　*173*

（この仮説を立てるということは，たとえ治療スタイルを変える必要がある場合でも，変化過程はあまり唐突ではないことを意味する）．典型的には，ラポールを確立した後で，セラピストは通常，「あなたが話したいことを話してくれませんか？」という質問の変形を用いて尋ねる．この自由に答えられる質問は，しばしばクライエントの関心事の概略を提供するばかりではなく，クライエントがどのようにその関心事を概念化しているかをも示すことがある．

　話すことへの率直な誘いに応じて，具体的操作レベルのクライエントは，動作を表わす用語を用いて，かなり進んで問題を述べるだろう．「勉強をしなかったので，試験で落第点をとりました」あるいは，「妻が私を置いて他の男のところへ行ってしまったので，落ち込んでいるんです」あるいは「私は暴行を受けたのです．この通りです」というように，具体的なデータを期待することができる．

　予想され得るように，そういう状態にあるほとんどのクライエントは，操作的というよりも，むしろ前操作的である．セラピストは，具体的なデータの代わりに，前操作的タイプの非論理的な論理構成を予想することができる．このような個人は，もし，少なくとも具体的に環境に作用することができたならば，普通はカウンセリングを求めたりはしないであろう．「試験で落第点をとりました．なぜかわかりません」，あるいは「仕事について漠然とした不安を感じます…そうです，あなたの言うとおりです．妻が出て行きました，しかし，それは重要ではありません，何とかやって行けます」，あるいは「何が起こったのかわかりません……私は通りを歩いていたのです．そして，気がついたら，地面に横たわっていたんです」というような発言を聞くかもしれない．これらの言葉の一つ一つが，クライエントの非論理性から典型的に予想されうる事柄を，より正確に表わしている．その優勢な思考の様式は，形式的操作か，または具体的操作であるかもしれないが，セラピストはクライエントの論議の中に，歪曲，削除，および過剰般化を発見することができる．このような思考（あるいは行動）の誤りは，前操作的状態を表わしている．

　クライエントは，どのように自分の世界を概念化し，組織しているかを自分

の自然言語で話すため，セラピストとしては，言語にはっきり表現された思考過程の基本にある理論構成を知らなければならない．

　ヘーゲルの用語を用いて言えば，前操作的問題を感覚的に確かなものに「根づかせること」は，特にその問題が前操作的思考に巻き込まれているときは，言葉で言うほど容易なことではない．単に，クライエントに自分の感覚的世界を〈見させ〉，〈聴かせ〉，〈感じさせる〉ことにしても，それ自体時間がかかり，複雑な仕事である．この場合，特にセラピストが，起こったことについて，さらに正確な状況を手に入れようとするときは，より感覚運動に基づいた療法への転換が必要であるかもしれない．治療とカウンセリングが，感覚運動的現実の助けもなく，進行する場合が多すぎるが，感覚運動的現実は後の発達の基礎を用意するものである．

　形式的操作レベルの思考の例は，遠くから問題を分析し，また，形式的操作の思考パターンに加えて，ある前操作的次元も持つクライエントの場合に観察することができる．例えば，こんなふうに言う．「試験のために勉強しなかったことが，どんなに悪いことであったかについて，ずっと考えていました．試験のことは気にしてはいませんが，私の罪悪感のパターンについて，少しあなたと話がしたいんです」，あるいは，「私自身に変化しなければならないものがあるのでしょうか？　自分は良い人間だと思っているのですが，どういうわけか，妻はそうは思わず，私を置いて出て行ったのです．私はどのようにして向上することができるのでしょうか？」，あるいは「私のように襲われることは恐いことだとわかっています．でも，それについて，何も感じないのです．なぜそうなのかを理解する必要があるのです」．これらのクライエントが，基本的には形式操作的言語を用いて，問題を取り上げようとしているけれども（考えることを考え，自己を対象から切離しているけれども），前操作的論理が彼らの言語化に現れる傾向がある．このような場合，セラピストはクライエントに近づき，次のような，いくつかの次元について認知作用を評価しなければならない．セラピストは，

　1)　出来事を具体化させなければならない．

4. クライエントに治療スタイルを合わせる　　*175*

2)　出来事がクライエントによって，どのように知覚されているかということについてある認識を得なければならない．

3)　より順応性と柔軟性があり，自己中心性と依存性の少ない思考パターンをクライエントが見つけるのを援助しなければならない．

弁証法的思考は，観察されることは少ないが，システム思考および家族療法の出現に伴い，セラピストは歪められた思考のこの形式を予想する必要がある．言うまでもなく，歪曲は弁証法的または関係論的思考者にも起こり得る．「先生は，はっきりと資料を提示しませんでした．この制度に対処しなければならないことはわかっていますが，どうしても，まだ，そうしたくないんです」．あるいは，「妻と私の間に続いていたことは……それは，ほとんど最初の妻との間で経験したパターンの繰り返しのように思われるんです」（パターンのパターンを考える），あるいは「ここは女性差別の世界です．私は，殴られずに通りを歩くことができるべきなんです．だから，夜中の3時に街の粗野な人々の住む地区に出かけて行ったって構うものですか？　自由な世界なんです」．この人々は，より初期の段階で操作している人々より複雑な思考パターンを持っているが，その複雑さは，役に立たないサイバネティックの閉じたループ——エピステムでそれ自体閉ざされている．エピステム，すなわち作動している「真の知識」は，複雑ではあるが，それでも多岐にわたる潜在的能力の重要な次元を見落している．逆説的に，このような認知的に複雑な思考をする人間は，環境を単純化しすぎてしまう——彼らは役に立たないメタ状況の踊りの振り付け法を持っているのである．

クライエントの非言語的行動は，彼の言語的表現を補足する．セラピストがデータを過剰に同化し，あまりにも低すぎると思われるレベルの環境を提供する場合，クライエントは不快に思い，それを次のような行動で示すことが予想される．伏せた目を上げる（おそらく天井に向けるだろう），顔をしかめる，話し方の速度と音量を上げる，身体の位置を変える（椅子に深く体を引く，腕や足を組む，あるいは攻撃的に前に乗り出す），または足を揺すぶったり，物をいじくるなどである．

これに反して，もしクライエントが，セラピストが高すぎる発達レベルで治療条件を申し出ていると見なした場合，クライエントは，情報を求めているかのように，一見訴えるような様子で目を伏せ，おそらく懇願するような恰好で前かがみになり，非常に熱心に傾聴することが予測される．手のしぐさは，さらに詳しい情報や明確化を，「求め」ていることもある．

実際上，クライエントの言語的および非言語的行動は，適切な環境の整合が生じていないことを明らかに示している．より攻撃的なクライエントに関しては，少なくともしばらくの間は，高レベルの環境の方が適切であることは明らかである（何が必要であるかということについてのクライエントの知覚は，必ずしも全体的に正確であるとは限らない）．この時点で，セラピストは，親しくクライエントに傾聴し，よりよいラポールのもとで，クライエントが「より低いレベル」の，つまり問題を処理するためにより役に立つ関連づけの枠組みに向かって移行することを援助することができる．一方，懇願しているクライ

クライエントの行動

低い発達レベル	高い発達レベル
明白な矛盾を擁した一致しない言語的および非言語的行動	一致した言語的および非言語的行動
否定的な「私」が主語の発言 （「私はできない」，「私はしない」，「私は能力がない」）	肯定的な「私」が主語の発言 （「私はできる」，「私はする」，「私は能力がある」）
否定的，混乱した，不適切な情動	状況に適した肯定的な情動；適切な「否定的」感情の受入れ，重要な対象に対する混乱した情動を処理する能力
重要な対象を修飾する受動的，無力な，否定的形容詞	能動的，強力な，肯定的記述詞
統制の位置が外的	統制の位置が内的
依存/過度の独立	相互依存/弁証法

（上記の統制の位置および，依存/独立の次元は，文化的に変化する項目である．上記のすべてが，文化の従属変数であると指摘する人もいる［アイビィ，1983 a，p. 218]）．

４．クライエントに治療スタイルを合わせる　*177*

エントの場合は，セラピストがもっと進んだ関係のレベルに移行する前に，ク
ライエントは，まず，構造と方向づけを，より必要とするであろう．

　前ページの表は，クライエントの発達レベルの確認に役立つ一般的な行動を
示している．これらの次元は，カウンセリングと心理療法を通して生じる進歩
と変化を測定するために用いることのできる特定の因子の確認にも有用であ
る．この表は，治療的介入の有効性に対する一般的な規準を提供する．

　この文化では，一致した行動をとり，肯定的な自己陳述をし，適切な情動性
とそのうえに独立心をもち，そして統制の位置が内的であるというような状態
で治療を終了する人は，健康な個人である．この目標は，文化によって決まっ
てくる．例えば，日本では，日本的な治療の目標は，クライエントをより相互
依存的あるいは依存的な関係の方向へと導くという目標をもって，過度の独立
心を除去することであるかもしれない．その上，上記の項目の中には，女性と
男性では異なった形で表現されるものもある．例えば，男性のセラピストの中
には，自己主張をする女性に対しては，より受動的な調節者になるように援助
をして，積極的に「治療」をしようとする男性もいるかもしれない．

　個人的および文化的差異の可能性があることを前提とすれば，高度に進んだ
発達のレベルを決定するためには，一つの規準枠組みでは不充分であることは
明らかなようである．文化的および性的差異が発達の意味の一部を限定するこ
ともある．

　ワインシュタインとアルシュラー（1985）は，この問題を扱った自己認識の
理論を展開している．自己認識とは，人が内的経験を説明し，予測し，処理す
るその仕方である．自己認識理論は，発達の認知的および情緒的レベルを決定
するための，個人に問う特定の質問の設定の域に達している．次にワインシュ
タインとアルシュラーがクライエントの評価に使用する特定の質問の要約を述
べる．彼らは，個人の発達の段階を，クライエントが完全に論理的で，正しい
方法で評価の質問に答えることができないことに気づく段階として，確認して
いる．

　ワインシュタインとアルシュラーのモデルで用いられている言語は，発達心

理療法の言語と近似している．最初に，〈初歩的自己認識〉を論じているが，これは，前操作的思考にほぼ等しい．次に，〈状況的自己認識〉があり，具体的操作にきわめて近い．〈パターン自己認識〉は，形式的操作への転移点であり，変換的自己認識はパターンのパターンについての熟考を意味すると同時に，思考の初期弁証法的レベルに類似している．

　次の質問は，ワインシュタインとアルシュラーの手続きを改作したものであり，特定の問題に関する個人の認知的機能を評価するために用いることができる．

（1）　初歩的（あるいは前操作的）段階では，次のように質問する　　それはどこで起こったのですか？　いつでしたか？　それが起こったとき，あなたは何をしていましたか？　そこに誰がいましたか？　あなたは何をしましたか？　人々がどんなふうに見えましたか？　あなたは何と言いましたか？　その直後には何が起こりましたか？　あなたは，何が欲しかったのですか？　あなたは，どんなふうに見えましたか？　あなたの体は，どんなふうに感じましたか？　それに関しては，何が好きですか，また，何が嫌いですか？

　　これらの質問は，人を発達段階に沿って移行させるために提出される質問に類似しているが，この場合の目的が発達的変化をねらうというよりも，評価であるという点で，その用途が異なる．クライエントが経験の要素を具体的に確認することは難しいと気づくとき，それは，セラピストはもうしばらくの間，この発達段階に留まるべきであるということを，はっきり示す指標である．「具体的な例を挙げてくれますか？」という質問は，個人に，自分の経験の要素を思い起こすことを要求することになり，したがって，幾分より高いレベルの認知的機能を必要とする．

（2）　状況的（あるいは中期具体的操作）レベルでは，次のように質問する　　その時間中に，あなたが心の中で考えていたことには，どんなことがありますか？　あなたが体験していた感情はどんなものですか？　あな

たがそう考えたのは，何のせいですか？　何が起こるだろうと思いましたか？　それは，その日の残りの時間にどんな影響を与えましたか？　もっと欲しいもの（そんなに欲しくないもの）は何ですか？

　ここでは，状況の説明について調べる．質問に対するクライエントの答えの中に，因果関係が明らかに示されることもある．一般化，およびパターン化された思考は示されない．クライエントが連想を発展させるためには，誘導が必要であることもある．

（3）　内面的パターン（前期形式的操作）段階では，次のように質問する

　これに対する自分の反応によって，あなたは，他の状況をどのように思い出しましたか？　それは，パターンですか？　他の状況も同じように感じますか？　それは，あなたの思考と感情の典型ですか？

　この基準枠組みでは，感情の方に主な重点が置かれることが認められる．質問は抽象的で，思考と行動について考えることを要求している．具体的操作レベルの人間には，完全には質問を理解することも，答えることもできない．

（4）　変換的（後期形式的操作または初期弁証法的）段階では，次のように質問する　　そんなふうに感じているとき，あなたは，それについて何とかしますか？　あるいはすることができますか？　自分がその種の思考をするのに気づいたとき，それについて何かすることができますか？　自分が感じたり，考えたりしていることを変化させ，改め，あるいは阻止するようなことを何か心の中で考えますか？　あるいは考えることができますか？　それについての信念は，自分の態度にどんなふうに影響を与えますか？

　これらは，活動志向の質問であり，クライエントが自分の内的あるいは外的環境に作用することができると仮定している．個人は考えることについて考えており，さらに自分が行う特定の活動，あるいは行わない特定の活動について考えている．

上記のような質問を，クライエントの発達レベルをより的確に評価し，その

評価に相応しい有意義な援助環境を提供するために，セラピスト，カウンセラー，および研究者は用いることができる．また，すべてのクライエントは認知的および情緒的発達のいくつかのレベルが混在する存在であり，クライエントにとっての適切な環境について，唯一つの見方を強いることは賢明ではないことを心に留めておかなければならない．このように，クライエントは，ある問題についての質問には最高レベルで答えることができるが，次の問題については，最低レベルで答えることもあるのである．発達とは，課題ごとに特定の活動なのである．

巧みな質問と誘導とによって，クライエントはいくつかの発達レベルを極めて迅速に移動することができる．5分間の間に，発達の全サイクルは，感覚運動レベルから完全な形式的操作，および弁証法にまで進み，そして再び始点に戻るかもしれない．セラピストは，複数の理論をつぎつぎと連立的に使用するか，または単一の理論を使用すると同時に，選択的視点を採用することができる．

クライエントの発達レベルを確認するためには，次の3タイプの評価方法がある．

1) クライエントの非言語的行動の直接的な観察（介入の結果を示すものが高すぎるレベル，あるいは低すぎるレベルで存在するかどうかを観察する．低すぎる場合には，クライエントの非言語的行動は，自己主張的で直接的であり，高すぎる場合には，懇願的で要求的である）．

2) 六つの次元に基づく評価——〈すべて文化的に関連している〉——言語的および非言語的矛盾の程度，否定的な「私」の陳述，情動的表現，形容詞的叙述詞，および統制の位置が含まれる．

3) ワインシュタインとアルシュラーの関連づけの枠組み．

最初の方法は，発達心理療法のセラピストに面接の適合性に関する大体の指示を与え，六つの次元は，特定のクライエントの発達的機能を確認するための臨床的および研究可能な次元の組合せを可能にし，ワインシュタインとアルシュラーの理論枠組みは，特定の評価に用いることのできる質問を提供する．

いったん，発達的機能の評価を行うと，セラピストは，発達的に相応しい治療的介入を導入することができる．

理 論 を 実 践 へ

　本章の核心は，セラピストはクライエントの認知的世界の中に入ろうとする探偵であるという考え方である．治療は，われわれに他者の見方について考えることを要求する――これを共感という．療法の各学派は，クライエントの世界の組織的な構成と，治療師がクライエント独自の個人的な構成の意味を判じ，理解するのに役に立つ「地図」とを提供しようと試みる．

　本章では，すべての理論が発達領域の全側面を扱っているが，ある理論は，その領域のある部分の理論として主張されていることを示唆する．すなわち，ほとんど具体的操作レベルで作用する療法もあれば，形式的操作レベルで効果を挙げる療法もあり，一方では，認知－行動療法のように，多数のレベルで機能するように見える療法もある．

　アンダーソンのスタイル転換カウンセリングの概念は，おそらく，短い言葉で本章の要点を最も適切に捉らえていると言えよう．「クライエントが治療的介入に反応しない場合は，別のアプローチに，あなたの〈スタイルを転換しなさい〉」．クライエントを移行させ，発達させることができなかった場合は，結果的には，セラピストが置き去りにされるか，あるいはクライエントの成長を阻止することになる．次の大要は，これらの概念を実践に取り入れるためのいくつかの技法を述べるものである．

　概念構成1　〈現在のカウンセリングと治療のスタイルが効果的に作用しない場合は，クライエントの発達の必要性に合うように，スタイルを転換しなさい．さらに，クライエントが次第に認知的複雑性を発達させ，発達段階を前進する場合は，クライエントに合わせて，あなたのスタイルを転換しなさい．〉

　（1）　学習目標　治療の四つの特定的な発達スタイル，および各々に対応

する発達レベルを限定することができるようになること．主要なスタイルを表現する療法を確認できるようになること．これらの療法が，発達的機能の四つのレベルすべてとどのように関連しているかを，療法学派のすべてに共通の次元の範囲内で確認すること．

（2）　**認識事項**　　図8およびその解説は，この理論枠組みの主要概念を簡単に要約しており，p. 141〜172 では，これらの概念をさらに詳しく論じ，例証している．

（3）　**体験的学習課題**

　　a．　その著名度と容認度を競う療法は，おそらく 250 にのぼる種類がある．できるだけ多くの理論を挙げ，各々の理論を既に提示した四つのスタイルに分類しなさい．ベック，エリス，およびマイヘンバウムなどに見られるように，認知‐行動的システムは，容易なカテゴリー化を許さないということを，特に留意すること．「認知‐行動的」という用語は，球形モデルの1側面ではなく，つまり複数の側面を扱うという理論の試みを意味している．例えば，ベックのモデルは，スタイル3，すなわち形式的操作のカテゴリーに入るように見えるが，マイヘンバウムの概念は，スタイル2の方にやや大きく依存している．エリスはスタイル1，2，および3を示しているように思われるが，その中で主要なものは，スタイル2である．この解釈に同意しない読者もいるかもしれない．大切なことは，異なった理論には，それぞれ，主要な，異なる認知的スタイルがあるという気づきを発達させることである．

　　b．　上記のリストおよびカテゴリー化の対象になった各療法が，発達球形の他の領域とどう関連しているかを示す特定的な例を見つけよう．この練習の意味については，上述の項目の認知‐行動的関連づけの枠組みの論議の中で，既に部分的に示唆されている．例えば，古典的な精神分析のモデルは，発達した形式的操作の関連づけの枠組みを表現している．しかし，夢について論じるとき，患者は夢についての感覚経験と感情を説明する．夢についての理解の欠如は，前操作的機能を表わし

ている．具体的な言葉による夢の説明は，具体的操作の形式と考えられ
る．クライエントが自由連想し，夢の中にパターンを発見するにつれて
（夢の感情と展開が，日常生活における現在の問題にどう関連している
かということ），クライエントは形式的操作的思考の方向に移行する．
最終的には，クライエントは，古典的な分析理論を夢に適用するとき，
考えることについて考えるか，あるいは，夢の本質とその解釈につい
て，発達した形式的操作を行っているのである．クライエントが転移の
問題に進み，夢の展開するその仕方が，部分的には，分析家の存在によ
って決定されるということを認識し始めるとき，弁証法的思考が現われ
始める．そして，状況の構成解体と気づきが続くのである．

　この練習における課題は，治療の効果的な作用が，球形モデルの単に
一つの側面だけに限定されないように，同じような論証を特定のいくつ
かの療法に適用することである．すべての理論の複雑性についての気づ
きは，この練習から生まれる．例えば，弛緩訓練は，感覚運動療法の単
純で明確な代表のように思われる．それがどういう点で具体的操作的，
形式的操作的，あるいは弁証法的であるだろうか？

　　c．治療セッションの記録，録音テープ，およびビデオテープを入手
しなさい．治療環境の4レベルの各々を表わすセラピストのスタイルの
具体的な例を挙げなさい．クライエントは，各々のスタイルの提示にど
う反応しているか？　スタイルの転換に失敗したために，クライエント
に結果的に不快感を与え，治療過程を遅らせたセラピストの例を見つけ
ることができるか？

構成概念2　〈治療の目標は，認識化ではなく事実化，解決ではなく改革，
安定とホメオスタシスではなく，変化と発達になる．〉

（1）　学習目標　　弁証法志向の療法の目標を，矛盾に対する積極的な追求
　　として定義できるようになること．つまり，安定ではなく，移行が目標
　　であると認識すること．

（2）　**認識事項**　　p. 160〜172 の各節は，実践のモデルの例をいくつか挙げながら，弁証法的療法に焦点を合わせている．そこでは，「矛盾との対決」という言葉が強調されている．ほとんどの療法のモデルでは，矛盾の解決が目的であるが，弁証法的療法の目的は，人が人生で絶えることのない矛盾と直面するという事実に気づき，それとともに生きることである．ある意味では，弁証法的モデルは，多年，医業や心理療法などの専門的職業を支配してきたホメオスタシスの諸概念に対する，厳しい挑戦である．

　　ここでの提言は，「生きることに対する治癒はない」という単純な所説に基づいている．むしろ，ドン・キホーテのように，「不可能な夢」を追求し，または聖フランチェスコのように，宇宙と共有する弁証法を認識しなければならない（おそらく，ルリアがこのアプローチを最も適切に要約している）．

（3）　**体験的学習課題**

　　a．　治療のための開発中の重要な弁証法的理論枠組みとして，フェミニスト療法を提示した．簡単な面接の記録を研究し，「矛盾との対決」の具体的な例に注目しなさい．なお，これらの例は，問題解決のレベルを超えて，知識と存在の不確定な形式に前進させる能力を例証している．

　　フェミニスト療法およびその基本原則をさらに詳しく考察して，次の視点から，観察結果についてまとめてみよう．弁証法の概念が，どのように表現されているか？　ルリアの弁証法の定義の具体例を確認することができるか？

　　最後に，フェミニスト療法の具体的な行動的特徴を明記し，それらと伝統的な援助様式とを比較した，訓練あるいは研究のプログラムを作る．

　　b．　本章では，ラカンの治療理論の解釈を提示した．ここで解釈したラカンの5原則を，自分の治療行為に適用してみよう．

4. クライエントに治療スタイルを合わせる　　*185*

1)　現在，自分の実践と理論は，文化的，歴史的，あるいは社会的
　　条件にどう関連しているか？　自分の実践の中で，自分独特の部
　　分は何か（該当するものがあれば）？　これらの3条件によって，
　　解釈はどんな影響を受けているか？　北米のセラピストがしばし
　　ば好むような，独特な個人的基盤からではなく，治療は文化的基
　　盤から始まることをラカンは示唆している．

2)　「解釈は，……解釈であることによってのみ正しくなり得る」．
　　このラカンによる多少逆説的な言葉を解読しなさい．それは，正
　　しい究極の解釈などは存在しないこと，および治療の目標は，単
　　に移行と変化であるということを意味しているのであろうか？

3)　クライエントは，治療時間中に，セラピストとともに，過去の
　　パターンを演じる．この過去から現在への転移行動という行為
　　は，分析志向の療法の多くに見られる特徴である．クライエント
　　は，あなたというセラピストとともに，文化的，歴史的，社会的
　　過去をどのように演じているか？

4)　セラピストという人間は，過渡的対象としてその役割を果た
　　す．このことは，自分自身の実践において何を意味しているであ
　　ろうか？　ラカン派の観点から言えば，セラピストは，クライエ
　　ントにとって，過去の固執性と不動性から，未来の自由と弁証法
　　への移行過程の過渡的人物となり得る人間として役に立つ．クラ
　　イエントとの弁証法的関係を導こうとするセラピストのやり方に
　　よって，クライエントは過去の歴史を克服し，新しい存在の状態
　　への移行を始めることが可能になる．過渡的対象としての自分の
　　個人的役割をどのように概念化することができるであろうか？

5)　「転移神経症の患者から逃れるには，患者を窓際に坐らせて，
　　自然の美しい側面をすべて見せる以外に方法はない．そして，
　　'外に出なさい．さあ，良い子だから'と付け加えるのである」
　　（ラカン，[1966] 1977, p. 256）．肯定的なものとして，また，好

機があるものとして，世界を再構成することは，クライエントが自分の存在をかけて行為するのを援助するうえで，重要である．このように，ラカンは，フロイトの思想について，悲観的なフロイト自身よりも，より楽観的な解釈を示している．人は誰でも，肯定的なもの，または否定的なものに焦点を合わせることができる．善の追求は，ドン・キホーテの不可能な夢の追求であると解釈することもできる．──一度見つけたら，それは消え去ってしまうことが多いのである．

　ラカンの効果的な治療の概念の中で重要なことは，「正しい距離」の観念と相互依存の認識である．ラカンによれば，独立心とは米国的であり，非常に自己中心的であると見なされている．治療目的についてのラカンの選択的解釈は，自分にとってどのような含みがあるだろうか？　北米における非弁証法的療法の多くの基礎にある社会的および歴史的条件については，彼はどう言っているか？

　c．ベイトソンの形式と過程の弁証法で記述された家族療法の構成概念を使用して，家族療法の代替的様式に関する組織的公式化を試みよう．家族療法の多くは，本来，弁証法的であるが，モデルによっては，より線形で，具体的操作的であるものもある．

　家族療法における介入のタイプについての問題に特別な注意を払いなさい．介入は，どんなレベルで起こるべきか─行動レベル，状況レベル，またはメタ状況レベルのいずれで起こるべきか？

　d．全く別の方向へ目を向けて，知性（ノエシス）と対比させた知識（エピステム）の問題を考えた場合と，考えなかった場合の，治療に対するいくつかのアプローチについて，特定的な例をいくつか提供しなさい．様々な療法は，各々「始点への回帰」，および新しい発達課題に従事する必要性について，どのように説明しているのであろうか？

4. クライエントに治療スタイルを合わせる　　*187*

構成概念 3　〈いろいろな比較的特定的な手段を用いることによって，クライエントの発達レベルを評価することができる．しかし，クライエントが皆，多数の発達レベルの混在する存在であることを思い出すことが重要である．クライエントが，ある時点で，全く一つの発達レベルにあるということは，重大な誤りとなり得る．〉

（**1**）　**学習目標**　　クライエントの発達レベルを次の四つの関連づけの枠組みから評価できるようになること．

1)　感覚運動的，あるいは前操作的，具体的操作的，形式的操作的，および弁証法的思考．

2)　クライエントのかかわり行動の観察．

3)　クライエントの言語的および非言語的行動の観察．

4)　ワインシュタインとアルシュラーが提示した認知的評価の質問モデル．

同時に，これらの評価は，すべて，ある程度，1次元的である．そのため，目の前の人間の複雑さを，漏らさずに記述するものではないことを充分認めることができるようになること．

（**2**）　**認識事項**　　p. 172〜181 は，発達レベル評価の四つのモデルについて述べている．ここでもまた，クライエントは多数のレベルで機能し，したがって，発達の評価は，クライエントの全体的な発達の枠組みの一部にすぎないと考えなければならない．

発達を評価するとき，どこかあるレベルから始めなければならないが，クライエントを具体的操作レベルに位置するとして考えると役に立つ．この仮定の価値は，最小限の努力で感覚運動的スタイル，または形式的操作的スタイルへ移行することができるということである．セラピストの課題は，前操作的言動に気づくことである——この言動は，非合理的観念，非効果的行動，または非常に複雑な思考のいずれであっても，クライエントを動けない状態に釘付けにし，弁証法との出会いを不可能にするように思われる．

（3）　体験的学習課題

　　a．本章の諸概念（および，本書全体のこれらの概念に関する自分の体験）を使用して，感覚運動，または前操作，具体的操作，形式的操作，弁証法などの関連づけの枠組みの特性を示している特定の行動の目録を増やしなさい．

　　次に，カウンセリングと治療のセッション記録，およびビデオテープを使用して，クライエントの行動を分類しなさい．最終ステップとして，治療時間中の，自分のクライエントを観察しなさい．これらの思考レベルのどんな具体例が見つかりましたか？

　　b．セラピストがデータを過剰に同化して，低すぎると思われるレベルの環境を提供した場合，クライエントは，感情を害し，伏せた目を上げたり（おそらく天井に向けている）顔をしかめたり，話の速度と音量を上げたり，身体の向きを変えたり……，または，足を揺すぶったり，ものをいじくるなどによって，不快感を示すことが予想される．

　　クライエントが，セラピストが高すぎる発達レベルで治療条件を提供していると見なした場合，クライエントは，情報を求めているかのように，一見頼むような様子で目を伏せて，また，おそらく懇願するような恰好で前かがみになり，非常に熱心に傾聴することが予想される．さらに手のしぐさが，情報と明快さを「要求」することもある．

　　この二つの記述は，セラピストの対応が，クライエントの発達レベルに適切に合っていないことを示す重要な非言語的行動の要約である．これらの次元について，自分のビデオテープと面接記録を観察しなさい．このような非言語的信号に反応して，自分が治療環境を自動的にどう変えているかを注目してみよう．

　　c．発達レベルをさらに詳しく評価するための，特定的な言語および非言語的行動については，本章の初めの部分ですでに提示した．自分の治療のビデオテープおよび録音テープの観察に，これらを適用しなさい．治療結果の可能な変数として，これらの次元について研究する可能

性が明らかになるに違いない．このリストを使用して，上記b．からの
かかわり行動の非言語的行動を拡充し，自分の治療実践の諸概念を適用
しなさい．

d．ワインシュタインとアルシュラー（1985）は，特定の問題に関
する個人の発達レベルの判定を容易にするための，有用な一連の評価の
質問を開発した．これらの質問を，現実の，または役割演技のクライエ
ントの状況で用いてみよう．セラピストの発達評価の結果として，クラ
イエントの言語表現がどのように変化するかを注目しよう．クライエン
トの思考におけるこの変化は，クライエントとセラピストの個人的な弁
証法的関係の特定的な結果である．セラピストの質問過程が，セラピス
ト自身，およびクライエントの両者を変えることに注目してみる．

要　　約

本章では，四つの治療環境が確認された．クライエントが，治療とカウンセ
リングにおいて，様々な発達レベルを移行するとき，各々のスタイルが，クラ
イエントのために異なる環境を提供する．図8は，このモデルを要約したもの
である．

治療は人間と環境の干与関係であることを思い起こすことは非常に重要であ
る．それぞれ異なった療法は，クライエントのために，様々なタイプの環境を
提供する．クライエントのはっきり限定された発達レベルに合わせた治療が，
最も有用である．

ピアジェの水平的および垂直的デカラージュの概念は貴重であり，本章の主
要なテーマは垂直的デカラージュ――比較的速やかな発達レベル間の移行――
であった．この点で，ピアジェが自分の理論枠組みを用いる米国人を常に強烈
に批判したことを忘れてはならない．ピアジェは，このタイプのモデルを使用
して，発達を急激に進めることができるが，しかし，その場合は，背景的環境
と基礎を充分に開発し，習熟することができないため，発達は一時的なものに

すぎず，また，個人は退行するであろうと強調している．このように，クライエントを，いくつかの発達段階を速やかに移行させることだけでは，充分ではないのである．同時に，より高い，より複雑な機能のレベルに進行する前に，時間をかけて，確実に，各レベルにおける充分な水平的基礎を築くことも重要なのである．

　高いレベルの機能への移行には，転移点，および弁証法的公式化の複雑性を理解することが要求される．次章では，球形において，どのように移行が生じるかを考察する．クライエントは，どのように現実を変換し，新しい意識の段階へ移行するのか？　さらに，その移行は，どのように強化され，維持され得るのか？　などを考察する．この過程で重要なことは，弁証法の逆説の理解であり，それは同時に，認知の「最高」であり「最低」である形式の理解に他ならない．

　第6章では，水平的，全体論的発達を探求する．セラピストは，クライエントの認知的スタイルのしっかりした基礎をどのようにして形成し，同時に，他の発達レベルにおけるさらに幅広い理解へと，クライエントを，どのようにして移行させることができるであろうか？

5

対決，そして新しい発達レベルへ
──治療効果の維持──

　ピアジェは，創造性の起源を神秘と表現した．ピアジェ派の理論は新しい知識の発達および創造に関わっているため，この創造の神秘は，子供，青年あるいは成人が，どのように新しい知識を創造し，どのように新しい生き方そして考え方に移行するかということを発見する際の要となっている．

　本章では，変換過程の不可解さを解き明かし，変化および各発達段階への移行がどのように起こるかを考察している．本章の中心となっているのは，ピアジェ理論でいう創造および変換の過程は，カウンセリングや心理療法で起こる変化あるいは発達過程に類似しているという考え方である．創造性とは，それが子供の場合であるか治療中のクライエントの場合であるかにかかわらず，前存する構造を新しいものに変換することである．

　「創造性」，「変化」，「成長」，「発達」，「変換」という言葉はそれぞれ非常に密接に関連している．それぞれ異なる部分を新しい全体に統合する，という意味を含んでいる．これらのすべての言葉は，環境との新しい関係への動きを示唆している．

　矛盾および不一致との対決は，クライエントの治療的変換の基盤である．治療の変化過程のいくつかを例示し，背景にある変換モデルと関連づけてみよう．ただし，変化あるいは変換がしっかりした基盤の上に適切に確立されていない場合，それは時間が過ぎれば消失しやすい．そこで，本章では，退歩や望

192

まない段階への逆戻りといったことを防ぐように工夫された概念やテクニックとも関連させて，変化と創造性を扱う．

創造性の基盤は，矛盾との対決，すなわち差異への気づきである．対決の結果は，過去をできる限り新しいゲシュタルトに統合することである．治療的介入によって得られた統合の度合の表示として，治療過程における創造性を測定するための5段階評定尺度をここに提示する．

個人の発達には，環境における一定の必要条件が不可欠であると思われる．変換および創造は，劇的で急速な跳躍だけでは起こらない．絶えず少しずつ集められ，徐々に統合され画期的なものとして効果が表れるという形のものもある．このことは，創造的な魔術師とも言うべき大家の一人であるピアジェにおいて，見事に表わされている．

創造的なピアジェ

ピアジェ（[1972] 1981）は，新しい知識の創造への彼自身のアプローチについて，次のように説明した．

創造性の源泉あるいは起源について，もう少しつけ加えよう．今までの私の人生では，ちょっとした観念が一つや二つ思い浮かび，その各々の起源について熟考すると，三つの条件が存在することがわかるといったようなことが起こっている．第1の条件は，独りだけで仕事し，他の誰をも無視し，そして外からのすべての影響力を疑うことである．

学生のとき，ある物理学の教授からこんなことを言われた．「新しい問題にとりかかるときは，何も読んではいけません．その代わり，自分で進める限り進みなさい．自分で進める限り進み，答えを出した後で，それに関して説明したものを読んで参考にし，正しいと思うとおりに訂正しなさい」．筆者は，あまりにも完璧にこの教えに従ってしまったと思う．すなわち，ほとんど何も読まないに等しかったかもしれない．しかし，自らを慰め，あるいは自分が抱いているかもしれない罪の感情を

5. 対決，そして新しい発達レベルへ　193

拭い去れるよう，フロイトの金言「神が作者に与える最大の罰は，他者の作品を読まなければならないことだ」を，ここで思い出しておくこととしよう．

必要であると思う第2の条件は，自分自身の専門分野ではなく，他の分野に関するものをたくさん読むことである．例えば，心理学者としては，学際的な視野を発達させるために，生物学，認識論，および論理学に関するものを読むことが重要である．自分の専門分野でなく，関連分野および周辺分野について多くのものを読むことが必要である．

そして，私の場合，第3の条件であると思うのは，自分の頭の中に，常に敵対者——すなわち，自分から見て，間違っていると思われる観念を持つ思考の一派が存在したこと，である．おそらく，敵対者とみなすことによって，それらの観念を不当に扱い，本来の意味をだいなしにしてしまう．しかし，それでもなお，自分の観念は，その対照としてそこに存在するのである．

私個人の場合，それは，論理的な実証主義者，あるいは一般的にいう経験論者である．これは，今までの人生で，ずっと敵対者であった．例えば，主体の活動，主体を知ることは，論理的な実証主義では最小の重みでしか扱われていないが，私自身の考えとしては，主体の活動こそが，知能の発達の核心をなしている．

私の観方では，知識とは現実の構成であって，単なる模写ではない．知能の発達は，単に経験（主義）の連合の問題ではなく，主体側の構造である．ゆえに，これまでの私のすべての研究において，敵対者は経験主義，論理的な実証主義であった．先に述べたとおり，常に私が敵対する見方に公正であるとは言えないが，それらは筆者にとって効果的な役割を果たしてくれる．　　　　　　　　　　　　　　　　　　　　(p. 222)

ピアジェは，この叙述の中で，知識の原点は人間の内部にあること，そして新しい知識の変換または創造は，究極的には孤独な過程であることを明確に指摘している．しかし，ピアジェはこの孤独な変換過程を開始する前に，広範囲

にわたって書物を読み，相当な量の新しい情報を取り入れた．実際，ピアジェは環境からの新しいデータを採り入れ，ほとんど無差別に調節した．言うまでもなく，それら（および他の）調節は，後に知識の新しい構造に同化された．環境からの新しいデータが円滑に結合され，前存する構造に同化していたならば，重大な段階の変換は決して起こらなかったろう．均衡化（ベータ解決法）を確立し，そこでホメオスタシスまたは認知的バランスを維持することができただろう．

ピアジェは不均衡を選んだ．自分が読んだものと，同化した知識である現在の状態とを比較して一致しなかった場合，そうした矛盾によって自分の内的システムをかき乱させた．論理的な実証主義者，および経験主義者を，積極的に自分の身代わりと認めた．混乱状態，すなわち矛盾あるいは不一致と向かい合うことは，成長に必要であると認められるピアジェ派の概念である．

そのシステムが変化し，成長し，発達する必要がある場合は，知識のシステムをかき乱し，妨害し，あるいは対決（治療用語でいえば）しなければならない．ピアジェのような思索家，子供，青年，または治療中のクライエントは，現実の新しい構造に対して自分の認知的バランスを開くことが可能になる前に，二つの現実の構造間の矛盾を把握しなければならない．新しい同化（創造）が可能になる前に，矛盾そのものに対して調節しなければならない．ピアジェは，自分の構造主義者としての活動が孤独であることを強調しているが，机に向かったときは孤独ではないことが明らかである．すなわち，積極的な敵対者——論理的な実証主義者および経験主義者とばかりでなく，広範囲な読書の環境とともにいるのだ．自分の敵対者を同化する過程において，ピアジェは新しいデータを調節することによって，過去の同化した構造を変える．これは，結果として新しい知識および構造になる．

これと同様な方法で，クライエントは独りで新しい現実を構成するが，セラピストによってもたらされる混乱と対決が，発達および変化の可能性を高める．創造とは個人の内部で単独に起こるように見えるかもしれないが，環境が創造者にとって内面化された部分である場合でさえも，究極的にはその環境と

のある種の弁証法が関わっている.

ピアジェの創造性の機構

ピアジェ派の発達に関する最も基本的な実例は, 第1次循環反応, すなわち最初は偶然に得た結果を積極的に反復することである. ピアジェ ([1952] 1963) は, 4ヶ月になる娘ルシエンヌが, がらがらをつかんだときのことについて説明している. ルシエンヌはがらがらを見ると, 両手を無造作に動かしてつかもうとする. ピアジェが, がらがらを片方の手が届く範囲に置いて, ルシエンヌは偶然触るとすぐにそれをつかんだ. この場合, 最初の感覚的操作において, ルシエンヌは協応した眼と手の動きを示した. 完全な意図的統制はまだできないけれども, 子供は意図を示す——がらがらを探し求めるのである. また, 明らかに手を動かすことによってがらがらに届くことにも気づいている. 手の動きは, 直接的に, 明確に, そして意図的にがらがらの方向に向けられてはいないが, 環境 (父親) ががらがらを近くに動かすため, 最後にはそれをつかむ. 今度は, 環境 (がらがらやおそらくはピアジェの微笑み) がフィードバックを提供し, 手の動きが上手くいったことを知らせる.

ルシエンヌは, 自分でがらがらをつかんで生成したフィードバックによって, 新しい知識を構成した. 構造としては, この第1次循環反応は, 第1章で記した2人の子供の会話に類似した弁証法的過程に従っており, 次の点が明確である.

相互構成の弁証法

〈2人の子供の過程〉	〈ルシエンヌの過程〉
1) Aによる言葉	1) 無作為な到達
2) 1に順応したBによる言葉	2) 1に順応したがらがら (環境)
3) 2に順応したAによる言葉	3) 2に順応した半ば無作為な到達

ルシエンヌは, 前に同化したものあるいは知識 (見ることおよび手の動き) を持ち込み, 新しいデータを古いシェマに調節した. このことは, 最終的に

は，新しい知識の創造，完全な手‐眼協応の創造につながる．

ピアジェは，この創造過程を，反映的抽象と説明した．ここで個人は自分の行為，および行為の協応から知識を引き出す．ルシエンヌは，非常に初歩的な方法で〈反映的抽象〉の弁証法を例証した．また，ピアジェは，第2次および第3次循環反応についても語っているが，そこでは複雑性および思考のレベルが高まり，次第に自分が対象から分離するようになり，個人は最終的に考えることを考えるようになる．ルシエンヌの例は，高次のレベルの発達の類推性を充分に示しているはずである．

ピアジェのいう創造性の過程は，自分の娘の発達の過程と異なったものではない．ピアジェは，新しい知識を生成するために単独で作用しているものは自分であると説明している．ルシエンヌは，自力で手‐眼協応という知能を生成する．ただし，両者ともある程度自分の内的システムをかき乱す環境と関連していた．ピアジェは，複雑な環境に対して調節するために，幅広く書物を読んだ．ルシエンヌは，環境に対して調節し，新しいデータを取り入れるために，ピアジェと同様に詳しく環境を探究した．ピアジェにとっての混乱およびシステム分裂の要因は，複雑な問題に対する答えの追求，および論理的な実証主義と経験主義への対立であった．ルシエンヌの環境における混乱は，興味をそそるがらがらの出現だった．ピアジェもルシエンヌも，環境に働きかける同化によって新しい知識を相互構成し，統合した．すなわち，人間と環境の弁証法である．

創造性の機構，究極的には段階変換の機構は，人間と環境の相互作用の単一モデルと第1次循環反応に反映される．創造性は，何もないところからは生成されない．むしろ，本質的に異なる部分を，新しい全体的な反映的抽象に統合することである．ピアジェは，知性的な活動のすべての行為が反映的抽象であることを説明している*．

---

  * 創造性についての議論をしているときに，ピアジェは次のようなとりわけ興味ある余談を披露している：ギリシャ人による幾何学および初期の数学の発見は，非常に現実的で，ほとんど感覚運動的な観点に基づいていた．ギリシャ人は，代数を数学のシェマに

は入れなかった。17世紀には代数の発達が社会を刺激して、その働きと数学について考えるようになった。後に、デカルトが、代数と幾何学の各分野を一つにまとめるパターンを略述した。最終的には、ニュートンが数学的演算をまとめて、計算法における無限大に近づけた。

　面白いことには、ピアジェは、アインシュタインとハイゼンベルクの相対性の概念については語っていないが、この概念では、無限大の概念さえも最終的な解決法として疑問を持たれ得る。このように、少なくともここで論じられているピアジェ派の創造性および段階発達の概念から類推すると、社会における主な思想の創造の時期は一致する。

しかし、もっと適切にいうならば、混乱が心理療法やカウンセリングにおける対決と創造性の概念にいかに関連しているかということである。

混乱，対決，および弁証法

　ピアジェは、創造的であるために、自分のシステムでの不一致を必要としたが、これによってピアジェは混乱状態に陥り、さらに創造的な統合の方向に駆り立てられた。この混乱は、自分の環境での経験主義者および論理的実証主義者との対決から生じた。ルシエンヌは、自分の環境でのがらがら、およびそれに届く難しさによって混乱させられた。混乱、すなわち環境における矛盾と不一致に気づくことは、創造的な変換過程の核心であると思われる。心理療法およびカウンセリングにおける変化と発達には、矛盾との対決、すなわち既存の認知的構造の混乱が必要である。心理療法における変化の創造的な過程は、ピアジェとルシエンヌに見る学習過程に類似している。

　弁証法的過程にも混乱が含まれるが、命題「反」（反定立）という語を、混乱および矛盾の代わりに用いる。弁証法の動き――命題「合」に対する命題「正」（定立）および命題「反」の対決――は、哲学者ベル・イーク（1984a，1985）によって適切に説明された。ベル・イークは、すべての命題「合」（見解、観念、行為、行動など）は、何らかの形の内的不一致、矛盾、あるいは葛藤によって必然的に効果を失うと説いている。命題「反」は、最初の命題「合」の内的矛盾から生じることが多い。弁証法の解釈でしばしば犯される誤

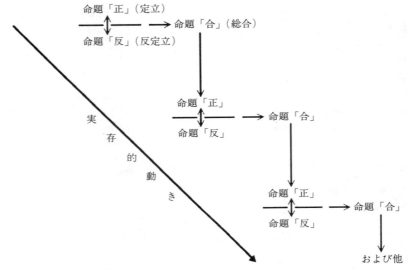

図 9　ベル・イークの実存的動きのモデル

りは，命題「反」は「純粋な」対立であるという解釈である．純粋な対立としての命題「反」は可能であるけれども，内的矛盾が命題「合」のホメオスタシスを破壊することの方が一般的である．再び，命題「反」は有機体，または問題の解決の内部矛盾から発達する．

　命題「合」は，命題「正」と命題「反」の「対立」の改造および再組織から生じる新しいゲシュタルトである．前存する片々から何か「新しい」ものが，創り出される．ベル・イークは，弁証法における一定の変化と発達を「実存的動き」として説明している．ベル・イークの概念の応用を，図9に示す*．

　　*　図9は，ベル・イークと，ミュラー(1985)のアイディアを著者が構成したものである．ベル・イークは，1985年，マサチューセッツ大学の講義で，初めて視覚的にこれと全く同じダイアグラムを提示した．後に，ミュラーが弁証法におけるギャップの観念を提示した．ミュラーは，対立間の裂け目（あるいは第2章，図6の意識の眼）は，弁証法の運動に対して開かれなければならないことを指摘した．

$$\frac{命題「正」}{命題「反」}$$

　　裂け目が閉ざされている場合は，新しいデータを調節することができないため，クライエントの古い同化が優位になる．裂け目が「ふくれて」いる場合，あるいは開かれす

5. 対決，そして新しい発達レベルへ　199

ぎている場合は，あまりにも多くの調節および新しいデータが入ってくる．「最悪の場合のシナリオ」では，強度の精神病のクライエントでは，内側および外側の世界を区別できないため，裂け目の振動が必要のように思われる．

例えば，治療で，クライエントが自慰についての悩み（問題の最初の命題「合」）を問題として提供する．セラピストからの新しいデータが，多くの人々によって自慰は健全であると考えられているという矛盾した観点（命題「反」）を与える．新しい命題「合」が現れるが，最初は何の矛盾もない（自慰は健全である）．この新しい命題「合」自体は，すぐに命題「正」（自慰は健全である），および命題「反」（そのとおりだが，他の人間との性行為の方が楽しい）に分解する．クライエントはセラピストとともにこの矛盾を探究し，新しい命題「合」が発展する——自慰は健全であっても中止し，代わって他の人間との性行為をすべきである．性行為は常にできるとは限らないという必然的な矛盾を発見したとき（命題「反」），新しい命題「合」自体は命題「正」（自慰より性行為の方がよいという信念）に分解する．この矛盾から，自慰および性行為の両者を許可する見解（第3の命題「合」）が発展する．

第3の命題「合」自体には，さらに大きな矛盾の種，および命題「正」と命題「反」の間のより大きな闘争を含んでいることがわかるが，この場合，次の可能性の一部またはすべてがある．どちらの性とともに行為を行うべきか？どんな場所で，どのぐらい行うか？　産児制限は問題になるか？　エイズを予防するために，コンドームあるいはその類のものを用いる必要があるか？　これらの矛盾に対する一つ一つの答え（命題「合」）——実行可能な子供，恋人などとの関係——は，すべてまた矛盾に通じる．

ベル・イークは，弁証法のこのような一定の運動を，実存的動き，すなわち曖昧な真実への滑走と称している．短い間しか存在しない新しい命題「合」は，プラトーのエピステム，すなわち知識の概念に類似していると考えられ，真実に向かう動きは，ノエシス，すなわちより曖昧で変化する真実を示している．

次に，弁証法的過程は，ピアジェと娘のルシエンヌの例が提示する創造性の

第1次循環反応と密接に関連していると考えられる．弁証法では，矛盾と不一致の対決を吟味し，常に動きつづける創造的な過程として，すべての命題「合」を新しい命題「合」へと導いている．

混乱，弁証法，および創造性は，治療におけるクライエントの移動と変化を生成するうえで効果的である．

治療，対決，そして創造性

ピアジェ派の思考に戻ろう．前操作的思考の一つの主要局面は，ピアジェの〈中心化〉という構成概念である．これは，刺激の一つの主要局面に焦点を合わせるが，同時に他の主要局面には留意しないという傾向である．個人は，さらに複雑に，あるいは全体的に状態を「脱中心化」し，見ることが必要である．脱中心化の過程は，論題に関するクライエントの固定した構成概念の緩和に似ており，そうすることでクライエントは，より認知的に複雑な観点から生活の状態や問題を見ることができるようになる．

クライエントは，過剰に中心化し，また，過剰に固定化した思考の状態で治療に入る．セラピストとしての課題は，クライエントが脱中心化し，より完全に自分の全体の状態を理解し，弁証法的対決の過程によって新しい命題「合」に移動できるようにすることである．

ケリー（1955）は，密接に関連した状態を構成することについて別の方法を述べている．クライエントは，過剰に固定した狭い（あるいは過剰に解放された）認知的構成概念システムを持って治療を受けに来る．治療の目標は，クライエントがデータをインプットすることができ，また，変化や環境の偶然性への順応を許容するような透過性のある構成概念を形成するのを援助することである．透過性のある構成概念システムは，創造性，および有意義な変化に必要である．ベル・イークの弁証法のモデル（の応用）では，裂け目が観察されるが，命題「合」に通じる新しい知識の創造的な動きは，ここを通って漏れ出る．これらの裂け目は，ケリーのいう透過性のある構成概念の視覚描写であ

　　　　　　　　　　　　　　5. 対決，そして新しい発達レベルへ　　*201*

る．過剰に固定した構成概念システムは，裂け目を閉ざして，それ以上の知識を入れないが，過剰に開かれたシステムは，一定の弁証法の動きと変化を恒常的にさせる．

　矛盾の指摘は，弁証法的過程に不可欠なことである．クライエントが，自分の人生において矛盾を体験することができない場合，新しい命題「合」への移動，あるいは命題「合」を試みることさえも困難になる．人がいかに質問し相手にその矛盾を指摘するかによって対決が進められる．セラピストの対決の仕方によっては，クライエントの新しい創造的な命題「合」の発見を援助することができる．

　今日まで，ピアジェの著書を読む人々には，彼の子供の観察に焦点をあてる傾向があったが，ピアジェが子供達に投じる質問は，おそらく観察と同じくらい興味をそそるだろう．質問一つ一つが，子供の中に存在する命題「合」を，必然的に混乱させる．質問することは，子供の命題「合」に対する命題「反」を形成する（治療ではクライエントに対し，カウンセラーは同じ機能を演じる）．ピアジェが投じた質問について考えよう（同時に，「すべての質問の背後には主張（statement）がある」というカウンセリングと治療の原理を思い出そう）．次の質問は，ピアジェの *The Child's Conception of Physical Causality*（[1960] 1972）からの抜粋である．

　　　「あなたが夕方散歩するとき，月はじっとしていますか？」
　　　「何が雲を動かすのですか？」
　　　「風って何ですか？」
　　　「何が起こったのですか？」（子供は空気が抜けたボールを与えられている）
　　　「なぜ影がここに？」
　　　「この自転車は，どんなふうに動きますか？」

　以上の質問のすべては，子供の注意を矛盾に向けるが，子供は，必ずしも矛盾に気づいてはいない．ピアジェが矛盾を指摘すると，子供は事実後の説明，または命題「合」を試みる．その矛盾を子供が解決する方法（命題「合」）の

特性は，特定のトピックに関する子供の考え方の特性を示している．矛盾が明確である場合もあるが（例えば，ボールは丸くない），実験を行う人が矛盾によって子供を混乱（対決）させてしまう場合もある．そういう場合には，ピアジェの質問は，明らかに子供の認知的バランス，あるいは現在の均衡化を妨害するようだ．

　ピアジェが投じる質問が，子供を特定の答えに導く場合もあるらしい．子供が静止している月について考えていなかった場合，ピアジェ自身が混乱を与え，子供にある種の命題「合」の発見を要求する．巧みな質問法を用いて，子供（および治療中のクライエント）を，各々の通常の認知的レベルを越えた「演技」に導くことができる．この意味で，第3章で提示したように，人間の認知的レベルの移動のために考察される質問方法は，多少疑わしい．セラピストがその移動を起こしている場合は，「発達の進歩を動かし」てもほとんど効果がない（ピアジェの相手を導くような質問ストラテジーを仮定すると，ピアジェが自分の見解についての北米流の解釈を，子供の思考過程に不当に影響しているものとして，しばしばこれを批判していることはいささか面白い）．

　プラトーの *Meno*（『メノン』．ラウズ，1956 を参照のこと）は，ソクラテスが巧みな質問によって奴隷の少年から複雑な幾何学理論を引き出したときのことを表し，同時に巧みな質問の影響力，および曖昧な真実への弁証法の移動を説明している．

　　　ソクラテス：これは，4辺の長さがすべて等しい四角い空間ですか？

　　　少　　　年：確かにそうです．

　　　ソクラテス：それから，これらは真ん中で交わっている，同じ長さではないでしょうか？

　　　少　　　年：同じです．

　　　ソクラテス：この四つの辺は等しくないですか，それからこの空間を内側に含んではいませんか？

　　　少　　　年：はい，そのとおりです．

　　　ソクラテス：ちょっと考えて．この空間はどれぐらいの大きさですか？

少　　　年：わかりません.

ソクラテス：これらの線は，それぞれこれらの四つのそれぞれの空間を半分に切ってはいませんか？　そうですか？

少　　　年：切っています.

ソクラテス：この真ん中にあるものと同じ大きさの空間はいくつありますか？

少　　　年：四つです.

ソクラテス：この空間（A）の中にはいくつありますか？

少　　　年：二つです.

ソクラテス：4は2の何倍ですか？

少　　　年：2倍です.

ソクラテス：では，この真ん中の空間は，何（平方）フィートですか？

少　　　年：8（平方）フィートです.　　　　　　　　　　　　(p. 43-49)

　ソクラテスはこの会話を用いて，教育がなくても奴隷の少年に知識が存在することを示唆している．当然，これについての別な見解も可能である．知識の要素を与えられれば，誰もが事実を構成できる．しかし，*Meno* は，ソクラテスの包括的で巧みな質問法の影響，および生じた知識の相互構造については，十分に説明していない．プラトー哲学の洗練された性質と明らかな効用に反し，ソクラテスは現実についての相互構造の弁証法を完全に気づかなかったように思われる．奴隷の少年によって発展させられた構造における自分の役割に気づいていない.

　ピアジェは，経験論の研究には批判的であるとはいえ，プラトーのように自分の巧みな質問法と観察に対し，充分な認識を払っていないようである．おそらく，質問は常に変わらないだろう．私達は，子供の推理，あるいはピアジェやソクラテスの推理を理解しているだろうか？　いずれの観点からにしろ，巧みな質問法および本人の最小限の参加によって得た知識は，長く保持しにくいということは真実である.

　子供の創造性の質問に戻ろう．子供は，ピアジェの質問に反応し，アルファ

解決法を提供するかもしれない．ここでは認知的バランスは否定的にも肯定的にも歪められる．こういう場合，子供は現実を確かに反映していない前操作的，あるいは呪術的タイプの応答をする（「それはボールではありません」）．子供は，さらに確かな認知的なバランスを得て，ベータ解決法を生成する（「ボールは壊れています」とか「ボールは，どういうわけかつぶされた」）．子供によっては，休止し，考え，完全な正解は容易には得られないと悟った後で，使用可能なデータを超越して新しい関連づけを考え，ガンマ（最高の）解決法で新しい答えを創造するだろう（「誰かが空気を出しました」，あるいは「ボールは，トラックにひかれたのかもしれません」，あるいは「ボールは，まだふくらまされていないんだ？」といったように）．これらの事例における子供の認知的素養は，大体測定可能な認知の規模になり，すぐに，さらに深く探究される．

　心理療法は，効果的な混乱状態をつくる技法と定義することができよう——クライエントの不一致と矛盾に，広く正確に，そしてタイミングの良い方法で対決するという行為である．クライエントの行動への効果的な対決は，成長，発達，そして後に起こる新しい知識と技法の統合への大きな前兆である．クライエントが，ガンマ解決法で対決を上手く統合し，あるいは総合するときは，高レベルの理解あるいは同化に移動したことになる．

　以下は，有名なピアジェのコップの実験で彼が子供に投じた質問の言換えである．「こちらの手に，コップ一杯の水を持っています．コップ（水の入った細長いタンブラー）に注目しなさい．さて，この水を，もう一方の手に持っているコップ（低くて幅の広いコップ）に注ぎます．どうすればよいでしょうか？」これはもちろん，ピアジェの質問の仕方とは違うが，彼の質問スタイルを吟味すると，子供が説明あるいは統合するように言われた矛盾を明確化するときの一定のパターンを表している．ピアジェは，ソクラテスほど完璧には答えを提示しなかったが，それにもかかわらず，知識の相互創造に関わった．

　「一方では・しかしもう一方では」という公式は，心理療法における対決を表すための基本的な語義フォーマットであり，セラピストとクライエント間の

5. 対決，そして新しい発達レベルへ　　*205*

弁証および対話への道を開いている．このようにしてセラピストは熟慮し，新しい知識と考え方をクライエントと相互に創造しようとする．ピアジェやソクラテスのように，自分自身を子供（またはクライエント）と分離させ，ただ「観察者」として考えることは不要である．この相互構造の言語的パラダイムはセラピストがクライエントの矛盾と対決するときに，多くの方法で使用する．入念な傾聴，および詳しい観察を明確化する過程を経て，セラピストは自分の矛盾をクライエントに映すことが可能になり，さらに自分の認知システムを混乱させ，成長および発達の可能性を助長するようになる．理想的には，このような対決によってつくり出された混乱状態は，クライエントの発達レベルに認知的に適合するはずである．クライエントは，面接においていくつかのタイプの矛盾を表すことができる．そしてこれらの矛盾は様々な理論的見地から対決させられ，混乱させられるだろう．ピアジェとソクラテスが子供の思考の方向づけに影響を与えるように，セラピストはそれぞれにクライエントの思考の流れを変える．

　対決，すなわちクライエントの積極的な混乱は，クライエントの認知における，そして後にはその行動的な行為における変化と発達の促進を可能にする力となる．例えば，以下に様々な理論的背景を持ったセラピストが用いるであろう対決の仕方を挙げてみよう．各々の対決の仕方が，現在のクライエントの命題「正」に対する命題「反」を示し，動きと変化を促進している．

（1）　二つの非言語行動間の矛盾

〈ゲシュタルト理論〉あなたが微笑んでいるのが見えますが，お腹の上で固く
　　結んだ握りこぶしはどうしたのですか？　握りこぶしが微笑みに話しかけ
　　たのですか？

（2）　二つの言動間の矛盾

〈精神力学的〉　今，あなたは上司の統制スタイルに悩まされていると言いま
　　したね．また一方では，以前あなたは，上司があなたのために整然と仕事を
　　整理する方法は，父親が宿題を手伝ってくれた方法を思い出すとも言いま
　　した．この二つの観念をどのようにまとめますか？

206

（3） 言行不一致の矛盾

〈行動主義的〉　一方では，もっと主張的になりたいとあなたは言いますが，もう一方では，今週，授業中発言することが以前にも増してさらに恐くなったので，黙っている方がよいと判断しましたね．その状態で考えたこと，感じたことを具体的に話してごらんなさい．

（4） 2人の人間の間の矛盾（クライエントとその恋人，クライエントとスーパーバイザーまたは同僚）

〈結婚セラピスト〉　あなたの配偶者は，一方では，「自由になって，自分だけのことをしなさい」と言っていますが，他方では，あなたはその言葉が本当に何を意味するのか恐れているんですね．

（5） クライエントとその状態の間の矛盾（民族主義，男女差別主義，いじめなどを体験し，仕事を見つけることができない）

〈職業カウンセラー〉　あなたは本当に管理運営部門の職に就きたいし，非常に有能であると感じていますが，もう一方では，採用する側があなたを差別をしているように感じるのですね．2次試験の面接に進み職にありつけたことがないようですね．あなたのお話を誤解のないように聞き取れたでしょうか？

（6） 現実の自己と理想の自己の間の矛盾

〈人間中心的〉　あなたは，目標に到達しない自分自身に怒りを感じると言っているかのように聞こえます……それから，目標はさほど重要ではないと信じてもいるため，自分自身に欲求不満を感じていますね．それは，あなたがなりたがっている気楽でおおらかな人間とはなぜか一致しませんよ．

（7） 現在の行動と望ましい行動の間の矛盾

〈行動主義的〉　あなたは，今のところ重苦しい不安を抱かずにデパートの中を歩き回ることができませんね．あなたの目標は，リラックスの仕方，そして大衆の場での対処の仕方を学ぶことです．

（8） 意識的願望と無意識的願望の間の矛盾

〈精神力学的〉　あなたは，配偶者とより良い性的関係を望むと何回も言ってい

5. 対決，そして新しい発達レベルへ　　*207*

ましたね．さて，この新しい夢の分析によると，あなたにより安全な距離を示しているので，実はあなたは今のままでいることをより望んでいるのかもしれません．

これらの言葉は，確かに冒頭部分のみではあるが，鋭敏なカウンセラーやセラピストは，これらの矛盾を明確かつ正確に見きわめ，それをフィードバックし，クライエント側の理解と新しい弁証法の命題「合」を支持し促進する．言うまでもなく，上記に見るような諸状態における一連の幅広い対決の言葉は，多くの異なった理論的見地からなされる．

このタイプの混乱においては，カウンセラーは傾聴技法により，クライエントが「自分自身」を表現するときクライエントに対して基本的に調節する．それから，言い換え，感情や意味の反映，要約を通して，その観察，言葉，そして構成概念をフィードバックする．上記のどの例においても，セラピストはクライエントに直接的な解釈を与えたり，矛盾について特定の解決策を示唆したりはしていない．それでいて，セラピストはその過程に関わっており，その過程から外れていない．プラトーおよびピアジェの著書のほとんどに欠けているものは，彼らが述べている個人の発達に，彼ら自身が関わり参加しているその方法についての説明である．セラピストが矛盾に気づき，これの明確化を行うことなしには，クライエントの成長と発達への動きは，それにしても遅いものになるだろう．

しかし，人が観察した矛盾を振り返るだけではクライエントの発達を促進しかつまた作り出すには充分でない．対決が傾聴技法によって解決されない場合は，積極技法（指示，論理的帰結，アドバイス，および解釈）が効果を発揮し，存在の固定した前操作的モードから，より積極的な意図性モードへのクライエントの移行を援助する（アイビィ，1983a，アイビィとグルックスターン，1983を参照）．こうして，入念な傾聴と構造化による矛盾の明確化（治療の優れた調節的モード）に重点が置かれてきたが，同化的な積極技法やテクニックを使用することもしばしば必要となる．

主として積極技法のモードを使用するセラピストやカウンセラーは，理論的

な概念，観念および行動を提供するが，それはクライエントが本人の現実の一部として最初に調節し次に同化するのを見たいとする，セラピストによる同化を示している．傾聴技法を使用するセラピストは，クライエントに対する調節を行い，クライエントの言葉と観念を通してクライエントの同化をフィードバックする．この相互作用の結果として，クライエントは以前に同化した構造を頻繁に変える．対照的に，積極技法を使用するセラピストは，クライエントをセラピストの構造，観念および解釈に調節させ内面化させようとする．

理論的な予見をクライエントに課すことは，それが精神力学的枠組みであれ，原初の叫び療法*であれ，あるいはロジャーズ派の人間中心療法のいずれであれ，それはクライエントがセラピストの世界観に調節することを学ぶ同化過程である．最も非指示志向の場合でさえも（それがクライエントに影響を与えるならば），セラピストに対する一定の調節がなされ，最終的にはクライエントの思考に同化される．

> * 訳注　The primal (scream) therapy. Janov により，神経症患者のために開発された心理療法．苦痛や内面的なものを叫びによって表現することにより，神経症症状の表出 (acting-out) を防ぎ，治癒させる方法．詳細は，*The Primal Scream*, Arthur Janov, G. P. Putnam's Sons, New York, 1970 を参照．

治療過程では，同化と調節の相関性に気づく必要がある．例えば，基本的にクライエントに対する調節を試みる傾聴技法のセラピストは，同時にクライエントの世界観に同化しなければならない．セラピストによってフィードバックされた世界観を傾聴するクライエントは，調節を行って，新しく再構成した同化が起こる前にその世界観を傾聴しなければならない．積極技法のスタイルでは，セラピストは，理論的または方法論的な同化を提示する前に，クライエントに対して適切に調節しなければならない．同化と調節というピアジェ派の一対の概念を完全に分離することはできない．

セラピストやカウンセラーの介入に対するクライエントの反応はどんなものだろうか？　クライエントは提示された観念に対して最初に調節し，その後で同化するのは確かだろうか？　治療的介入の影響および効果とは何か？

5. 対決，そして新しい発達レベルへ　*209*

治療的介入に対する直接的なクライエントの反応の評価

　上記の理論は，治療面接において実践的に有用なものにすることができる．
ピアジェ派の均衡化の構成概念に基づいた5点法の規準を使用すれば，クライ
エントがセラピストの言動に対してどの程度適切に反応したかを即座に知るこ
とができる．

　子供は，ピアジェの水の入ったコップの例のような質問をされるとき，次の
ような反応をするだろう．

（1）　すべての相違を否定する　　子供は，どんな相違にもそれに全く気づ
　　　かず，観察することができない．質問に答えることさえできず，他に目
　　　をそらし，新しいおもちゃを見つける．明らかに調節あるいは同化され
　　　たものは何もない．

（2）　矛盾の一部のみを考察する　　「水を移しました」「水はさっきより少
　　　なくなっています」（細長いタンブラーから，浅くてずんぐりしたタン
　　　ブラーへ移したとき）．これは，前操作的思考およびアルファ解決法の
　　　実例である．部分的な混乱だけが起こった．部分的な調節がみられた
　　　が，大きなパターンである同化への実際の変化は起こっていない．

（3）　矛盾や変化が存在するか？　どんな変化が，そしてなぜ起きたか？
　　　といったことに関する実際のデータは全く提供されていないことを認識
　　　する　　「水は，あるコップから別のコップに移りました」．これは，保
　　　存の始まり，早期のベータ解決法，またはホメオスタシスの形式が発達
　　　したことを示しているようだ．調節は明らかだが，重要な新しい同化，
　　　あるいは構造は生じていない．

（4）　線形の正しい因果関係の説明を引き出す　　「水は長いコップから浅
　　　いコップに移ったが，水の量は，コップの大きさには関係なく，同じで
　　　す」．これは早期ガンマ解決法であり，具体的操作における論理的思考
　　　の典型例である．データは完全に調節され，最初の同化が明示されてい

る.

（5）　データに関する多数の操作を明示（証明）する　「水を人生にたと
えて考えることができます．一つのコップから別のコップに移すと，最
初のコップにはほんのわずかな量が残り，だから移す途中でいくらかが
失われますが，同じ量に見えるかもしれません．人間が様々な段階に移
るときも形跡を残しますが，その中には時間がたっても残るものもあ
り，消えるものもあります」．これは超昇的ガンマ解決法で，今個人が
考えることを考えているという点で，完全な形式的操作に特徴づけられ
る．これは進歩した同化の例である．

　問題への五つのタイプの解決法は，クライエントの認知的複雑性，あるいは
治療的介入や対決に対する個人の反応の効果を測定する尺度の開発に有効な隠
喩として作用する．

　たとえば，

〈セ ラ ピ ス ト〉　一方では，あなたは奥さんを愛していると言いますが，も
う一方では，あなたの暴言が彼女を混乱状態に追いやっていると彼女が言
っていると……．
〈レベル1の反応〉　そうではないんです．私は妻を愛しているのです．〔否定
および呪術的思考によって，古い認知的バランスを維持している．クライ
エントの古い構造または同化が非常に強力なため，新しいデータを調節し
たり取り入れたりしない〕．
〈レベル2の反応〉　より良く振るまおうとしているのです．先週，妻に花を贈
りました．〔クライエントは，矛盾の一部に作用しているにすぎない．す
なわち，アルファ解決法である．セラピストに対するある程度の調節は存
在するが，クライエントの内部構造における新しい同化や変化は起こって
いない〕．
〈レベル3の反応〉　おっしゃることはわかります．本当に妻を愛しているので
すが，怒鳴りつけてしまっては，その気持ちが伝わりません．〔この交換

5. 対決，そして新しい発達レベルへ　　*211*

可能なベータ解決法は，現状を維持しがちである．クライエントは調節した状態にあるが，おそらくその問題への気づきが増したということを除いては新しい同化は明示されていない〕．

〈レベル4の反応〉　妻を怒鳴りつけてしまうのは，彼女を非常に愛しているから，そして仕事のプレッシャーがあるからだと思うんです．〔この反応は論理が具体的に正しいため，早期のガンマ解決法を示している．この言葉は，カウンセラーの要約にあるより多くのことを表している．対決は調節されてしまい，新しい同化が明示されている〕．

〈レベル5の反応〉　今，私は愛と怒りの双方の感情を持っていることがわかります．妻に頼って，私を脅かす人に対しては閉ざしているように思うのです．私のコントロールをある程度解き放して，妻が妻自身になってほしいと思っていることをわかってもらうつもりです．自分の行動を変えることの方がもっと難しいでしょうが，実行します．〔この形式的操作，すなわち優れたガンマ解決法では，クライエントは明らかに同化モードにあるばかりでなく，同時に介入に対して調節し，新しいレベルに移行している〕．

　上記の各々のクライエントの反応は，認知的複雑性の高まりを示している．最高レベルでは，クライエントは現在の行動を超越し，新しい構成概念およびその世界での行動様式に移行しなければならない．新しい知識の生成は，一般的には，レベル4および5のみで起こるように見える．上の例では，セラピストの混乱や対決の「成功」は，セラピストの行為では〈なく〉，クライエントの認知または行為に何が起こるかにかかっているが，このことは，「促進の条件」に関する諸研究（カーカフ，1969；パーロフ，ワスカウ，およびウルフ，1978）で，一般的に仮定されている．

　治療やカウンセリングの研究で問題になっていることは，セラピストの介入がクライエントに与える影響である．ここでの論議は，認知に焦点を合わせ，行動的な面は取り上げていない．しかし，行為を伴わない認知は，たとえそれがどんなに洗練されていて複雑なものであっても，本来呪術的で前操作的であ

212

図 10 発達レベルの規準（スケール）

セラピストの介入に対するクライエントの反応は，5段階の発達レベルの規準によって評価される．この評価の規準枠組みは，次の項目に基づいている．

1) ピアジェ派のアルファ，ベータ，およびガンマ解決法．
2) 各レベルについて説明している，と信じられている精神力学的防衛機制を説明したリスト．
3) 対決，すなわち矛盾への対決の重視．

レベル1：負のアルファ解決法

この反応では，クライエントは過去の同化の統制を受ける傾向にあり，セラピストからの新しいデータを取り入れ，調節することが不可能であると思われる．あるいは，セラピストの介入に対する調節が非常に完璧であり，調節スタイルが非常に固定的であるため，基本的な同化として，それが現れる．

関連する防衛機制：外的現実の否定，大きなゆがみ，またはまぎれもなく妄想的あるいは誤った知覚もしくは言動，観念の飛躍，あるいはセラピストとの極めて表面的な合意によって，固定的な調節スタイルが提示される．

クライエントが矛盾や葛藤に気づかなかったり，それに対処することができない，急に話題を転換する，否定または歪曲の防衛機制を明らかに示すといった場合，レベル1と評定する．例えば，次のような場合である．

セラピスト：あなたは配偶者に対して非常に怒っているように見えますね．
クライエント：残念とは思いません．私は主人を愛しているんです．〔レベル1〕

レベル2：より発達したアルファ解決法

この反応は，ほとんどの前操作的発言に現れ，非合理的な観念，または非効果的な行動パターンが見られる．ほとんどのクライエントが，このレベルで問題を提示する．通常，クライエントの発言の各部分は現実と一致するが，非合理的な思考の一部については見えていないことが多い．

関連する防衛機制：例えば，投映，部分的な抑圧，受動的とか攻撃的な思考や行為，行為的表出（acting out），未発達の空想，反動形成，置き換え，軽い退行，単純な回心，挑発的な行動など，未発達の防衛機制．

クライエントが矛盾あるいは問題の一部だけを取り上げている場合，または他者の言語化を過度に一般化（過剰般化）し，削除し，もしくは少しゆがめた場合は，レベル2と評定する．クライエントが効果的に環境に働きかけることができない，あるいは効果的に他者との協同作業ができない点で，この思考過程はある意味で明らかに前操作的である．例えば，次のような場合である．

5. 対決，そして新しい発達レベルへ　　213

セ ラ ピ ス ト：あなたは配偶者に対して非常に怒っているように見えますね．
クライエント1：はい，時々自分が少しいらいらするのに気づきます．
クライエント2：時々私は怒鳴りつけたいと空想している自分に気づくんですが，何も言え
　　　ません．〔レベル2〕

レベル3：ベータ解決法

　この反応は，ホメオスタシスによって表わされる——クライエントは，あるがままの状態
をそのまま維持しようとする．ベータ解決法は，セラピストが提供した現実にしばしば対応
する現実の説明を提示するが，クライエントによる新たな追加は何もない．
　関連する防衛機制：知性化，合理化，同一視，行為を観念および感情と一致させ得ないこ
と．クライエントはこれらの防衛機制を使用して，現在の命題「合」の矛盾を認識するが，
新しい位置には移動しない．
　クライエントが，比較的正確に状態を説明し，そのままにしておく傾向がある場合は，レ
ベル3と評定する．「また，そうなんです」といって，何もできないと，不能を装って投げ
出すというのが，このレベルの人の特徴である．具体的操作の「もし/ならば」の発言が予
期される．例えば，次のような場合である．

セ ラ ピ ス ト：あなたは配偶者に対して非常に怒っているように見えますね．
クライエント1：はい，とても怒っています……とっても怒っているのです．〔レベル3〕
クライエント2：ええ，そうです．例えば昨夜，妻は私と一緒に寝ようとしませんでした．
　　　それで私は非常に腹がたちました．〔レベル3．怒りについて別の状態の例を述べる以
　　　外に，何も新しいことは追加されていない．新しい状態は他の状態と置きかえられると
　　　も言えるが，クライエントは反復パターンを観察していない〕．

レベル4：早期ガンマ解決法

　この反応では，クライエントはホメオスタシスを越えて，新しいものの創造に移行する．
自分の認知的行動の枠組みに，新しいもの，すなわち以前には存在しなかったものを追加し
たものである．この変換は，セラピストの介入に対する調節を示す．
　関連する防衛機制：愛他主義，ユーモア，抑制，未来の予測，および昇華．これらのより
発達した防衛機制はしばしば健全であると考えられ，クライエントがより効果的にその状況
に処することを援助する．クライエントは矛盾を認識し，部分的な命題「合」または新しい
解決に移行する．
　クライエントまたはセラピストが話に新しいものを追加し，クライエントがこの新しい観
念を自分の言語化あるいは行動に反映する場合，レベル4と評定される．時々は，裏にひそ
んだ葛藤が，ひそんだ矛盾として残るだろう．例えば，昇華は「良い」解決法の一つである
が，潜在的な葛藤が残る．概して言えば，そこには人は「すべてを持つことはできない」と

（つづく）

214

図 10　発達レベルの規準（続）

いうことへの気づきや受容を含めて形式的操作思考，および自己についての自己思考のあることの何らかの証拠がみられるだろう．例えば，次のような場合である．

セラピスト：あなたは配偶者に対して非常に怒っているように見えますね．

クライエント1：はい．でもそれは生活の一部なんです．妻はいつも私が望んでいる通りにはふるまわないという事実を受け入れなくてはなりません．ボーイスカウトの団長として仕事に打ち込むようになりました．救われます．〔レベル4．この反応は，気づきおよび部分的な行為を示している〕．

クライエント2：言えてる．夫は本当に私をしかりつけますよ．ときには四六時中ね．けれども，そのパターンがわかり始めてきたんです．彼は，私が一生懸命働いているときに怒るように思えるんです．夫が私をどなりつけると私も大声をあげますが，仲直りしてうまくやっていく手段として抱き合いさえします．ゲームにすぎないのですが，飽き飽きしてきました．〔レベル4．この反応は，形式的操作思考，自己またはその状態について考えている自己思考への気づきを示している．超昇的解決法は明示されていない〕．

レベル5：超昇的ガンマ解決法

　この時点で直接明示される防衛機制はない．クライエントは，新しい命題「合」に到達しており，これはしばしば思考と行為の両者にわたる．この命題「合」自体はすぐに新しい矛盾に分解するが，しばらくすると，超昇的解決法，または変換による解決法が達せられる．

　レベル5と評定されるものはごく少数で，一時的である傾向が非常に強く，面接におけるクライエントの反応にもわずかしかみられない．クライエントはその状況において矛盾と対決し，短時間，今日的現実の限界を越えるようである．例えば，次のような場合である．

セラピスト：あなたは配偶者に対して非常に怒っているように見えますね．

クライエント1：怒りが現れているなんて知りませんでした．きっと長い間怒っていたのでしょうね．……うわあ，そうですか……〔間〕．全く新しい物の見方を与えてくれましたね．〔レベル5．超越した物の見方に発展した．それは瞬間的であるけれども，クライエントは内的および外的矛盾と対決することができる．新しい気づきが統合されたという理由で，このクライエントをレベル5と評定する．クライエントが以前に怒りを否定していたならば，この反応は新たに統合した一片の知識を示すものとして明確なものである．同時にクライエントが新たに習得した命題「合」の中に矛盾を見るとき，この新しいデータはほとんど即座にクライエントをレベル2または3に戻す．次に挙げるクライエントの例もそれである．新しい洞察および新しい行動は，治療の弁証法の内部における新しい論点に導かれていく〕．

クライエント2：ええ．今こそそれについて何かすべきときなんです．今までに，妻はそのパターンを数回くりかえしましたが，私は何も言いませんでした．力を貸してくれますか？〔レベル5．再び新しい情報が現れており，クライエントは配偶者に対応するために，思考と行為を結びつけようとする状態にある〕．

るということを，明言することができよう．この問題を提示した後，本章の最終節では，治療で学習した新しい認知の一般化が，どのようにクライエントの現実の世界へ適用し得るかを考察する．ここで論じられている規準，およびピアジェ派の調節と同化の概念では，現実そのものよりも，むしろ現実についての観念の世界を扱っている．

　しかし，一度心に浮かんだ観念がそれ自体の現実性を持つと認識されるとき，その論題は哲学的に密なものになる．認知と行為とを真に分離することは，理論的に有効で実践的であるかもしれないが，それはまた概念的誤りの人為的な分裂であり，私達が思っているほど必要ではないかもしれない．

　したがって，図10に提示した5ポイントの規準は，治療およびその目的とむしろ直接的に関連している点で極めて重要である．一つのレベルでは，セラピスト側の単一の介在に反応するクライエントの認知を評価することができる．また，反応のパターンを厳密に記し，個人の総合的な認知スタイルを判別し，さらに重要なこととして，それらのデータを認知的成長および行動的変化の実践的な含みと関連づけることもできる．

認知的発達の実例

　クライエントの認知における複雑性および変換の進展は，あるクライエントが父親に対処するという発達課題を用いて説明することができる．現実について考えること，そして現実に働きかけることの〈両方〉の重要性について留意しよう．「私が仕事で失敗するのはパパのせいよ」．これは最初の前操作的言語であり，アルファ解決法と考えられる．セラピストは傾聴技法を採用することによって，クライエントの物の見方を聴き取ったことを伝え，「具体的な例を挙げてくれますか?」という変換上の質問をする．これによって，クライエントは早期ベータ解決法に向かって移行する（「パパがこれをして，私がそれをした」）．後に，具体的因果関係の問題を探究し，ベータ解決法を発見する（「まあ，お父さんがした通りにお客様に返事しなければと思っていたから仕事

に失敗したんだわ」）．治療が続く場合，セラピストは主張訓練を追加し，クライエントは古い問題に対する新しい答えを学習することによって，ガンマ解決法，および古い問題に対する新しい答えに到達する．この場合，治療の真の効果は，行為の領域で現わされる．

　上記のように，感覚的気づき（レベル1）から前操作的思考（レベル2），具体的操作思考（レベル3），形式的操作思考（レベル4），さらに弁証法的気づきと行為（レベル5）への移行は，ピアジェ派の用語で，また臨床的実践と研究に効用のある5段階のモデルにおいて説明される．

　本書全体を通し，治療あるいはカウンセリングで起こり得ることは，認知的段階を昇り続けることと説明されている．セラピストが，「それがあなたのパターンですか？」と質問する．クライエントは，自分が上司や顧客に対し，不在の父親に対してやるのと同様に応対していることを知る．この洞察は，自分をより納得させるのに非常に助けになる．しかし，考えている自分について考えることが継続する場合には，広範囲な認知的気づきに反し，クライエントには何の変化も起こらずに，一種の複雑な非行為に帰する．行為を伴わない洞察という古い問題は，治療上の問題になる．この場合，相当な認知的レベルの移行に反し，クライエントは行動的には前操作的思考の段階にとどまる．

　最後に，クライエントによっては，上で論じたような認知的変化がほんの短時間で——これらのページを読むより短い時間で——起こる場合もあるが，一方，何ヶ月もかかるクライエントもいる．クライエントの発達のそれぞれの変化は，漸次高まってゆく認知的複雑性へのステップである．クライエントは，次の発達課題を試みる前に，各レベルで十分な基盤固めをしていなければならない（第6章では，治療の複雑性についてさらに詳しく示し，一連の治療セッションの間に過程がどのように起こると予測されるかを説明している）．

　父親との関係を克服するクライエントの例に戻り，クライエントの父親は既に何十年か前に亡くなったと仮定しよう．この現実については何もすることができない．しかし，クライエントが父親についてどう考えているかということが重要であり，治療の対象となる．

5. 対決，そして新しい発達レベルへ　　217

　この場合，意識における認知および変化は，心理的な慰めへの唯一の道である．表に現れる行動は変化しないが，その行動の背後にある思考は著しく変化する．再び，現実の世界と観念の世界の区別が，容易にまた有効に曖昧になり得る．クライエントが不在の父親とうまくつきあっているかのように同僚や家族の人と話しを続けるなら，そこには無意識的過程をさらに反映すること，あるいはより広範囲の弁証法的公式化が必要である．

　段階の内部での変化，および一つの段階から他の段階への変化や移行について，再びここで説明しなければならない．この論議では，二つのタイプの移行が互換的に使用されてきた．十代および成人のクライエントのほとんどは形式的操作段階にいる．彼らが治療中に示す問題は前操作的思考過程を示すが，その問題について起こる変化とクライエントがそれら問題を考える方法は，クライエントが形式的操作レベルで機能できること，そして問題はおそらく最終的には「段階内部の」ものであることを例証している．段階間および段階内の発達の問題は，前にも増して複雑にさえなり得る．人によっては，明らかに，いくつかの問題は基本的に具体的思考のレベルで機能するが，他の問題については形式的操作思考のレベルにある人もいる．この人は，具体的操作思考の段階なのだろうか．あるいは形式的操作思考の段階なのだろうか．段階の定義はもちろん，各人の見方によって異なる．一つの観点から言えば，その人は基本的には形式的操作思考段階にあり，その段階内でより完全に機能するための援助が必要であるにすぎない．けれども，別な観点から言えば，その人は確かに形式的操作思考への完全な変換を行ったという証拠が充分に得られないために，本当は，まだ基本的に具体的操作思考をする人なのである．これらの異なった定義を考えてみると，位相と段階間，あるいは段階内部と段階間の発達は，簡単には区別できないように思われる．

　ポスト形式的操作思考段階すなわち弁証法的段階に到達する成人は多くない．なぜなら，この段階では，考えることについて考えることを抽象化し，思考する能力を必要とするが，これは多くの人の知的能力を越えるものであり，また，その能力は現在の文化の中で生き残るのにことさら必要なものではない

からである．前述のピアジェについての脚注で示されているように，文化的な基準枠組自体が具体的操作段階である．したがって，クライエントは文化的水準より認知的に高いため，不快を感じるかもしれない．弁証法的気づき，フェミニスト療法，および家族療法は，クライエントに自分と文化の関係を探究させる治療法の例として提示された．ここで，話は再び複雑になる．フェミニストおよび弁証法的気づきを伴うこれらの療法は，もし，社会や文化，および世界が民族主義，男女差別主義，戦争，および核大虐殺の脅威から生き残りたいならば，より多くのこの意識レベルでの気づきが必要だということを示唆している．弁証法的気づきには，どうしても相互作用の世界の究極的な複雑性に対処する能力が必要なのである．

こうした可能性をすべて考えても，子供と同様にクライエントもまた比較的定義可能な認知の段階を持っていることが明らかなようだ．類似した様式により，心理療法とカウンセリングでは，より大きな思考の質的変化が起こる．一部の生活構造は同一視可能な段階で直接かつ急速に成長しやすいが，一方，もっと複雑な問題は，大きな変化が起こる前に充分な時間と努力を必要とする．特に，そこに固定した防衛機制がある場合には，前操作思考から具体的思考への移行は，非常に大きな仕事である．段階移動と変換の創造過程を説明することは，その過程を誘導することよりはおそらく簡単である．

治療における変換過程

対決によりクライエントの思考システムに混乱（動揺）を生じさせることは，発達上の変換を進めるうえで中心的な方法として提示されてきた．人間中心療法，認知‐行動療法，または精神力学療法のいずれであっても，各療法の学派が，様々なタイプのクライエントの矛盾と対決する独自のアプローチを持っている．さらに，こうした方法のすべてが，発達的成長と変化について独自の概念も持っている．しかし，変化についての様々の異なる概念の根底には，より大きなメタ理論的発達の枠組みの中で同一視され教授される方法論的一貫

性がある.

　この成長と変換の過程に不可欠なものは，次の四つの要素である．すなわち，変換過程自体の知識，変換のための環境の構造化，発達に見合う適切な介入と変換を作り出す理論，そして，得られた洞察あるいは変換の後退や喪失の予防である（この最後の項目については，本章の結論部分で別に論じる）.

変 換 過 程

　本章では発達的変化のメタモデルを取り上げ，治療過程での変換はピアジェとその娘ルシエンヌの創造的な過程に類似していると考えられることについて論じている．初めに，治療における創造的な過程，およびピアジェとルシエンヌの過程の間の類似性を簡単に復習してみよう.

（１）　クライエント，ピアジェ，およびルシエンヌは，みな独りで創造的な
　　　　発見をしなければならない．セラピスト側の介入は，クライエントにお
　　　　いて内面化されないかぎり，何の影響も及ぼさない.

（２）　各々が「無作為に」（ただし，逆説のようだが，組織的に）自分の環
　　　　境で探し求める．ルシエンヌは計画性なしに探しているように見える
　　　　が，その無作為性には，がらがらに届くという根本的な目標が存在す
　　　　る．ピアジェは手あたり次第に読書をしたと述べたが，特定の論題につ
　　　　いて執筆するという最終的な意図があった．クライエントは，答えを探
　　　　すとき無作為に行為しているように見えるが，この探究は真の無作為さ
　　　　よりも効果的でない場合が多い．クライエントの行為と思考には，通
　　　　常，潜在的な目的または意図が存在する.

（３）　各々が，その置かれた環境の中で援助を見つけている．ピアジェがル
　　　　シエンヌの方にがらがらを近づけたので，ルシエンヌは自分でがらがら
　　　　に届くことができた．ピアジェは，敵対者である論理的実証主義や読書
　　　　から援助を得ている．クライエントには，データを組織化し，見失わな
　　　　いようにすることを援助するセラピストがいる.

（４）　上記３人とも（ピアジェ，ルシエンヌ，クライエント）は，みな自分
　　　　の思考や行為における矛盾に気づいた．そして，矛盾を解決しようとし

ている.

各々の個人およびその内容は非常に異なっており，また，その体験および情緒も特定で固有なものであるが，各々の発達は，人間と環境の相互交渉または弁証法において起こっているといえる.

そこで治療のモデルは，当然ピアジェとルシエンヌの例に見られる創造性と直接的に類似しているといえる．環境は基本構造を提供し，個人はその内部で操作する．個人，すなわち積極的に同化する存在は，その環境の内部で行為し，環境によって提供されるものを組み入れる．変化を維持したい場合は，最終的には環境がある種の強化を提供しなければならない．ここで再び，我々は個人における弁証法的な人−環境モデルの基本的な作用を見る．そこでは人は挑戦的な（しかし適切に構成された）環境で成長している.

クライエントの成長と発達に非常に重要な弁証法的枠組みを供給するのは，まさにセラピストとカウンセラーが提供したこの環境である．この環境は，ロジャーズ派のいう現実と理想の自己の対決，ゲシュタルトセラピーでいう「分裂」の働き，分析的学派のいう両極性，あるいはエリスのいう「非合理的観念」の考察，あるいは現在の行動と望ましい行動を云々する行動主義的分析なのである．こうした方法は，すべて不一致の解決，および新しい知識の統合に関連している．環境は様々であっても，成長を促進したいという目的は共通している．そして，様々な文化における家族環境が，様々であっても効果のある人間を作り出すように，治療環境もまた様々である．クライエントは，様々な治療環境で様々に発達するが，環境が彼らに影響を及ぼす場合に発達し変化すると思われる.

変換のための環境の構造化

人間は，真空のような何もないところでは，変換も発達もしない．各々の特定の要求および発達段階に合った環境で成長する．第４章では，環境形成としての治療およびカウンセリングを説明した．スタイル変換カウンセリングの論議では，クライエントの認知および発達のレベルが変化するときの，治療過程全体を通してのスタイルの変化の必要性を強調している.

ここに提示された変換の概念のほかに有効な概念として、ハーシィとブランチャード (1982) の管理者訓練モデルがある。このモデルは「職場のリーダーシップ」と称され、様々な発達レベルの従業者とともに仕事をするとき、職場の管理者はどのように管理スタイルを変えなければならないかということに焦点を合わせている。ハーシィとブランチャードは、環境の構造化が効果的な管理の根本であることを強調し、従業員の発達レベルの評価、および管理過程での段階に応じた介入の使用の必要性を論じている。

ハーシィとブランチャードのモデルで特に興味深いことは、従業員が発達課題の低いレベルから高いレベルに移動するときの説明である。従業員を高い作

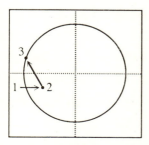

ステップ1：セラピストが構造と指示を提供する。環境は変化のために構造化されている。

ステップ2：個人は、セラピストの介入によって、課題や業務を行う。これは、水平の学習、および次のレベルへの創造的な移行のための十分な基盤の形成を示している。

ステップ3：強化。環境は、新しい学習を支持しなければならない。さもなければ、新しい学習は喪失してしまう。

図 11 発達の3段階の過程：クライエントまたは従業員の前操作的機能の段階から具体的操作機能の段階への移行の援助

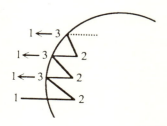

ステップ1：命題「正」
ステップ2：命題「反」
ステップ3：命題「合」。次の命題「正」（ステップ1）への変化を伴う。

図 12 段階変換の弁証法

ある段階から別の段階への移行（例えば、感覚運動的段階から具体的操作段階）の複雑性を通してクライエントの動きを促進するには、多数のステップ、多数の課題、および過程で起こり得る退行の許容が必要である。この図は、その過程の一部を提示しており、同時に、段階変換を達成するために必要な、さらに小さいステップを描写している。

業性に移すために，その発達レベルに合った適切な管理スタイルを提供することを示唆している．低い発達レベルの従業員には，より丁寧に関連づけた構造が必要である．例えば，新米の銀行事務員には，何をすべきかについて詳細に説明する必要がある．もっと進歩したレベル，おそらく3ヶ月間の経験を踏んだ後では，その同じ事務員も何をすべきかの問いに対してきちんと反応しなくなり（型にはまったものでは不充分となり），より個人的な仕事の方向性を考慮した環境が必要になる．管理者は，各発達課題（文書管理，顧客関係，タイピング業務など）での従業員の発達レベルに留意し，従業員のそれぞれ特定の課題に対する必要性に合うように環境を構造化しなければならない．このように，1人の従業員が，あるときには非常に具体的な構造化を必要とするが（新しい文書管理手順をならう），「自然に」高いレベルで機能するときには，一般的な指示（難しいが重要な顧客の扱い方）だけが必要である．また別の従業員の場合は，全く逆の処方が必要だ——顧客の苦情の対処については非常に特定の指示を必要とするが，文書管理の面ではほとんど完璧に自分で行うことができる等．多数の課題をかかえるビジネスの世界においては，様々な従業員が様々なレベルにいる．

　ハーシィとブランチャードのモデルは，本書で提示した構成概念に多少類似している．図11は，その概念の応用を示している．従業員が高レベルに移動したい場合，管理者は明確な構造と指示を提供しなければならない．そこで，このモデルは，個人は課題を完了し，実際に自分の新しい管理知識を構成しなければならないことを表している．この知識の構成は，従業員（またはクライエント）の内部で起こらなければならない．最後に，管理者（またはセラピスト）は，新しい行動の維持を援助するために，フィードバックを行い，また，その環境を支持しなければならない．

　それが管理技法の上達であれ，5歳の子供の言語の相互構成であれ，ルシエンヌとピアジェの創造性の発達であれ，あるいはクライエントの変化であれ，いずれの場合でも，弁証法モデル（図12）では，この過程を説明することができる．モデルは，行為の段階（すなわち命題「正」），反応の記録（すなわち

5. 対決，そして新しい発達レベルへ　　*223*

命題「反」），および再公式化（すなわち命題「合」）に従っている．この命題
「合」は，再び別の「1−2−3」循環に分解する．

このモデルを治療の面接に適用した場合，セラピストが構造化をすることの
重要性が指摘される．質問，対決（「一方で，あなたの問題は……ですが，も
う一方で，あなたの目標は……です」），あるいは他の治療的介入でセッション
を中断することによって，セラピストはセッションを構造化し，クライエント
の変換と発達を可能にする．ただし，クライエントが，セラピストによって構
造化されたものを取り入れて調節し，後でこれらの新しいデータを既に同化し
た構造と統合しない場合，この変換は達成されない．クライエントが自分の答
えを見つける援助をするためのこの構造化の過程は，ピアジェが，自分でつか
めるようにがらがらをルシエンヌの方に近づけたことと似ている．環境構造
は，人間の行為，発達および成長を可能にする．環境の構造化が過剰であるか
過小であるかは，クライエントの発達レベルと経験によって異なる．

発達に適合した介入

第4章では，発達の異なるクライエントには，各々異なった理論が適してい
るという概念を詳細に著した．様々な発達レベルのクライエントを扱うため
に，それぞれの療法には，少なくとも数種の方法と技法がある．クライエント
の発達レベルを評価し，クライエントの必要性に合った治療環境を提供するこ
とが基本的に重要なことであるということを繰り返しておく．

治療の過程，およびその評価については，第6章で詳細に概説するので，こ
こでは，2，3の短いコメントと事例提示のみにとどめておく．例えば，アイ
ビィ（1983b）は，三つの異なった治療システム，すなわち，精神力学的夢分
析，ロゴセラピーのリフレーミング（再構成），および行動主義的主張訓練を
用いて同じクライエントと行った面接をビデオテープにおさめている．各セッ
ションでは，夢に焦点があてられている．夢を反復経験し（見る―聴く―感じ
る），その要素を線形様式で編成し，三つのセッションにおける感覚運動操作
と具体的操作を示す．夢は熟考されず，より深く探究するための操作基盤とし
てだけ使用される．精神力学的モデルの枠内に留まって，高レベルの認知的抽

象段階に移行することもできたかもしれない.

　夢の表象を追うリフレーミングセッションでは，子供のころから思い出すことができ現在でも出てくる夢の一つのパターンに焦点をあてる．夢および実生活のいずれにおいても，クライエントは自分の望みについて腹蔵なく話すことができない．パターンを認めるということは早期形式的操作思考を示し，選択的解釈へのパターンの再構成（パターンについて考えること，または考えることについて考えること）は後期形式的操作思考を示す．リフレーミングで，セラピストは，クライエントが自分の子供のころの行動は信じていたよりも有効であったこと，〈そして〉成人してからの生活においても反復しているそのパターンは肯定的な局面と強さを持っているということを理解することを援助する．弁証法的過程は無視されているが，それは再構成の過程自体を調べ，そしてその全過程の基盤をなす文化的含みを考察することを通して探究することができただろう．

　ビデオテープの最後の部分は主張訓練で，クライエントは自分自身について話すことができないというパターンについて取り組んでいる．ここでは明確な一つ一つの行動的パターンが求められる．クライエントがあまり主張的でなかった特定の行動状態を認めることは，感覚運動的思考および前操作的思考の次元である．実際の主張訓練は，その状況における具体的操作と行為をもたらす．この実演面接では，治療周期が球形あるいは四分円モデルを一周し，再出発した．加えて主張訓練モデルを反省し，再び形式的操作に移行することも出来るだろう．

　認知‐行動療法（思考の中止，主張訓練，認知的再構成，弛緩訓練），人間中心主義カウンセリング（傾聴，現実の自己および理想の自己に焦点をあてること，エンカウンターグループ），および精神力学的オリエンテーション（夢分析，ロウエンの訓練法＊，ゲシュタルト訓練）などのような治療技法を取り上げても，すべて成長と発達のための環境を提供している．各々の療法と理論が，独自の方法で個々の人間——クライエントに成長を刺激し促進するための様々な環境を提供する．それに対して，クライエントは，自分独自の発達位相

にしたがって発達のために最も効果的で有用な環境を提供してくれる技法と理論に反応する.

* 訳注　ロウエン, A. が開発したセラピー. フロイトの精神力学的アプローチにルーツをもつ (bioenergetics).

　既に述べたように, 面接での変化は, 必ずしもクライエントの日常生活での変化とは限らない. 治療時間帯での収穫を維持するという問題は面接中 (治療そのもの) で起こることと同様に, あるいはそれ以上に重要なことなのである.

面接で創造されたものを維持すること

　変化, 創造性, および変換の過程は, 人間と環境の弁証法の結果として説明された. ただし, 変化の維持という問題は残っている. ひとたびクライエントが, 面接以外の外的環境の中で, 進行中の弁証法と直面した場合, 創造されたものはクライエントの一部として残るのだろうか？　クライエントは新しい同化を維持できるだろうか？　あるいはより大きい外的環境が新しい学習を消してしまうのだろうか？　面接で得た洞察や習得した行動が, クライエントが未調節の環境と対決したときに喪失してしまうといった場合も数多い.

　ピアジェ派の人々, セラピスト, およびカウンセラーは, 人間と環境の相互作用の重要性について語っているが, その際に彼らは, 子供, 患者, あるいはクライエントの心の中で起こることについての論議を次々に続けていく. そのため, 彼らは外的環境を変えることや, 新しい行動と思考に対する環境の危険性を個人に気づかせることさえできない. このように, 人間は, 環境に対して調節し, その環境が提供した内部構造を同化していると同時に, 環境に作用し, 環境の変化を引き起こし, 強制的にその環境を個人に反応させ, 調節させている. しかし, 環境は人間より大きい傾向にあり, 概して人間が環境を同化するより効果的に人間を同化する.

アルコール中毒患者は，治療あるいは匿名禁酒同盟で，なぜ自分は飲酒するかを学習し，環境に対してとることになる新しい行動を生成する．しかし，患者が家庭環境に戻った場合，そこではマスメディアがいたるところで酒の宣伝をし，街角にはバーがあり，「一杯ぐらいなら平気だよ」と友人が言う．そうしたとき，アルコール中毒患者の最も価値のある努力に環境が勝ってしまう．同様に，クライエントが外部の現実に直面すると，治療効果が失われてしまう——ある患者は麻薬の乱用を繰り返し，あるクライエントは3度目の離婚に苦悩し，ある子供は再び家出をし，仕事中毒患者は土曜の早朝会社に戻る．これらの各症例では，必ずしも変換が失敗したわけではなく，むしろ環境があまりにも積極的に変換を同化したので，治療で学習した新しい行動，考え方，あるいは構えを維持するための最もゆるぎない努力さえも，ほとんど不可能になってしまうのである．

グラスとクリーグル（1983）は，ごく最近，心理療法の効果に関する475件の異なった研究の成果をメタ分析しているが，これによると，心理療法は変化を生じさせているようだ．ただし，同じ文献において，心理療法とカウンセリングによる変化の効果の多くが，6ヶ月後には消失するようである，とも述べている．変化を維持するより，作り出す方がはるかに簡単である．環境の影響は，米国でよく使われる「同化」という言葉に最も劇的に現れる．米国は，歴史的に，移民に対し米国人であるという規準に同化するよう求めてきた．文化の影響が非常に強いため，米国に来る人々は，ほとんど選択の余地なく同化する．同化する文化としての米国は，多様な人々の要求と必要性に対しては調節しない．これはもちろん，単純化しすぎた言い方かもしれないが．というのも，最近の傾向としての2ヶ国語教育，民族性への関心と支持，そして黒人と女性の運動等は，米国が，多様な人々への調節へ，より集中して努力していることを示しているからだ．それにもかかわらず，広い意味で，行動を修正し導くところの環境の力は明白であるはずだ．環境における，こうした力のことを考えると，すべての変化が仮にも維持されること——心理療法の過程の何らかの形跡が残されていることが，時々驚異的に思

図 13 ジャニスの意志決定カウンセリングのモデル

変化因子としてのカウンセラーの誘因力を決定する重要な位相と主要な変数

位相1： 誘因力の形成	1. クライエントに自己開示を奨励するかしないか. 2. 正のフィードバック（受容と理解）を提供するか，それとも自己開示に応じた中立または負のフィードバックを提供するか. 3. 自己開示を使用して，洞察および認知的再構造化をさせるか，それとも洞察または認知的再構造化をほとんど提供しないか.
位相2： 誘因力の使用	4. クライエントが実行すべき行為に関して指示的言動を示したり，特定（具体的な）の勧告を提供するか，それともすべての指示的言動または承認を控えるか. 5. すすめられた行為の方向への約束を取りつけるか取りつけないか. 6. 支持されている規準を関連する2次グループのものとするか，そうしないか. 7. 選択的な正のフィードバックを提供するか，確実な受容，または主として中立あるいは負のフィードバックを提供するか. 8. 個人的責任の意識を形成するコミュニケーションと訓練を提供するか，そうしたコミュニケーションまたは訓練を一切提供しないか.
位相3： 接触の終了後の 誘因力の保持， および内面化の 促進	9. カウンセラーが積極的関心の構えを維持し続けるという再保証を提供するか，そのような保証は一切提供しないか. 10. 1対1の面接の終わりに，現実的であるか象徴的であるかにかかわらず，今後コンタクトすることへの希望を抱かせるため，電話，手紙の交換，あるいはその他の形式のコミュニケーションをアレンジするか，そういうアレンジは一切しないか. 11. 個人的責任の意識を抱かせ続けるようなものを提供するか，提供しないか. 12. カウンセラーの援助なしでも成功するというクライエントの自信を形成させるか，そういうことをしないか.

出典 ジャニス，1983，p. 26

えることもある.

　環境の威力がある限り，それが米国という文化であるか，家族であるか，またはアルコール中毒患者の周辺環境であるかにかかわらず，クライエントが治療後の生活に対処できるような準備状態になければ，新たに学習した技法や内容も容易に消去されることがわかる．マーラット (1980)，マーラットとゴードン (1985)，マルクス (1982, 1984)，およびジャニス (1983) による業績は，治療で学習した新しい行動と思考の維持の問題について，興味深くかつ重要なアプローチを示している．変化を維持する過程は，ピアジェ派の理論における高次の段階への変換過程に多少類似している．理論的には，子供が前操作的思考の段階から具体的思考の段階に移行するときは，いくつかの必要条件があると言われる．第1に，これには，前操作的技法と思考の〈しっかりした〉基盤が必要である．ピアジェは，これを充分な水平〈デカラージュ〉と称している．自分の能力以上に迅速に前へ進むことはできない．このため，早く習得しすぎたことは，本物というより，むしろアーティファクト，すなわち人工的なものと考えられる場合が多い．第2に，各人は変化を自分の概念的枠組みにしっかり統合しなければならない．この変化は断片的であり，終始ゆっくりと達成されるだろう．第3に，環境が新しい学習を認識し支持するか，もしくは，制限された強化にもかかわらず，内的にその変化を続けているほどその個人が充分に強くなければならない．

　アルコール中毒患者の場合は，クライエントが治療後の生活にうまく対処できる状態でなければ，新たに学習した禁酒の技法は簡単に消失してしまうことがわかる．同様にやせるという問題に直面しているクライエントや，配偶者虐待を止めたいクライエント，あるいは鬱病に悩むクライエントにも，同じことが言える．治療の成果が消失してしまうことが多すぎる．ジャニス，マーラット，およびマルクスなどによる治療プログラムは，こうした問題を取り上げ，伝えたものである．

　ジャニスは，自分流の方法を意志決定カウンセリングと称している．これは，スタイル2（具体的操作の問題を持つ人間に向けられたコーチング）指

5. 対決，そして新しい発達レベルへ   *229*

向のシステムである．エール大学でのジャニスの研究は，やせることと禁煙を目標とした短期のカウンセリングに重点をおいた．ジャニスの研究グループ（ジャニス，1983）では，何か決定的な要素が面接で提供されるなら，1回の面接でも効果的に行動的変換が起こることを見出した．これらの要素を図13に示すが，すべての要素は，援助の最初の位相から最後の位相までの変化を生み出すことに向けられている．

　エール大学のグループは，適度の自己開示を奨励することによって，まずクライエントの「動機づけ力」を形成しているが，ほとんどの場合，それはカウンセラー側の適当な自己開示のモデルを用いてなされる．クライエントが減量行動とか喫煙行動とかいった過去の体験を開示するとき，カウンセラーは中立あるいは負のフィードバックではなく，正のフィードバックを提供する（例えば，「禁煙が難しいことに気がついたのは良いことですね」というふうに）．セッションが進むと，認知的再構成や解釈による方法は，洞察に導くのに役立つ．面接のこの部分では，ラポール，問題の定義づけ，および目標の設定が重要である．

　ジャニスは，意志決定カウンセリングにおける最後の二つの位相で，一般化，および新しい思考と行動の維持に非常な注意を払っている．行為についての指示的な示唆をクライエントに与え，クライエントがそれを受け入れ，正の行為を約束することを励ます試みをする．行動の変容を維持するための技法を教授し，クライエントが変容を示すときにのみ応酬として正のフィードバックが与えられる．ふつう概念化されているような無条件の積極性の尊重は意志決定モデルの一部ではない．ジャニスの研究結果は，人はある選択が強化され，他の選択が消去される環境で最も適切に反応し学習することを徐々に提示している．カウンセラー側のこういった選択が提供された場合には，カウンセリング環境自体が，クライエントが最終的に直面する実生活の環境に密接に対応していることがわかる．

　しかし，ジャニスの3番目の位相で，援助に対する彼のアプローチと伝統的なアプローチの違いが最も明らかになる．カウンセラーは，面接終了後に

クライエントが戻るための新しい環境を確立しようとする．カウンセラーは
クライエントと接触を保ち，フォローする計画を作成し，またクライエント
の新しい行動を支持するためのカウンセリングの「パートナー」あるいは同
輩集団を紹介するかもしれない．そしてカウンセラーが実際に立ち合わなく
てもどうすれば成功できるかを，クライエントが学習する手助けをする．

　ジャニスの面接は，特定の目的に向けて高度に構造化されており，図13の
1番目と2番目の発達レベルで示される環境の構造化を呈している．ジャニ
スが提供した環境は非常に同化的で，新しい現実の構造に調節するために慎
重にクライエントに働きかけ，クライエントは新しい認知的および行動的構
造の一部分として，この環境に最終的に同化する．ジャニスは，これをコー
チングアプローチと説明している．「クライエントが健康管理の専門家をオリ
ンピックのコーチとみなす場合，クライエントは，ある意味でコーチは自分
をオリンピックのスターのように扱ってくれるという思いを抱くものである」
(p. 41)．クライエントが，カウンセラーやセラピストによって，スターとみ
なされている場合，成果はオリンポスの山の高さに達する傾向にあるようで
ある．

　エール大学のグループによる概念化は，特に重要である．なぜなら，この
概念化は，行動的変化を維持することは，おそらく多くのセラピストが言う
ほど困難ではないことを明確に示しているからである．治療では，ほとんど
のクライエントが形式的操作思考をすることができるので，このことは理に
かなっていると思われる．目標は，クライエントが明らかに持ち合わせてい
る技法と認知的能力を使用すること，および最大限の認知的および行動的機
能に戻ることを促進することである．

　マーラット (1980)，マーラットとゴードン (1985)，およびマルクス
(1982，1984) は，アルコール中毒，減量行動，あるいは職場の管理者におけ
る新しい行動の維持などの問題について研究した．彼らの研究は「後退の予
防」と称され，クライエントあるいは管理者が生活する環境は，全く予想不
可能なものであり，新しい思考に取りくんだり行動したりすることは難しい

5. 対決，そして新しい発達レベルへ　　231

という仮定に基づいている．カウンセラー，セラピスト，あるいは管理者ト
レーナーの課題は，クライエントに環境に対して予防処置を施し，クライエ
ントが環境に調節するというより，むしろ同化し働きかけることを援助する
ことである．この意味で，後退の予防およびジャニスのモデルは，クライエ
ントが変化を維持することに気づくことを援助するために環境の重要性を強
調しているといえる．

　クライエントは，後退の予防について三つの主要項目を教授される．第1
に，一時的な誤りを恐れるよりもそれを予期しておくようにアドバイスを与
えられる．発達は，必ずしもフローチャートに描かれているような自動的な
前進運動ではない．むしろそれは新しい概念を適所に置くための一連の不ぞ
ろいな試みであることが多い．第2に，トラブルの場への気づきを高めるた
めの方略が教授され，クライエントが予測した困難に対処する助けとなる技
法が提供される．第3に，クライエントは失敗して自責に陥った自分自身に
ついて熟考する方法を検討することを教えられる．これは特に重要である．
なぜなら自責は，環境によって同化される第1段階を示すものであり，また，
古い習慣への復帰を示すものであるから．

　後退の予防には，二つの位相が含まれる．一つには，クライエントは，維
持すべき技法を選択するが，その技法は自発的で習得可能であり，特定の行
動（減量，アルコール中毒，ストレスマネジメントといったような管理技法）
という点で操作的に定義することができる．第二に，クライエントは変化の
ための特定の方略を教授される．この方略には，後退の過程そのものに気づ
くこと，カウンセリング面接の環境と職場環境の区別，危険度の高い状態の
見極め（食べたり飲酒したりしたくなる状態，あるいはストレスに満ちた仕
事上の問題），可能な対応の分析と必要なときのための対処技法の教授，失敗
に伴う情動の認識，自己効力の開発（有能であるという感情の内面化），およ
び行動を維持することにおける利益への自己応酬の与え方が含まれる．後退
の予防過程での興味深い部分は，「プログラム化された後退」と呼ぶもので，
例えば，減量中のクライエントは計画されたどんちゃん騒ぎの食事会に参加

するよう奨励される．ほとんどのクライエントは，新たに創造された行動が固定する前に，ある段階で後退する．この逆説的な指示は，自責を避けるうえで有効であることがわかり，クライエントが環境システムに対処するのを援助する．

ジャニス，およびマーラットとマルクスのアプローチでは，個人と環境の関係に対する注意が非常に多く払われており，完全に個人に焦点を当てているような治療やカウンセリングへのアプローチと対照的と言えるかもしれない．システムは，多種のかなり典型的な行動と情緒の技法を使用するようであり，これらの技法は，環境における個人の自己統制を促進するために使用される．要するに，一般化および行動の転移というこの二つの重要なシステムは，計画された環境変化を伴う治療の継続性を確実なものにする．これは，ほとんどの心理療法とカウンセリングの方略が強調しそこねていることである．

心理療法やカウンセリングは，比較的安全で支持的なセラピストの環境で行われる．しかし，外の世界は，本当に「冷たく残酷な世界」である．ジャニスおよびマーラットとマルクスのモデルでの試みは，治療室の外での変化は偶然に起こる余地がないことを明確に説明することである．ほとんどの心理療法では，治療室内での変化のための環境を提供することに焦点を当て，その変化の促進を援助する．しかし，それではただ，クライエントが家族，職場，隣人の環境に復帰した後，その変化についてある程度の支持と強化を提供しているにすぎない．ルシエンヌとがらがらの例に戻ろう．ルシエンヌががらがらに触っても，たった1度つかむことしかできず，持つことを可能にしそれを励ます支持的な環境がなければ，つかむという行動は失われてしまう．ルシエンヌ（および父親のピアジェ）のように，クライエントは新しい行動のためには環境の支持を必要とする．さもなければ，変化を固定するより後悔することの方が多いだろう．

理 論 を 実 践 へ

　創造性，発達，変化，成長，変換――これらの言葉は，治療における効果
的な介入の結果を示す言葉として，互換的に使用される．創造性の過程は，
各々の環境における矛盾の対決，および思考と行為のために新しい選択肢を
引き出すということに関わっている．

　本章では，創造的な過程の例を挙げ，創造性を産み出すときの対決と混乱
の重要性について論じ，クライエントの認知の結果という視点から見た創造
的過程を評価する，5段階の評定規準（尺度）を提供している．その後で，
こうした観念を実行に移すことへの示唆を提示している．

構成概念 1　〈創造的な過程は実存的動きに関係しており，人間の内的また
は外的環境における矛盾との弁証法的対決から生じる．〉

（1）　**学習目標**　　ピアジェと娘のルシエンヌの創造性にみられるもので
　　　あれ，クライエントの成長と変化で起こる創造性であれ，創造過程の
　　　弁証法を類似のものとして説明できること．

（2）　**認識事項**　　191〜208 ページは，創造的な過程における類似点のい
　　　くつかを略述している．この点で重要なことは，ピアジェと娘のルシ
　　　エンヌの創造的な過程は，単独ではあるが，環境からの特定の混乱に
　　　反応または対立して起こる．混乱は，治療における対決――すなわち，
　　　クライエントの認知的バランスを混乱するために考案された治療技法，
　　　の用法と関連している．弁証法の視覚的描写は，実存的動きとして示
　　　されるような創造的な解決の不断の生成を説明している．この視覚的
　　　表現は，治療過程，ルシエンヌの成長過程，プラトーの *Meno* の中の
　　　奴隷の少年による知識の創造を説明することができる．

（3）　**体験的学習課題**

　　　a．弁証法の視覚的表現を使用して，ピアジェの創造的な過程，ル

シエンヌの第1次循環反応，および治療時の動きを説明しなさい．各例において，何が命題「正」および命題「反」であるか，そして両者がどのようにして新しい創造的な命題「合」で一つになるかを定義しなさい．その後，命題「合」がどのように再び命題「正」と命題「反」に分解し，過程を継続してゆくかを説明し図示してみよう．

次に，この枠組みから，セラピストとしての自分の経験の一例を説明しなさい．クライエントの動きを弁証法の課題として説明しなさい．この過程では，対決と混乱の役割に特に注意を向けよう．この方法で，数多くの治療事例の中からいずれかを採用し，実存的動きを略述すると理解が容易になる．

b．変化，および発展する新しい命題「合」をもたらす命題「正」と命題「反」の間のギャップに特に注意を向けよう．2人の人間の情報処理の概念を説明した図6に戻りなさい．ギャップを，「意識の眼」に類似したものと考えなさい．長期記憶は，そのギャップや眼を閉じたり開いたりすることができる．

弁証法の構成概念を使用して，情報処理理論の視点で弁証法を説明するとどういうことになるかを略述しなさい．

c．クライエントの内部の矛盾と不一致に焦点を当てる対決技法は，クライエントの存在の状態における混乱に基づいたクライエントの弁証法的運動を促進するうえで，特に重要であると思われる．本章で提示した対決の例では，セラピストはクライエントの描く現実の像に対して調節し，現在の矛盾をクライエントにフィードバックしたことに留意しよう．

ピアジェは，子供に矛盾を指摘するための特別な才能を持っていたと思われ，子供の思考過程についての有効な洞察を我々に与えてくれる．

対決を使用した自分自身の面接を考察しなさい．クライエントのシステムに対する混乱への反応の仕方，そして様々な反応の仕方に留意

しよう．矛盾を認め，それに対決するためには，役割演技を行うのが効果的であろう．

d． しばしば非合理的な言葉で表される非論理的な呪術的思考例を，あなた自身の身近な環境の中から探してみよう．自分と他者との相互作用に注意し，1日のうちに何回彼らが非合理的なことを言ったかを記録する．心が動くとき，友人と同僚の非合理的な呪術的思考と対決し混乱させてみよう（自分自身と他者の双方に注意し考慮すること）．この練習が成功した場合は，我々の対人関係相互作用には，ふつうわれわれが無視することにしている矛盾と不一致の要素がいかに多く含まれているかに気づき驚くだろう．

構成概念2 〈5段階の発達レベルの尺度を使用して，治療的介入に対するクライエントの反応を分類することができる．〉

（1） 学習目標　発達レベルの規準に基づいて，クライエントの発言を分類できるように．

（2） 認識事項　209〜218ページは，規準およびその背景（背後の条件）について要約している．図10は，規準そのものを表している．

（3） 体験的学習課題

　　a． セラピストの対決に対する以下のクライエントの反応を分類しなさい．

　　　　1） セラピスト：あなたは，一方では退職したいと言いますが，もう一方では，あなたがその方向で何らかの段階を踏んでいるとは思えませんが……．

　　　　　　クライエント1a：私が退職したいと考えていると，あなたがどうしてそう考えるのかわかりません．

　　　　　　クライエント1b：それはあなたのご意見ですね．私は，多くのことをしました．例えば，今あなたと話しているでしょう．

クライエント1c：ええ．あなたのおっしゃることはわかります．私はずいぶん話しましたが，多くを行ってはいません．

クライエント1d：さて，それで解決しますね．明日，保険代理店の人と会って話し，活動開始です．

クライエント1e：はい．ある種の非常に現実的な葛藤があります．自分のしていること（仕事）は好きなんですが，若い人に任せる時期なんです．だからここにいるとお察し下さい．ただし，私は保険代理店の人と会い，今いくらお金があるかを見てから動き始めます．それは，少なくとも決定へのスタートなんです．

2) セラピスト：スーザン，あなたは，一方では本当に，ご自分の結婚生活についてあきらめていらっしゃるかのように聞こえますが，声の調子にためらいがあるのも聞こえますね．

クライエント2a：その言葉は物事をはっきりさせてくれます．私は，思っていたほど確信してはいないんです．確かに，トムとはけんかもしましたが，楽しいときもありました．決定をのばして，さらにそれについて考える必要があるようです．思っていたほど確かなものではありません．

クライエント2b：いいえ，離婚したいことは確かです．ただ，いい弁護士さんを教えて下さりさえすれば．

クライエント2c：……のときに考えたほど確信してあなたに会っていないとおっしゃっているみたいですね．

クライエント2d：へぇーっ．実にずばりですね．主人の浮気にどうにかついてきましたが，私が調べていなかったら，どんなに傷ついたことでしょうか．おっしゃるとお

5. 対決，そして新しい発達レベルへ　237

りですわ，ためらってるんですが，それに気づいていませんでした．

　クライエント2e：あなたがためらっているのでしょう．私の言っていることが聞こえませんか？

1 a ＝レベル1	2 a ＝レベル4（新しい解決，限られた洞察）
1 b ＝レベル2	2 b ＝レベル2（部分的な認識）
1 c ＝レベル3	2 c ＝レベル3（互換可能）
1 d ＝レベル4	2 d ＝レベル5（アンビバレンスについての洞察を発展させる）
1 e ＝レベル5	2 e ＝レベル1（否定）

　b．自分で扱った事例の面接記録，録音テープ，あるいはビデオテープを選択し，この規準に基づいてクライエントの行動を評価してみよう．クライエントの低レベルおよび高レベルの反応を「作り出す」と思われるセラピストの誘導に，特に注意を向けなさい．同時に，フロイト派の防衛機制の構成概念にも注目しよう．クライエントの言語化（および，おそらくはセラピストの逆転移）において，機能しているメカニズムを見分けることができるだろうか．

　c．上で分析したことをレビューし，弁証法（レベル4および5）の動きの「瞬間」は相対的にごく少数でありがちなことに留意しなさい．人間の機能は，主にレベル2および3で機能し，そこでは部分的に否定したり矛盾を「保持」したりする．治療結果の評価において難しいことの一つは，結果は非常に速くそして簡潔に生じるため，それが起こったという事実を見逃してしまうことである．また，1度起こるとクライエントの新しい命題「合」は，非常に迅速に別の命題「正」と命題「反」に分解する（規準のレベル4と5の区別をすることは，特に難しいことが予想される）．

　このことは，クライエント，セラピスト，理論，さらには文化のいずれの欠陥でもない．命題「合」の概念は，プラトーの知識（エピス

テム）の概念と密接に関連しており，知識の知性（ノエシス）への分解は，命題「合」と命題「反」の矛盾の形成を示している．こうした実践的および哲学的観点からは，知識と真実は常に曖昧で変化しているということの言い換えにすぎない．実生活の中で，まわりの同僚や自分自身がこんなにも多くの非合理的な呪術的なことばを使っているとは，ちょっとした驚きである．

構成概念3　〈いったん，弁証法によって新しい知識を得ると，この知識を維持するには危険を伴うことが多い．後退の予防，および知識と行動の一般化の技法は，発達を維持し，将来の成長を励ますために重要である．〉

この構成概念には，二つの主要次元がある．第1は，それが認知的であれ，行動的であれ，その新しい知識が持続され個人の一部になるためには努力がなされねばならないということである．

第2の次元はもっと複雑である．新しい知識と行動を固定することは，同時に新しい問題をもたらす．知識は曖昧で一時的であると考えられており，新しい知識をしっかり植えつけているという事実は，我々が新しい命題「合」を発達させる前と全く同じ地点に戻ることを難しくさせるということを思い出そう．新しい知識を効果的に教示すれば，この知識が知性（ノエシス），命題「正」と命題「反」の新しい矛盾との直面，そして新しい発達課題に直面する必要性，への道が開かれる（レベル5の洞察は，ほとんど即時的にレベル4に「分解」する）．

(1)　**学習目標**　後退の予防の過程を説明できること，そしてクライエントが面接から学んだことを維持し，その日常生活に一般化することができるようにすること．

(2)　**認識事項**　218〜232ページは，段階間の変化の局面，および段階変化の維持について略述している．変化とは，認知的変化と行動的変化で示されることに留意しよう．無意識的変化については次章に持ち越す．

5. 対決，そして新しい発達レベルへ　239

（3）　体験的学習課題

　　a．　本章で既に述べた変換過程の説明を考察しよう．4ポイントの
モデルを使用し，治療過程がどのようにして環境での変化を可能にす
るための援助を提供するかを説明しよう．次に，本章で説明した直接
的な変換過程の具体例について，面接記録，または自分の面接を考察
してみよう．セラピストが提供する対決は，変化を可能にする混乱因
子であるらしいということに，再度留意しよう．

　　b．　ハーシィとブランチャードの管理者訓練モデルから応用した枠
組みを使用して，変化のための環境の構造化を練習しなさい．習得し
た特定の課題を取りあげ，他の人に説明するかまたは教えてみよう．
この課題は，セラピストとしての仕事で使う課題または技法（治療技
法，治療の記録保持，難しい同僚を扱う方法）から，家族での回復課
題にまで及んでいる．課題は，知っていることを教授し，それを他の
人間と共有することである．この共有においては，次に挙げるハーシ
ィとブランチャードの3段階を踏むとよい．

　　1)　構造と指示の提供．

　　2)　各人に仕事をさせること．

　　3)　正の変化の強化あるいは報酬．

この簡単な（基準）枠組みは，弁証法的運動の構造と比較される．

　　c．　一つの段階または位相からの変化と顕著な移行は，通常，上記
の簡単なモデルでは達成されない．段階の変化を達成し保持するため
には，図12で示されるような一連の計画的な相互作用が必要である場
合の方が多い．今度は，個人が次第に統合を学ぶように，扱いやすく
教えやすい単位に分解して，もう一度上の課題をやってみよう．

　　d．　マーラットとゴードン，マルクス，およびジャニスの概念を借
りて，上の変換体験から学んだ認識と行動が実生活の環境で維持され
ることを確証するため，体系的な介入を計画しなさい．しばしば，ゴ
ードンが用いる言葉を言い換えれば，無計画にその一般化を行うこと

は後悔の種になりやすいようだ.

要　約

　本章では，創造性，変化，成長，変換，および発達の概念を互換的に使用している. 各々の場合において，人間に既存のものは，将来の動きを促進するための基盤として使用されるが，それは通常，行動，思考，感情のいずれであるかにかかわらず，行為の可能性をより高めつつ，より複雑で幅広い理解の方向に向かっている.

　創造は単独では起こらない. 環境との関係において起こる. 創造が起こるときは，環境も変化しなければならない. ただし環境は，家族，職場，あるいは国家，エコロジー（社会生態学）のいずれであっても，人間ほど容易には変化しない. こうして，変化の最初の二つの主要段階――人間の注意を引き，何らかの形で変化を始めること――は，環境がこの変化に対する支持を提供しないかぎり，ほとんど役にたたない.

　治療とは，人間と環境の弁証法である. 発達の過程は，ひとりでこれをたどることはめったにない. 治療によって得られた発達的変換を維持したい場合は，面接という我々の直接的な努力を越えて，環境に対し，さらに注意を払うことが必要不可欠のようである.

　最も重要なことは，様々の異なるタイプの療法によって起こる変化の条件には以下のものがあるということである.

1) 変換のために構造化された環境.
2) 変換と創造性に対する何らかの承諾と奨励. これは，最終的には，クライエントが独りで引き受けなければならない.
3) 変換過程に従ったクライエントへの何らかの形の強化と支持. この本質的に人間と環境の弁証法的なアプローチは，いうまでもなく，反映的抽象の一つであり，本章の冒頭で著したピアジェと娘のルシエンヌのアプローチと本質的に類似している.

5. 対決，そして新しい発達レベルへ　　241

　本章では，変換の重要性とその過程を説明した．本当に理論と実践を統合
したいならば，治療過程の状況（文脈）において，変換過程を考察しなけれ
ばならない．発達心理療法過程の結果として，クライエントに変換上の変化
は起こり得るか？──これが，次章の課題である．

6

発達心理療法の実践
──症例分析──

　本章の目的は，クライエントの認知的発達における治療的変化の二つの具体
例を考察することである．最初の例は，１回の面接の一部分を詳しく分析して
いる．２番目の例は，７回の面接の間のクライエントの進歩を考察している．
いずれにおいても，カウンセリングや治療における認知的変化の過程と結果
は，かなり具体的に評価することができるということを示し，さらに次のよう
な点について考える機会となるであろう．

1)　発達心理療法の概念は，経験的現実に示されるということを示す．
2)　これらの結果を評価するための効果的な測定方法が得られることを論証
　　する．
3)　治療過程における弁証法的動きを，さらに具体的に論じる．
4)　概念の比較文化的妥当性について考察する（掲載した２番目の症例は，
　　東京の日本人のクライエントのものである）．

　面接の記録を詳しく考察する前に，次に挙げる弁証法的発達の複雑性に関す
る説明をしておくことは有用であろう．

治療の弁証法の様々

　弁証法とは，相互作用に対する複雑であまりよく知覚できないアプローチで

あると一般的に認められているようである．そして，これまで本書では，いくつかのタイプの弁証法の公式を，各々を区別立てないで説明することにしてきた．治療の面接記録を考察する前に，弁証法の治療過程における複雑な操作方法のいくつかを検討することが重要に思われる．次に挙げるのは，治療の面接で常時現れる数種の主な弁証法である．

2人の人間の相互作用の弁証法

おそらく最も重要な最初の公式化は，ピアジェのものであろう．ここでは1対1の関係における子供の相互構成の現実を次のように説明している（[1930] 1955）．

    1．　Aによる言葉．

    2．　1に順応したBによる言葉．

    3．　2に順応したAによる言葉．　　　　　　　　　　　　　　（p. 71）

これと同じ説明は，当然，セラピストとクライエントの相互作用にも適用される．弁証法が動き始めるには，クライエントが何かを述べ，最初にセラピストがその言葉に順応しなければならない．次に，今度はクライエントが，自分の次の言葉をセラピストの言葉に順応させる．

実存的動きが起こる場合は，順応のコミュニケーションが起こらなければならない．セラピストが，自分の言葉をクライエントに順応させない場合，あるいはクライエントが自分の言葉をセラピストの介入に順応させない場合，弁証法は固定し不動の状態を維持する．すなわち，動きは起こらない．

このモデルでは，クライエントまたはセラピストのいずれかが，弁証法の動きを再開することができる．顕著に同化的な治療（古典的な米国流の自我分析心理学など）では，クライエントが，最終的にセラピストの言葉に対して調節し，実存的動きを再開する．もっと調節的な，傾聴スタイルの治療では，クライエント独自の必要性に合わせるために，セラピストが自分の言葉または介入を順応させなければならない．

弁証法的相互作用がスムーズに作用するならば，面接は図14で示したパターンに従う．セラピストは，クライエントの命題「合」に対して命題「反」を

提供する．これは，対決技法によって最も多く効果的に行われるが，傾聴技法，解釈技法などの技法も，弁証法の動きを促すことができる．クライエントの命題「正」は，セラピストの混乱によって壊れ，動きを続ける．同化と調節の見方をすれば，クライエントはセラピストに対して調節し，思考と行為を変換し，徐々に新しい存在に同化する．

命題「正」としてのセラピストのコメント，および命題「反」としてのクライエントのコメントを使用して，これと同じ二重弁証法を構成し，セラピストが新しい命題「合」に進歩することもできる．この場合は，クライエントの言葉に順応したセラピストの言葉，および連続的な運動を促進するための，クライエント側の連続的な順応の必要性が見られる．

この二つの弁証法のモデルは同時に起こっている．どちらに注目し，これを説明し，研究を行うかについては，2者関係に対する自分の弁証法的インパク

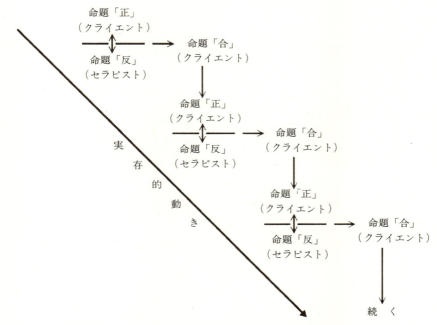

図 14　セラピストとクライエントのスムーズな弁証法的相互作用

トによる．それは，観察者は，単純な観察過程を通して観察にインパクトを与えるからである．

治療の相互作用の複雑性は，ただこの観察とともに見え始めたに過ぎない．同化と調節の構成概念，および情報処理理論の弁証法が，このモデルに付加されたとき，人はもっと単純な区切りの線形モデルの必要性を感じ始める．それは，ほとんどのカウンセリングや心理療法理論，およびその分野の現在の研究にみられるようなものである．

この特定の弁証法は，行動的な弁証法と称することができよう．というのは行為という点で起こるところのものが見え，聞こえ，しばしば考えられるため

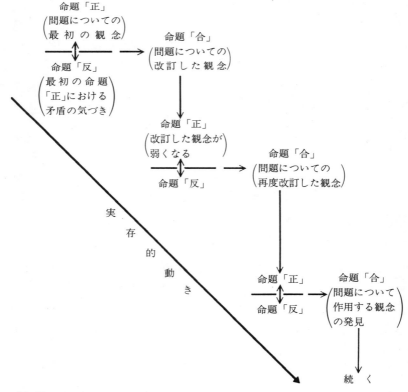

図15　セラピストとクライエントの弁証法的かかわりに伴って変化する内的認知

6. 発達心理療法の実践　　*247*

である．明らかに，欠けているものはその他の重要なクライエントとセラピストの内的な認知的弁証法である．

クライエントとセラピストの内的な弁証法

　2者間で，さらに重要な二つの弁証法が起こっている——一つはクライエントの内部で，もう一つはセラピストの内部で起こる．クライエントは観念（命題「合」または命題「正」）を提示する．次に，その観念の内的な認知によって（おそらく，セラピストからの援助によって），最初の観念における矛盾（命題「反」）に気づき始め，内的な認知的動きが始まる．

　今度は，セラピストがクライエントについての観念（命題「合」または命題「正」）を持つ．外的および内的観念によって，セラピストはクライエントについての最初の命題「正」における矛盾（命題「反」）に気づくように導かれ，クライエントについての新しい命題「合」が現れる．

　基本的に内的な二つの認知的過程は，クライエントの内部で起こっている．これらの内的過程は，認知的レベルにおける意図に通じているが，それは観察可能な行動的レベルで行動に表される場合も，表されない場合もある．

　図15では，クライエントの内的な認知が，セラピストとクライエントの弁証法とともに，あるいはそこから独立したとき，どう変化しているかを図示している．

　セラピストの精神の内的作用についても，同様なモデルを構成することができよう．認知は行動を導き，しばしばその過程において外面化されるようになるため，内部と外部の区別は，当然，曖昧になる．

　こうして，治療過程では，同時に多数の弁証法が作用している．セラピストとして最も重要で不可欠と思われることは，クライエントとの関係において，見ること，聴くこと，および感じることができることである．人は見ること，聴くこと以上のことが起こっていると気づく，そしてその次元をクライエントの内的な認知的対話と呼ぶ傾向がある．近年，認知療法では，クライエントの機能のその重要な次元を扱おうとしている．しかし，弁証法的相互作用には，なお多くのことが存在する．

治療における複雑性の「本当の」複雑性

機能する弁証法は，他にも多数存在し，私達が意識的に気づくもの（述べられているものなど）と，ただ漠然と気づくだけのもの（我々のオフィスや職場のクライエントへの影響，信用性とステータスを伝達する我々の能力などの問題，文化的，性別的要因など）がある．それ以外で最も気づきにくい（意識しない）ことは，セラピストの微笑みがクライエントに父親や母親を思い出させるということ，あるいは，「流産」，「別離」，または「ウェストウッド大学への入学」などの言葉は，クライエントと我々とでは非常に異なったものを意味するということである．このように，キーワードや構成概念の意味を解く過程は，治療の弁証法のもう一つの重要な部分である．

現在，「認知的無意識的革命」(cognitive unconscious revolution) と呼ばれる治療の分野が進行中である（マホニー，1984，1985；バン・デン・バーグとイーレン，1984；マイヘンバウムとギルモア，1984；ゲルソーとカーター，1985）．「無意識的」とは，「現在のところ気づいていないもの」を意味するということで，見解の一致をみつつある．この定義はもちろん，第2章で論じた長期記憶の構成概念と一致している．長期記憶は，我々の知覚的過程（「意識の眼」），認知，および行動に働きかけ，影響を及ぼす．我々は「無意識的」機能に気づくことができる一方で，常に意識を超越した何かが起こっている．

意識を超越して続いているものは，無意識の，あるいは長期記憶の弁証法的操作と説明することができよう．データは，カウンセリングや心理療法を通して取り入れるが，データの取り入れ方や処理の仕方は，長期記憶に前存する構造によって異なる．これらの構造は，弁証法的関係において新しいデータに反応し，相互反応する．行為をもって行動や認知にただ作用するということはしないが，我々はまた，我々とクライエントの意識を超越したものに作用している．この「超越したもの」とは，長期記憶，または無意識で起こる弁証法である．

例えば，セラピストの明白な行動を，クライエントとの関係において考えよう．第1のレベルでは，セラピストは観察可能な弁証法を持っており，コミュ

6. 発達心理療法の実践   249

ニケーションの順応によって，各々の言葉を次の言葉に順応させる．第2レベルでは，比較的にアクセス可能な認知の視点で，言葉はセラピストとクライエントによって内的に処理される．最終的に，知覚と認知は，作用すると同時に，長期記憶で既に同化した構造によって作用される．新しいデータが長期記憶に調節されるかどうかは，「意識の眼」の開かれ方によって異なる．外観上は変化が起こっていても，長期記憶において強度に同化した情報は，弁証法の運動を止めることができる．フロイトの低レベルの防衛機制で示されるものは，この無意識レベルのギャップを閉ざすことなのである．図16は，内的長期記憶処理の弁証法を，至極単純化して提示したものである．

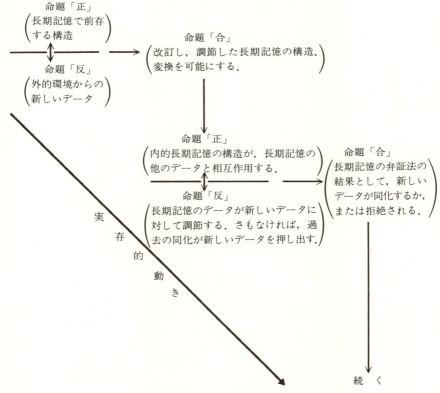

図 16　単純化した内的な長期記憶処理の弁証法

言うまでもなく，長期記憶，あるいは無意識における弁証法的相互作用は，おびただしい数に及ぶ．セラピスト，または各人の内的認知から生じる外的データは，多数の相互作用をもたらすことができる．一連の無数の変数が与えられれば，治療は何らかの効果を発し，仮にもクライエントに影響を及ぼすことは，確かに注目すべきことと思われる．図16では，セラピストの接触が極めて重要であることが示されている．具体的には，クライエントが新しいデータに対して調節することができるような関係を得て維持することである．

弁証法的関係の多数性

セラピストとクライエントの関係は，分離し，区別立てられた，それでも相互に関係し相互に作用する弁証法を多数持っており，それらは同時に起こることが，この時点で明らかになるはずである．カウンセリングと心理療法における人間と環境の弁証法には，起こり得る成長と変化のための多くの次元が含まれる*.

* 弁証法の概念は，非常に多くのことに関係して使用されるため，前述の弁証法の基本定義を，この時点で繰り返した方がよいだろう．

　弁証法という言葉は，いくつかの異なった状況において，異なった方法で使用される．これらの区別立ては，次に挙げる主な二つの公式化がその基盤となっている．

（1）ピアジェが示した幼児の例にも見られるように，弁証法とは，常に存在し，活動している一定の過程である．このような場合，弁証法は，参加者側の意識的な気づきを伴わずに起こる．これと同じような過程への気づきの欠如は，クライエントとセラピストの間で起こり，人間の普遍的な存在様式の一部と思われる．

（2）人間は，弁証法的過程を意識するようになる．この意識は，特に人間と環境の相互作用として面接過程を考察しようとする家族療法，フェミニスト療法などにおいてみられる．

　要約すると，弁証法は，意識しない場合でも，常に存在している．「人と環境」の相互作用という言葉は，カウンセリングと治療の専門家にはおなじみであるが，これは，しばしば弁証法の代替語として用いられる．

全体的な変化を評価すると，どんな努力も，必ず失敗するように思われる．結局，経験的な評価は，発達心理療法の全体的な相互作用の一部に触れているにすぎない．この評価の問題点に対する答えは，システム理論における〈区切り〉の概念にある．区切りとは，「生活の一片」，すなわち，属している全体か

6. 発達心理療法の実践　251

ら切断され分離された小片である．区切りとは，人工的でしばしば線形である
が，この考え方は「機能する」．例えば，地球は円い．ゆえに，理論的には，
地球の湾曲，および他の物理的な要因のために，テニスコート，フットボール
場，あるいは砂漠は，本当に平らではあり得ない．それにもかかわらず，実践
的な目的では，テニスコートを計り分ける（「区切る」）ことができる．

　同様に，治療では，発達の小片を分離して取り出すことができる．この方法
は，セラピストの目的に対しても，可能なのである．クライエントは，変化，
あるいは「治癒」さえも示すことがある．しかし，全体的な発達のわずかな部
分を評価したにすぎないという事実は変わらない．この方法は効果的ではある
が，不完全である．さらに，評価という行為は，たいていの場合，我々も気が
つかないうちに何らかの形で評価されたものに影響を与えるということを忘れ
てはならない．研究者は，デカルトや初期の科学論者達が我々に信じさせたあ
のプロセスからはずれることなく研究の本題に留まっている（図10の発達レ
ベルの評価規準は，必要ではあるが不完全である）．

　ただし，システムおよび相互作用の概念は，システムの一部分での何らかの
行為が全体的なネットワークに作用することも指摘している．こうして，治療
の一部分が提供した区切りが，変化を表す．システム全体を通した変化（およ
びその部分効果）の特性は評価しないが，断片が提供され，ある種の変化が起
こったことを示す．そして，クライエントがより快適に感じるなら，断片的な
治療は，おそらくテニスコートと非常によく似て，効果的で実践的な治療の一
部分となろう．評価および観察されないものは，見えない「部分効果」として
説明されよう（発達心理療法のこうした局面は，無意識的発達を示すが，後で
さらに詳しく探究する）．治療過程全体を通して起こる部分効果の多数性を考
察するもう一つの方法は，多数の弁証法の操作によって行われる．

　説明のために使用しなければならない制限された区切りへの気づきを充分に
ふまえて，もう少し謙虚に，「面接における発達のマイクロ的分析」と称する
ものに向きをかえてみよう．

面接における発達のマイクロ的分析

　本節では，１回の面接の各部分について考察し，発達の弁証法をどのように考察し，また少なくとも部分的に瞬間瞬間に交わされるクライエントとセラピストの間の言語交換について，部分的に測定されたものをどのように評価するかを説明する．

　次の症例は，白人中流階級の女性のセラピストと白人中流階級の男性のクライエントのものである．下記で論じる評価モデルは，クライエントの共通の関心事——自分の子供とうまくやっていくこと——を背景にして提供されている．このクライエントの発言は，子供との関係における前操作的段階の怒りからはじまっている．セラピストは，発言３でクライエントの思考を情緒的次元に直接基礎づけ，応答４で，クライエントは具体的思考に移行する．発言５では，セラピストは後期具体的操作期に移行し，続いて発言７では，形式的操作レベルで，パターン化した介入を行う．これで，面接の最初の位相が終了する．発言７における解釈は，良くない例として表されているが，それにもかかわらず，クライエントの思考に働きかけている．

　面接の後半の部分では，セラピストは，クライエントが自分の子供との行動パターンが他の状態でも同様に繰り返されることに気づくよう援助をする．面接のこの部分は，たいてい形式的操作の環境で起こる．

　面接の内容は，数種の主なカテゴリーで評価される*．セラピストの言葉は，次の３点で評価される．

　1)　セラピストの発言によってつくり出された発達的環境．

　2)　使用した（言語的）マイクロ技法．

　3)　対決の性格（使用した場合）．

　クライエントの言葉は，発達レベルの規準に基づいて評価する．セラピストおよびクライエントの言葉は，両者の弁証法的含みの〈ある部分〉について論じられる．

6. 発達心理療法の実践　　253

* 　この面接は，*Interpretation* (M・アイビィ，1983) というビデオテープから採用，だが少々編集しなおしている．これは，メアリー・ブラッドフォード・アイビィが解釈や再構成のマイクロ技法を実演したものである．同じセッション記録は，アイビィ，アイビィとシメック-ダウニング (1987) による別の文献でも別の枠組みで論じられている．複写原稿については，マイクロトレーニングアソシエイツ (Microtraining Associates, Box 641, North Amherst, Mass. 01059) が版権を取得しており，許可を得て掲載．

1. メアリー：ジョージ，今日私と話さねばと思っている問題について，少し話してくれますか？

   〔発 達 環 境〕 コーチング/具体的操作．

   〔マイクロ技法〕 開かれた質問．

   〔対　　　　決〕 セラピストは，クライエントに，現在の存在の状態を混乱させる矛盾——「問題」について話させようとしている．矛盾は，現在の状態と理想的な状態の区別を，暗黙のうちに物語っている．普通，現在の状態と望む状態の矛盾が，クライエントを治療へ導くと仮定することができる．

   〔弁証法的状態〕 セラピストは，クライエントが自分の問題について話すのを促そうとしている．

2. ジョージ：ええ，いいですよ．今朝も何かが起こったんです．それは，……ええと，……家がめちゃくちゃだったんです．だから，出かける前にすることがあったんです．でも，私は子供達が忙しいのを知っていましたから，あの子達のためにかたづけを始めました．かたづけたとき，たぶん，かたづけ始めたときは，何にも感じなかったんですが，疲れてくると，腹が立ってきたのです．

   〔クライエントの発達レベル〕 2. アルファ解決法．クライエントは，矛盾の一部分に作用しているにすぎない．クライエントは，予測通りに環境に作用することができないため，前操作レベルである．

   〔弁証法的状態〕 クライエントは命題「合」を提示するが，それは，矛盾した命題「反」に分解し始める．

3. メアリー：疲れて怒ったの？

〔発達環境〕 環境的，構造化/感覚運動的．これは，感覚的経験に位置づけられるレベルへの逆行を示している．クライエントが，明らかに形式的操作を行うことができる場合，彼は思考し自分の感情を振り返ることが期待される．このカウンセラーリードは，クライエントの発言が，一つの視点からは感覚運動的と，また別の視点からは抽象的思考の下位段階と解釈することができるということを示す好例である．

〔マイクロ技法〕 クライエントが，鍵となる構成概念の意味をさらに詳しく探究するのを促すために考察された最小限の励まし．

〔対　　　決〕 背後にある情動に重点を置くことによって，クライエントの現在の命題「正」は，セラピストの命題「反」にアタックされている．

〔弁証法的状態〕 「疲れて怒る」という情動が，クライエントの命題「正」のための基盤を提供する．この情動の探究は，クライエント内部の新しい命題「合」につながることが予測されよう．

4. ジョージ：はい．ああ，わかりますか，メアリー，私には自分でしなければならないことがたくさんあったんです．子供のためにこんなものをかたづけているなんて，何をしているんだろう？　……ただ，どんどんかたづけただけだったのが，しまいには怒鳴って，そういう恐ろしい光景の一つになってしまったんですよ．

〔発達レベル〕 3．ベータ解決法．クライエントは，状況と置き換えられるデータを提供している．クライエントは，連続して起こった具体的操作を表現することができる．最後では，後期具体的操作，または早期形式的操作の言い方（「……しまいには，そういう恐ろしい光景の一つになってしまったんです」）で論じる能力さえ存在する（行動的には，クライエントは，なおも前操作的である傾向が非常に強い．この評価は，認知だけに絞っている）．

6. 発達心理療法の実践　255

〔弁証法的状態〕　クライエントは，今，明確な方法で，既存のデータの
命題「合」を説明している．多数のベータ解決法によって，ホメオ
スタシスの認知的均衡化が示される．

5.　メアリー：そうすると，あなたは疲れて追いつめられ，結局は子供のた
めにかたづけものをしたけれども，本当はしたくないことをしてい
たのですね．

〔発 達 環 境〕　コーチング/具体的操作的．

〔マイクロ技法〕　感情の反映，言い換え．

〔対　　　　決〕　クライエントの，今していることとしたくないことの
矛盾の明確な対決．「一方では，あなたは……する必要がなかった
けれども，……してしまいました」

〔弁証法的状態〕　セラピストは，クライエントのデータの命題「合」を
反映した．命題「合」がクライエントの思考における明らかな矛盾
を要約し，それは，近い将来に弁証法的動きを引き起こす．

6.　ジョージ：ええ……．

〔発 達 レ ベ ル〕　3．交換可能なベータ反応．

〔弁証法的状態〕　矛盾が保持され，観察されている．ベータ解決法のホ
メオスタシスは明確であると思われる．しかし，自分自身の内的な
行動的および認知的矛盾の観察こそが，発達的変化への道を開く．

7.　メアリー：私には，逆戻りしているように思えるんですよね．前にも，
これに似たようなことについて話しましたね……．あなたは，お父
様にそっくりです……．お父様は，何でもきちんとしたがるし，も
のを引き受けるのが好きで，物事に対して少し強制的なところがあ
りますよね．

〔発 達 環 境〕　相談/形式的操作．思考と行動のパターンが考察され
ている．クライエントは，思考と行動について考えるよう奨励され
ている．

〔マイクロ技法〕　解釈技法．新しい関連枠組みが供給されている．選択

的な枠組みを提供する解釈は，形式的操作レベルに位置する傾向がある．

〔対　　　決〕　この場合の対決は，自己についてのクライエント個人の命題「正」を，セラピストが提供した父親についての命題「反」のそばに位置づけている．「一方では，あなたは……と行動しますが，もう一方では，あなたのお父様が……と行動なさっている」．

〔弁証法的状態〕　クライエントの不安定なバランスの命題「正」に対立して，命題「反」が提示された．セラピストの命題「反」は，クライエントの意識の中に入り，新しく知覚するものに対するクライエントの調節過程が進められる．クライエントの古い同化の正当性が疑われている．クライエントは，他の無意識的な弁証法の公式化のレベルでも作用を受けていることが予想されよう．

8. ジョージ：〔多少防衛的に〕私があまりにも強迫的だと感じるのですか？

〔発達レベル〕　3⁺．クライエントは，後期ベータ解決法，あるいは早期ガンマ解決法に取り組んでいる．

〔弁証法的状態〕　クライエントの自分自身についての命題「正」が，対決によって変化している．防衛的な声の調子，および神経質な身ぶりは混乱を示しているが，こうした新しい知覚をまだ長期記憶に調節してはいない．

9. メアリー：この状態では，そう考えるでしょうね．それらのことを全部する必要はなかったのに，ともかくも，あなたはただ先に進んでやってしまいました．

〔発達環境〕　相談/形式的操作．セラピストは，クライエントに自分の行動について考えるよう奨励している．

〔マイクロ技法〕　フィードバック．

〔対　　　決〕　「一方では，あなたは……する必要がなかったのに，もう一方では，先に進んで……」．

6. 発達心理療法の実践　*257*

　　〔弁証法的状態〕　この介在は，クライエントの行為における矛盾に焦点
　　　　をあてることによって，クライエントの新しい認知的命題「合」の
　　　　固定を支持し援助する．

10.　ジョージ：〔さらに賛同的に〕ああっ，そんなふうには考えていません
　　　　でした．

　　〔発達レベル〕　4. 早期ガンマ解決法．クライエントは，状態を概念
　　　　化し，考えるための新しい方法を内面化している．認知は転換して
　　　　いる．

　　〔弁証法的状態〕　長期記憶の無意識的な要因にも影響されてできる（で
　　　　きるかもしれない）新しい命題「合」が既に展開したか，あるい
　　　　は，現在展開している．基本的変化は内的で認知的な弁証法のレベ
　　　　ルにあることが予想される．間もなく，この新たに展開した命題
　　　　「合」も，それ自体の内的矛盾と非合理性によって，命題「正」と
　　　　命題「反」に分解する．

　（ビデオによる実演は，この時点で中断し，メアリー・ブラッドフォード・
アイビィは，解釈してはいけない実例として，故意にネガティブな再構成を計
画したことを指摘している．ただし，ネガティブな解釈の作用がある面におい
てはポジティブになる場合もあり，「良いこと」についての世界観や構成概念
は観察者の眼にあることをここでも説明していることに気づく）．

11.　メアリー：さて，私の恐しく否定的な解釈の後に，私達がいまいるとこ
　　　　ろを要約してみましょう．ええと，……家は本当にごちゃごちゃで
　　　　した．それで，あなたはとてもとても疲れて腹を立て，全部の仕事
　　　　をかたづけたのですね．うーん，疲労と怒りの感情を起こしたこと
　　　　がありますか，起こすことができますか？　他の状態で，それと同
　　　　じ感情を抱いたことがありますか？〔クライエントは，ゲシュタル
　　　　トタイプの介入に反応して眼を閉じ，身体的には，体を内側に動か
　　　　したようだ）．

〔発達環境〕 複数．すなわち，身体の感情を起こすという点では感覚運動，特定の状態の具体的観念に頼るという点では具体的操作，パターンを探す（「他の状態で，それと同じ感情を抱いたことがありますか？」）という点では形式的操作である．概して，より強力な介入療法ではクライエントのすべてのレベルの機能に作用する．セラピストが，転移の次元を介入に追加した場合は，弁証法の考察と考えられよう．あるいは，セラピストがクライエントに弁証法的相互作用の特性を内視させようとした場合は，弁証法的介入を示すだろう．

〔マイクロ技法〕 要約，指示．

〔対　　決〕 「この状態であなたはこういう感情と思考を抱いている一方，他の状態でもその感情と思考は同様に起こりますか？」セラピストが提供するほとんどすべてのリードは対決を含んでおり，これにより事実上クライエントの実存的な動き（移動）は続く．

〔弁証法的状態〕 クライエントの命題「合」は，特に認知と行動の反復パターンについて考察されている．このことは，クライエントが行動のパターンについて考えることを要求されているという点で，後期形式的操作思考に対する要求と考えられよう．単なるパターンの考察ではなく，「パターンのパターン」の初歩的探究である．

12. ジョージ：ええ，できますとも．私はそういう感情を非常に多く起こします．ああ，……事実，すぐに秘書のジョージア……のことを思い出します．ジョージアは素適なひとなんです．彼女がすべきことについて，私がすべて詳しく説明すれば，彼女はすばらしい仕事をします．でも，しょっちゅう見つけるんですよ……．

〔発達レベル〕 4．クライエントが新しい知識を生成しているため，ガンマ解決法を表す．弁証法的状態．クライエントは，新しい命題「合」と新しい知識を見つけるとすぐに，ジョージアとの行動の過去の命題「合」における内的矛盾を認識し始める．「……彼女はす

ばらしい仕事をしますが，でも私はしょっちゅう見つけるんですよ
……」．クライエントは，行動のパターンを考察している．

13. メアリー：ちょうどそこで腹を立てているように見えますね．〔セラピ
ストは，クライエントの顔の表情における矛盾に気づいている〕．

〔発 達 環 境〕 相談/形式的操作．クライエントは，感情について考
え，気づくよう促されている．しかし，情動的矛盾に対するセラピ
ストのフィードバックの即時性および具体性と同様，感覚的経験の
基盤についても気づかなければならない．

〔マイクロ技法〕 フィードバック，および感情の反映．

〔対　　　決〕「一方では，あなたは……と言いますが，もう一方で
は怒っているように見えます」．

〔弁証法的状態〕 クライエントは，秘書を援助することについて話して
いるが，セラピストは，すぐに，クライエントの言葉と非言語の表
現の矛盾に気づく．この状態でのしかめっ面は，現在クライエント
が気づいていない長期記憶の無意識的次元の現れを示していると
うのはかなり確実である．これを認識することによってセラピスト
は，クライエントが長期記憶に既に同化した構成概念を解放する機
会を提供する．

14. ジョージ：ああ，……結局は私がジョージアの仕事をしてしまい，ジョ
ージアはすわって本を読んでいるんです．何をするかを彼女に説明
する方が難しいときもあるので，私が先んじて自分でするんです．
でも，実際に彼女を叱りとばしはしません．ジョージアが仕事をし
ていないから，かわいそうな子供達が私を怒らせるんだと思うこと
があります．

〔発達レベル〕 5．超越した認知的解決法が実証された．置き換えの
防衛機制が，パターンとして理解された．このことは，洞察の動
き，すなわち，古い同化の新しい構造への変換を示す．

〔弁証法的状態〕 新しい命題「合」自体が，すぐに新しい命題「正」と

命題「反」に分解することが予想される．真の命題「合」は，現実の世界では様々な行動を必要とすることが指摘されよう．認知が明らかに変化したため，直接アクセスできない無意識的な思考過程も同様に影響を与えられたことを推測しなければならない．

15. メアリー：ジョージアが仕事をしていないから，あなたは彼女の仕事をするし，子供達を怒るんですね．

〔発達環境〕 相談/形式的操作，パターンの考察．ここで考察されている因果関係のパターンには，基本的なクライエントの仮定は含まれないため，早期形式的操作を示す．

〔マイクロ技法〕 解釈．

〔対　　　決〕 「一方では，彼女が仕事をしていないため，もう一方で，あなたが彼女のために仕事をする．結果として，あなたは子供達に腹を立てています」．この場合，対決にはクライエントの新しい命題「合」が含まれる．

〔弁証法的状態〕 この解釈は，クライエントの心に新しい命題「合」を「設定する」援助をする．次のクライエントの応答では，クライエントがこの新しい命題「合」を心に取り入れたことに気づくだろうが，クライエントは新しい内的矛盾に既に気づいている．この連続的な弁証法的動きは，発達心理療法での成長の次元を示している．

16. ジョージ：はい，ジョージアが好きですから，……彼女がやって来て彼女の問題について一緒に話します．それで，できるときは彼女を助けてやりたいと少しは思うんですよ．そして，彼女が今いくつかの問題を抱えていることも知っています．それで私……，にもかかわらず，それは，ここに，私の肩に置かれたままになっているんです．〔ジョージは，まるでそこに置かれた責任を示すかのように，自分の肩に触れる〕．

〔発達レベル〕 2. 情動は感情から分離されている．もう一つの関連性の枠組みでは，クライエントが考えることについて考えることを

多く行っているという点で，典型的な形式的操作と考えられよう．
さらに，クライエントは，感覚運動を基盤にして気づく．ただし，
評価は，クライエントの存在の状態と同等に，あるいはそれ以上に
弁証法的動きに関連している．

〔弁証法的状態〕　新しい命題「合」が考察され始めている．

17.　メアリー：張りつめて怒ったままで．うーん……〔間〕．

〔発 達 環 境〕　相談/形式的操作．ただし，感覚的経験に基づいてい
る．

〔マイクロ技法〕　（非言語の読み取りによる）感情の反映．

〔対　　　　決〕　「一方では，あなたは……と言いますが，もう一方で
は，あなたの身体は張りつめて怒っています」．

〔弁証法的状態〕　新しい命題「合」の弱点に焦点をあてている．

18.　ジョージ：はい．〔間．ジョージは，矛盾を吸収しているようだ〕．

〔発 達 レ ベ ル〕　4．クライエントは，新しい命題「合」に観念を統合
しているように思われる．

〔弁証法的状態〕　新しい命題「合」は，前の命題「合」より広く深いレ
ベルで，既に現れている．クライエントは，新しい思考に対して調
節し，古い認知を新しい認知に創造的に変換しているように見え
る．

19.　メアリー：いくつかの交流分析的概念について，どのように話したかを
思い出して下さい．ええ，批判的な親の概念について話したでしょ
う？　時々，この状態であなたは彼女の親の役割を演じてはいない
かと思います．ですからね，あなたは……．

〔発 達 環 境〕　相談/形式的操作．セラピストはクライエントのため
に状態を再構成している．理論としての交流分析には，弁証法の一
部の局面が含まれる．例えば，親と子の間の「交流分析」の概念
は，クライエントに弁証法的関係の特性を考察するよう要求する．
アイビィ，アイビィとシメック-ダウニング（1987）は，体系的な

治療としての交流分析に言及し，こうした弁証法的次元のいくつか
を認識している．

〔マイクロ技法〕解釈．

〔対　　　決〕「一方では，あなたの命題「正」は，あなたがジョー
ジアを助けているということでしたが，もう一方では，おそらく，
あなたは親としてかかわっているのでしょう」．

〔弁証法的状態〕クライエントの弱化する命題「合」と対照的な命題
「正」が，目下セラピストによって提供されている．抽象を用いて，
だんだん多くのデータが，セラピストとクライエントによって考察
されている．セラピストの基本的な命題「合」は，子供との最初の
明白な行動が，クライエントの生活における多くの問題の基本的な
隠喩として作用するということが明らかにされなければならない．

20. ジョージ：言い換えれば，私は，子供のように，ジョージアと一緒に親
の役割を演じているのです．

〔発達レベル〕5. クライエントは，認知における新しくもっと大き
なパターンまたは命題「合」を再び生成している．再び，この命題
「合」は，必ずしも行動変容で明白化されるとは限らない．

〔弁証法的状態〕新しい命題「合」が現れている．

21. メアリー：そう，同じ種類のことですね．あなたは彼女のために仕事を
して，彼女が仕事をしなくてもやっていけるようにさせてあげるん
でしょう．それで，家に帰れば，子供にあたりちらすんですね．
……子供と同じような行為じゃないですか．それは，どのようにあ
なたに当てはまると思われますか？

〔発達環境〕相談/形式的操作，パターンの考察．

〔マイクロ技法〕チェックアウトを伴う解釈．

〔対　　　決〕「一方では，あなたはこの行動と思考のパターンを以
前に見たことがありませんが，今，それがここにあるのです」．

〔弁証法的状態〕セラピストは，さらに広範囲に基礎づけられた，強力

な命題「合」の生成を奨励しており，その命題「合」では，行動と思考の具体的な片々が，もっと大きなゲシュタルトに集められる．第2次（および，おそらく第3次）循環反応を確立する第1次循環反応の反復が見られる．クライエントの次の反応に見られるように，セラピストは，複数のレベル（行動的，認知的，無意識的レベル）でクライエントに接触する傾向が非常に強い．

22. ジョージ：〔腹部をつかんで〕……自分の身体がちょうど一種のそれに対して反応するように感じるんです．ええ，そのことについて，実際に考えたことがありませんでした．私は，人に対してあまりに批判的な傾向があるんですね．ああ……私は……でも，ただ人が仕事をしていないというだけなんです——強制的というほどひどくは聞こえないようですが，……他方では，終始批判的なんですね．

〔発達レベル〕　5．ただし，クライエントがセラピストの弁証法に反応したという点では，複数のレベルになり得る．感情の起きた瞬間（腹部をつかんだとき）は，認知と情緒が一つになる重大な瞬間を示している．これは，逆説的には，人間がその感情と等しいとする点，最低レベルの情動と似ている．ジョージは，この反応において，実際に感覚運動経験（腹部をつかむこと）から開始し，次にいくつかの前操作的要素を認め（「自分の身体がちょうど一種のそれに対する反応だと感じるんです」），それらを具体的操作の言葉で論じ（「ただ，人が仕事をしていない」），最終的には，再び自分の内部のパターンを見始める（「それは強制的というほどひどくありませんが……」）．一つのクライエントの反応の中に，すべてのレベルの経験を発見することができる．このタイプの同時経験はクライエントが確かに思考を改造していること，そして，後には，それがより効果的な新しい行為に通じるかということを示す．

〔弁証法的状態〕　クライエントには，この命題「合」の発展が見られるが，セラピストは命題「合」をそこで終わらせはしない．

23. メアリー：そうですね．ジョージ，でもその状態には，肯定的なものが
いくらかありますね．肯定的なものの一部がわかりますか？　です
から，あなたは批判的なだけの親ではなく，養育的な親でもあると
言っているんですよ．

〔発 達 環 境〕弁証法．クライエントは，関係において自己を考察す
るよう奨励されている．

〔マイクロ技法〕解釈．

〔対　　　　決〕「あなたはこの状態の否定的な面を見ていますが，も
う一方では，肯定的な面もいくつかあります」．

〔弁証法的状態〕クライエントの側で新たに発見し受け入れた命題
「合」になる一貫したパターンをいったん発見すると，セラピスト
は，状況の弁証法的再構成（解釈）の視点から，さらに別の矛盾を
知らせる．この場合，命題「正」は，セラピストの経験，および交
流分析理論（クライエントの経験に対するセラピスト自身の過去と
現在の同化）から生じている．セラピストの課題は，この新しいデ
ータの命題「合」をクライエントの経験に取り入れることである．

24. ジョージ：肯定的なもの？　それはどんなものですか？　何なのかわか
りません．

〔発 達 レ ベ ル〕2．クライエントの命題「合」は，セラピストの新し
い対決によって混乱する．

〔弁証法的状態〕クライエントは解釈を否定したが，弁証法が閉ざされ
ていないため，その解釈は開かれたままである．クライエントが肯
定的な再構成を否定していた場合は（「そんなことはない．あなた
は間違っています！　私は，そんなことをするほどひどい人間なん
です」），クライエントによるコメントの否定のために，発達レベル
は1と評価されよう．クライエントが，その再構成と解釈を自己観
にすぐに統合していた場合は，レベル5と評価することができよ
う．レベル2という評価は，効果的な発達心理療法の進歩には最低

限のものであるように思われる．少なくとも不完全な前操作的反応
なしには，クライエントは発達的変化には到達しがたいようだ．

25. メアリー：そうですね．あなたが家を整理しているときは，本当にみん
なの面倒を見ようとしていると私は思うんですが，人間は疲れてし
まうんですよね．

ジョージ：そのとおりです．

メアリー：あなたの秘書は，たくさんのプレッシャーを受けています
ね．子供達にも，しなければならないありとあらゆることがありま
すよね．ですから，いくつかの点で，あなたは自分のしていること
を，肯定的な，えー……養育的なタイプの親になることに，だいた
い再構成することができますよ．そう思うでしょう？〔ここで，セ
ラピストは自分の考えを示し，クライエントのために多くの事実と
感情をまとめている．同時に，肯定的な再構成を正当化し立証する
ために，さらに多くのデータを提供している．最終的には，クライ
エントが自分に反応するよう励ますことによって（「そう思うでし
ょう？」とか），セラピストは自分の命題「正」の弁証法的考察へ
の道を開いている〕．

〔発 達 環 境〕 弁証法．

〔マイクロ技法〕 要約，解釈，チェックアウト．

〔対　　　　決〕 「一方では，あなたは自分の熱心な仕事ぶりと努力の
ことを，批判的な親と定義することができるでしょうが，もう一方
では，それは肯定的なケア（養育）として再構成することができる
でしょう」．

〔弁証法的状態〕 クライエントが最近吸収した命題「正」は，セラピス
トの命題「反」によって，正当性が疑われている．

26. ジョージ：はい，養育的だと言えば，私は子供達を好きだと言ったと思
うから，それは正しいと感じます……ですからね，……子供達が忙
しいから手伝ってやりたかったし，ジョージアだって，実際そんな

に困っていないことはわかっています．でも，しまいには，私は確実に腹を立ててしまいます．……ああ！　だから，実際，養育……そう，養育的になることによって，結果的に……になります．

メアリー：非常に批判的ですね．

ジョージ：……非常に批判的ですし，非常に腹を立てています．

〔発達レベル〕　5．このコメントは，再び洞察の瞬間を示しており，前の洞察より包括的で完全である．ここで起こったことは，クライエントは，新しい言葉「養育的な」のもとで，同時にいくつかの矛盾を統合できるということである．

〔弁証法的状態〕　クライエントは行動と認知を同時に考察しており，セラピストが提供した新しい命題「反」を既に吸収あるいは調節したように思われる．この調節の深さは，新しい問題を解決するための新しいデータ（これは，すぐに長期記憶に同化される傾向が最も強い）の創造的な使用によって例証される．セラピストの認知は，大いにクライエントの内的世界に入り込んだ．

27．メアリー：ええ．そこで，あなたに対する質問なのですが，成人はどこにいるんですか？　私達が，親，成人，そして子供についてどう話してきたかはわかりますね．その状態で，責任をとり，何かをする成人はどこにいるのですか？

〔発達環境〕　コーチング/具体的操作的（クライエントが認知を超越して行為に移るよう奨励されているという点で）．認知的課題の解決についてはかなりうまくいったが，明らかに新たな問題が生じている．人間は，自分の存在とどのようにして行為することができるだろうか？　最も複雑で形式的な弁証法的操作でさえも，環境での具体的操作によって適合されなければ，ほとんど役に立たない場合が多い．非常に重要な問題が再び提起される．「高い方の」認知の方が必ず「高い」のであろうか？

〔マイクロ技法〕　暗に示された解釈を伴う開かれた質問．

6. 発達心理療法の実践　　267

〔対　　　決〕「一方では，あなたはこの状態についてよく考え，よ
　　　い考えをいくつか持っていますが，もう一方では，今，違う方法で
　　　何かをすることができるようになりつつありますか？」
〔弁証法的状態〕　弁証法的な実存的動きの流れが続いている．一定の行
　　　動パターンが認知に通じ，それらの認知が行動を強化した．この時
　　　点で，セラピストとクライエントの相互作用が認知の弁証法を動か
　　　したが，環境における行為の問題がまだ残っている．

　このセッション記録の次の部分を考察すれば，クライエントは認知的には優
れて機能しているが，異なる（別の）方法では何もすることができないという
点で前操作レベルのままであることがわかるだろう．このような場合の療法と
しては様々な主張訓練が選ばれることが多く，そこでは前操作レベルのクライ
エントは，最初，感覚運動的現実に基礎づけられ，次に一連の規範的な行動的
行為が，環境での変化を起こすように計画される．ひとたびその変化が起これ
ば，認知によって，そして同様に願わくば無意識によって，変化を強化するこ
とが容易になる．
　このセラピストはクライエントの反応に決して満足しなかったことに気づく
ことが重要である．ほとんどすべての反応において，セラピストはクライエン
トの発言の矛盾と非合理性に重点を置いている．セラピストが追求したのは，
常に大きくなるクライエントの気づき，そして常に増大するデータを取り入れ
説明することである．クライエントが発展させたばかりの大きな認知的命題
「合」は，明らかに，クライエントの行動の矛盾を再度指摘するセラピストに
よって攻撃されている．
　ジョージは，セラピストの援助によって，最初の応答のレベル 2 から，最初
の 7 回の応答の平均値である 3.8 に移ることができている．最終的には，レ
ベル 5 の応答がいくつかあったが，最後の 6 回のクライエントの応答のレベル
の平均は3.4である．同時に，最初の 7 回のクライエントの反応における 2，
3，3，3，4，そして 4 のレベルという成長パターン，さらに応答 14 では 5 に

達したことにも留意しよう．16〜30の応答では，クライエントはレベル2からレベル5に急速に移っていることがわかるだろう．これらのデータの示すパターンは，1回の面接，あるいは治療期間中のクライエントの援助に対する反応の仕方をセラピストが記録する方法を示している．

　発達レベルの尺度（規準）は，セラピストの前回の介入が行った直接的な対決に最も多く関連している過程尺度である．このように，規準は動きそして各々のクライエントの反応がクライエントの前の言葉と統合する程度に関連している．例えば，このクライエントは，明らかに形式的操作レベルで機能することができるが，彼の思考の多くは，効果の少ないモードに固定している．ここではクライエントの反応は，形式的操作段階の特定の発達課題内の下位段階と定義することができよう．ただし，動きに向けられた通りに規準を概念化すれば，現在示された得点システムの原理が，明らかになるはずである．

　1回の面接でのこのクライエントの動きについて，本書で既に略述した別の評価可能なシステムで眺めてみると，具体的には，ジョージは次のようであった．

（1）　より適合した言語行動を発達させた．感情さらに認知に一致させたように思われる．もちろん，治療の成功に不可欠なものは，クライエントがこれらの認知を現実の世界に適用し得る程度である．

（2）　否定的な「私」についての叙述（2におけるジョージの発言の「私は何も感じませんでした……もっと疲れてしまいました……」など）は，統制を失ったと感じる人間を示しているが，もっと肯定的な発言（「私は子供達が好きです」，および「非常に養育的になることによって，しまいには……とても批判的でとても腹を立ててしまうのです」）に置き換えられる．このタイプの発言は，行為ではなく洞察を示す．現実の世界との積極的な関わりの点で，クライエントはまだ前操作的である．

（3）　混乱した否定的な情動が既に明確化され分離されて，今は，もっと肯定的な定位を示している．

（4）　セッションの最初の部分で，クライエントが自分自身を説明するため

に使用した形容詞（疲れた，腹立たしい）は受動的で，無能で，否定的であるが，後には，もっと能動的で，有能で，肯定的になり（「私は子供達が好きです」），自分自身の養育的な局面をさらに認識している．このような表現の考察は，すぐに実際のクライエントの言語に基づいて意味差別用語を分類するための体系的な型の作成につながらなければならない．1回のセッションという部分提示では，変化は，福原による7回の面接（p. 270 参照）で起こるものほど大きくはない．しかし，変化の原則は変わらない．

（5）　クライエントの統制の位置は，前より多少内的になったように見えるが，その認知は，前より外的事象の統制を受けていないように思われる．

（6）　セラピストとの相互作用によって，ジョージは，より相互依存的な弁証法的見解に移行した．セッションの始めに，ジョージは状態を統制しようとしているように見えたため，それに深く留まった．家族，および秘書との過剰な関わり合いから自分自身を解放するうえで，何らかの効果的な発展をとげた．

このクライエントは，この短い面接で進歩したが，扱うべき問題が沢山残っている．次章では，ギリガン（1982）の全体的発達の概念を提示している．ジョージは，認知の線形のそして男性モデルに非常に深く留まっているといえよう．このクライエントは，短時間に進歩したが，完全な形式的操作に移行し完全に情動を統合するようになるまでには多数の難問を解決することが必要だろう．

対 決 の 重 要 性

　分析，評価，および分類のシステムがどんなものであるかにかかわらず，この面接から一つの事実が明らかになるはずである．すなわち，ほとんどすべてのセラピストのリードにおいて，事実上常に，執拗なほどに対決に重点を置い

ているということである．このひきつづき起こるホメオスタシスの不均衡化
は，クライエントにその認知と存在の新しい領域を探究することを強いる．変
化と動きに常に重点を置かないと，クライエントは同じ状態を維持する傾向が
非常に強いだろう．

　通常，クライエントは，なぜか機能しないで均衡状態あるいはバランスを保
っている認知的状態でセラピストのところに来る．そして，効果的に挑戦しな
ければ，クライエントは，この認知的バランスのままでいるだろう．挑戦また
は対決の方法は，非常に明白である場合と，全く微妙な場合がある．必要なこ
とは，同じ状態を考察するための選択的な準拠枠の探究である．ここでは対決
が強調されているが，対決のスタイルがクライエントの文化および個人的構成
概念に適合していなければならないことに留意する必要がある．このような直
接的な対決のアプローチは，明らかに多くのクライエントにふさわしくないだ
ろう．例えば，マスターソン（1981）は，極めて具体的な治療の提言を行って
いる．境界例の患者は，セラピストの組織的な様々な対決および支持的かかわ
りから恩恵をうけるが，自己愛性神経症の患者は，解釈，およびもっと抑制さ
れた形式の間接的な対決から恩恵を受ける．

　私達が治療での「変化」を追求するとき，我々は誤った言葉を使用していた
かもしれない．より叙述的で正確な言葉は「動き」，すなわち，それは私達の
人生を強化し，限りなく続く矛盾，不一致，葛藤，および混乱と対決する一定
の能力ということができよう．おそらく，最も期待できることは，実存的動
き，すなわち，継続する弁証法の過程であり，それは人生そのものを非常によ
く表している．「動く指が書き，書き続けては進む」．

　上述のモデルについて，比較文化的視点からの最初の試みとして，日本の大
学生を対象に行った7回にわたる一連の面接についての詳しい考察に戻ろう．

日本での7回のセッション

　福原（1984）は，18歳の大学生を相手に，7回のセッションを通してみた

6. 発達心理療法の実践　　*271*

発達的変化と成長の症例を提供している．この学生によると自分の問題は以下
である．

　　　私のことを好きな１年生の男の子に恋をしています．この春，私は彼
　　に会って……そして私達の愛は永く続くと思いました．ところが，夏休
　　みが終わって戻ってくると，彼は私と話さえしたくないように思えたん
　　です．それでとうとう私はとても頭にきてけんか腰になってしまい，実
　　際にけんかしました．驚いたことに，彼は叱られたかったようなんで
　　す．でも，私をデートに誘ってはくれないので，クラブ活動のときしか
　　彼に会うことができません．……私は将来を想像して，このまま彼を愛
　　し続けたら，最後には結婚するのだろうと思います．そのとき，私の人
　　生はどうなるのでしょうか？　私は彼の目的の犠牲にならなければいけ
　　ないのでしょうか？　……このことで，結局彼に対する私の愛が壊れな
　　いのでしょうか？　今，彼のことをあきらめるべきなのでしょうか？

(p. 3)

　クライエントの表現は，過剰な愛着を示して基本的に前操作的なところにと
どまっている．最初の面接における一般的なテーマは，本質的には「彼は私の
ものである；私は彼のものである」と説明される関係に焦点があてられる．こ
の推理の形式は確かに全体的であるが，過剰な愛着のために，分離とのバラン
ス，および必要とされる終局の個性化の余地がない．ゆえに，治療の課題は，
関係を釣り合いのとれたものにすること，すなわち，自己と他者との効果的な
分離の生成において，クライエントを援助することである．

　表１は，７回のセッションを通した，青年との関係に対するクライエントの
知覚を表している．クライエントは，自己と他者とのほとんど全体的な統合
（セッション１および２）から，自己と恋人との部分的で初歩的な分離（セッ
ション３および４），状態について考えること（セッション５および６），そし
て最終的には，自分自身および必要な行為について考えること（セッション
７）に移ったことが観察されるだろう．この動きは，多くの発達心理療法の概
念にもとづく漸次的進歩を示している．

表 1 7回の面接を通した認知的変化の評価

面接セッション	関係に対するクライエントの知覚	3人の観察者が評価したクライエントの現実吟味			認知のレベル
1.	彼は私のものである；私は彼のものである.	－－	－－	－－	感覚運動
2.	彼の全存在は私のためにある；私の全存在は彼のためにある；私は彼の期待に添わなければならない.	－－	－	○	前操作
3.	彼は私とは違うはずであるが，受け入れられない.	－	○	○	早期具体的操作
4.	彼と離れているときだけ自分の同一性を維持することができる.	○	○	＋	具体的操作
5.	自分とは違う彼の行動を理解するようになった.	○	＋	＋	形式的操作
6.	私は私自身である；彼は彼自身である.	＋＋	＋＋	＋＋	形式的操作，弁証法の始まり，および全レベルの発達の統合.
7.	私は，自分自身のために何かをしなければならない.	＋＋	＋＋	＋＋	すべてのレベルが同時に作用している．新しい発達課題に備えている.

注) －－ 非常に劣った現実吟味；－ 劣った現実吟味；○ 平均の現実吟味；＋ 優れた現実吟味；＋＋ 非常に優れた現実吟味.

出典 福原，1984，著者の許可により使用.

このクライエントは，大学生として，認知的能力において明らかに形式的操作レベルに位置づけられる．ところが，環境に支配され決定されるという点で，クライエントの思考はほとんど全体的に感覚運動的現実にとどまっている．2回目の面接は，いくつかの呪術的思考の要素を伴う前操作的的思考を表しているが，クライエントは，正確にその要素のいくつかを抽出した．ただし，3回目のセッションでは，前操作から具体的操作への推移が見られ始め，4回目のセッションで，クライエントは，次のような線形の真の具体的操作を表現することができるようになる．「彼と離れているときだけ，自分の同一性を維持することができる」．

5回目のセッションは，クライエントが実行可能な形式的操作を表している．現実吟味が向上したため，クライエントは状態と自分自身の行動を熟考

6. 発達心理療法の実践　　273

し，自己を状態から分離することができる（「自分とは違う彼の行動を理解するようになった」）．

6回目のセッションによって，弁証法への道が開かれ，クライエントは真実を確立する（「私は私自身である；彼は彼自身である」）．これは，恋人からの分離，および同時に自己に対する愛着と個性化を示している．関係を解体した後，クライエントは新しい発達課題に戻り，同時に感覚運動，具体的操作，および形式的操作レベルの言葉で「私は自分自身のために何かをしなければならない」と述べる．

このクライエントは，最初データを取り入れることはできたが，それを自分自身の視界・見通しに同化してしまった．それは感情に大きく影響された．冷淡な恋人からの新しいデータを調節することができなかったのである．治療の終わりには，クライエントは自分の思考の多くを創造的に変換した．クライエントの行動，および思考の多くは本来前操作的であったことは明らかであるが，同時に，この治療の過程を通して，クライエントは早期形式的操作から後期形式的操作へ移ったことも論じられよう．

こうした7回の面接で，クライエントはセラピストの援助によって，発達周期全体を移動した．治療の終了時には，クライエントは，新しい発達課題を再開できる状態になっている．認知の変化（行為を導く方のもの）は目ざましくはないが，望ましい治療の結果を示し，それは同時に何か他のものに通じる過程でもある．

このように，ここでは認知的変化は，米国と異なる文化においても明確に現れることに留意することが，重要になる．認知的過程は，内容的というよりも構造的であるため，このモデルを使用して比較文化的視点から発達の類似性と相違性を考察することができるかもしれない．

この日本人の学生を，第4章で要約した発達の評価のための具体的な行動規準に基づいて，次のように評価することもできる．具体的に，この学生は，

（1）　不適切な言語行動（「私は彼の期待に添わなければならない」）から，
　　　　適合した言語化（「私は私自身である；彼は彼自身である」，および「私

は自分のために何かをしなければならない」）へ変化した．非言語行動も，さらに適合するようになったと仮定することができる．

（2）　否定的な「私」の叙述（「それを受け入れることができない」）から，肯定的な「私」の叙述（「私は私自身である」）に変化した．

（3）　以前は否定的で，混乱し，不適当であった情動を，肯定的なもの（「私は自分のために何かをしなければならない」）に同化した．

（4）　形容詞的叙述詞を，受動的で，無力で，否定的なもの（「彼と離れているときだけ自分の同一性を維持することができる」）から，能動的で，有能で，肯定的なもの（「私は自分のために何かをしなければならない」）に移した．

（5）　統制の位置を，外的から内的に変化させた．

（6）　過剰な依存から，より相互依存的で弁証法的な自己の公式化に動いた．

　日本の文化は北米の文化よりも依存を評価するため，一般的には全く異質であると考えられているが，第4章で提示した変化の予想構造がここに明確に現れることは興味深い．おそらく，ここでのクライエントのパターンは，急速に欧米化している日本の文化の変化を示すものかもしれない．年配の伝統的な日本人であったら，ここでどのように行動していただろうか？

　クライエントの発達の動きに関するいくつかの展望が与えられた場合，クライエントが本当は「どこに」「いる」かについて，混乱してくる．これに対する答えは，観察者の眼の中にある．ギリガンの枠組みから見ると，クライエントは単に，自分自身についての知識，および複雑な関係のネットワークを拡大したにすぎない．要するに，治療ではあらゆることが同時に起こっている．同時に連続して起こる行動，思考，感情および行為は，全体として起こっている．最も簡単な隠喩的表現に置きかえれば，クライエントのトランプの組が切り直されたのである．順番は異なっても，トランプの組そのものは変わらない．しかし，クライエントの場合は，福原との関係において，セラピストに近づいているため，切り直されたトランプと全く同じというわけではない．ちょ

6. 発達心理療法の実践　　*275*

うど新しいトランプの一組を最初に切ったときはもっと柔軟な跡を残すように，福原の一部は，クライエントの思考に入り込んだ．同様に，福原はクライエントの足跡を得ている．クライエントの自分自身および男友達についての観察を観察する福原の対応をレビューする我々としても，札を切り直すことから学習の足跡を習得することができるだろう．

理 論 を 実 践 へ

本章は，三つの主要な構成概念から形成されている．最初の概念は，面接で成しとげた多数の弁証法の性格について考察し，面接の本当の複雑性は言葉，理論，あるいは研究では完全に要約することができないことを示している．2番目の概念は，（課題が一見不可能であるにもかかわらず），面接に関して詳しい分析を提供している．最後に，時間の経過につれて現れる発達的変化を評価する手段として，日本人学生の事例を紹介した．次の提言は，セラピストが理論から実践に移るのを援助するためのものである．

構成概念 1 〈セラピストとクライエントの多数の弁証法，セラピストとクライエントの内部の内的弁証法，および一連の広範囲な人間と環境の弁証法は1回の治療セッションの中にも存在する．〉

弁証法は，一つの命題「正」対命題「反」の簡単な操作として，あまりにもしばしば単純化されている．マルクス主義的分析は，資本主義と社会主義の単純な対立を誤って仮定することが多い．この重要で核心的な区別立てに加えるべきものは，社会文化的所産にみる多数の要因，1国の経済資源，家族構成，および社会文化的環境と関連した個人に固有の弁証法である．

経済で，多数の弁証法が同時に作用しているように，治療でも，多数の弁証法が現れる．

（1）**学習目標**　　治療面接場面を考察し，セッションで同時に起こり得る異なった個別の弁証法の公式化を10個以上説明できること．

（2） **認識事項** 243〜251 ページでは，本章で既に考察した1回の面接で起こる主な弁証法のいくつかを詳細に表している．別の定義を通してこれを分類し再び用いることは有用だろう．かくして自分自身の個人的弁証法を通してここに提示された定義を検証し，その範囲内においてこれを変えることもできるだろう．

（3） **体験的学習課題**

　　a．面接の記録，録音テープ，またはビデオテープを使用して，観察し得る様々な特定の弁証法的相互作用を 10 個以上説明しなさい．

　　b．同じタイプの分析を，自分のセラピストとしての仕事に適用してみよう．

　　c．弁証法を表すための組織的な公式化を使用して，面接の重要な部分におけるセラピストとクライエントの単純な弁証法の具体的な動きを略述しなさい．可能な場合は，自分自身のテープを使用して，もう一度練習を行いなさい．実存的動きが固定し不動の状態に見える時点に，特に注意を払うこと．動きを再開させるために，自分，またはセラピストは何をしているか？

　構成概念 2 〈面接での行動の多くの局面を評価することはできるが，面接の複雑性のために，いずれかの言語または研究システムが提供する区切りが不完全であることは避けられない．〉

（1） **学習目標** 提供された環境のタイプ（環境の構造化，または感覚運動，コーチング/具体的操作，相談/形式的操作，および弁証法）に関する面接者の行動，およびマイクロ技法の用法を評価あるいは分類できること．さらに，セラピストの基本的な暗黙または明白な対決を認め，包含し得る基本的な弁証法的公式化を考察できるようになること．

　　発達レベルの規準を使用して，発達レベルに関するクライエントの行動を評価あるいは分類し，おそらくそこに包含されるであろう基本的な弁証法的公式化を考察できるようになること．

6. 発達心理療法の実践　　*277*

（2）　**認識事項**　　252〜270 ページで提示し分析した面接記録は，示唆された方法論を要約し例証している．

（3）　**体験的学習課題**

　　a．次の六つの規準を使用して，面接記録を分類しなさい．

　① セラピストの環境，② マイクロ技法，③ 対決，④ セラピストの弁証法的解釈，⑤ クライエントの発達レベル，⑦ クライエントの弁証法的解釈．

　　b．自分の面接の一つを使用して，同じ評価規準を適用しなさい．対決の使用に特に注意を払い，自分の仕事に対するクライエントの反応に気づくこと．

　構成概念 3　〈一連の長い面接を通した発達的変化に気づき，分類することができる．〉

（1）　**学習目標**　　日本人学生の症例に示される評価基準を使用して，時間を経過したクライエントの認知的および行動的変化が考察できること．

　　クライエントの変化を考察するために，第 4 章で提示した体系的評価の公式を使用できるようになること．

（2）　**認識事項**　　変化の評価基準に関する情報は，本章，および第 4 章の172〜181 ページに掲載されている．この構成概念とそれに伴う練習は，第 4 章で既に掲載した「理論を実践へ」の発展的なものである．

（3）　**体験的学習課題**

　　a．次のクライエントの治療を開始するとき，この練習で示した構成概念に留意しなさい．面接後に記録をとるとき，福原の症例で使用された各々の評価項目についての要約を試みなさい．クライエントが提供した最初の主な前操作的観念，または認知に特に注意を払いなさい．福原が示唆したように要約形式で主な認知を提示し，同時にその要約を支持するためにクライエントが使用した特定の言葉または文章も提示すること．

自分のクライエントの進歩を評価するための略式の手段として資料を使用しなさい．この略式な評価は，もっと完璧な，統計的に納得のいく研究の成果よりも，結局は効果的であることがわかるだろう．何が存在するかを時間をかけて判断しさえすれば，クライエントの発達的変化は目前にある．

　b．一連の面接記録を取りあげ，ここで示した構成概念と評価システムを適用しなさい．こうしてこれらが，リサーチの道具として，また，面接の進歩を記録するより簡略なフィードバックシステムとして妥当性のあるものであると考えることができる．

要　　約

　再び，テヤール・ド・シャルダン（1955）が示唆しているように，「物質は，粉々にすればするほど，その基本的な結合を主張する」．ここに掲載した二つの症例は，人間の本質的な全体性，および1対1の関係の全体性について説明している．本章では，人間の全体性を断片に分割するために，相当な努力をしてきた．人間のこうした「断片」，および関係は存在こそするが，人間の経験の区切りにすぎない．個人として行うすべての行為は，全体的な個人のシステムに反響し，セラピストとして行ったすべての行為は，クライエントだけでなく，自分自身およびクライエントの全体のシステムに反響する．

　弁証法とは，自分自身および他者との統一体を構成する方法である．本章のはじめの部分では，人間はほとんど無数の弁証法的関係において存在し，そうした関係の一つ一つが相互に連結していることを強調した．

　こうして，線形の前進運動として発達を区切り，この動きを評価するための「人生の断片」尺度（スケール）を一般化することができる一方，派生的効果，行動，認知，および無意識的過程の点から見れば，今まで発見したり理解できた以上のことが起こっている．

　ところが，この惑星では，人の人生は短時間単位という現実によって非常に

6. 発達心理療法の実践　279

多く区切られる．人間は，予測可能なパターンで生まれ，成長し，再生し，そ
して死亡するように思われる．治療の区切りと成果が最も効果的になるのはこ
こである．しかし，それは相違性のある治療——不可能な目的と最終的な知識
の探究よりも，動きの過程と重要性に気づく治療である．再び，曖昧な知性
（ノエシス）と安定した知識（エピステム）の難しい弁証法に直面する．定義
可能な目的に向けられた研究と評価は，知識を示しているように思われる．
「人生の断片」を持っているにすぎないという気づきは，人生は人間が信じた
いと思っている以上に不安定で複雑であるということを思い起こさせることを
容易にする．
　次章では，本章での経験的事例で示された論考を踏まえて，三つの発達に関
する全体論的モデルを考察する．

7

治療を越えて
──発達を多次元でさぐる──

> 知るという過程では,
> 自分の存在学を構成するが,
> それは既にそこに存在している.

　存在学,存在に関する哲学的な研究は,〈何であるか〉ということ,および説明することのできないものとかかわってくる.発達心理療法の立場は,本来は認識論的である.発達過程を説明するためには,現在観察しているものの「外側にいる」ことが必要である.発達を説明するときは,外的位置をとる.それにもかかわらず,真実とは,観察者が〈見えるもの〉を説明するとき,〈光景〉が変化することをいうのである.観察者は観察されるものから本当に分離することはできないため,観察の過程が観察されるものを変えるのである.

　物理学におけるハイゼンベルクの不確定性原理は,この立場についての基本的な隠喩を提供する.対象の一つの局面を測定するときは,同時にそれと関連する局面を正確に観察することはできない──観察者が観察されるものに影響し変化させるのである.プラトーの *Meno*（『メノン』）では,ソクラテスの質問スタイルが奴隷の少年の資質を変えたことを述べている.これと同様に,ピアジェの質問の技法が,子供達が自分達について彼に話すことの多くを決定した.自分の質問および対決の技法によって,セラピストは必然的にクライエントとの相互構成の弁証法的関係に関与する.

　発達は,知識と知能の探求とされてきた──時折,「高い方が良い」という含みを持ちながら.この概念は,一貫して批判されてきたのであるが.ただ

し，発達は，発達段階または存在の状態の探究を深めるものとして，段階内部でも起こり得る．発達とは，時間を経た存在の本質における拡張または変化と見なすことができる．

神学者ティリヒ（1964）は，次のように著している．存在（存在学）自体は「最高級の存在ではなく，存在が開始することを可能にするのである．したがって存在は定義されれば必ず言い換えられるだけである」（p. 163-164）．ティリヒは，存在の概念に第2の概念，すなわち新しいものの概念を追加している．「新しいものは，三つの局面，すなわち創造，復元，実現として現れる」（p. 164）．実際，存在は，時間が経てば自らを再生する．時間の経過において，存在は自らを創造し，最初の状態に自らを復元し（「始点への復帰」），実現においては，歴史的時間における新しい現実を明示する．

心理療法では，動きは必ずしも変化ではなく，また，変化は必ずしも動きではない．心理療法は，ティリヒの存在および新しいものの概念に非常に似ており，逆説的には変化しながら安定しているが，時間が経てば，自らを実現する．

類似するものを考えてみよう．新しいトランプカードの1組が，観衆の前に披露される．カードは，前もってそろえた順番になっている．ステージの魔術師は，最初に52選び（fifty-two pick-up）のゲームをしようと言うと，子供が進んでゲームに参加する．カードがステージのあちこちに散らばり，子供はゲームの規則を覚える．子供はまごつき，カードの順序が非常に変わって魔術師のところに戻される．

トランプカードの順番は変わっただろうか？　動いただろうか？　明らかに，順番と構造は変わったが，トランプ自体は変わっていない．ゲームから残るものは，子供とトランプ双方における経験の「形跡」であろう．トランプの経験は，わずかに柔らかくなったとか，あるいは，永遠に52選びの最初のゲームの形跡を残すことになった縁のしわくらいであろう．

1組のトランプを取って，中味と順番を構成しなおすことができる方法は非常に多い（さらに，トランプの家を作ること，あるいは，コースターや壁紙と

してトランプを使用することもできることを忘れないようにしよう）．ただし，プレイヤーと代替規則との外的弁証法的相互作用がない場合は，トランプのカードは，結局，閉ざされたシステムになる．1人，あるいは複数のプレイヤーとの相互作用では，トランプのカードは開かれた輪になり，無数の変化に近づいてはいるが，エントロピーによって常に切迫した終末に直面する何かができるだろう．

　本章は，今まで扱ってきた「手法」を提供しながら，セラピストおよびクライエントの内部にある無数の可能性について記述している．人間として，私達は遺伝的および文化的継承物を持っており，それは，ちょうどトランプの組のように，結局は閉ざされたシステムの存在である．新しいものを容認する場合は，自らを他者に触れさせることを許す．自分の知識と潜在力を拡張し，さらに変化しやすくなる．しかし，最終的にはトランプのカードのように，物理的存在としての状態である必然的に閉ざされたシステムにおいて，エントロピーに直面する．ただし，ちょうどトランプとの個人的な経験が形跡として存在するように，私達は人間として，自らを形成した他の人間と文化に形跡を残す．おそらく，達成と復元は，他者および文化と自分の存在を共有することであろう．

　本章では，ギリガン，ラカン，およびグレゴルクによる三つの発達モデルを提示するが，各々が，個人の存在は，「高い」レベルの存在と成長に移ろうと努力する一方で，どのように始点に戻るかを説明している．成長は「上向き」だけでなく，おそらく水平および「横向き」，すなわち，潜在力の自然な拡張として，最も正確に説明されよう．それにもかかわらず，人間の相互依存的存在は，新しいものに出会い，新しいものを作り出す．

関係的全体論としての発達

　これまで提示してきた発達の基準枠組みが暗示しているのは，発達と成長は，より「高い」複雑な段階に導かれるという観念である．西欧文明の「進

歩」の概念では，この知識のより高い次の段階へという理想は，授けられたものとしばしば考えられる．

既に本書で提示した発達の球形モデルは，線形（「低位」から「高位」への運動），円形（発達の連続の反復によって自分自身に戻る発達），螺旋形（発達位相の終わりに始点に戻ること），および全体的（上述のものが同時に起こるという点において）として表された．

球形モデルには，発達の全体論的表象が存在する．本当の発達の「進歩」は，個人が螺旋から離れ，その後の探究と拡大のために，一つ，または複数の発達の平面に留まることを容認し，あるいはそれを要求する．一つの平面（例えば，具体的操作の平面），または複数の平面の探究は，同時に上向きの推進力を止め，自分の直接の存在に〈ある〉ものを探究することを要求する．一つの発達平面が特定の時期に重視される一方，同時に人間は他の平面でも同様に発達している．

複数の平面を同時に探求するという概念は，新しくベートーベンのソナタを学習するピアニスト，または，フットボールの新しい技を学習するクォーターバックによって表すことができよう．ピアニストもクォーターバックも，それが音楽上の注意であれ，あるいはコーチが技を概説するための注意であれ，自分の前にある注意の要素を理解し，読みとるようにしなければならない．同時に彼らは，その注意をピアノやフィールドに移すという具体的操作を行わなければならない．効果的な訓練では，フィードバック，および考えることを考えることが要求される．実技はどのように進んだだろうか？　最後の遂行で，すべての過程が同時に起こらなければ，コンサートは，また，ゲームは，失敗するだろう．全体的な遂行では，単一の発達過程のすべてが同時に要求される．

治療では，クライエントが治療過程から学習したことを維持したいなら，高いレベルの遂行および概念化の方向に発達する必要があるばかりでなく，なわばりを深く探究する必要もある．彼らは銀行員，家族の一員，そして恋人として役割を果たしたければ，複数の発達課題をバランスよく果たさなければならない．ピアニストあるいはクォーターバックと同じように，クライエントは状

7. 治療を越えて   285

態の要素を知り，それらを具体的操作で編成し，それらの操作を熟考する認知的能力を実証し，そして変化の弁証法に参加しなければならない．

　図17では，上述の概念を，相互構成および弁証法のレベルまで拡大している．ここでは，クライエントおよびセラピストの球体が見られる．セラピストの発達球形は，クライエントのものと交差する．こうして，クライエントとセラピストの球体は，交互に影響し合っている．セッションが終了するとき，クライエントは自分自身を分離し再構成する．クライエントにはセラピストの形跡が残り，セラピストにはクライエントの形跡が残る．相互作用によって，各々の存在が変化したのである．

　それは，個人の成長と発達についても同じことである．我々は真空からは生

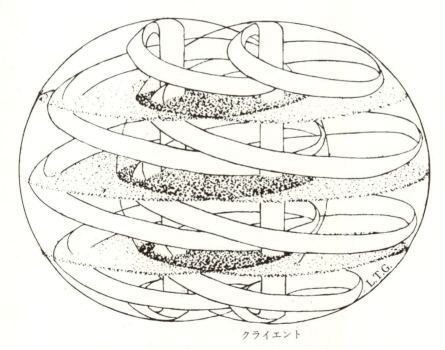

クライエント

図 17　現実の相互構成：構成における他者との結合

　注　この図は，グラディが初めて描いたものであり，著者の許可を得てここに掲載．

成しない．人間の存在は，他者との結合から生じる．子供は，母親，父親，家族，および社会文化的環境との愛着と関係において成長する．子供は，環境における影響要因である他の多くの球形とともに進化するものと概念化されよう．ひとりでに，すべてのものから何かを摂取し，独自のものになる．ところが，逆説的には，この分離した独自性の多くは，他の存在と非常に深く関わっている発達の路から生じている．

ラカン（1973）は，この相互生成と弁証法の概念を異なる方向に拡大し，「無意識とは，他者の話である」（p. 4）と述べている．ラカンが言っていることは，人間の存在は，非常に強く他者と相互依存しているため，知られていない無意識的機能は，相互に進化した他者との相互作用によって決定づけられるということである．行動主義的な言い方をすれば，子供，青年，あるいは成人が，親や家族員の行動を無意識的にまねたときに，これが現れる．他者の話は，文化的に認められる行動および思考パターンの多くに見られる．人間は，自分が行動し，考えていると思うかもしれないが，実際は，家族あるいは文化から前もって準備されたシナリオを実演しているのかもしれない．

ラカン派の考えは，他者との相互依存を思い出させる．米国流の自我心理学，あるいは米国流個人主義に対する彼の批判は，米国人にはあまり受け入れられていないようだが，彼の分析は，個人的な自己実現化した行動は，内部よりも外部から遥かに多く方向づけられていることを明示しており，多くのことがそれを信じさせてくれるだろう．

図18は，ラカンのポイントをさらに詳しく説明している．当然のことながら平らな2次元の平面描写であるが，これを，互いに進化している回転式の複雑な球形（図17を参照）として考えよう．幼児は，非常に開かれた境界を持ってこの世界に入るため，自己に対する意識がほとんどない．過度に愛着し，のめり込んだ母親は，子供を文字通り独立した自己が存在しない発達に導くだろう（例えば，マスターソン，1985を参照）．一方，拒否的あるいは要求的な親は，過度に狭まった境界に導き，そこで子供は自己を相手，あるいは他者から守ろうとする．結果としてそれは，固定した構成概念システムをそなえ，お

7. 治療を越えて　287

過度の愛着	幼児は、環境との弁証法について非常に開かれた裂け目から開始する。	人間と環境の相互作用によって、弁証法的変化の裂け目が開く場合と閉じる場合がある。	結果、過度に開放し、固定し、あるいは、子供は透過性の構成概念システムは、すべて人間と環境の相互作用の結果である。
過度の愛着	母親は、子供を分離したものとして認識できない。	境界がない場合、子供の自己は、複数の相互作用において徐々に消失する。	過度に開放した構成概念、および全体的な「他者の話」。
過度の分離と解放	母親は、子供に愛着すること、および子供を拒絶することができない。	子供は、自己と他者からの守るために、次第に固定する境界を発達させる。	過度に固定した構成概念。ただし、「他者の話」が存在する。
個性化とのバランスを導く愛着と分離	母親は、子供に愛着するが、個性化が見られる。	子供は、多くの「他者の話」に出会うが、母親とのバランスのとれた関係を内面化する。子供は、常に変化する自己の意識を維持するために、新しいデータを調節し、同時に古い同化を使用することができる。	透過性の開かれた構成概念は、より肯定的で柔軟性のある「他者の話」を示している。

図18　発達の弁証法：自己および個人的構成概念の成長の可能性

注 この図は、子供の発達に関するいくつかのアイデアを総合しているが、様々な理論をそれに追加する場合は、特に対人関係発達の極端に複雑なものを単純化したものとして認識される。例えば、マスターソンの対象関係論、自閉症、共生症、および分離/個性化の特定の解釈をする場合、母親と子供の相互作用には様々な潜在的な相互作用が必要になる。ここで、父親あるいは拡大家族を追加する場合、解釈は再び変化するだろう。この図はさらに複雑化するだろう。他の発達理論家や対象関係論者は、発達パターンを違う観点から見るかもしれない。上図は基本となる複雑な問題を概観し要約している点に価値がある。

そらくは強迫観念にとりつかれたり，社会病質的，あるいは妄想型精神病的な人間さえつくり出す．病理の展開は，どこで発達・進歩が停止するか，そしてどんな防衛機制があらわれるかにかかっているだろう．

　正常な発達では，母親は子供とのより柔軟な関係を持っているが，そこには背景として愛情のコミットメントがある．母親は，必要に応じて子供にのめり込んだり，またあるときには離れたり，子供を欲求不満の状態にさせることさえある．クレイン（1975）は，「良い乳房」と「悪い乳房」について述べ，母親はその両者を提供することを子供が認識する必要があると語っている．さらに，クレインは，子供は6ヶ月で，母親を全体的な対象，価値もあり失望もさせられる対象として認識するという「抑うつ的姿勢」について説明している．ラカンは，さらに楽観的に，6ヶ月を「鏡像段階」と呼び，そこで子供は，他者と区別した自己の意識を得る．ラカンは，自分自身の存在に対する子供の意識を説明するために，「歓喜」（jubilation）という言葉を使用している．子供は，母親との重要な分離，および同時に起こる自己への愛着についての基本的なアンビバレンス（ラプランシュとポンタリス，[1967] 1973）を最も感じやすいものらしく，これが個性化である．

　先にマスターソンは，（マーラーとボウルビィの構成概念を使用して）「自閉的位相」（生誕〜3ヶ月）および「共生的位相」（3〜18ヶ月）などの用語を使用して，母親と子供の関係を説明した．「自閉的位相」では，子供は自己と他者とを本当には分離せず，「共生的位相」では，母親の自我を疵護するもの，そして基本的擁護として使用する．

　図18の2組目のダイアグラムでは，次第に散漫になる境界，あるいは，固定しすぎる境界を説明しているが，これらは，子供にとって拒絶的な親との関係，またはのめり込んだ親との関係を生じる．正常な発達（2組めの1番下で表している）では，子供が発達を通じて出会う多数の「他者の話」が説明されている．こうした多数の相互作用の全体と実体が，子供の文化への感化なのである．毎日出会う多くの領域の影響，およびそれらが自己知覚に及ぼす影響を考えれば，「他者の話」によって非常に強い圧力を受けたとき，その子供は個

7. 治療を越えて　　*289*

性化の意識を発達させなければならないという難しい課題に直面するということが少し理解できる.

　これをもってすれば, ラカンが「他者」の重要性に重点を置いたことが関係してくるようだ. さらに, 自我, 自己, および自己実現について強い信念を持っているとして, ラカンが米国流の自我心理学を批判したことが理解できる. ラカンは, 自我を弱く小さなものと説明している. 彼はわれわれの他者との相互依存を強調している. ラカンの観点から言えば, 人間は自己よりも他者である方が多いのである.

　図18は, ケリーの言語システムの見地からも考察することができる. 我々の子育てや心理療法の目標は, 他者の弁証法に対して「裂け目」あるいは「意識の眼」が開かれる, 透過性で開かれた構成概念を育てることである.

　図中の大きい方の一つの球は, こうした複数の相互作用が思考, 行為, および人間の存在にどう作用するかについて, さらに詳しく説明している. 同図では, 人間は他者との相互作用の全体であることが非常に多いこと, および成長は決して完全ではないことを再度説明している.

　かくして, 発達心理療法の知識に関する背景理論は, 本来事実上, 認識論であった. ピアジェとプラトーのモデルは, 自分自身から離れた状態で知ることと理解することを要求しがちである. 認識論的定位は, 知識および他者との分離を意味している. 本文の弁証法的定位は, 相互依存, 弁証法, および人間と環境の気づきに向けられている. ここでの叙述の多くは, 本来認識論的であったが, 知識の理論が存在し, おそらく発達心理療法のより深い目標とよりよく一致する.

　新プラトー派の哲学者, プロティノスは, 同時に存在論および認識論と考えられる知識的理論を提供している. 「一者」は最高の原理であり, 原因であり, そしてどこにでも存在している. プロティノスは, 「すべての認知の行為はそれが自己認知の行為であっても, 対象と主体の二重性を前提としている」(マーラン, 1967, p. 353 から引用) と信じた. 発達心理療法のモデルで示した複数の認知的行為は, このデカルトの二重性の枠組みに従う傾向がある. プロテ

ィノスは，逆説的に「一者における多数性」から成る本来の統一体として人間を説明している．この見方は，さらに存在論的な発達過程の考察を試みさせる．

プロティノスの「一者」の領域に続くのは，一者の多数性の探求を可能にする知性の概念である．知性は，本書全体を通して繰り返し強調されているノエシスまたは知性の概念に相当する．プロティノスの基準枠組みでは，知性は統一体の内部に存在するが，プラトーの場合は，ノエシスは外部に分離して現れる．ゆえに，プラトーの概念は，デカルトの分裂とに多少類似している．けれども，逆説的には，この分裂の概念によって，一者を理解することが可能になるのである．自分自身を他者および世界から分離しなければ，他者も世界も見ることができない．

アイビィとゴンカルベス（1985）は，フロイトの師の1人であったドイツの哲学者ブレンターノのレンズを通して，分離と愛着の問題を研究している．ブレンターノは，意図的存在という問題，すなわち精神と外的現実との結合について考察した．彼は「精神的行為」の研究に集中すべきであると言っている．精神的行為とは，精密には次のように定義することができる．

1) 行為．
2) 精神のなにものか．
3) 外的世界の対象に対してなされた行為．

ブレンターノは，思考と行動の分離は不可能であること，および人間は他者と関係して生きていること——すなわち，独りでは存在しないことを明示している．意図性——思考と行動——は，関係における統一的動きである．人間は，意図的行為によって，常に「一者」の中に存在していることを思い出させてくれる．

「一者」の探究は，統一性と多数性の，すなわち一度手に入れたにもかかわらず離れていく曖昧なノエシスの方向への緊張に関する難しいものであることが示唆される．おそらく，それは探求することが必要な旅そのものであろう．真の終局を探究するとき，人生の過程と結果の双方を見逃してしまう．

ここに提示した三つの概念の枠組みは、いずれも「高い方がよい」という観念の正当性を疑っている。これらは、人間の存在学は、そのとおりで「ある」ということ、またそのとおり認識されるべきであることを示唆している。人間は「発達」はするけれども、この疑問は、依然としてトランプ遊びの疑問と似ている。真の変化があるのだろうか、あるいは単なるトランプの切り直しなのだろうか.

ギリガンの異なった見方

ダリー (1973)、グレイ (1982)、およびチェスラーは、みな「高い方がよい」という男性的で家父長制的隠喩に真剣に疑問を持った。グレイは、家父長制を、女性より男性が高く評価され、「男性の威信が高く、女性の威信が低い」とする「概念のわな」 (p. 18-19) と説明している。創世記 (旧約聖書) の創造の伝説によれば、「男性に支配権を与えよう」と記されている。社会階層のピラミッド、管理の組織図、あるいは上向きの螺旋形をした発達の枠組みのいずれにおいても、成功とは、頂点に達することを意味している。グレイは、次のように著している。「結局、家父長制の問題は概念的である。家父長制が人類の種のためにポーズをとるという問題は、単に女性を抑圧することではない。家父長制は、宇宙における'男性の位置'について間違った概念化をし、神話を造った。こうして、合法化という支配権の錯覚によって、家父長制は惑星全体を危険に落とし入れているのである。」(p. 114).

発達理論家は、フロイトの時代から、男性的なイメージを仮定し、提起してきた。フロイトのエディプスコンプレックスの概念は、男性の方が母親および父親との関係を簡単に決定するということであった。成功したエディプス的解決では、息子は母親との関係を断ち、父親と同一視することを意味する。課題、仕事、および独立が、関係、愛情、および相互依存に優先している.

一方、娘は、母親と密接な関係を持って、それを続けることにより、「不成功に」エディプス状態の解決を試みる。そのような関係は、女の子の生活およ

び自尊心の中心にとどまる．関係から除外された仕事は，奇妙で魅力なく見える．なおかつ，自分自身を発達させずに関係だけを維持する場合は，自ら大人になることを止めてしまう．ゆえに，娘は，女性として，連続的でかなり不安定な認知的バランスに耐えなければならない．男性的な感覚でいう自律性は，困難で危険であると考えられる．

　このように，文化的に顕著に異なる男性と女性の二つの発達課題は，両者に全く異なった文化的目標を持たせることになる．過度に単純化すれば，男性の課題は分離し自律的になること，女性の課題は愛着を維持し，関係を支えることである．少年は，分離と愛着という一対の目標のための初歩的課題として，分離と自律性を，少女は愛着と関係を各々学ばなければならない（ボウルビィ，1969，1973a を参照）．両者とも成人の発達に不可欠であるが，子供のうちは男女ともに非常に様々な文化的順応のパターンを体験する．男性のパターンは，線形で「上向きの」発達に通じ，女性のパターンは，円形で「関係的な」発達に通じる．

　自律性と関係，仕事と愛情，独立と相互依存では，各々どちらがよいのだろうか？　多くのフェミニストは，伝統的な男性支配に接近するために，男性モデルに参加してきた．第1章で論じたコールバーグ，レービンガー，およびペリーの発達理論は，このアプローチの効力を強化する定位である．発達論者の業績の多くは，男性モデルを無意識的文化的に支持しており，人間の成長の望ましい形として，自律性に向かう上方向の動きを支持している．ギリガン（1982）は，女性にとって明確な選択肢のあることを示唆し，おそらく今日の複雑で相互依存的世界においてより効果的なものとして，関係に見る差異を受入れ，これを励ますことに焦点をあてている．

　ギリガンは，男性と女性の道徳的発達にみる概念の基本的な異なりの例として，ジェークとエイミーを比較している．2人とも11歳であるが，2人は，ハインツの，あの古典的なジレンマへの道徳的対処について問われている（ハインツの妻は死にそうである．彼にはお金がない．彼は，必要な薬を盗んでよいか？）2人の子供は，次のように答えている．

7. 治療を越えて　　*293*

　ジェーク：一つには，人間の命はお金よりも尊いから，薬屋さんは何千
　　　ドルもかせぎさえすれば生きていけるけど，ハインツが薬を盗まな
　　　かったら，奥さんは死んじゃうよ．〔命は，なぜお金よりも尊いの
　　　ですか？〕薬屋さんは，癌になっても金持ちの人から何千ドルも手
　　　に入れられるけど，ハインツはもう一度奥さんをもらうことはでき
　　　ないからね．〔どうして？〕人はみんな違うから，ハインツの奥さ
　　　んをとり戻すことなんてできないからだよ．　　　　　　　(p. 26)

　エイミー：いいえ，私はそうは思わないわ．盗む以外に何か方法がある
　　　と思うの．例えばお金を借りるとか，ローンか何かを組むとかね．
　　　そして，彼は薬を盗んじゃいけないのよ――でも，奥さんが死んで
　　　もいけないんだわ．〔どうして？〕もし，彼が薬を盗んだとしたら，
　　　奥さんは助かるかもしれないけど，盗みをしたら，刑務所に行かな
　　　きゃならなくなって，奥さんはまた病気が悪くなってしまうし，そ
　　　れ以上薬も手に入らなくなるから，良くないわ．だから，2人でと
　　　ことん話し合って，お金を作る何か他の方法を見つけるべきよ．

　　　　　　　　　　　　　　　　　　　　　　　　　　　　　(p. 28)

　ジェークの観点の方が，高く「原則に基づいている」と論じられよう．ジェークはこの原則に基づいた立場をとったうえで行動するだろう．ジェークがコールバーグのいう順次性思考段階を表しているのに対し，エイミーは「良い人間の段階」の方に位置する．ただし，エイミーの概念の方が認知的には複雑であり，より多くの問題と要因の関連が絡んでおり，ジェークが示すような単純な線形の推理には従っていない．ジェークは，与えられたものとして問題を受け入れ解決しようとするが，エイミーは複雑に関連する材料をもって問題を再構成する．本書で述べている新ピアジェ派的観点からは，ジェークは具体的操作レベルにあり，エイミーは形式的操作レベルにある．一つの枠組みから見れば，ジェークの方が「高い」レベルの概念化を行っているが，別の枠組みから見れば，エイミーの方が「高く」複雑である．

　ギリガン（1982）によれば，エイミーは現実を関係的に構成しており，典型

的な女性的思考のスタイルである．そしてそこでは関係が中心をなし，自律性は二の次である．

　〔自分自身に対する責任と他者に対する責任が葛藤する時は，どのような選択をするべきですか？〕

ジェーク：君（の責任）は，他の人のところへは4分の1しか行かないで，あとの4分の3は君自身のところへ行っているね．

エイミー：いいえ，それは状態によって違うわ．あなたが誰か他の人に対して責任があれば，ある程度はそれを守らなきゃいけないけど，本当にあなたが傷ついたり，本当に，本当にしたいことをやめるぐらいまでになるとしたら，たぶん，あなただって自分への責任を第一にとると思うわ．でも，それが本当に親密な人に対しての責任だったら，自分かその人かどちらが大事か，その状態で決めてしまうでしょう．だから，私が言ったように，それはあなたがどんな人間で，関わっている人についてどう感じるかによって本当に違ってくるわ．

　〔どうして？〕

ジェーク：君が何かを決める時に一番大事なのは，君自身のはずだからさ．全部他の人のお世話にならないようにしろよ．

エイミー：いいえ，他の人の責任をとる前に，自分と自分のもののため責任をとる人もいれば，本当に他の人のことを心配する人もいるのよ．　　　　　　　　　　　　　　　　　　　　　　　　　　（p. 35-36）

　エイミーの論議を要約して，ギリガンは，女性は，関係的定位の中心をなす「世話」と「善」に対する責任の葛藤という点から道徳的問題を判断する傾向があると指摘している．情緒は意志決定を修正する．思考および線形の因果関係と比較した場合，そのパターンは，形式的操作の一つである．ジェークは，明らかに原則から，そして自律的な定位から操作しており，男性の階層的モデルを示している．

　意志決定平面（または，それよりももっと複雑な，全体論的多次元の平面）

7. 治療を越えて　　*295*

上での関係を拡げることは，ギリガンのモデルにおける発達を要約するのに，おそらく最も適切な方法であろう．人間は，「上方向に」動くよりも，むしろ複雑に相関したネットワーク，および各々の意志決定が最終的に他の論題にどう作用するかということへの気づきが増してくる．意志決定の過程に対しては，線形で，前方向に動く推力が存在するが，絶えず新しい問題が起こるため（一つ一つの問題が解決するたびに，新しい問題が現れる），発達周期が何度も繰り返されなければならない．

　視覚的に，階層モデルは，発達の次段階への移動，および問題解決に関わっている．円形（または全体的な）モデルは，次の段階に移行する前に，複雑に水平の（または多次元の）平面（段階）を探究することを意味する．

　第4章の図8（p. 144）は，この問題を要約している．ジェークは，ハインツのジレンマ，およびそれについての考えを考慮に入れ，問題を解決するための具体的操作を行える状態にある．質問されて彼は，原則（「君が何かを決める時に一番大事なのは，君自身のはずだからさ……」）に基づいた定位からそれについて考えることができる（形式的操作）．対照的に，エイミーは，形式的操作の段階を探究している．発達の螺旋，あるいは階層から「離れた」状態で，問題について形式的操作思考を通して，なわばりを探究している．こうして，思考に重点を置くことで，エイミーの方がゆっくり行動する．彼女の方がより完全に問題の複雑性に気づいているからである．

　エイミーのように，女性は問題の関係的含みを通して考えるため，意志決定をして先に進みがちな男性に「遅れをとっている」ことに気づくかもしれない．ジェークとエイミーのいずれかが正しいとか誤っているとかは必ずしも言い切れない．ただし，本書で議論されている限りでは，エイミーの方がていねいになわばりを探究していること，そしてジェークの思考よりもエイミーの思考の方が，概念的に「進歩している」ことは明らかである．しかし，コールバーグ（1981）など，別の基準枠組みから見れば，ジェークの基準枠組みの方が「高度な」ものであることを認識しなければならない．

　関係的発達，すなわち愛着と永続性は，女性の課題である場合が多い．実

際，愛着という愛情はそれ自体，複雑な発達の特殊な形式として課題になる．水平面の探究を掘り下げることは，しばしば少女および女性の課題として説明される．ピアジェは，発達の螺旋上での上方向の運動（移動）を持続させるためには，充分な水平の発達（横断的発達）が必要であることを，繰り返し指摘している．

　発達の主要な形として関係のネットワークを拡張することは，ギリガンの主張の中核をなしている．ピアジェは，この拡張は，概念発達の新しい段階が始まるところのしっかりした基盤を形成することを，明確にしている．

　拡張による発達のもう一つのモデルは，ラカンの四つの話にみることができる．

ラカンの四つの話

　発達の基準枠組みとして明確に概念化されあるいは提示されているものではないが，ラカンの四つの話（ミッシェルとローズ，1982 を参照）は，ギリガンの全体論的枠組み（構成）と本書で示した四つのレベルの発達モデルを概念的に結びつける有用なモデルを提示している．四つの話におけるラカンの関心は，「欲望」，すなわち，人間の知性に潜在する動因に向けられている．欲望とは，ティリヒのいう「新しいもの」の概念を探し求めて人を長時間動かし続けるところのものと説明されよう．ラカンは，「自分の欲望を捨てるな」（リチャードソン，1985 から引用）と勧言している．

　ラカンの四つの話は，1 人の人間の発達について語っているように思われるが，詳しく読んでみると，各発達段階で個人と他者との関係に重点をおいていることがわかるだろう．関係がなければ，四つの話における動きは存在しない．他者がなければ，自分自身において，何も新しいものは発達しないのである［ラカンの著書は，極めて密度が濃く，難解で，知覚し難い．ラカンは，「話しの途中」と称するものの中で，意識的体験と無意識的体験の間の領域を表す努力を慎重に記述した．このように，ラカンの文献を読むことは，ロール

7. 治療を越えて　297

シャッハテストを受けることと非常によく似ている．ラカンは，読者に，原文（テクスト）との弁証法を強いる．このことは，ラカンを解釈することは，個人的で，多少孤独な作業であることを意味している．1人1人が，自分自身の社会文化史をラカンの文章に持ち込む．以下は，著者の解釈である．それは，必ずしも決定的な「正しい」ラカンの解釈とはいえないが，慣習的な見解や解釈でもない．それは発達心理療法モデルの文脈から見た著者自身の社会文化史に基づいた構成である〕．

　人間は，他者との関係において発達する．この関係の中心にあるものは，分離と愛着に関する対象関係の構成であり（ボウルビィ，1969，1973a；フェアバーン，1952；クレイン，1975を参照），絶えず，発達の弁証法を演じている．

　子供の母親からの分離は，「すべての分離の中で最も典型的なもの」と説明することができる（クレメント，1983，p. 96）．人生はほとんど無限なものと考えられるが，それでもなお，分離と愛着の「組合せ」には限りがある．出産時の外傷的体験は，子供から子宮への愛着を取り除き，へその緒の切除は，最初の乱暴な分離を示す．子供が初めて抱かれるときの状態は，もう一つの愛着を示す．愛着は，西欧社会の女の子にとって，母親や看護婦に対する抱擁的な親密さにおいて示されるが，男の子は，「男の子だ！」という叫び声とともに腕をいっぱいに広げられる．日本の社会では，子供は母親の肌に合わせて形成され，母親も自分の身体を子供に合わせることによって，西欧世界で起こるよりも深い絆を最初に確立する．日本の子供の場合，幼いうちはずっと，この母親との肌の接触が続く．しかし，子供がひとり立ちすることを期待されているにもかかわらず，なおも家族に依存している場合に，再び乱暴な分離が起こる．

　子供は，一連の愛着と分離に直面する——母乳とミルクに対する欲望の後には，愛着，次に分離が続いて起こる．ピアジェの娘ルシエンヌは，第1次循環反応によって，がらがらへの愛着の仕方を学ぶが，一方，がらがらから分離していることも認識しなければならない．排泄のしつけ，および口唇期では，分

離と愛着の基本パターンを繰り返す．5〜7歳の子供の生活は，とてつもなく複雑であり，この時期には性役割の同一視という形の分離，性差へのより完全な気づき，前操作的思考から具体的操作思考への移行によって効果的な認知的分離を学習する．さらに，多くの文化で見られるように独立した存在として家庭から離れて学校に入学するといった大きな分離等を体験する．

　分離と愛着のテーマは一生を通して続き，特に青年期において強調されながら繰り返される．また，このテーマは，結婚，子供の成長と喪失，肉体的活力の喪失，そして死亡という最終的な分離において体験される．逆説的には，死亡は愛着への復帰を示している．フロイトの死の衝動（［1928］1959）の意味は，「全人生の目的は死である」（アピグナネシー，1979，p. 152）ということであると言われてきた．分離と愛着の関係から観ると，死の衝動は，確かに，分離し個性化すること，最終的には自分の起源に再び愛着することに対する非常に健全な欲望であるといえよう．

　フロイト（［1928］1959）は，『快楽原則の彼岸』（*Beyond the Pleasure Principle*）の中で，「涅槃の原則」の存在を次のよう主張している．

　　　　精神的生活，そしておそらくは一般的にいらいらさせられる生活での支配的傾向は，刺激による内的緊張を軽減して一定に保つか，あるいはそれを取り除く努力である［「涅槃の原則」，ロウ（1920，p. 73）から借用した用語］．すなわち，快楽原則の表出を発見する傾向のことである．その事実を認識することは，死の衝動の存在を信じるための最も強い根拠の一つである．　　　　　　　　　　　　　　　　　　　　　　（p. 98）

　分離と愛着，および生の衝動と死の衝動の間のバランスへの欲求でもある個人の均衡化へのあるいはホメオスタシスへの欲望は，人間の最も高潔な欲望といえよう．

　そこで，分離と愛着，生と死，遂行と世話をされること，あるいは存在することと行うことの間のバランスに対するラカン派の欲望の概念は，多少幻想的な希望と置き換えて解釈することができる．この安定性に対する欲望は，知識（エピステム）の探求を示している．ところが，人間は，同時に知性（ノエシ

ス），動き，および変化を欲する．一つの動きでは安定性を欲するが，次の動きでは変化を欲する．人生は，絶え間ない欲望の弁証法である．いったん欲望を達成してしまえば，それはもう欲望ではなくなる．こうして，いったん手に入れた欲望の対象は，短時間だけしか満足し得ない（対象は，新しいステレオ，性交，あるいは新しく統合した観念などのいずれであっても同じである）．またすぐに探求し，新たな探求と共に進む．ゆえに，「欲望を捨てるな」というラカン派の警告の重要性がある．というのも，そうすることは死亡または情動的疾患を意味するからである．

　ラカンは，「欲することを望まない」と欲することとは一体であり，同じである——一個の中の統一体であると言っているが，これは問題を少し複雑化している．ただし，「私はこれ以上欲することを望まない」という言葉を考えてみよう．ここには，欲しないという逆説的な欲望があり，それは存在および非存在の本質，すなわち統一体内部の多数性にも触れる．もっと簡単に言えば，次のようになる．

　　　ハムレット：生きるべきか死すべきか，それが問題だ．
　　　ニーチェ：なすことは生きることである．
　　　サルトル：生きることはなすことである．
　　　フランク・シナトラ：ドゥビィ・ドゥビィ・ドゥー．

　行うことは，生の衝動，すなわち，世界への作用という積極的な同化を示すと言われる（おそらく，権力の破壊的意味においてもそうである）．こうして，生命という行為は，逆説的には，死の衝動の演技である場合もある．逆に，生きることは，死の衝動，あるいは涅槃の原則を示し，そこで，人は有機体の世界そのものに調節すると言うこともできよう．愛着の快楽は，同時に死の衝動の表出でもある．

　フロイトの死と生の衝動は，他の弁証法の記述（公式化）に多少類似した欲望の弁証法を示しているが，これらの公式化については，明白に，あるいは暗黙のうちにすでに述べた．すなわち，次のとおりである．

$$\frac{愛\quad着}{分\quad離}$$

$\dfrac{調\quad節}{同\quad化}$	$\dfrac{死の衝動}{生の衝動}$	$\dfrac{涅槃の原則}{気づき}$	$\dfrac{無意識}{意\quad識}$

　一組の概念は，片方のものがなくては存在し得ない．これらの概念は，常に変化する弁証法的関係において存在する．一方が，他方の上または下に位置する．各々が，絶えず変化する命題「合」によってもう一方を定義しながら，不安定な状態，あるいはバランスの上に存在している．

　ゆえに，欲望は三位一体と考えられよう――すなわち，バランスおよびホメオスタシスへの欲望，変位する愛着への欲望，分離への欲望である．欲望の複雑性を考えると，ラカンが，「決して満たされることのない欲望」について常に語っていることに，少々驚かされる――動機的な欲望を支える根源は，不可能な夢，すなわち，せいぜい一時的にしか満たすことのできないバランス（オーガズムの短い瞬間，至高体験，平穏な瞑想の時間）である．こうした完全な愛着の瞬間は，隠喩と見なされる．すなわちこの短い時間に，生と死，分離と愛着は「一つ」になるが，すぐに生の衝動の同化，分離，および積極的な体験にとって代わられる．さらに，オーガズム，至高体験，あるいは瞑想といったものは，各々同時に追求と解放という欲望――分離と愛着という不安定なバランス化の行為を必要とする．

　生とは，欲望の追求，すなわち快感充足の探求に関するものである．感覚運動的思考期の幼児の欲望は，経験の要素を学習して前操作的思考の形態になることであり，前操作的思考期の子供は，潜伏期の具体的操作思考期の人間になろうとする．この次には，青年期の形式的操作的思考の人間への欲望，時には，弁証法的会話への欲望が続く．そして，完全な成人でありたいという青年期の欲望を達成したとき，再び子供になりたいと願うのである．シェークスピアの人間の七つの時期は，人間が望む周期を示している．――その各段階で，別な段階を欲するのである．

　ラカンの欲望の四つの話（図19を参照のこと）は，欲するものはめったに

得られないという事実を示している．各々の段階または会話の内部には，他の段階または会話の局面が含まれていることを明確に示しているという点で，このダイアグラムは有効である．

最も簡略な形式は，各(会)話が，その瞬間の全体的存在論，または存在（各々の感情，思考，および行為）を示している．それぞれの存在の状態で，主たる欲望は，その人が何であるか，または何を持っているかということ以外の何かに対して起こる．抑制のきかないヒステリー患者（$)は，統制を欲する．マスター（$S_1$）は知識を欲しがっているが，知識は，隠喩的には大学に含まれている．今度は，大学（S_2）が，知識を超越したもの——欲望そのものを知る能力を欲しがっている．分析者は，おそらく，前のすべての段階を習得し

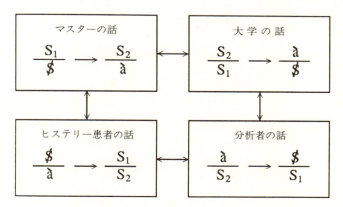

図 19 ラカンの四つの話

S_1＝マスターの能記（具体的操作）
S_2＝サヴォワール，すなわち知識（形式的操作．潜在的な仮定を考慮しない，絶対的意味での知識——エピステム）
$ = 分裂した患者（感覚運動的思考．この場合，子供は分裂または は分離するが，分裂に気づいていない）
à＝レ・プラーデージュール，すなわち欲望（弁証法．すなわち，既に持っているものまたは知っているもの以外に対する欲望——ノエシス）
注 本書で説明した4段階についての資料は，ラカンのものとは異なり，著者が解釈した「関係」である．欲望は，いずれかの方向に流れるが，隣接していない話に流れる場合もある．

ており，ヒステリー患者（$）のことを知ろうとする．いずれか1人の人間（または家族，集団，社会）が不動あるいは「固定した」（趣はないが非常に叙述的なパールズの用語を使用）状態のときに，精神病または神経症が起こる．治療には終わりがない．分析，療法，あるいは治療は，ここまでという終わりがない．それぞれの認知，情動，または行動が中断した後には，常に新しい欲望が存在する．

ただし，神経症または精神病の固定性は，フェミニスト療法の実証主義的定位やギリガンの理論と対比することができよう．ある期間，一つの場所にいるか，多くの場所にいるかは，拡張の選び方や異なったタイプの成長のし方を示すものであろう．それにもかかわらず，どのような人でもあるいはどんな集団でも，特定の位置，あるいは会話にとどまって無用の反復を繰り返し動きがとれなくなってしまうこともある．

各々の存在の状態は，他のすべての状態とは明らかに異なっているが，各々に他のすべての次元が含まれることも明確である．

具体的には，ヒステリー患者（ここでは，感覚運動的思考期の子供，あるいは混乱し，混乱させられる世界に住んでいる成人に相当する）は，必然的に分裂した患者（$）を優先させ，欲望をおおい隠す．けれども，逆説的には，欲望が，ヒステリー患者と混乱した成人を駆り立てる．ヒステリー患者，子供，および成人の目標は，おおい隠された知識によって複雑でなくなったものの統制である．

ヒステリー患者が，感覚運動および前操作的思考を突破した場合，具体的操作的思考とマスターの話（S_2）が可能になる．この変換は，内部または外部のいずれからも生じ得るが，ラカン派のモデルに示された四つの四分円間のギャップ（裂け目）が示すように，概念的飛躍といった形に表される．具体的操作の図の中では，統制が優先し，感覚運動的患者の最終的な分裂をおおい隠すことがわかるだろう（「赤ちゃんじゃないんだから，自分が何をしてるかぐらいわかってるよ」あるいは，「別な解釈で悩ませるな．爆弾をもう一度ベトナムに送れ」）．多くの人間は，マスターの話で循環が固定したままの状態にあると

いう事実にもかかわらず，知識を欲しがると同時に欲望を抑制する．ヒステリー患者とマスターの双方の話において，行為，すなわち定位を「行うこと」が，欲望（à）の存在に優先する．

　大学（S_2）の話への動きが，知識および具体的操作の統制の能記（S_1）に優先するため，積極的な統制は抑圧される．もちろん，この典型的な例は，いうまでもなく知識のための知識に関心を持ち，その実践的な応用については最も強く蔑視する教授である．大学の最高の威信は，最も実践的でないむきの仕事をしている人間に与えられる（これは，おそらく，プラトーのテーブルそのものを超越したテーブルの観念の選択を反映したものである———一般的に，理想主義は現実主義よりも立派な哲学的位置を要求する）．経験的な行動主義のセラピストは，具体的行為によって作業することが多いため，精神分析主義者など，形式的操作の理論家からは蔑視されるかもしれない．行動主義心理学は，一つには批判に応じて，認知行動主義的立場に移った（例えば，ベック，1976；マイヘンバウム，1977を参照）．理想主義，および経験主義・現実主義の哲学は，思考，感情，および行為を重視する認知行動主義の動きの中で一体になるようだ．

　大学の形式的操作的思考は，基盤となる仮定の検証を忘れることが多く，最終的には，欲望を知ることを望む———これは，分析能力であるが，同時に，最も権力のない最低の位置にある唯一の患者を抑制している．大学の普遍性が個人の特殊性を不明瞭にする場合が多すぎる．

　大学の内部および外部では，知識の特性を分析し熟考する人々（弁証法によって，反映と仮定を映し出す分析者［à］）が，欲望およびその動きの研究に主権を与えている．この過程では，知識（S_2）および行為（S_1）は，ともに一時的で曖昧なものとして価値を下げられ，抑制される．ノエシスの概念，および曖昧な真実の探求は，それ自体が目的となる．ただし，分析者の最終的な欲望は，人類，分裂した患者（$\$$），およびヒステリー患者の本質を知りたいという欲望に現れる．現実の統制（支配）は，最も深い抑圧を受ける（ただし，それはいうまでもなく会話が継続するにつれて再浮上する）．

このラカンの解釈が達成したものは何だろうか？　まず，各部分には全体が含まれるということを思い出させてくれる。ヒステリー患者，幼児，および治療を受けている成人の内部では，全体の過程は抑制された欲望によって駆り立てられるが，行為する若干の能力，ある程度の知識は存在する。第2に，患者の具体的操作期への，そして現実の統制への移行には，感覚運動的思考段階における充分な時間が必要である。この位相での発達課題が，満足に果たされないうちは，新しい段階への移行は最も困難であり，退行なくこれを維持することはおそらく不可能だろう。

第3に，ラカン派のパラダイムは，別の方法で発達には終りがないということを，再び思い出させてくれる。人間は，常に始点に戻る。うまくゆけば，始点に戻ったという新しい知識を持って戻るのである。しかも，常にもっと多く習得すること，もっと知ること，もっと分析することがある。そしてこの三つを達成すればするほど，自分の分裂した状態に気づき，疑問を探求し，さらに疑問を投げかける必要性を強く感じとることができる。「答えを見つけるたびに，三つの新しい問題が芽を出す」。

　　　「ウィリアム神父さま，年とって髪の毛がとっても白くなったのに，いつも逆立ちをしてますね。その歳で，いいことだと思うんですか？」と若者がたずねた。

　　　ウィリアムは答えた。「若いころは，脳みそを傷つけるんじゃないかと恐かったよ。でも，今は，何にもないことに絶対自信があるから，何度したってどうってことはないさ」　　　　　　（キャロル，1923, p. 50）

ラカンのモデルは，ギリガンのモデルを効果的に補っている。ギリガンは，人間のシステムのある部分におけるどのような行為も，他の部分に影響を与えると主張しつづけている。女性は，その関係的特性によって，複数の現実，および多くのことが同時に起こるという真実を，直観的によりよく知ることができる。マスターの話で示されたような男性の線形モデルにさえも，同時にすべての関係的問題が含まれているが，この気づきは，統制と支配（権力）の中心テーマによって抑制される。

7. 治療を越えて　　305

　ゆえに，人間の発達は非常に複雑である．それは一見，線形の前方向運動に見えるが，ウィリアム神父のことを考えてみよう．彼は，逆さまに歩き回ってもたいした意味がないことを気づいてもいい歳であるが，おそらく，それは自分が知っている唯一の「町のゲーム」という理由で，逆立ちを続けるのである．ウィリアム神父のような人は，逆さまに歩き回ることは唯一の選択にすぎないということ，そして欲望の分析と，別の行為を行うことにもっと多くの時間をかければそれは有益なことであると気づくことで恩恵を受けるだろう．

　ラカンの四分円，あるいは本書の四分円モデルの一つの局面を非常に詳しく説明することもできるが，それは結局不必要な繰り返しに終わる．ギリガンは，完全な人間性に近づくものを得るためには，すべての段階と一つ一つの段階の諸様相を拡大する必要があることを指摘している．

　グレゴルクは，全体としての発達を考察するためのもう一つの効果的な基準枠組みを提供している．ラカンが他者との関係を通しての弁証法的発達を重視し，ギリガンが発達の全体性を強調しているのに対し，グレゴルクは，発達を成人生活の概念化されたスタイルに分割している．グレゴルクは，発達の全局面は関連性があり，各々を尊重すべきであると強く主張している．彼は唯一「最高」の様式（モード）の存在を，攻撃的に批判している．

グレゴルクによる成人の認知スタイルのモデル

　第2章では，進化論的生物学，人間の発達，および心理療法過程における類似性について論じ，各々の過程をさらなる発達過程と将来の結果（その所産）に通じるものと定義した．発達の各時間はせいぜい一時的な「進化の中断」，あるいは均衡化の瞬間でしかないことが明らかであると思われる．この中断の間に，セイラン，発達途上の子供，あるいは治療中のクライエントは，進歩を強化し，おそらく，新しい順応で失われたものに気づく機会をもつだろう．

　この中断の時間は，発達の一つの段階に類似していると考えられる．課題は，感覚運動的経験，具体的操作段階，形式的操作段階，あるいは弁証法的推

理の発達段階を重視し拡張することである.

　グレゴルク (1982a, 1982b) は, ユングとオースペンスキー ([1920] 1970) の業績に基づいた評価方法および関連理論を作り出した. グレゴルクが各成人の認知のスタイルを重視し, その発達を奨励していることは興味深い. 非常に発達的な書き方の中には「高い」方が「良い」という仮説が見られるものだが, グレゴルクはすべてのスタイルを重視し, 人間1人1人が様々なスタイルの結合であることを主張している.

　グレゴルクが考える最初のスタイルは, 〈具体的任意スタイル〉の人間である. この人間の認知スタイルは, 感覚運動的段階に近似している. 人間は, 線形上の順次的な方法でデータを取り入れ, 見る, 聴く, 感じるという感覚を優先する. データの取り入れは, 知覚的スタイルと考えられる. 実際, 人はそばにあるデータをすべて吸収するが, 特定のデータへの注目は, 環境によって大きく決定される. ピアジェ的意味で言えば, 感覚の知覚的インプットは, 「外部のもの」, および最も魅力的なものを「取り入れる」という点で, 調節のスタイルを示す. 環境での聞き慣れない雑音, 色彩やその他感覚に注意を向ける幼児が, この知覚的順応 (方向づけ) を最も適切に示している. 感覚運動期の子供の, 内的で同化的なしくみは, 任意的かつ不規則であり, ピアジェのいう呪術的思考が表すような, 不思議ですばらしい想像の遊びを作り出す.

　グレゴルクは, この種の認知的定位をなおも優先させる成人がいることを指摘している. これに対してまず我々は, このような存在の仕方は「悪い」, 過度に解放された構成システムを持ち, 未成熟であると考える傾向がある. しかし, 具体的任意 (あるいは, 本書の用語で感覚運動的) のスタイルを持つ人間には, 強みも多い. グレゴルクは, このスタイルの定位を持つ人間は, 「人間の世界について最も不可解なことは, それは理解できるということである」というアインシュタインの観察を実証していることに気づいた. 具体的任意すなわち感覚運動的人間は, 知覚的飛躍をすることを恐れず, 進んで世界を理解しようとし, 常に行為に移る状態にある. 一方, この種の人間は, 環境を取り入れ, 調節するその能力のため, 準備がよすぎて行動 (ヒステリー性の場合は徴

7. 治療を越えて　　307

候）を変えられないこともある.

　具体的任意の人間は，非常に創造的であり，誰もがまとめようとしたことの
ない観念，あるいは作用させようとしなかった観念をまとめる. この種の人間
は,「保守的な友人および同僚からは，‘ばくち打ち’あるいは‘こわいものし
らず’と考えられることが多い. 探求し，まとめ，作り出す真の‘アイディ
ア’マンではあるが，細かいところや完成を他者にゆだねてしまうことが多
い」(グレゴルク，1982，p. 36). こういう人間は，次のようなタイプである.
常に代替を考え生成しようとしているタイプ，「〜しない」および「〜し得な
い」という言葉を受け入れようとしないタイプ，そして，親しみやすく，外向
的で，魅力的な傾向がある.

　具体的任意の人間には，またあまり望ましくない特徴もある. 一つの仕事に
留まることができないこと，言質を忘れること，そしてあまりに急に結論に飛
躍しすぎることである. 治療では，こういう人間は，これらの性質を顕著に表
す傾向がある. この人間の創造性は，疾病でいう半ヒステリー的パターンと呪
術的思考に分解する. 幼児と同じように自己中心性が顕著であり，その行動が
顕れる.

　グレゴルクは，単純な認知スタイルを持った人間は存在しないことをいちは
やく指摘した. 1人1人は多くの認知スタイルを包含している. 特定の認知ス
タイルの人間が治療を受けているときは，セラピストはしばしばその人の中心
となっている認知スタイルを取り囲むように接近して行う. グレゴルクは，セ
ラピストは各々のスタイルを尊重し，クライエントがその認知スタイルに気づ
いて独自性を発達させるよう奨励するようにといっている. 同時に，セラピス
トが認知的視野を広げ，これを大きくすることも提言している. こうして，グ
レゴルクは，具体的任意性による創造性，および他の認知スタイルの生成と拡
張を奨励している.

　〈具体的順次スタイル〉の人間は，具体的操作の枠組みでのスタイルやマス
ターの話に類似している. ただし，ラカンの見解は基本的にマスターの話を批
判しているようであるが，グレゴルクはその肯定的側面をも認めている. ジョ

ーンズは，次のように語った．「人間は，自分の眼ですべてを見るというだけではなく，考察できないものは常に受け入れることができないだろう」（グレゴルク，1982a，p. 19 から引用）．マスターの同化モードが支配している，このスタイルには，慎重さ，すなわち規則性が存在する．人間は，変化に反対することが多い．具体的任意の人間は変化しやすく，時には，環境に影響されすぎるが，この種の人は「ジブラルタルの岩」と称され，その依存性が評価される．この勤勉な完全主義タイプの人間の例としては，銀行員，エンジニア，および会計士などがしばしば挙げられる．

具体的順次（具体的操作）の人間も，具体的任意（感覚運動）の人間と同様に，強さと弱さを同時に持っている．非常に高く評価される「岩」も，良い方の選択には反応せず，かたくなに過去に固執する．このような人間は，情動的なものには鈍感で，過度に批判的でかつ要求をする．治療では，強迫性や様々な強迫的行動として，この姿勢が現れる．そこには自分の行為を反映できないこと，そして，「底辺」としての現実を強調することがみられる．

具体的操作の人間は，感覚運動すなわち具体的任意の人の陽気モードから恩恵を受けることが明らかである．これは，陽気な人間が，秩序と厳格さから恩恵を受けることが多いのと同じである．

第３の認知スタイルは，〈抽象的任意スタイル〉と称され，任意的に寄せ集められた講座や秩序の欠如を正当化するために限られた概念的つながりを持つ大学を示している．幸いにも，大学のマスター達，運営は，無秩序な教授陣に秩序を提供する．ただし，抽象的任意の定位と大学の会話の類似性は，前述の例ほど明らかではない．

グレゴルクのスタイルと形式的操作思考の類似性の方が，簡単に理解できる．例えば，抽象的任意の人間の実例として，サン・テグジュペリの言葉を引用している．「人は心でのみ正しく見ることができる．本質的なものは，眼には見えない」（グレゴルク，1982a，p. 29 から引用）．青年は，情動に支配されると同時に（大学のマスターは，教授陣も感情に支配されていることを認めるだろう）現実は眼に見えるよりも多いことを認識するといった難しい課題にと

7. 治療を越えて　　*309*

り組んでいる.

　この認知スタイルを示す成人は，感情と想像の世界に住むと言われる．男性が具体的操作，すなわち具体的順次の定位を示すのに対し，概して，女性はより認知的というに「ふさわしい」．こうして，グレゴルクは，女性の認知的機能は男性よりも進歩しているという証拠を，少なくとも間接的に示している．ロジャーズの感情重視の療法は，独断的とされる行動主義と対比され，「配慮する」方向に向けられる．グレゴルクは，この認知的定位を，第一義的には感情および過程に焦点が置かれている（志向している）と説明しているが，しかし，より優先する定位は，結果に焦点が合わせられると考えられがちである．様々な定位について考えるためには，かなりの時間がかかる（前述のギリガンの著書に登場するエイミーの場合がそれを表している）.

　比較的自発的な，抽象的任意の人の良くないところといえば，それは常習的遅刻，自己中心性，自己不信，あるいは膨張した自己イメージなど，早期青年期の形式的操作的行動に多く現れる特徴的な側面のいくつかを挙げることができる．こうした特徴，あるいはこれに関連した特徴のいずれかが，治療に現れる．このような抽象的任意の人間は，具体性のある，より強迫的なモードと統制で，その能力を発展させること，または次の発達段階に移行することによって，恩恵を受ける.

　グレゴルクのいう抽象的任意の人間の思考は，情動に支配されることの多い，青年期にみられる早期形式的操作の思考に最も近いように思われる．グレゴルクは，この発達の形に知性的側面を充分には考慮に入れていないようだ．また，弁証法の操作についても考えていないらしい．こうして，グレゴルクの第4段階，〈抽象的順次スタイル〉は，おそらく弁証法というよりも，後期形式的操作期として最も適切に概念化されよう．ただし，グレゴルクは彼の四つの枠組みの全領域において発達を尊重し推奨し，発達の各局面が他局面を強化することを認めている．これらの事実によって，やはり彼のものも弁証法である.

　抽象的順次の人間は，デカルトのコギート，および進歩した形式的操作を示

しているように思われる．グレゴルクは，「我思う，ゆえに我あり」という言葉の中に，この人間の世界をとらえている．この言葉は，理想主義哲学および知識に対する欲望の世界で分裂した人間（$）の抑制について明確な例を示している．ゆえに，この時点で，グレゴルクは最も完全な意味で「大学の話」をとらえなおしたのである．

　抽象的順次すなわち後期形式的操作の人間は，情熱と感情よりも知性に依存することが多い．こういう人間は，考えている自分を考えるために，うまくデータを編成し統合することができる．自己を対象から分離し，客観的な方法で物事を研究することはできるが，観察者が観察に影響を及ぼすということを観察できない場合が多い．感情が副次的になるため，情動的に冷たいと非難される．

　この種の人による治療のステレオタイプとしてみられるものは，フロイトの「正しい」解釈を押しつけようとする冷淡で非感情的な分析主義的なものである．ラカンは，この種のステレオタイプについて語り，「フロイトへの復帰」を主張し，米国の自我分析心理学を厳しく批判すると同時に，フロイトの思想の真の意味を曖昧にするような動きを非難した．「精神分析の分野で長い間反論されてきた自我の機能の支配といった概念の復活によって特徴づけられている限り，反啓蒙主義は，とりわけ自らを米国流の生活様式と称して普及されたスタイルの精神分析によって仮定される機能である」（ラカン，[1973] 1978, p. 127）．ラカンは，弁証法への運動，関係への気づき，および確実なエピステムなどの「真理」は幻想であるという事実への気づきをうながしている．

　北米では弁証法的思考はめったに現れないということを考慮に入れれば，それが欠如しているからといって，グレゴルクを非難すべきではない．4番目の四分円はいくつかの抽象的順次の説明によって示されるといえよう．抽象的順次の人間は，プラトーのいうエピステムの形で永久的で固定した知識を所有する人間であるようだ．こうした人は，その知的能力，感情の不信，および懐疑主義のために，扱いにくい患者になる場合が多い．同時に，知識を編成し，概念化し，「大構想」について考えるといった能力によって，彼らは成功する科

7. 治療を越えて　　*311*

学者，経営者，そして国際的な外交官にさえなることができる．しかし，その知性的能力は，物事を言い抜ける能力によって，弱められる場合もある．

　グレゴルクは，弁証法という言葉を使用してはいないが，その自己研修プログラムの機能は弁証法的であり，4番目の四分円を提示している．既に述べたように，グレゴルクは，社会はすべてのタイプの人間を必要とし，各タイプの様々な才能がなければ不完全であることを指摘している．さらに，1人1人が，自分自身の内部に他の人間のスタイルのいくつかを所有するため，発達の過程に動きを与えるのはこの内的な「個人のスタイルの弁証法」である．

　「自分自身について知り始めるとき，自動的に発達が始まる」（グレゴルク，1982, p. 49)．独りで，あるいはセラピストとともに自分のスタイルを考察し，ホメオスタシスのパターンにおける矛盾および不一致に気づけば，既に発達が始まったことになる．グレゴルクは一連の訓練を提示しているが，そこでは，文章完成の刺激語に反応させ（例えば，「変化に対する私の姿勢は……である」のように），その自由反応を臨床および研究から得た観察と比較するよう勧めている．次に，被験者にこれらの反応を示し，矛盾を指摘し，どのようで「あったら」と思っているかを示しながらこの反応考えさせる．こうすることで，「現実の自己」（スタイル調査表および文章完成でのクライエントの反応の仕方）と「理想の自己」（クライエントがなりたい状態）の弁証法が始まる．グレゴルクが提供した訓練の多くは，ケリー（1955）の人格構成体心理学で使用したものと構造的に類似しており，そこでの目標は，過度に固定的（順次，具体的）あるいは解放的（抽象的，任意）構成概念ではなく，世界を観るための透過性で認知的な構成概念システムを作り出すことである．

発達の統合の試み

　グレゴルクの研究と考え方は，明らかに，ギリガン，ラカン，および本書における著者のものとは非常に異なっている．しかし，彼の考え方は本書に提示した観念を概念化し実行するための効果的かつ実践的な基準枠組を提供してい

るように思われる．その発達理論の傾向は，精神的存在の「より高度な」「前方向」への動きを指摘するものである．ギリガンは，高い方が良いという概念が重大な誤りであることを最も強く指摘しているが，この一般的な指摘を越えては，彼女のいう人間存在を拡張するためのモデルはかけはなれているように思われる．

　ラカンは，すべての発達が相互に関連し，分離できないことを明確に実証している点で，ギリガンの命題に新しい展望を追加しているといえよう．人間は，自分自身だけでなく，他者，および家族と文化の歴史にも関連している．ラカンの基準枠組みは，発達心理をいかにシステマティックな形に統合するかを示している．これは本書でもピアジェやプラトーにおいて説明されているが，まだ粗いものである．ラカンはまた，フロイトと無意識とのもっとも明確なつながりを提供しているが，こうした概念については，最終章でもっと深く掘り下げる．

　けれども，実践と発達への概念的つながりを提供しているのは，実用主義哲学者であるグレゴルクである．グレゴルクは，ユングとオースペンスキーのより神秘的な基準枠組みから研究し，認知スタイルの評価のための理論と実践的な方法を生成した．彼は拡張するスタイルにいかに働きかけるか，そして同時に，強固な規定を伴うそれぞれのスタイルをいかに尊重するかについて示唆している．本書で説明したギリガン，ラカン，あるいは他の発達概念から見て，一つの立場が「より良い」とかもっとも「正しい」とかをいとも安易に仮定するということがおこる．グレゴルクは，めったにそういう評価のわなには陥らない．

　グレゴルクの評価技法と手段は期待はできるが，完全な科学的妥当性に欠けている．彼の業績に関するデータは，妥当性の点から見て，集め始めたばかりである．グレゴルクのものよりも生産的である認知発達の枠組み（見方）は他にもある．にもかかわらず，概念的モデルがしっかりしていて，発達は線形で階層的で前進運動であるという旧式の観念に代わる，哲学的で実用的な観念を提供していることはかなりはっきりしているようだ．

神学へのちょっとした冒険

　神学の探究に関わることは，本書の目的ではないが，全体論的アプローチと発達との関係およびプロティノスの精神的定位における複数性との関係についてはあまりにも明確であるので，これを全く無視することはできない．「一者」(one) の多数性との関係という疑問に答えるのではなく，この問題についてのいくつかの説明を選んで指摘することは有用であろう．

　旧約聖書およびモーゼ五書は，神の完全体 (oneness) を認識している一方で，人間の神からの分離を強調している．知識とは，分離を引き起こすものである．この解釈は，人間主体における継続的で最終的な分離を要求している．

　かつて，グノーシス派の伝統は，早期のユダヤ教とパウロ神学に対抗する重要な思想の様式を提供した．グノーシス派の人々は，友好的に分離しようとする試みのために殺害された──「石を投げつけられて殺された」のである．グノーシス派の見地は二元論的であり，神を不可知なものとして認識している．ただし，グノーシス派の知識に対する見解（ジョナス，1958）は，個人は知識を得ることによって，「神の存在の参加者になり得るが，……これは神の本質への同化以上のことを意味している」(p. 35) と考える点が異なる．グノーシス派の観点では，認識あるいは知識は人を，一者への参加に導く．

　「多くの中に一つが存在する」．キリスト教，ユダヤ教，および東洋宗教では，このような表現やこの変形が多く使われる．知る者（人間）と「知られる者」（神）の問題については，多くの様々な形で答えられている．それぞれの答えにおいて，存在の矛盾との闘いを発見する──すなわち，世界から分離した存在ではあるが，同時に深く愛着してもいるという逆説である．

　1960 年代，サンフランシスコで発生したヒッピーについて，私のおばであるマーガレットはこう言った．「なぜ，彼らは自分自身を発見しようとして走り回っているのですか？　自分が既にそこに存在するということがわからないのですか？」このコメントは上記を要約しているのではなかろうか．

理 論 を 実 践 へ

　本章は，「高い方がよい」，「複雑な方が良い」，あるいは「発達心理療法モデルこそがモデルである」という含みのある漸進性について，バランスをとって考察するために計画されている．外観の世界や知能の世界の構造は，それぞれ描写できないものを描写するための構造，地図，または試みである．

　本章の根底にあるものは，存在学，すなわち存在の研究である．存在を定義することはできないが，人間は，なおもその不可能な夢を現実にしようとしている．我々の探求は，常に認識論的研究の形式をとり，そこでは，人工的に自分自身を存在から分離する．こうして，存在は，描写の過程で変化する．

　サルトル（1956）は次のように言っている．「知識を確立したければ，その知識の優先権を放棄しなければならない．もちろん，意識は，知ること，およびそれ自体を知ることができる．しかし，それは，本来，それ自身に戻った知識以外のものである」（p. li）．さらに，知識とは気づき，あるいは何かへの気づきであるが，「意識は無に優先し，存在から‘〜に由来をもつ’」ことを指摘した（p. lvi）．

　本章での課題は存在することを中心に復元すること，そして，我々すべての人間の状態でありながら説明されていないこと，すなわち「であること」（is-ness），「自分自身における存在」，あるいは「変化における存在」について気づくこと，である．

　本章は，トランプの組の隠喩で始まり，環境との相互作用でどのように変化が生じるかを説明している．人間は一組のトランプに似ており，新しいものという環境との相互作用によって変化する．

　発達心理療法のモデルと対比しかつ補足するために，全体的発達論のモデルを三つ提示している．各モデルは発達の概念を豊富にし，発達心理療法についての定義はまだ最初の段階でしかないことを気づくうえで役立っている．今後，次の段階では治療の概念化と実践という新しい課題に直面するだろう．

7. 治療を越えて　　315

構成概念1　〈発達は，個人の内部，および環境との相互作用において起こ
る．一つの発達的シェマの中のそれぞれの発達的変化は，個人システム全体に
反響する．さらに，1人の人間の個々の変化は，人間が生き，そして行動をと
もにする多くの，限りなく無数のシステムを通して反響する．〉

(1)　**学習目標**　　全体的過程としての発達を定義し論じることができるこ
　　　と．描写の過程そのものが，描写されたばかりのものを変化させること
　　　に気づきながら，発達心理療法の認識論的特徴を批判できること．

(2)　**認識事項**　　ある意味で，本書全体がこの点に向けて書かれており，
　　　特に，知識（エピステム）と知性（ノエシス）の弁証法に重点をおいて
　　　いる．281～291 ページでは，本章のアーチ形の基準枠組み──関係的
　　　全体論としての発達について述べている．

(3)　**体験的学習課題**
　　　a．新しいトランプの一組をとり出し，ばらばらにしてから切り，
　　　独りトランプのゲームをしよう．そのトランプのカードには何が起こっ
　　　たか？　どんな新しいものが加えられたか？　そのカードにどんな形跡
　　　を残すか？　自分にはトランプのどのような形跡が残るか？　過程の観
　　　察がどのように過程を変えたか？
　　　観察するという行為は存在の本質を変える．
　　　b．鏡で自分自身を観察しなさい．自分自身を観察するとき何が起
　　　こるか？　観察している自分自身を観察することができるような角度に
　　　二つの鏡を設定する．自分には，この体験のどんな形跡が残るか？　観
　　　察するという行為は，自分の発達に作用したか？
　　　c．友人または家族員と相互交流しなさい．相手に話しかけるとき，
　　　何が起こるか？　相手は同じか？　自分はどうか？　最も短い相互作用
　　　でも，両者の形跡は残ったか？　どのように？
　　　d．すべての発達レベルを同時に統合するにはどのような行為が要
　　　求されるかということを示す二つの例として，ピアノ演奏とクォーター

バックが提示された．この二つの例を基本として，同じ方法でバレー，タイプ，車の運転，水泳，あるいは高度な計算法の学習をどのように説明するかを考えなさい．スムーズでうまくいった行為では，四つの全発達レベルが同時にどのように作用しているか？　治療という行為そのものについて考えなさい．治療では，どのようにして，同時にすべての発達レベルを明白化するのだろうか？

　e．図17について考察し，セラピストとしてクライエントと相互作用している自分自身を考えてみよう．眼を閉じて，接近しつつある二つの球形を視覚化しなさい．自分とクライエントは同時に動くか？　自分の行為によって，クライエントの存在がどう変化するか？　今度は治療場面での一対の球形と両者の相互作用について考えなさい．治療過程についてどんなことを学ぶか，また，再学習するだろうか？

　f．ラカンがいう「無意識は他者の話である」ということは，特に自我指向あるいは自己実現指向の強い米国人にとっては，把握しがたい概念である．図18について考察しなさい．自分自身の発達球形を示す円を描きなさい．次に，自分の母親，父親，家族員など，自分の人生で重要な人物を示す円（球）を描きなさい．これらの球形のすべてが自分および他の球形にどう作用するかについては，時間をかけて説明することが望ましい．

　自分の民族的遺産，性別，性的定位，人種，および同輩集団や会員性集団などの関係集団を示す円（影響の球）を追加しなさい．宗教的遺産，および経済的背景を示す球を追加しなさい．全体のシステムにおいて，各々の球が互いにどう影響するかという説明を試みながら，それへの影響という点で重要なその他の球を追加し続けなさい．

　影響の球をさらに追加すれば，すべての球のグループ分けによって多数の交差部分を持つ新しく大きな球が作り出されるという点において「統一体」の球が作り出されることがわかるだろう．この時点で，図18の頂点の小さな円によって新しい「球の球」の始点が作り出されること

7. 治療を越えて　　*317*

に留意しよう.

　　g.　こうしたいくつかの実習を復習しなさい.　これらは,　すべて,
様々な意味で,　プロティノスの一者の多数性の概念を明確にし,　これを
体験することに方向づけられていることに留意しよう.

構成概念2　〈ギリガンの発達理論における関係モデルは,　線形の漸進的な
発達を意味する伝統的な男性モデルに対して,　重要な挑戦をしかけている.〉
（1）　学習目標　　発達の「高い」レベルに向かって運動する線形モデルと
　　　比較対照しながらギリガンのモデルが説明できること.　また,　分離と愛
　　　着という一対の発達課題の重要性を説明できること.

　　　ギリガンの関係モデルは,　発達理論に対して重要な効力を持ち,　伝統
　　　的な理論の「正当性」に関する大きな疑問を提起した.　ギリガンおよび
　　　他のフェミニスト論者の業績は,　何年かにわたって次第に強く認識され
　　　るだろう.

（2）　認識事項　　概念は,　291〜296 ページに記載されている.

（3）　体験的学習課題

　　　a.　ダリー,　グレイ,　およびチェスラーのフェミニスト的分析は,
　　　全読者が容易に受け入れるというものではない.　おそらく,　最も効果的
　　　な実習は,　単にこれらを読みなおして,　家父長制の概念における自分の
　　　位置を考えれば良いのである.　発達論者は「高い方がよい」という男性
　　　モデルにおける発達を説くことが最も多いということに同意するか？
　　　彼らの立場についてはどう批判するか？　　どんな長所と新しい観念を提
　　　供しているか？

　　　b.　男性と女性のエディプス的発達の基本的な論議では,　男性的な
　　　良い解決は分離と自律性であり,　女性的な良い解決は愛着と関係である
　　　ことを重視している.　これは複雑な問題の単純化であるということを認
　　　識しながら,　自分自身の性的役割の発達について考えなさい.　もしあな
　　　たが男性であるならば,　家族は分離と自律的発達の方向に押し進めただ

ろうか？　もしあなたが女性であるならば，家族は愛着と関係的行動に
報い，これらの行動を強化しただろうか？　〈あなたをこうした方向に
導くために，家族はどんな具体的行動をとったか？〉　あなた自身の発
達において何かこのモデルが見失っているものがあるか――おそらく
は，自分自身の複雑性，および異なった方向に引っ張る多数の様々な力
だろう．

　　c．　ジェークとエイミーの対話をもう一度読んでみよう．その後，男
性と女性，および少年と少女に，ハインツのジレンマに関する同じ質問
をしてみよう．どういうことに気づくだろうか．

　　d．　ギリガンの基準枠組みは，本書で概説した発達心理療法の全体
的枠組みに何を加えているだろうか？　人間がとる一つ一つの行為が，
本当にシステム全体に反響をするのだろうか？

構成概念3　〈分離と愛着の概念は，子供と成人の発達において，繰り返し
演じられる．個人の欲望は，安定性に関する諸問題 対 変化に関する諸問題と
いう関係に似た一対の発達課題のバランスをとることである．この論議では幅
広く弁証法――分離と愛着，安定性と変化――の結果としての動きと変化に焦
点があてられる．そして，全知識と知性は，我々が生命を支え，欲望を満たす
ために必要である．〉

（**1**）　**学習目標**　　分離と愛着という二重の課題を定義できること．特に，
　　　　男性の自律的な発達，および女性の関係的な発達の問題に関連づけて定
　　　　義する．

　　　　　欲望の弁証法，すなわち手に入れることができないものの探求につい
　　　　て定義し議論できること．

（**2**）　**認識事項**　　296〜305 ページにこれらのデータを掲載している．こ
　　　　うした概念は複雑であり，ギリガンの資料を補足し，一者の複雑性を詳
　　　　細に説明するための背景と考えるのが最も適切であろう．

（**3**）　**体験的学習課題**

7. 治療を越えて　319

a. いくつかの発達段階を通してあなたやクライエントが分離と愛着という課題に直面した方法を，略述してみよう．例えば，ほとんどの人間は，6歳で家庭から分離し，教師と学校に愛着することを学ばなければならない．結婚に際しては，両親から分離し，配偶者および新しい義理の関係に愛着しなければならない．それぞれの年齢は，それぞれの発達の課題をもたらす．これらの課題がうまく達成されることによって，個性化の発達に分離し，かつ，愛着した個人としての自己の概念が生じる．

次の概略を用いて，分離と愛着という反復課題の多数性を定義してみよう．

1) 生　誕
2) 生後6ヶ月——母親から分離した自己の定義．
3) 12〜18ヶ月——歩くことを覚える時期の分離．
4) 2歳——肛門期のしつけ．
5) 家庭を離れ，保育園に通う．
6) 5〜7歳の期間の複雑性．この期間には，性的役割の確立とピアジェのいう具体的操作が，より完全に機能し始める．
7) 家庭を離れ，学校に通う．
8) 青年としての同輩に対する愛着．
9) 家庭を離れ，大学に入るか仕事に就く．
10) 結婚，すなわち新しい家庭の確立．
11) 子供の誕生．
12) 子供が学齢期．
13) 子供が次第に分離していく．
14) 30歳，40歳，50歳の危機など主な「節目」における人生の変化．
15) 子供が家庭から分離する．
16) 年齢を意識し，再び配偶者や恋人に愛着するが，同時に退職．

17) 引退後の新しい友人と場所に愛着し，死によってもたらされる分離と愛着を期待したり恐れたりする．

b． 上の概略について熟考し，分離と愛着の各発達課題が本書の球形モデルとどのように関連しているかを考察してみること．一者の多様性における発達の複雑性には目を見はるものがある．

c． ラカンの欲望の概念は特に難解であるが，新しい自動車，家，衣類，ステレオセット，などの実用品に対する欲望を例にとってアプローチすることができる．例えば，新しい家を手に入れようとする努力を通して，欲望を追求する．しかし，一度その新しい家を手に入れてしまうと，それはもう欲望ではなくなる．欲望は家具に転換するが，その欲望が満たされれば，今度はピアノへと移る．日常生活では欲望にきりがない．〈ところが〉，一度夢の家が実現すると多くの人がその家を売り払い，別のものに移って，先に述べた欲望追求のプロセスを再開する．

自分自身の生活，あるいはクライエントの生活において，同じような例を探してみよう．欲望の動因はどのように我々を行動に駆り立てているのだろうか．

d． 「欲望を捨ててはいけない」．たとえ決して満たされないであろう欲望でも，それをあきらめれば，自分や他者に何が起こるだろうか？

e． 発達心理療法の幅広い球形モデルに戻りなさい．分離と愛着，および欲望の概念は，このモデルとどのように関連しているか？ これらの概念は，自分自身の生活やクライエントの生活上の行為とどのように関連しているのだろうか？

構成概念 4　〈ラカンの四つの話は，発達心理療法の球形モデルにおける四つの平面とある意味での類似性を説明している．ラカンの各々の話には，他の話が含まれる．〉

（1）　**学習目標**　ラカンの四つの話を定義し，発達心理療法のモデルと関連づけることができること．

（2）　**認識事項**　　図 19 は，四つの話を視覚化し，補足説明を付してある．四つの話で最も重要なことは，それらが発達を考察するためのもう一つの言語構成を示していることである．それぞれの言語構成は，人間の相互作用や治療の一片の複雑性についてのもう一つの重要な路面地図である．

（3）　**体験的学習課題**

　　a．　それぞれの話は，折々のある時点における全体の存在論あるいは存在を示している．図 19 を考察し，自分の過去の歴史と行動の中から存在の特定のモードの典型と思われるものを見つけなさい．本書の定義は読まないこと，またラカンの著書における論議を解読しないこと．ラカンが「話の途中」で読者に語っていることを思い出そう．会話をロールシャッハや TAT として使用し，自分自身の思考をテクストに投影してみよう．四つの話を知性的に把握しようとする試みを止めたとき，自分がそれらをどんなによく理解しているかということに驚くかもしれない．

　　b．　自分自身のあるいはクライエントの生活において交わされる，非形式的な会話の実例を探し，会話の各空間が意味する弁証法的関係について考察しなさい．特に，マスターの話で自分自身を考える場合，この位置から見たあなたと他者との関係は？　ヒステリー患者の位置にいる場合，マスターの位置にいる人とはどう関連づければよいか？　単純化した言い方をすれば，このモデルは交流分析のモデルと似ていないわけではない．自分の存在学または存在は一定の位置から始まり，他者の存在学または存在も一定の位置から始まる．弁証法とは，あなたと他者の存在または存在学との相互作用といった性質のものである．自分の弁証法と相互構造は，あなたが出会う存在によって決定されるだろう．

　　上の例として，ヒステリー患者と話しているマスターと話している人は，ヒステリー患者のおかしい性格によって攻撃され，他者の話を統制しようとするだろう．二つのマスターの話が出会うとき，何が起こるか

——支配の探究であろうか．分析者の役割についてはどうか？　セラピストの役割，あるいは他の会話との関係において分析する人の役割を考えなさい．

　　自分と他者は，やがては一つの地点で操作する複数の会話を持っているか？

　　c．四つの話の中で繰り返されるラカン派の平衡状態について考察しなさい．これらからはどんなことが理解できるか？

　　d．資料をもう一度読みなさい．そこで述べられていることをどのように変えられるだろうか？　ラカンの「話の途中」に関するあなたの投影は，本書の話に何を加えるだろうか？

　　e．準備ができたと思ったら，ラカンに関する箇所を1ページだけ任意に読みなさい——1ページだけ．それについてゆっくり考えなさい．本文に対して何を投影するか？　ラカンは何と言っているか？　他の人間はどう理解しているか？　ラカンの文章との発達的弁証法に参加することができるか？

　　f．発達心理療法モデルに戻りなさい．上述の解読と体験から何をモデルに追加することができるか？

構成概念5　〈グレゴルクは，成人の認知スタイルの四つのモデルを提示しており，これは大体発達心理療法モデルの局面に対応している．ギリガン，ラカンをはじめとする発達論者同様，二つあるいは三つ以上のモデルとの間での弁証法は，豊かさとすべての解釈上の威力を高める．〉

（1）**学習目標**　グレゴルクの成人の認知スタイルに関する四つのモデルを定義し，これらの構成概念を他の全体論のモデル，および発達心理療法のモデルと関連させなさい．

（2）**認識事項**　本章では，グレゴルクの概念をかなり直接的な言葉で表している．これを理解するためには，さらに彼の文献のいくつか，特に「グレゴルクのスタイルの写出法」（Gregoric style delineator）（グレゴ

7. 治療を越えて　　*323*

ルク，1982a) などを読み，その手法のいくつかを眺めると有効的である.

(3)　体験的学習課題

　　a.　1枚の紙に，グレゴルクの四つのモードと成人スタイルを記しなさい. 次に，発達心理療法の四つの段階を記しなさい. 自分独自の方法を通してそれらをまとめなさい. その文献を調べ，本書の解釈に同意できるかどうか判断しなさい. 読むことからよりも自分自身の行為によって，グレゴルクを学習することになるだろう. 読者は，行為と思考によって，グレゴルクと本書の相互構造に参加している. 単に本書を読むだけであったら，ここに提示された構成概念に自分自身を近づけることを強いることになろう. 弁証法には運動が必要である. 書物は静的である. 本書の概念をどのようにしてあなた自身の方向に動かすことができるか？

　　b.　グレゴルクの概念，ラカンの四つの話，およびギリガンのモデルについて考察しなさい. 各々をどのように構成し関連づければよいだろうか？　これらによって，発達心理療法はどのような影響と変化を受けるだろうか？　発達心理療法の概念によって，それらのモデルはどう変化するのだろうか？　この弁証法的交換に追加したい他の発達モデルとしては，どんなものがあるだろうか？

　　c.　前の体験的学習から得たかなり大きなデータを使用して，自分自身あるいは他者の治療の実践を豊富にする一連の独自の理論を開発してみよう. こうした選択的相互構造を教授するための心理教育プログラムをどのようにして創ればよいだろうか？　自分自身の相互構造を採用するか，あるいは，弁証法において他者を引き入れる試みをするか？

　構成概念 6　〈一者における多数性のアイディア，およびプロティノスの枠組みは，神学的含みを持っているように見える.〉

(1)　体験的学習　　この構成概念にどう答えるか？　自分自身の理解と行

為に対して，それはどういう含みを持っているか？　構成概念 6 につい
てはどんな予想をするか？

要　　約

　発達心理療法の弁証法は，いつも複雑性に向かって移行するように思われる
——差異，特徴，および相互作用に対して発展的な気づきをするのである．し
かし，逆説的には，理論と構成概念の間の新しい結びつきを続けながら，反復
するパターンを示すことにも気づく．米国中西部のケリーは，フランスの知性
派ラカンと手を組み，ギリガンの重要な業績はボウルビィの愛着の理論に関連
し，グレゴルクは，こうしたすべての観念の実践への移し方を実証している
が，彼はその概念を，オースペンスキーとユングの神秘主義的枠組から引き出
している．

　差異の中からの統一は，本章の主要テーマとして説明されている．テヤー
ル・ド・シャルダンのコメントは，短い言葉で本章を要約している．「人間が
分裂し，問題を人工的に破壊すればするほど，それはより執拗に根本的な統一
を明示する」と．人間は，描写したものから自分自身を分離することによって
のみ描写することができる．認識論的には，知るためには分離しなければなら
ないと知ることである．しかし，逆説的には，強く分離すればするほど，根本
的な統一を意識するのである．ここで新しいものとそれは新しくないという事
実に気づくことによって，出発点でもある存在論と存在に戻るのである．ラカ
ンのプロティノスの知識の理論においては，「一者」の一つに多数性が存在す
るのである．

　一つの観点から見れば，認識論と存在論は，相互に不安定な弁証法を保つも
のとして説明することができる．知る（ための）ものを持っている場合にのみ知
ることが可能である．しかし，ハイゼンベルクの原理にもあるように，知るこ
と，あるいは観察は，最終的には観察されるものを変え，それに影響を及ぼ
す．人間の存在や存在の理解には，「完璧な知覚」（または概念）が存在するか

存在しないかである.

　実践的な目的のために，本章の理論は一定の指針を提供している．おそらく，それはギリガンとグレゴルクの公式化において最も明確に現れており，両者は，発達理論には重要な実践上の含み（意味）があることを思い出させてくれる．ラカンのモデルは，本来もっと概念的であり，何であるかを説明すると同時に，おそらく自分と他者との相互依存を呼び起こすための統合力として働く．たぶん，この相互依存と相互性の概念は，個人主義的社会では完全に実践的とはいえないが，それは興味深い選択（もう一つの形）を提供し人間存在の本質に挑んでいる．

　本書のまとめの部分では，発達心理療法の説明がいくらか複雑になっている．人間の意識を超越した発達に特別な注意が向けられる．無意識が本当に存在するならば，無意識を「発達」させることはできるだろうか？

8

生涯にわたる愛着と分離
──不可能なバランスを求めて──

「人類は，愛情の力を全く知覚することができなかったように私には思われる」．アリストファネスは，プラトーの *Symposium*（『饗宴』）の冒頭でこのように語っている（ラウス，1956，p. 85 から引用）．また彼は，人間の祖先であった四つ足で球面形の両性動物から性別を生成したことについて，複雑な話をしている．

> 人間の形は完全な円形をしていた．……今のように，好きな方向を向いてまっすぐ歩いた．そして，速く走りたいときは，その当時に持っていた 8 本の手足の先端で転がり回った．……彼らは恐るべき強さと威力を持っており，その野心も偉大であった．神を攻撃した．……神に戦争をしかけようとして天まで登ろうとしたのである．　　　　　(p. 86)

ゼウスをはじめとする神々は，創造物の野蛮な行動を案じたため，衆議会を開き，創造物を半分に分けるという結論を下した．それ以来，人類はずっと，半分になった二つのものを結合しようとし，片方は，失くしたもう片方を探し求めている．「我々 1 人 1 人が人間の対の片方である．彼は，ひらめのように薄切りにされ，二つで一つをなしていた．ゆえに，片方は，もう一方を求めるのである」(p. 87)．二つの片は何が欲しいか聞かれると，同一性（一体）が究極の望みであると答えた．ヒファイスタイ（火の神）が近くに立っている時は，次のように尋ねたかもしれない．「できるだけ近くにいて，互いに昼夜離

れないということだけか？　なぜなら，それが汝らの望むことなら，いつでも私が汝らを溶かして一つにしてあげよう……それが叶えられてしまったら，1人ずつで拒絶したり，何か他のことを望んでいることを見つけられないだろう．……ゆえに，全体に対する欲望とその追求を愛と名づける」（p. 88）．

　フロイトは，1歳半の孫が遊んでいるところを見ていた．その子はひと巻の糸で遊んでおり，「おー，おー（O-o-o-o）」など関心と満足の声を出しながら，糸巻をサークルベッドの中に投げた．フロイトは，これが「行ってしまった（gone）」に相当するドイツ語の音声であることを観察した．同時に，孫が糸を巻き戻していて，「いた（there）」に相当するドイツ語の音声「ダ（da）」をおもしろそうに言っていることにも気づいた．「ゆえに，これは消滅と再現という完全なゲームであった．概して，最初の行為を目撃しただけで，それは本来のゲームとしてたゆまなく繰り返されるが，最大の楽しさは次の行為についていくということに疑いはない」（フロイト，[1928] 1959, p. 33-34）．

　フロイトは，このゲームは子供の母親との別れと母親が将来戻ってくることを実演するものであると観察している．彼は，孫の遊びを，人間の最も偉大な達成の比喩と考えた．それは，他者との分離を認識し受け容れると同時に結合体に復帰したいという欲望を表現するといったものである．

　この年齢の子供は，しばしば高い子供椅子から床へスプーンを投げる．喜んで投げるが，その後すぐに，スプーンを取り戻したくなって泣き叫ぶ．もっと年齢の低い幼児は，母親が自分の部屋からいなくなると泣き叫び，戻ってくると，喜んで叫ぶ．こうした一つ一つの例で，ピアジェは対象の恒常的存在の原則に気づいたのだろう．子供は，見えないときでも，対象（糸巻，スプーン，あるいは母親）がそこに存在することを学習しようとしている．ピアジェ（1954, p. 51）は，ジャクリーン（10ヶ月）という女の子の手からおもちゃのオウムを取り上げて，彼女が見ているうちにマットレスの下に隠したときの様子を観察している．オウムが失くなると，ジャクリーンは，隠したところではなく，対象が最初にあったところを探す．この場合，ジャクリーンは，明らかに，対象の恒常的存在に気づき始めた，あるいは対象の安定性をみとめる段階

にあるが，まだそれは対象を探す方法には結びついていない．

生涯にわたる発達の主な課題は，他者への愛着から自分自身を分離し，個性化することである．同時に，新しい関係において再び自分自身を他者に愛着させるという，同等に重要な課題がある．学校に通うようになると，親から分離して友人に愛着しなければならないが，家を離れるときは，友人からも親からも分離しなければならない．成人期には，自分自身を新しい関係に愛着させなければならないが，子供の到来とともに，少し分離しなければならない．人生の各段階が，発達，および分離と愛着という新しい挑戦をもたらす．

本章では，ピアジェの発達段階の統合，ボウルビィの愛着の理論 (1969, 1973a, 1973b)，およびハーレイ (1973) のライフサイクルモデルの考えを用いて，生涯の発達を探求する．

ただし，生涯の発達は，経験という意識的次元の発達以上のものである．本章の最終節では，無意識の発達，すなわち「人間の意識性を超越した発達」について探求する．

分裂，分離，および愛着

フロイトの孫とピアジェの娘の話は，それぞれ子供が分離および対象への愛着の課題にいかに処していくかについて例示したものである．対象関係論者 (クレイン，1975；フェアバーン，1952；ガントリップ，1961；カーンバーグ，1976；マーラー，1971；ウィルコット，1958) は，子供が分離と愛着の扱い方を覚えるというテーマを，様々な方法で解釈している——個々の人間になってゆく一方で，他の人間との関係を適当に維持するという逆説である．

対象関係(理)論は，基本的に分離と個性化——すなわち，個々の自己になること——に重点を置いており，おそらく，現在一般に通じているマスターソン (1981, 1985) の境界人格に関する業績によって最もよく説明される．マスターソンは，境界人格の母親が子供を巻き込んだり拒絶したりすることが多すぎる様子を，巧みに，かつ効果的に指摘している．すべての場合において，子供

は完全な自己の意識を得ることができない。「発達的対象関係の観点」から，マスターソンは分離と個性化について論じている——それは，治療の目標として，独自に満足のいく自己を発見することである。

分離と個性化の概念は，かなり説得力があるため，対象関係論者の業績は，今後10年間，援助関係の分野で次第に多く認識され，一般化されるだろう。ただし，分離に焦点をあてることは，特に北米の文化的公式，そして，おそらくは，ギリガンの対象関係理論と比較して前章で論じた男性的な家父長制モデルの拡張であると考える必要がある。

ただし，生きていくうえの二つの課題——すなわち，他者との分離，および他者への愛着——は，ボウルビィ（1969，1973a，1973b）の愛着の理論において最も適切に概説されている。この一対の発達課題の均衡化は，治療とカウンセリングに多くの焦点を提供している。これは，おそらく，全体的な分離の一つではなく，ラカンが提示したような，相互依存の認識の問題である。もちろん，個性化とは，効果的にその関係づけを行う能力と定義されることが多いが，「個性化」という言葉そのものは，文化的な分離を含んでいる。

おそらく，過度に単純化して言えば，人生の基本的論題とは，分離と愛着に対処することであろう。人間の存在論，すなわち存在の本質は，このテーマをいろいろの形で論じることによって構成されている。プラトーの『饗宴』に出てくる球面体の創造物のように，我々は必然的に人類から分裂しているが，分裂した状態のままで愛着し，相互に依存しているのである。

健全な人格が必要とするものは，分離への要求と愛着への要求の間の不可能なバランスあるいは均衡である。このバランスは，弁証法の動きによって資するところが多い。というのも分離と愛着を同時に一つのものとして感じることができるのは，この動きの過程においてであるからである。転倒する状態にある弁証法に対しては，セラピストは，クライエントの必要および要求の器を「満たさなければならない」。この充填，あるいは注入は，愛着である。しかし，クライエントはいったん満たされてしまうと，新しく異なった人間に分離する。分離と愛着の結合の持続期間は短いが，クライエントには，たとえ一瞬

であっても，それらはすべてを所有したいという欲望を満たすため，そうした瞬間は超時的なものである．

人は人生の各段階から，次の発達段階に移る前に，分離と愛着の課題を完了し，発達の確固とした構成を開発しなければならない．速く進みすぎて不完全な発達は，結果として，将来の関係において以前（子供のころ）の発達段階で失敗したことの繰り返しを招く．例えば，離婚して再婚することによって，最善の意図をつくしていながら古い発達パターンを反復している自分自身に気づく人間がいる．

人生の各段階で発達の運命が満たされないかぎり，我々は過去の発達の歴史を繰り返さなければならないようだ．

生 涯 の 発 達

この節では，生涯の発達について二つの展望を試みる．最初は，生涯を通じて個性化と関係の問題がどのような役割を果たしているかを，分離と愛着の観点から眺める．次に，発達心理療法のモデルが生涯の発達とどのように関係しているかを考える．

発達課題とライフサイクル

生涯の発達を略述するためのモデルは多数ある．その中で最も早い時期に描かれ，最も影響力のあるものは，図2で概説したエリク・エリクソン（1950）のモデルである．エリクソンの8段階は，基本的信頼 対 基本的不信という課題を伴う幼児期から，自我統合 対 絶望という課題を伴う老年期にわたる．エリクソンのモデルは個人的発達のモデルであるが，うまく状況に合わせられており，文化的枠組みにおける他者との関係の重要性に気づいている．

ハーレイ（1973）の発達モデルは，人間の発達に関してさらに関係的な図式を提供している．ハーレイは，人間は家族との関係枠組みにおいて，ともに創造し，ともに進化することを指摘している．家族員1人1人が，生涯を通じて異なった発達課題を持っている．ゆえに，同じ時期に，父親と母親は結婚生活

図 20　分離と愛着の問題に関連したハーレイの家族のライフサイクルモデル

No.	発達段階	発達課題および分離と愛着の問題
1	成人（期）前期	同輩との愛着が増加．両親との分離．「求婚」，配偶者の選択，職業あるいは教育の選択．
2	結婚早期	配偶者および新しい友人への愛着．両親とのいっそうの分離，および両親への再度の愛着．義理の関係への愛着．家庭，職業，あるいは新しい仕事のはじまり．
3	子供の誕生，および子育て	配偶者との2者関係からの分離，そして幼児への愛着．両親，義理の関係，同輩との新しい関係を確立．子供の入学に伴う子供との分離の開始．職業の確立，性的役割と仕事のバランス，経済的充足の確立．
4	結婚中期	子供との急激的な分離．配偶者への愛着の展開，あるいはさらなる分離や解放． 人生の中間の危機：職業への努力やその他の努力の成功または失敗．
5	家庭の解体と再構成	子供の両親からの分離，夫婦の2者関係としての再度の愛着あるいは分離．子供の配偶者や恋人への新しい愛着．保護提供者として，夫婦の両親へのさらなる愛着． 50代半ばの危機：仕事，関係，両親，自分自身の弱み，および老年に近づいていることへの気づき．
6	老年および引退	職業からの分離，夫婦2者関係としてのなおいっそうの愛着，成人した子供が，保護提供者として再度愛着．余暇，健康，財力の使用，自分の人生をふりかえる．

出典　フレミング，1986，p. 1，著者の許可を得て掲載．

中期の問題に直面し，娘は高校に入学すると同時に若年成人期に入ろうとしている．ところが，そのとき，両親は突然の第2子の到来，そしてその結果として生じる子育てという問題に直面するのである．女の子と新生児は，各々独自の発達課題を持つ．ただし，各々が家族との関係の状況において，発達を完了する場合と完了できない場合がある．もちろん，家族全体の発達の複雑性は，家族を相互生成ネットワーク——すなわち，祖父母，兄弟，そして，おそらくは近い親類と友人の発達課題を考えることによって広がっていく．ハーレイ

は，発達は関係のネットワークにおいて起こるということを思い出させてくれる．

図20は，フレミング（1986）が応用したハーレイのライフサイクルモデルを表している．フレミングは，発達における重大な分離と愛着の問題をいくつか指摘した．ここで，ハーレイのモデルは，次第に少なくなりつつある「正常な」家族であることを強調する必要がある．モデルは，片親の家族，レズビアンあるいはホモセクシュアルのいる家族によって異なり，また様々な文化的なそして社会経済的背景をもつグループによってもこれは異なるかもしれないということを認識しておかなければならない．

生涯の発達に関するこの簡単な要約に留意して，発達心理療法の枠組基準がどのようにこれら発達過程とその課題に関連しているかを考察しよう．

生涯を通しての発達心理療法

エリクソン，ハーレイ，その他いずれの生涯の発達モデルにおいても，感覚運動，具体的操作，形式的操作の問題，および弁証法の動きは，生涯を通じて明白に表れる．一つの具体的な例として，若い親は，物理的に子供を体験する（子供が誕生する）まで，母親または父親であることが何を意味するかについて，相対的にはほとんどわからない．初めて子供を見てそして抱くことは，感触的，視覚的，および情動的に両親の心に植えつけられる忘れられない感覚的な出来事である．この「抱擁環境」（クレイン，1975）は，子供の自己の概念と生涯を通じての発達の基盤を形成する．

父親（および，ある程度は母親も）は，情報の片々によって子供について知る傾向がある．父親は，この新しい存在の扱い方に関してアイディアをまとめようとする．多くの父親は，何をするのかほとんどわからない．この場合，考えることや子供との行為については前操作的である．父親の誤った考えは，子供，および母親との関係における問題に通じる．

父親，あるいは母親であることの片々がゲシュタルトになると，若い両親は子供とともに作用することが必要な具体的操作を学習する．同時に，若い父親と母親は，子育ての問題について友人および家族と話し合って過ごす．この過

程は後期具体的操作に関連する場合が多いが，彼らがより効果的な行動のパターンを追求しているときは，形式的操作に近い．

両親は，自分自身を父親および母親として認識し始める——すなわち，形式的操作の特徴である，考えることについて考えるのである．このことは，父親よりも母親に多く起こるようだ．

親が療法に参加するなら，自分自身の子育てのパターンを繰り返していることに気づくだろう．こうした論議は，後期形式的操作，または早期弁証法的段階に位置するだろう．父親としての男性の問題，および母親の伝統的役割対非伝統的役割の問題が考察されるが，この時は，家族のフェミニスト構造に特に注目する．夫婦は，自分達に課せられる保護者としての文化的要求を気づかずに，どのように再演しているかを考察する．

最後に，親は保護者としての「正しい」形を常に追求することを通してその正当性は文化，およびそれぞれの子供に関係していることを悟るだろう．究極的には，子供および夫婦間の関係は，知識（「正しい」子育て）と知性（「正当性」は状況に応じたもので，定義しにくいと気づくこと）の弁証法を再演しているのだと気づくだろう．

したがって，実践的な目的では，生涯の発達を考察することによって，発達心理療法の理論的枠組みは親子の発達課題および位相を通じて何度も演じられることがわかる．時々，セラピストは，互いが過度に分離し，母親の方が子供に過度に愛着しているといった若い両親を相手に仕事をすることがある．過度の愛着は前操作思考と行動を示しており，発達理論の実習——理論と実践の統合が示唆する基本的な発達の技法および概念を用いてこれにアプローチすることができる．

セラピストは，形式的操作期の親が，感覚運動的思考レベルや遊びのレベルで，なおいっそう子供を体験するのを援助しなければならない場合もある．親であるということを認識するという意味で具体的操作期での教育が必要な親もいる．子育てのとてつもない複雑性のために，親は，自分自身がいくつもの感覚運動的，具体的操作的，形式的操作的，および弁証法的課題に固定し不動の

8. 生涯にわたる愛着と分離　　335

状態であることを発見するだろう．発達心理療法のセラピストにとって重要か
つ困難な課題は，その生活の枠組みの中の特定の発達課題を評価し，診断し，
理論をクライエントの必要性に合わせるという方法を用いて，一組の夫婦が前
進するのを援助することである．

　この一つの例によって，治療過程の極端に複雑なことがわかる．セラピスト
が母親としか面接しない場合でも，行為は父親と子供にも影響する．多数の発
達課題，および分離と愛着の問題が同時に演じられているときは，一つの領域
の変化に影響される他の多くの発達課題すべてに気づくことができるとはかぎ
らない．

　子供の誕生にまつわる発達課題への親の反応の例は，他の人生の発達課題の
隠喩として役立つ．子供が学校に通うようになると，分離と愛着の問題を克服
し，感覚運動期の片々を具体的操作期に統合し，最終的には自己について考え
ることを覚えなければならない．同様に，同じ人間が65歳になると，引退と
老齢化にまつわる分離と愛着の問題を克服し，この新しい経験としての感覚運
動的思考の片々を具体的操作思考に統合し，効果的に自己について考えること
を覚えなければならない．

　6歳であるか60歳であるかにかかわらず，人間は，発達の課題，機会，お
よび問題に満ちた生活に直面する．こうした個人の発達課題を支えることは，
セラピストの基本的な役割である．すなわち，発達心理療法による治療が進む
につれてその機能的変化の流れを円滑にすること，そして，分離と愛着あるい
は個性化と関係の問題の対処を援助することである．

　各々のレベルで発達課題が達成されなければ，次のレベルで問題が起こり，
古い問題は何度も繰り返して現れる．この目的のない，固定的な不動の繰り返
しは，発達課題の未完了の結果であるが，クライエントがこの繰り返しを終了
するのを援助することは，しばしばセラピストの課題である．

　発達では，意識の眼に見える以上のものが続いており，発達は複雑すぎるた
め，そのすべてに気づくことはできない．問題をさらに複雑にするものは，発
達段階，発達課題，および発達心理療法の進歩を基礎づける多数の文化的要因

の存在である．

全体論的生涯の発達

　ギリガンの関係理論，ラカンの四つの話，およびエリク・エリクソンの発達の概念には，共通しての重要な一つの観念が含まれる——すなわち，〈発達は厳密な線形の順序ではなく，全体的に起こる〉ということである．発達心理療法の球形モデルは，線形モデルと全体モデルの統合を描いている．ギリガンは関係の重要性を強調し，ラカンの話は，発達の各段階には他のすべての段階が含まれることを呼び起こし，エリクソンの理論は，各々の発達課題をうまく達成しなければ，後の人生で問題が起こるという前提に基づいている．

　家族療法とライフサイクルのモデルを同時に重視することは全体論的であり，個人の成長と発達には人間と環境の弁証法が非常に重要なことを思い出させてくれる．ギリガン，ラカン，およびエリクソンのモデルは，すべて環境の重要性を強調しているが，家族モデル，および発達心理療法の弁証法モデルは，こうしたセラピストのアイディアを広げるときに効果的である．

　発達心理療法の多面的モデルは，確かにすべてのことが一度に起こっていることを描写する試みである．「かっこ悪く曲がる」というスラングは，発達の進歩が位相からはずれたときに起こることについて，かなり適切に説明している．非常に限られた具体的操作の人でも，非常に確かな知性的な形式的操作能力を持つことができる．グレゴルクが示唆したように，人間は，個として，多くの異なったスタイルと存在の仕方のバランスをとる．けれども，「理想的な人間」は，すべての局面においてバランスがとれているだろうか？　我々は「円頭」の社会を求めるのだろうか？　おそらく，そうでない傾向が多いだろう．変動は，人間のものさしであり，また，おそらくは人間の望みである．我々は，プラトーが描いた四つ足で球面形の創造物になることを本当に望んでいるのだろうか？　本当に，人間の欲望の本質は何なのだろうか？

　すべてのことが，同時に発達的に起こっているとすれば，発達の内部における人間の環境の相互作用，すなわち，弁証法的相互作用について，まとめてみることは効果的であろう．図21は，生涯発達理論の表現，すなわち，生涯を

通じて起こる多くの問題の描写を示している．この図は，ボウルビィの分離と愛着の理論，およびハーレイのライフサイクル理論の統合と考えられ，ピアジェ，マスターソン，フロイト，およびエリク・エリクソンが概念化した発達の進歩の考え方も入れている．子供は，家族のライフサイクルの文脈の中で発育する．家族は，弁証法的発達における早い段階の環境を提供する．

図21に含まれるそれぞれの理論は，発達である全体性について有用な展望を提供している．母親との初期の対象関係を経験している子供の心に何が起こっているかを思い起こすためには，ピアジェの理論が特に有効のようだ．フロイトとエリクソンは，生涯に関する周知の構成概念構造に，この二つの理論の密接なつながりを提供している．さらに，エリクソンの理論は，発達とは新しい問題と意思決定に直面する時に古い発達課題を常に再循環処理する真の生涯の問題であることを，おそらく誰よりも適切に論じている点で，特に効果的である．

しかし，すべての答えを与えてくれる理論家は1人もいない．ここで要約した各々の理論は，発達過程の特定の部分を思い出すときに効果的である．けれども，それさえも完全ではない．第1章で述べたケーガン，レービンガー，およびペリーなどの発達論者も，それぞれのその展望を述べているが，それらは，複雑な発達過程の理解を深めるために役立つ．

発達心理療法は，生涯の発達を促すことに関わっている．また，家族の発達と集団，組織における人間と環境の弁証法にも関連しているが，後者については本書では論じていない．家族，集団，および組織の問題に関しては理論の進歩に従うことが予想される，そしてそれはここに示された療法と変化に関する諸理論を様々に応用する，ということに従わなければならない．

文化的状況における発達

カウンセリングと治療は，通常カウンセラーとクライエントを包含することから，普通は2人の人間の関係と考えられる．歴史的には，セラピスト（あるいは教師，弁護士，または管理者）にとっては，クライエントに対する共感だけが必要であると信じられてきた．現在では，共感にはいっそう広い視野が必

年齢	ピアジェ	マスターソン	フロイト	エリクソン
0～2歳	感覚運動期 0～1ヶ月　反射と自然運動 1～4ヶ月　最初の習慣と第1次循環反応 4～8ヶ月　第2次循環反応 8～12ヶ月　手段と目的の協応 12～18ヶ月　第3次循環反応 （この家族のライフサイクルの位置を導入することは、家族の二者関係を破壊する） 18ヶ月～2歳　突然の了解による発明 （子供は、なおいっそう環境に気づくようになり、どう反応するか）によって、子供が互いに強くなるか、まわりがこれを同時に払わわなければならない。同時に子供が家庭から分離することを学ぶ。	0～3ヶ月　自閉的 3～18ヶ月　共生的 （分離-個体化18～36ヶ月、下記の副位相を含う） 3～8ヶ月　弁別　S-I 8～15ヶ月　実践　S-I 15～22ヶ月　和解　S-I （子供は、統制の初期的意識を開発する。環境の子供への反応の仕方が、強く決定される。この位相の家族は、弁別と個性化のために、支持と奨励を このことは、特にマスターソンの和解段階の提示位相に示される。）	口唇期 （6ヶ月、ラカンの「鏡映段階」とラカンの抑うつ的位置） 新しい人間を家族のライフサイクルに導入することは、完全に生生存のために、家族のライフサイクルに依存する。 肛門期 18ヶ月～3歳	口唇感情的段階 （基本的信頼　対　基本的不信） 筋肉-肛門期 （自律性　対　恥と疑惑）
2～7歳	前操作期 前操作的表象、早期シンボル、言語学習 （この期間中、子供は具体的操作期に進行するすべてのものを持っている。子供はすでに始まったが、熟制的であることに気づく。シンボルの文化的役割を演じることを学び、性的役割を学ぶ。 具体的操作の表象を持つこと）	対象の恒常的存在に至る （対象の恒常的存在 36ヶ月以上 [在しに至る]）	潜伏期	移動-性器的段階 （自発性　対　罪悪感） 男根/エディプス期　3～8歳
7～12歳	具体的操作期 保存 交換可能性 系列化 分類 類包含 所 （子供は、家族からの分離/個体化の過程を継続する。特に、作用している家族で、作用している家族で、前操作期・男根/エディプス期の離脱は、特に破壊的である。子供は、過去の段階の運動を特徴づけることに気づく。この段階で、子供は仲間との相互依存関係を開発し、自己の意識を 次第に多く生成する。）	子供と成人の発達の仕方は、早い段階の発達によってすでに決定されてしまった。残りは、過去の隠喩と考えられる。主な課題は、自己の意識の発達である。	潜伏期	潜伏期 （勤勉　対　劣等感）

8. 生涯にわたる愛着と分離　339

年齢	発達段階と記述	時期	Erikson の発達段階
12～19歳	**形式的操作期** 独自の自己の同一視の仕方、および自己と自己の分離の仕方を学び、自分の自己について考えることが可能になる。 (本章では、青年期は独立した自己について考え始め、自分独自の同一性を発見する。家族からの分離過程が続き、青年期後期には、自分自身の家族の始まりが近づくのに備えて社会化 (異性と会う) が期待されるだろう。)	青　年　期	**思春期と青年期** (同一性 対 役割の混乱)
19～30歳	**前期成人期** 発達心理療法の概念では、成人の具体的操作、感覚運動、および形式的操作等が過程の古い循環処理を続ける。成人は、前操作期の呪術的思考を示すこともある。弁証法に気づくようになる。 母親は、子供のころに学習したパターンを繰り返すことによって、古い問題の行動を繼続する。同様に、夫婦は、過去の両親の図式 (像) にしたがって、互いに関連する。 (ハーレイは、家族形成および/または就労の重要性に気づいたようにさらに、これらをはじめとする生涯のこの部分の発達課題では、個人の現在の生活は、過去の基盤によって強度に決定されることを再度理解することができる。)		**若年成人期** (親密 対 孤独)
30～45歳	**中期成人期**	成　人　期	**(30～60) 成人期** (生殖性 対 停滞)
45～60歳	**後期成人期** (子供より独立して成長し発達する。新しい仕事の状態、結婚、離婚、および子供のころのパターンを再度繰り返す。子供のパターン―両親と子供を再度繰り返す。) 各人は、この期間に成長し発達する。各人は、仕事における成功を定義する。40代および50代の人生の危機という問題が起こる。新しい関係の発達、あるいは子供が一緒にいないことの影響によって、多くの人間は古い子供のパターンを繰り返すようになる。		
60⁺歳	**成　熟** (エリクソンとハーレイが著したように、成熟期の成功は、各人が過去の生活の発達課程で出会った、各々の段階の子供のころのパターンが繰り返される。早い段階の発達、思考、および感情のパターンで、行動、思考、感情のパターンが成功に異常に非常に異なる。で最も育級的な分離である死に直面することを学習しなければならない。)		**成　熟** (自我統合 対 絶望) …すべての中を再度発見する。

図 21　生 涯 の 発 達 の 理 論

要であると信じる理由がある（アイビィ，アイビィ，シメック-ダウニング，1987）．面接には参加者が〈4人いる〉と言えよう．すなわち，文化的背景と歴史的背景を持ったセラピスト，および，文化的背景と歴史的背景を持ったクライエントである．

> 注　この節の資料のほとんどは，アレン・アイビィ "The Multicultural Practice of Therapy: Ethics, Empathy, and Dialectics" (*Journal of Social and Clinical Psychology*, 1987) による．当論文は，臨床，カウンセリングと社会心理学の関係について著されており，著者の許可を得てここに掲載．

ラカン（クレメント，1983；ラカン，1966を参照）は，面接とは，単に物理的に存在する2人の間の関係ではないと言っている．さらに，各々のクライエントが特殊の文化的および社会的背景を持ちこみ，これがセッションに強く影響する．こうした特徴についての詳細は，マクゴールドリック，ピアス，およびジョルダーノの *Ethnicity and Family Therapy* (1982) の中で，はっきりと，説得力を持って概説されている．個人の行動に表れるものを，文化的アーティファクト（遺産）として，より真実性を持って説明している．例えば，英国系アメリカ人は学業を終えるとすぐに家を出るように要求されることが多いが，イタリア系アメリカ人は，親の近くに住むように要求されることが指摘されている．こうした基本的な文化の特徴に気づかない場合，治療は，結果的に，非倫理的な実践を行いクライエントに損害を与えることで終わってしまう．セラピストとクライエントの間に文化的な隔りがある場合，こうした差異に気づくことはなおいっそう重要である．

　カウンセリングと心理療法の理論は，歴史的には，文化差の重要性を二の次に考えてきた．治療の基本的な三本柱——精神力学，行動主義，および実存主義・人間性心理学の場合は，特にそうである．それぞれの理論は文化的および性的差異を説明してはいるが，これらの重大な要因は，複雑な理論においては消失してしまう傾向がある．シュナイダーマン（1983）は，次のようなことを述べた．「文化的差異を消そうとする（忘れようとする）人々，他者性が存在しないところに社会を創造しようとする人々は，遠ざけられるようになる．

……他者性に対する道徳的非難をするのは民族主義者である；これについては，ほとんど疑いがない」(p. 174).

共感は，個人の特性（uniqueness），および「他者性」（社会的および歴史的要因）に気づくことを必要とする．何年もの間，臨床心理学とカウンセリング心理学は，個人の特性に焦点を合わせる傾向があった．各々のクライエントに応じた「最良の」治療の探求，および「正しい」理論についての論議は，すべて「答え」が存在することを前提としている．共感の伝統的な定義（ロジャーズ，1957；カーカフ，1969；アイビィとシメック-ダウニング，1980を参照）は，個人に特有の展望を理解することに焦点を合わせてきたため，社会的および環境的次元に充分な注意を払えなかった．この状態は，図22で説明している．ここでは，社会的力が面接に影響を与えるが，カウンセラーとクライエン

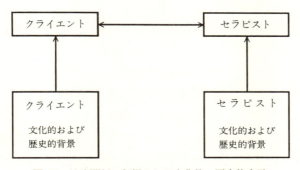

図22 治療関係で無視される文化的・歴史的次元

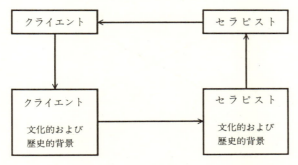

図23 クライエントは気づき，セラピストは気づかない文化的・歴史的次元

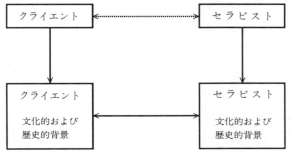

図 24　各々の文化的シナリオを演じるクライエントとセラピスト

トは，それを無視しがちである．

　通文化カウンセリングでは，クライエントは自分独自の文化に気づく場合があるが，セラピストはそれに気づかない（図 23 を参照のこと）．今度は，クライエントはセラピストの個々の理論的および実践的定位に反応するが，セラピストという人間を理解することができない．こうした環境下では，倫理的な療法が最も難しい．

　クライエントとカウンセラーにとって望ましいモデルは，明らかに各々が文化と歴史に気づき，こうした要素を共感的方法で使用することである．共感では，個々の人間の理解だけでなく，個人の経験の背景となる一連の幅広い文化的および歴史的因子にも気づき，これを理解することを必要とする．

　セラピストは，時折，自分の文化的・社会的無意識を「誘発する」クライエントに出会うだろう．この状態では，2 人の人間は互いに話していると思うか

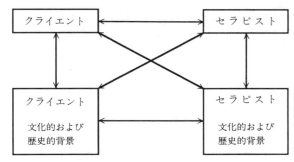

図 25　互いの文化的・歴史的状況に対するクライエントとセラピストの共感

8. 生涯にわたる愛着と分離　　343

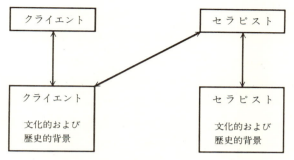

図 26　ラカンの「Zダイアグラム」

もしれないが，現実には，各々の文化的シナリオを演じているのである（図24を参照）．こうした場合，セラピストとカウンセラーは，目の前の人間を「通り越して話す」のである．

　共感は，個人と文化の両者に気づくことを要求する．セラピストは，クライエントに対して共感しなければならないばかりでなく，クライエントの中の文化的なもの，およびそのクライエントとセラピスト自身への影響に対しても，同等に共感しなければならない．さらに，共感の弁証法の観点では，クライエントはセラピストを個人および文化的存在として理解できるようにする必要があることが示唆される．図25は，個人と文化は実際には分離できないことを再度示している．ただし，ここで示した特徴は，社会心理学者も臨床およびカウンセリング心理学者も，人間の複雑性にさらに完全に気づく必要があることを重視している．

　図26では，著名なラカンの「Zダイアグラム」（1977；1978, p. 193）を修正した形式で表している．ラカン派の分析では，セラピストは，個人よりも，文化的および歴史的背景（ラカン派の用語では，Autre すなわち「他者」）に焦点を合わせる．クライエントは，自分が文化によって無意識的にどう影響されてきたか，そして，個人特有の行動と思われることは，実際は，歴史的因子が行動を支配する「他者の話」であるということを学習する．フェミニスト療法では，女性は自分の行動の多くが文化的要求によってどう指示されるかを学習するが，少なくとも部分的には，ラカンのZダイアグラムに従っている．

344

　フェミニスト療法では，クライエントは文化が個人の行為を指示することを学習するため，療法はクライエントを文化的会話から解放することに向けられる．

　したがって，この観点から言えば，共感には対人的および対文化的気づきが継続して発達することが求められる．各個人は，家族，集団，および文化的遺産を持つ文化的存在である．この気づきがない場合に治療を実施することは（この気づきは，社会心理学の文献を読むことによって強化することができる）非倫理的と考えられ，ベール会議（Vail Conference）（コーマン，1973）でそのように呼ばれた．

　この関連性の枠組みからすると，発達心理療法は，常に文化的状況の中で起こることが明らかになる．分離と愛着の問題は，様々な文化に住む個人の間で非常に異なって演じられる．形式的操作期と比較して具体的操作期の重視の仕方は，個人によりあるいは家族により異なるように，文化によっても異なることは疑いない．

　文化の世界，およびその個人の発達に影響を考えるとき，発達のパターンは他者（ラカン派の Autre すなわち他者）によって決められること，そして，自分が信じていたほどには発達を統制することができないことを気づくようになる．この他者の探究は，未知への冒険である．この社会文化的他者は性別，性的趣向，社会経済的地位，精神的または肉体的に無能であることの影響，政治システムの役割，人権，民族性，および宗教についての増加した気づきかもしれない．

　他者の世界の考察は，未知の中への動きを意味する．すなわち，時折「無意識」と称されるものの探究である．

無 意 識 の 発 達

　発達は，意識を超越することが可能だろうか？　この節では，初めに無意識の概念を考察し，次に，意識と無意識の関連の仕方について考える．この二つ

の観念は，発達心理療法が無意識のレベルでどのように演じられるかを考察するうえで不可欠である．

無意識の概念

フロイトは，das Unbewusste という言葉を用いたが，これは，「無意識」と訳される．ベテルハイム（1982）が著したように，さらに正確な翻訳は，「未知」であろう．意識とは知っていること，そして無意識とは現在の意識を超越したものである．

あるレベルでは，クライエントとセラピストは，自身を超越したものには気づかず，意識もしていない．人間はみな，発達と相互進化の発展的な枠組みに深くとどまっているため，認識論的には，完全な意識の達成はできない．第2章で著したように，結果は意識的であるが，その前には，動きに基づくなおいっそう不確かな過程がある．すなわち，知性という曖昧なノエシスである．

本書で使用される無意識の簡単な定義とは，「現在気づいていないすべてのことがら」である．この意味では，治療中のクライエントは，多数のものに対して無意識である（気づいていない）．この用語によると，たとえばクライエントは，セラピストへの来訪を動機づけている自己の個人史に気づいていない＊．

> ＊ ここでは，フロイトの最初の機構の輪郭が示すような意識，前意識，および無意識の区別への冒険をしようというのではない．前意識の要素は，「原則的には，まだ意識にアクセスできるという点で，無意識のシステムの内容とは異なる（たとえば，今のところは意識的でない知識と記憶である）」（ラプランシュとポンタリス，1967，p. 325）

現在自分が話していることは，セラピストが言うことによってどのように影響されるかという問題は，クライエントの気づきを超越したものである．クライエントは，問題の多くの個人的構造は，個々の個人史に非常に影響されうるのであるということに気づかない傾向が非常に強いようだ．クライエントは，自分のセラピストに対する恐りは，実際には，職場の上司に対する現在の欲求不満（または，父親に対する過去の欲求不満）に関連していることにも気づかない．

また，収入，過去の学校教育などの文化および社会的要因の影響についても
ほとんどのクライエントの気づきを超越している．白人のクライエントは，支
配的文化における自分の位置は，何らかのタイプの無意識的な男女差別主義，
あるいは民族主義によるものであることに気づかない．逆に，女性や黒人のク
ライエントは，同じこの社会的抑圧の要因については，少なくとも部分的に意
識しているが，自分の現在の状態を導いた多数の因子については，まだ気づい
ていない．

ノエシス，すなわち知性の概念は，我々が語るものを超越した何かが常に存
在することを思い出させてくれる．「完全な」意識の達成は，可能でないかも
しれない．話を促すものは，自分の前にあるものだけではなく，自分を超越し
たもの，および自分の周囲にあるものをも含む──これらは，将来の種（要
因）を持っているものである．こうした要因は，すべて文化的・社会的歴史の
設定において演じられる．

マホーニー（1980）も違った言葉で同じことを指摘している．「（1）人間
は，おそらく，言語化できるより多くのことを学んでいる，（2）それらを言
語化する練習をしなければ，運動および認知の技術の多くは，急速に言語への
アクセスができなくなってしまう，（3）蓄えた情報は，思考，感情，および
行為への影響力を発揮するために，伝達されればならないということはない」
(p. 163)

〈知覚発生〉(perceptgenesis) は，スウェーデンのルンド大学で，クラフと
スミス（1970）が公式化したアプローチである．ウェスターランドとスミス
(1983) は，この研究を吟味し，これは意識的観念の創造を，個人の外的世界
と内面化された意味システムの間の構造の弁証法とみたものであると考えた．
perceptgenesis は，感覚がデータを取り入れる（調節する）知覚的過程であ
る．この過程そのものが，記憶システム──意識，前意識，無意識の中にある
過去の知覚（同化）によって影響され大きく過剰規定される．

この考え方を正当化するうえで，スミスとウェスターランドは調査研究を実
施し，そこで同僚とともにタキストスコープ（瞬間露出器）を使用して被験者

8. 生涯にわたる愛着と分離　　　*347*

刺　激
　線を描いてここに再生する．実際には，やわらかい鉛筆で描き，「写真のような」印象を与える．

孤　立
　二人は，野原の障害物によって分離されている．

投映，内部攻撃
　内部攻撃は，中心人物（自己表象）から周辺人物（対象表象）に投影される．

不安，異性との同一視

図 27　父親と息子をテーマにした防衛的変換の例
　出典　ウェスターランドとスミス，1983, p. 613. 原画は1976年版から著者の許可により掲載．

に刺激を提示した．この「提示」では（フロイトは "Verstellung" という言葉を用いるだろう），50 ミリ秒以下の間隔を置いて TAT に似た線描画を見せたが，これは物理的な知覚閾を下回っている（図 6 を参照．同図では，知覚には約 100 ミリ秒が必要なことが示されている）．被験者は「何か」を見たり感じたりする．そして絵が意識的に印象づけられない場合でも，クライエントは，自分が見たと思うものの絵を描くように言われる．このように，見たものを構成するためには，現在の新しいデータ，〈および〉長期記憶（無意識）からのデータを使用しなければならない．

図 27 は，被験者に簡単に提示した刺激のサンプルを表している．ウェスターランドとスミスは，被験者の描いたものは，その人間の変換投影（transformational projections）を示すといっている．また，そうした不明瞭な刺激に対してそれぞれの人が様々な知覚パターンを示す．タキストスコープ提示時のクライエントの投影の仕方を最も適切に理論的に分類すると，フロイトの防衛機制の形になることには少々驚かされる．例えば，高レベルの否定を伴う被験者は，刺激に攻撃が現れているときは攻撃の存在を無視しがちであるが，反動形成の防衛機構を用いる被験者は，提示されているものとまさに対立する絵に，攻撃的行為を変換する．こうした知覚パターンは自動的になりがちであり，刺激の提示とともに何度も繰り返される．

こうしたデータは，無意識の概念について強い支持的確認を提供する．確かに，データは長期記憶の「何か他のもの」が知覚に影響を与えていることを説明している．ゴンカルベス（1985）は，無意識的処理に関する文献を丁寧に吟味し，無意識はおそらく意識的機能よりも多く活動し良好であるという結論を出した．無意識を作り出すデータベースは，急速に拡張している（バウアーズ，1984；シェルビンとディックマン，1980；ザイヨンス，1980 を参照）．バウアーズ，マイヘンバウム（1984），およびマホーニー（1980，1984）などの認知行動主義者は，現在，認識における無意識機能に主要な地位を与えている．

ところで，意識は，それを超越した未知のものとどのように関連しているだ

8. 生涯にわたる愛着と分離　　*349*

ろうか？　デリーダの分解理論は，いくつかの興味ある考え方と挑戦を提供している．

意識と無意識の分解

　フランスの哲学者デリーダ（1973，1978）は，不滅の基盤の上に成り立っていると確信されるすべての思想システムを，形而上学的であると批判している．子供の発達についてのピアジェの強い信念，プラトーの現実の本質の概念，あるいはフロイトの無意識の概念のいずれであっても，デリーダは，すべて歴史によって汚染されていると示唆した．それにもかかわらず，第1の原理の探求は，失敗に通じるとしか考えられない．

　分解は，概念の仮定および前提を考察し，かくして行為における弁証法を示す．ただし，分解は弁証法とは区別して考えられる．なぜならそこにはそれ自体の過程の無意味さへの気づき，ノエシスの概念，すなわち常に人間を超越している曖昧な知性が含まれるからである．

　第1の原理を詳しく考察すれば，原理は分解するだろう．さもなければ，イーグルトン（1983）が言うように，「原理は，外部から支えるものではなく，特定の意味システムの産物として現れることができる」（p. 132）．この分解の過程は，観念または概念の構造における内的矛盾を表す．文学および哲学のこうした複雑な生産物は，セラピストがクライエントの論議における矛盾を指摘することによってクライエントと対決する状態とだいたい似ている．実際，セラピストは，クライエントが過去の命題「合」（クライエントの問題）をその逆命題（対決を言い表すこと）によって分解することを援助する．

　第5章で記したように，ピアジェの構造主義者としての思想，あるいは創造的な変換は分解に基づいているといえる．新しい思考パターン期に入る子供の場合，その子供は，新しく，より複雑な認知レベルで行動したり創造したりする前に，古い考え方を分解しなければならない．ただし，ピアジェの思想は構造主義であるが（ピアジェ，[1968] 1970 を参照)，デリーダの分解は，本来脱

構造主義である．このように，デリーダの立場は，ピアジェを「越えた」レベルの分析を示している．

上記では，構造主義を分解主義理論と対立したものとして位置づけている．思想と概念を対立して位置づけることは，分解主義理論の特徴である．再びイーグルトン（1983）によれば，分解とは「こうした対立（固定した構造または観念）を部分的に弱めることができ，あるいは，原典の意味の過程において対立が部分的に弱め合うことを示すことができる重要な操作である」(p. 132)．

さて，意識と無意識の分解に戻ろう．各々の構成概念には，それ自体の分解の因子が含まれる．第6章の面接で，ジョージの考えがセラピストの弁証法的発達心理療法の使用によって分解していく（中心からそらされる）のと同じように，こうした固定的な構造には内部矛盾があることがわかるだろう．

モリス（1978）は意識（consciousness）を「自分自身の存在，感覚や思考，および，環境への気づきを持っていること」(p. 283) と定義した．この言葉は「切る，分裂する，あるいは分割する」を意味するインド-ヨーロッパ語のもつ skei を語源とし，また，「分割し，差別することによって知る」を意味するラテン語の scire に由来している（シプレイ，1984，p. 384 を参照）．意識の概念の基本にあるものは，主体は対象から分離するという観念である．こうして，デカルトのコギート（Cogito, ergo sum.「我思う，ゆえに我あり」）が存在する．

意識的経験（および，自我心理学）の観念の基本となるのは，意識は知ることができるという観念である．発達心理療法，およびその基礎をなすノエシスの概念における一つの基本的仮説は，知ることが可能な最後の真理を分離しきることはできないということである．クライエントは，感覚運動または具体的操作期の「現実」を「意識する」ことはできるが，同時に形式的操作と弁証法の球面に位置しているという事実は見失われてしまうだろう．なぜならそれらが全体の一部であるから．

さらに主体の自己および環境に対する意識はその環境の印象によって駆り立てられており，それはその人が世界に対して自己をどのように構成し方向づけ

るかを決定する．我々は経験を合わせた全体にすぎないということは，単に仮定にすぎないとはいえない．このように，我々の意識とは，単に外部から与えられたものにすぎない．人間は，外部から生じるもの，あるいは生物学上の内的力から生じるものに気づいていないため，意識に対する余地はほとんど残されていない．自分の意識性は自分自身のものではなく，他者のものなのである．

　ラカン（[1973] 1978）は，意識の概念，および米国流の自我心理学の観念を鋭く批判している．人間は文化的および家族的シナリオに生まれついていること，そして，仮に意識の形式が残されていても，それは本当に小さく虚弱なものであることを指摘した．「私は自分を見ている自分を見る」という概念（「我思う，ゆえに我あり」の変形）は，ゆがんでいない形で自分自身を見ることができるという誤った仮定である．よいもの，美しいものとして見るものは，家族および文化がその言葉をいかに描写するかによって決められる．「顔」，「眼」，「鼻」を識別する能力でさえも，概念形成のための他者を必要とする．「私が凝視するものは，決して私が見たいと思うものではない」のである（p. 103）．

　「無意識とは他者の話である」とは，おそらく最も著名で不可解なラカンの言葉の一つであるが，同時に，ラカンによるフロイトの理論的再公式化の基本でもある．ラカン派の考え方は，発達心理療法の認識論的構造をもう一歩進める．人が話すときは他者の位置から話すため，意識は存在しないのである．「他者」は，個人の社会的および文化的歴史を合わせた全体を示す．個人は話すというより，むしろ話されるのである．かつて，ピカソが「追求はしないのです，発見するのです」と言ったように，ラカンは，「私は詩人ではなく，詩である」と言う．著者がこの本を書いているときも，私は書いているのではなく，書かれるのである．

　先に述べたように，ラカンは，米国流の自我心理学を批判している．これは，米国流の自我心理学が，「自我機能の支配」（[1973] 1978, p. 134）など，精神分析の分野で長い間反駁されていた概念の復活によって特徴づけられるた

め，そして，セラピストは自我機能と意識を形成するが，それは他者の機能であり存在しないという単純なデカルトの仮説のためである．

この分解の課題は継続しうるだろう．意識の概念には，あまりに多くの誤った概念と矛盾が含まれるのでまとめることはできない．

したがって，無意識から話すことにしようではないか．確かに，意識の観念（アイディア）が効果的であるのと同じように，無意識の概念が効果的な場合もある．ラカンは，意識を分解することに甘んじていない．彼はまた無意識の観念の分解にも懸命である．ラカンは，自分の知識の理論をプラトーから引き出したため，多数性の中の統一性に焦点を合わせているように見える．無意識の位置について語るとき，彼は「δν, οὐχ δν, μηδόν——存在すること，存在しないことは，存在ではない」と言う．こうした言葉の使用は，無意識を実体化しすぎている」（[1973] 1978, p. 134）．

こうした不可解なコメントを解読して，シンホール（1985）は，〈無意識は存在しない〉と述べた．この驚くべき指摘の背後にある推理は，かなり単純である．無意識は，「それをはっきり定める」瞬間を消してしまう．逆説的には，無意識は〈事実の後に〉理解されるようである．事実の後の無意識を理解するときは，意識的意識性（気づき）を使うが，これは先に述べたように，それ自体分解されている．

意識も無意識も存在しなければ，おそらく人間は存在しないだろう．「すなわち，〈我思わず，ゆえに我あらず〉である．できる限りユーモラスなこころみで存在を分解すれば，我々はデカルトとのおもしろい弁証法を試みていることに気づく．

我思う，ゆえに我あり
我思わず，ゆえに我あらず

意識，または無意識の一つの形を仮定することは，もう一方（仮定しているもの以外）の存在を意味する．それが意識のものであっても，また無意識のものであっても，各々の命題には内部矛盾が含まれる．効力を保つためには，片方が，対立するもう一方を必要とする．男性という概念には女性が，善には悪

が，戦争には平和が，そして図には地がというように，互いに補い合う意識と無意識の概念は，不安定な弁証法の統一体を形成する．

　分解とは，不安定さ，変化，そして不断の成長の物語である．逆説的には，破壊という行為において，新しい構造に通じるといった矛盾の検証なのである．分解主義者の理論は，その起源を探究してはいるが，探求という行為において，起源を変えてしまったのである．

　ここで，発達心理療法モデルにおけるこうした構造の実践上の意味の議論に戻ろう．

既知を超越した発達心理療法

　マホーニー（1980）は，意識性を超越した知識の獲得という問題を要約し，次のような指摘をした．「人間は，おそらく言語化できるより多くのことを学ぶだろう」ということ，そして，「思考，感情，および行為への影響力を発揮するためには，蓄えた情報は伝達されなくてもよい」（p. 163）．簡単に言えば，療法（または人生）で学習するものには，気づくよりも多くのことが含まれるのである．

　したがって，例えば，親に対するカウンセリングセッションで，具体的操作段階での発達心理療法を経験しながら，その親は意識的に子供の訓練について特定の具体的操作法を学んでいるかもしれない．しかし，セラピストもまた声の調子，非言語の状態，および終局的な意図でもって，親・子の尊重の問題，中産階級社会でその文化的にふさわしいと思われる行動の問題，それからその他様々な暗黙の要因にも語りかけている．さらに，セラピストがクライエントを共感に引き入れ，セッションの終わりに面接を終了する様子は，分離と愛着の隠喩である．セラピストとクライエントは，自分は他者が提供した文化的シナリオを演じていることを知らない．このように，治療の理論的，かつ，観察されたメッセージは，セッションの過程でやりとりされた情報のほんの一部分にすぎないのである．

人生の各発達段階では，発達順序および分離と愛着の基本テーマが繰り返される．これらの概念は，いずれも，他の一方と切り離して存在することができない．一つになって全体を形成するのである．システムの一つに作用する一方で，セラピストがとるすべての行為は，クライエント，およびセラピスト自身の対人システム全体に反響する．ギリガンとボウルビィが示唆したように，両者は分離した状態にもかかわらず，互いに結びつき愛着している．球面形ゲームをし，何度も何度も完全分離するが，結局は，他者，および自分の相手と相互依存している．

心理療法における無意識レベルの効果について議論を続けることは可能だろう．それらの存在，または存在の欠如はだいたいにおいて，不可知で不確定である．こうした効果が治療，あるいは自己探求によってもたらされるとき，無意識的なものは事実の後で知られるにすぎない．いずれの場合でも，無意識が「発見される」と，それは既にそこに存在し，もはや無意識ではないこと（ピカソの「追求はしないのです．発見するのです」）が認められるだろう．けれども，何かを意識的にする過程では，無意識の基礎構造が既に変化してしまっているため，他のものまでも変化してしまう．無意識は存在しなくとも，流動するものを湛えた拡大し収縮する器管なのである．

要約すると，無意識の発達に向かう主要なルートは，意識的な正の発達である．すべてがうまく運んでいる場合，無意識は正に作用するという可能性がある．「気づかずに記憶すること」に関する研究文献が増えている（ジャコビィとウィザースプーン，1982），そこで，被験者は意識的には気づかずに，複雑な技法（鏡映描写あるいは問題解決など）および情動（恐怖など）を学習し，実演することができる．広告，特に「性的売り込み」は，明らかに無意識レベルへの直接的なアピールをしかけるもう一つのタイプである．顕在意識のメッセージはタバコかもしれないが，無意識的メッセージは性的魅力と征服かもしれない．無意識的学習は，良い目的，悪い目的のいずれにも使用される．

どんなときに身振りや言葉が，いつクライエントの不快な無意識的連想を「引き起こす」のか，セラピストは知るよしもない．ヒステリー性のアンナ

(Anna O.) との「話す治療」の初期の局面（段階）において，ブロイアーは，誰かが部屋に出たり入ったりすると，アンナは一連の意識的思考のギャップについて不平を言い興奮することに気づいた．こうした〈欠如〉（absence）は，アンナの瀕死の父親にまつわる恐怖と関連して続々と発見された（ブロイアーとフロイト，1893，p. 24, 36）．その状態の隠喩は，黒い蛇の幻覚という形で繰り返された．アンナが満足のいく進歩をとげていると信じて，ブロイアーは姿を消し，急に治ったと告げた．アンナはヒステリー性を克服していなかったため，突然ブロイアーを呼び出して，彼の子供を妊娠していると言う．ジョーンズ（1953）が著したように，ブロイアーはもう一度アンナに催眠術をかけ，次の日，自分の妻と一緒に2度目のハネムーンに連れ出す．無意識の発達の副次効果は，予言しにくい*.

> * ただし，ローゼンバウム（1984）は，アンナの伝記を詳しく調べた．アンナは，実生活ではベルサ・パペンハイムと言い，ドイツのソーシャルワークの創設者であった．入手できた記録を歴史的に分析すると，ジョーンズは，ブロイアーと比較して口肛期の説においてフロイトの立場を促すために，アンナの嘘の妊娠の話をゆがめて伝えた可能性があるようだ．なお，ブロイアーは，精神分析の実際の創設者であると多くの学者によって論じられた．しかし，精神分析の創設者はアンナであると論じた人もいる．優秀な知能によって自由連想を自然に開始し，また「話す治療」の基本として「煙突そうじ」という言葉を作ったのもアンナである．それにもかかわらず，ジョーンズにも一理あることを認めなければならない．ベルサ・パペンハイムはブロイアーに対して強い転移感情を持っていたことは明らかであるようだが，ブロイアーはそれを認めなかった．
>
> ところが，ラカンは，最後に笑った．「〈人間の欲望は他者の欲望である〉という私の公式にしたがえば，ベルサの妊娠はむしろブロイアーの欲望の明示であるとなぜ考えられないのだろうか？　なぜ，子供を欲しがっていたのはブロイアーであるという考えにはいたらなかったのだろうか？」（[1973] 1978, p. 158）．ラカンは，治療の転移の観念の多くを，患者ではなく分析者の欲望であると考えた．実際，ベルサの嘘の妊娠は，他者（ブロイアー）の欲望を彼女が満たしたことになる．満たされたのは，ベルサのではなくブロイアーの無意識的欲望なのである．

アンナとブロイアーは，クライエントとセラピストとして，もう一組の弁証法を示している．コンフォート（1984）が示唆したように，この場合，次の二つの重複した局面に共感が明示される．

（1）　アンナの世界についての感じ方は，特定の知識を取り入れた結果であ

る（この場合，アンナは自分の存在の基本的隠喩として欠如（absence）を取り入れた）．

（2）　アンナが知識をいかに無比のものにするかは，彼女の過去の発達的体験によって決められ，今度はそれが，その中に入る内容の特徴を決定する．

　ブロイアーは，共感の最初のタイプを実証することによって，アンナの内的思考パターンを解読し，それらを意識的にすることができた．けれども，ブロイアーは，アンナとの転移関係にあまりにも深く陥っていたため，彼女が知識を取り入れるようになる知覚的過程に気づくことができなかった．ブロイアーは，アンナの父親の魅惑的なパターンを繰り返したため，彼女のことを治しても，同時に彼女が病気であるという治療過程を続けていた．ブロイアーの抵抗により，フロイトは1914年まで，話す治療の転移の特性を実際に概説しなかった．

　第6章では，メアリー・ブラッドフォード・アイビィが，ジョージとの共感的関係において同じこの起こり得る困難に直面している．アイビィは，明らかに，新しいデータを意識に入れており，秩序に対する強迫的関心，育てたいという欲望，そして，十中八九は育てられたいという欲望（強迫の行動の多くは，反応形成であるなど，クライエントの命令パターンの共感的理解に対して作用している．クライエントの知覚パターンの第2次元は，これほどはっきりしていないが，弁証法的関係の急速な動きは，セラピストによって提供された新しいデータに常に調節することを強いられる．この限られた交換では，アイビィはブロイアーのような行動の繰り返しにおそわれなかった（ブロイアーの場合は，知覚過程への個人的影響に気づかずに同じ治療方法を使用したという点である）．

　コンフォートが概説したように，ウェスターランドとスミスの研究に類似した研究では，知覚による自分の存在構造の決定の仕方の実証を示すことによって，共感についていっそう複雑な定義が説明されている．

　効果的な共感では，セラピストには次のようなことが要求される．

8. 生涯にわたる愛着と分離　　*357*

1)　クライエントの思考と情緒の構造および内容を理解し明らかにすること（これらは，グレゴルクが認知スタイルの命令次元と称したものに似ている）．

2)　基礎構造とその内容に通じる，クライエントの知覚構造と内容を理解し明らかにすること（グレゴルクは，これを知覚スタイルと呼んでいる）．

　この共感の二重次元がなければ，セラピスト（およびクライエント）は，ブロイアーの古典的な問題を何度も繰り返す運命にあるといえよう．

　ブロイアーは，無意識の材料を秩序立てる，というレベルでアンナと面接した．このクライエントについて，驚くべき記録を得，それをリストアップしたが，そこでは，例えば，誰かが入ってきたとき聞こえなかったことが108回，直接話しかけられて聞こえなかったのが50回，そして，全くぼんやりしていることが原因で聞こえなかったのが12回である．「もちろん，これらのエピソードは，すべて，抽象または〈欠如〉の状態，あるいは恐怖にまでさかのぼる限り，かなりの程度同じようなものである（ブロイアーとフロイト，1893，p. 36）．欠如に基づいていない症例は，参入あるいはアンナの経験の世界への入口と考えることができよう．一つ一つの参入，あるいは欠如が，アンナの微妙な均衡をくつがえしてしまう．

　ブロイアーは，新しい話による治療にかなり熟達し，アンナの徴候が最初に現れた時点を発見すると，それらを一貫して話し続けることができるようになった．この愛情の関係における無意識の暴露は，分裂した全体を統合した．一つ一つの新しいゲシュタルトまたは統合によって再び分裂することは避けられない．アンナが示した，新しい徴候に続く次の徴候への動きのように．

　ブロイアーの治療からは，アンナが意識的気づきを超越して知覚的にデータを取り入れた方法についての考察が見失われていた．あいにく，ブロイアーは，自分と彼女との関係は彼女の問題の原因，具体的には参入と欠如，別なレベルではアンナと父親との問題を繰り返していることを見逃した．ウェスターランドとスミスの業績で多く見られるように，アンナは，父親との過去の関係をブロイアーとの関係に転移していた．したがって，転移とは現在の知覚的瞬

間に，自分の長期記憶と意識を転換し利用する方法であり，このようにして連続的にデータのインプットがゆがめられる．効果的な分析治療では，クライエントのデータに関する内的命令を考察するだけでなく，クライエントがデータを取り入れ，組み立てる方法も評価する必要がある．どちらの過程も無意識的になりがちであるが，さらに重要で難しい問題は，クライエントの知覚的インプットを明確にすることである――すなわち，効果的な治療のための転移関係にとって不可欠に重要なものである．

少なくともフロイトおよび精神分析的治療者の方法を用いた場合，例外的に難しい課題は，彼らは自分自身はっきりとは見ていないということを患者に教えることである．そして，無意識における指示が比較的意識的になるまでは，世界を見る知覚モードを攻撃し，意識的にすることが最も困難である．

ただし，前章で探求したように，ギリガン，ラカン，およびグレゴルクの業績は，個人によって同じデータを様々に知覚するという事実を指摘している．男性は，女性とは異なった知覚スタイルおよび維持スタイルを持っている．それぞれ感覚運動，具体的操作，形式的操作，および弁証法レベルの人間はみな，様々にインプットを取り入れ編成する傾向がある．したがって，理論的には，個人個人にその知覚スタイルについてより直接的に教授することにより，この無意識の形を意識し，気づかせるようにし，無意識的知覚の本質を変えることが，可能であるはずである．しかし，意識的機能と関連した療法および教育プログラムで見られるように，意識を超越した何か――すなわち把握できない部分がさらに存在する．

意識も無意識も存在しないこと，あるいはもっと正確にいうならば，孤立して扱われた概念は分解可能であるということが示唆された．おそらく，さらに適切な公式では，両者は互いの関係においてしか存在しない．両者は，プラトーの四つ足で球面形の創造物の二つの部分と同じぐらい固く結びついている．無意識と意識は弁証法における相互進化の中に存在し，健全な成長する人間ではめったにバランスのとれることはないし，また，そのままの状態で止まっていることもない．けれども神経症，精神病の人々，および健全な人間でも問題

をもっている人の場合は，両者の弁証法は動かなくなってしまう．ある意味では，意識と無意識の欲望は，得ることのできない「相手（相互 each other）」に対するものなのである．

　第6章では，セラピストとジョージの関係における弁証法の操作をみてきた．同時に他の弁証法も起こっていたが，その中で最も重要なものの一つは，ジョージの内部での意識と無意識の思考の弁証法である．ジョージの意識的思考の多くは，セッション記録を通して読者にも理解できる．彼の無意識で起こっているものは，読者にはさほどはっきりわからないため，別の形式の分析が必要だろう．

　ジョージが行った無意識的反復の一形式は，アンナが行ったものに類似している．すなわち，欠如と参入，または，分離と愛着である．アンナもジョージも，自らを再び結合しようとした四つ足の創造物の神話を再生している．アンナは父親に虐待され，ブロイアーとの関係によって，分離（毎日，ブロイアーが帰るときの彼の欠如，さらに，最も重要なのは，治療を終了する計画をしたときの欠如である），および愛着（ブロイアーの参入と再度の参入）の問題が再生された．この再生や繰り返しは，毎日ある期間やって来て帰って行くブロイアーとの関係で起こった．この期間中，若い患者の，医者に対する愛情が自然に増加した．彼女が関係の終了におびやかされ，ヒステリー的にブロイアーの子供を身ごもったと言ったことは，ごく自然なことと思われる．

　クライエントの世界観を整理しなおすための援助をするとき，多くのセラピストがブロイアーのやったような誤り（転移問題の意識の欠如）を繰り返す．変化が起こらなければならないなら，クライエントの世界観を整理しなおさなければならない．何らかの新しい形での徴候の繰り返しが避けられなければならないならば，知覚システムもいっそう柔軟にならなければならない．

　メアリー・アイビィとジョージの会話（セッション記録）は，弁証法的移行を研究する機会を提供してくれる．無意識の根本的な問題は，分離と愛着の問題，すなわち，自己との関係における自己と他者との関係における自己の選択的結合と解放である．この記録を読みかえすと，無意識的動きは，意識的思考

に潜んだ絶え間ない波動の中に分離と愛着を包含することがわかるだろう。以下のメアリーとジョージのセッションの分析について考察しよう。

21. メアリー：そう，同じ種類のことですね．あなたは彼女のために仕事をして，彼女が仕事をしなくてもやっていけるようにさせてあげるんでしょう．それで，家に帰れば，子供にあたりちらすんですね．……子供と同じような行為じゃないですか．それは，どのようにあなたに当てはまると思われますか？〔ここで，セラピストは，主要な言葉 (key word) と構成概念，およびビデオテープで立証されるとおりの暖かく支持的な声の調子や多くの非言語による反映を使用することによって，クライエントと結合している．ただし，セラピストは自分の準拠枠組みから状態の構造を追加しているという点で，同時に分離が存在する．具体的には，これは，ジョージの行動と秘書のジョージアおよび子供達とのつながりである．この分離は，弁証法的動きに対して刺激を与える〕．

22. ジョージ：〔腹部をつかんで〕……自分の身体がちょうど一種のそれに対して反応するように感じるんです．ええ，そのことについて，実際に考えたことがありませんでした．私は，人に対してあまりに批判的な傾向があるんですね．ああ……私は……でも，ただ人が仕事をしていないというだけなんです——強制的というほどひどくは聞こえないようですが，……他方では，終始批判的なんですね．〔クライエントの均衡化は愛着され，攻撃された．彼の意識的思考は，セラピストからの新しいデータによって挑戦され，無意識の事実を彼の現在の行動とつなげている．ジョージは，固定的な構成概念をゆるめ，弁証法の動きに向けてさらに準備を整える．満足のいく動きをするためには，自分自身の内部でこの分離を支持するための愛情が必要となる．ジョージが胃をつかんだことは，無意識が物理的に意識を攻撃し，気づきに動いた瞬間を示している〕．

8. 生涯にわたる愛着と分離　　*361*

23. メアリー：そうですね．ジョージ，でもその状態には，肯定的なものが
　　　　　いくらかありますね．肯定的なものの一部がわかりますか？　です
　　　　　から，あなたは批判的なだけの親ではなく，養育的な親でもあると
　　　　　言っているんですよ．〔セラピストは，声の調子および準言語的な
　　　　　ものによって，ためらうクライエントに慎重に結びつき愛着する．
　　　　　彼女は，ジョージ自身の子供に対する愛着の肯定的な次元をも明ら
　　　　　かにする．逆説的には，状態を別々に見ることによって，同時にジ
　　　　　ョージから分離している．このように，状態についての選択的な見
　　　　　方は，意識的機能にとっても無意識的機能にとっても概念的秩序化
　　　　　の過程である．セラピスト側の分離と愛着の動きを通して，共感の
　　　　　知覚的機能が作用する〕．

24. ジョージ：肯定的なもの？　それはどんなものですか？　何なのかわか
　　　　　りません．〔ジョージは，自分の行動の意識的および無意識的な否
　　　　　定的なものに焦点を合わせすぎたため，新しい準拠枠に傾聴するこ
　　　　　とが難しい状態にある．ジョージの意識的な行動はセラピストと対
　　　　　立しており，この瞬間は非常に分離しているように思われる．しか
　　　　　し，愛着と配慮へのニーズは高い〕．

25. メアリー：そうですね．あなたが家を整理しているときは，本当にみん
　　　　　なの面倒を見ようとしていると私は思うんですが，人間は疲れてし
　　　　　まうんですよね．

　　　ジョージ：そのとおりです．〔この時点で，ジョージはセラピストの解
　　　　　釈を自分自身に取り入れたことに留意すること〕．

　　　メアリー：あなたの秘書は，たくさんのプレッシャーを受けています
　　　　　ね．子供達にも，しなければならないありとあらゆることがありま
　　　　　すよね．ですから，いくつかの点で，あなたは自分のしていること
　　　　　を，肯定的な，えー……養育的なタイプの親になることに，だいた
　　　　　い再構成することができますよ．そう思うでしょう？〔この叙述
　　　　　は，肯定的な意味（愛情）をクライエントの知覚に愛着することに

強く向けられている．クライエントは状態を違うように整理し，自分の世界観を変えているところである．セラピストは，再びクライエントの世界に愛情を持って入ってゆくが，その演技は彼（および彼女）の気づきを越えたものである．演技のスタイルはより直接的に観察される肯定的な結果よりも共感的理解をよりよく示していると言えよう〕．

26. ジョージ：はい，養育的だと言えば，私は子供達を好きだと言ったと思うから，それは正しいと感じます……ですからね，……子供達が忙しいから手伝ってやりたかったし，ジョージアだって，実際そんなに困っていないことはわかっています．でも，しまいには，私は確実に腹を立ててしまいます．……ああ！　だから，実際，養育……そう，養育的になることによって，結果的に……になります．

メアリー：非常に批判的ですね．

ジョージ：……非常に批判的ですし，非常に腹を立てています．〔セラピストの演技のために，洞察は深いレベルに留まっている．一方，繰り返しのパターンで，子供達やジョージアはジョージに反応するが，セラピストはパターンの外側に位置し，ジョージがいっそう慎重に自分の行動と思考を考察することができる新しいタイプの関係を提供することができる〕．

　やがて，ジョージとセラピストは，ジョージが今やセラピストとの関係において子供や秘書との関係で明らかになっている行動を繰り返していることに気づくだろう．アンナの場合と同じように，この反復は正体を隠した形をとるが，その構造は同じであろう．言葉がそれほど養育的でなく，クライエントはマスターの話および具体的操作にとらわれ，反動形成を示し，セラピストへのかなりの敵意を表現するだろう．精神分析的理論にしたがえば，本当に変化を予想し，時間が経っても最も良い状態を維持することができると思われるのはこの知覚構造の交替においてである．

8. 生涯にわたる愛着と分離   *363*

　ここに見たケースの分析のポイントは，セラピストの側のセラピストとクライエントの気づきを越えた過程への影響は，クライエントの意識への影響と同時に起こり，おそらくそれはクライエントの意識より強力であることを指摘している点である．分離と愛着の隠喩の実演がこの過程の基盤である．

　健全な人格が必要とするものは，分離と愛着といった不可能な要求の間のバランスである．このバランスは弁証法の動きによって提供されることが多い．分離と愛着を同時に一つのものと感じることができるのはこの運動の過程だからである．既に記したように，弁証法が満たされ転倒する状態にある場合，セラピストはクライエントのニードと要求の器を満たさなければならない．この充填と給入は愛着を示す．しかし，クライエントはいったん満たされてしまうと，新しい異なった人間に分離する．

　ただし，アンナの症例のように，両方の方法をとることはできない．アンナは，自分の人生を整理するパターンを次第に深く理解することによって，あふれるまで満たされてしまった．けれども，ブロイアーは，彼女の分離と愛着の知覚過程が変わらないことを理解できなかった．

　コンフォートが用語を概念化したように，関係的共感の威力は，不可能な二重性にある．すなわち，それは瞬間内に存在するが，同時に分離している．このように，クライエントはセラピストから採取することができるが，しかも同時に独立した存在を構成する．コンフォートの共感の定義の第1次元は，「特定の知識を取り入れた結果としての世界についての感じ方」である（1984, p. xiii）．これは，知識を整理する過程であり，ある程度安定的なものとして，従来の多くの療法の領域にある．また，好結果をおさめる多くの療法の基盤でもある．コンフォートの第2次元は，「知識を取り入れられるようにする過程は，取り入れられたものに与える内容にどう影響するか」ということである．これは，おそらくいっそう複雑であり，クライエントとセラピストの相互作用の中の弁証法的知覚過程で分離と愛着が繰り返し演じられるのもこういうことで説明される．ここに再度我々はプラトーの知識（知覚過程）を理解し，知性（内的過程における一定の変化への気づき）によって変化するのである．

生涯にわたる命題「合」とは？

　我々は，意識性を超越し，1対1および1対「他者」の相互進化，相互構成の関係に存在している．成長し，発達し，変化するにしたがって新しい知識を得，新しいものに気づくが，常に，超越したものを見逃してしまう．フロイトの燃える子供の夢についての報告は，この状態を要約している．

　　　　父親は，昼夜を通して子供の病床のそばで見守っていた．子供が死んだ後，隣りの部屋に行って横になったが，その部屋から，まわりに長いろうそくを立てて子供の死体が安置されている部屋が見えるようにドアを開けていた．1人の老人がずっと番をして，死体のそばに坐って祈りの言葉をつぶやいていた．父親は数時間眠ると，その子が自分のベッドのそばに立っている夢を見た．自分の腕をつかみ，「お父さん，ぼくが燃えているのが見えないの？」とうらめしくささやくのだ．起き上がると，隣りの部屋から明るくまぶしい光が来るのに気づき，かけ込んだ．すると，先ほどの老人は居眠りをしており，愛する息子の死体の片腕と死体をくるんでいるものがろうそくの火で焼け落ちていた．

（フロイト，[1990] 1953, p. 309)

　〈お父さん，ぼくが燃えているのが見えないの？〉　この短い言葉に，相手や神，および宇宙からの個人の分離の問題が要約されている．おそらく，相互に理解し，神を知ることは不可能である．けれども，存在の意味を与えてくれる弁証法においては，創造の愛着と新しいものの動きを経験できる瞬間が存在するようだ．再び欲望と真理の弁証法に分解する前に，こうした瞬間をせいぜい楽しむべきである．

　この夢は，いろいろな意味に解釈することができる．燃える子供の夢の一つの解釈としては，他の人間の世界（構造）について完全な知識を得ること，すべてを理解すること，そして気づくこと，が不可能であると示唆していると言える．「お父さん，ぼくが燃えているのが見えないの？」と子供が言うときは，

父親の注意の欠如に気づいているのである．しかし，息子は父親の苦悩と悲しみ，そして，父親は本当に子供の想像以上に深く子供を気にとめていることに気づくことができない．老人はろうそくに注意を払うのを忘れていた．父親は，その場にいない息子を配慮することを忘れていた．この夢と夢のイメージは，本書に書ききれないほど多くの思考，感情，そして意味を伝えている．現在の意識を超越した何かが存在しているようだ．

理 論 を 実 践 へ

発達は，信じられないほど複雑で，同時に信じられないほど単純である．複雑さは，発達心理療法の概念を考察するにつれ次第にはっきりしてくるが，もっと根本的な単純さを曖昧にしてしまう．単純さは，何度も繰り返され，広範囲な一連の名称がついたパターンとして説明される．逆説的には，発達は一つと多数を示しているように思われる．

構成概念1　〈発達には，分離と愛着の反復パターンが含まれる．〉
（1）　学習目標　分離と愛着の構成概念を定義し，人生を通してそれらがどのように繰り返し演じられるかを明確にできるようにする．
（2）　認識事項　327〜331ページには主要な観念を概説し，図20はこの題材を有意義に補足している．
（3）　体験的学習課題
　　a．ゼウスと四つ足の球形創造物に関する部分を読みなおしてみよう．創造物の楽しいがやや横柄な行動を想像しなさい．この行動が原因で神々は彼らを分裂させた．また，分裂した自己とともに宇宙に戻りたいという彼らの欲望も想像しなさい．創造物（人類）は本当に再び結合したかったと思うか，あるいは，その問題は本書で記したより複雑だろうか？　再び愛着することではなく，分離することが基本的な目標ではないのか？

b． 本章で論じた対象関係理論はボウルビィの愛着の理論とは区別されてきたが，ボウルビィは対象関係論者と考えられる場合が多い．ボウルビィの愛着の理論とギリガンの理論の間にはどんな結びつきがあるか？ マスターソンが分離と個性化，および個人の男性指向の構造を重視したこととマーラーの考え方との間にはどんな関係があるか？

c． 分離と個性化の一対の発達課題について考えなさい――両者の理想的なバランスは何だろうか？ それとも，球形の創造物のように，弁証法的対立と一定の動きにみられるのだろうか？ これらの仕事における実際に可能なのだろうか？

構成概念2 〈発達は，生涯を通して起こる．〉

（1） 認識事項 331〜337 ページでは，分離と愛着の発達パターン，および発達順序は生涯にわたって終始繰り返されるという観念を簡略な形式で要約している．この表示で重要なのは，家族構造で起こる相互の発達である．

（2） 体験的学習課題

a． 自分自身の生涯の発達をこのポイントから概説しなさい．自分の主たる発達課題，および各段階で分離と愛着をどう克服したかを熟考し，論じなさい．感覚運動的経験の最初の段階から具体的操作を経てその後にいたるまでの自分の移行を説明しなさい．

b． 自分自身の生涯発達とは別に，主な家族員のそれをリストしたチャートをつくりなさい．家族員の発達課題は自分とは非常に異なることに留意しなさい．

母子，夫婦の間にはどんな葛藤があるだろうか，また，この基準枠組みの内部では，1対2のどんな三角形ができるだろうか？ たとえば，以下のようなものである．

家族員	年齢	課題
自　己	19	家族を離れ，大学に愛着する．
母　親	38	新しい人生の目標を見つけ，家族から離れる．
父　親	45	人生半ばの危機，仕事での満足を得ることの困難，家族に愛着し，養育したいという欲望の増加への対処．

　（各人が，他者と葛藤する様々な必要性を持っている．感覚運動，具体的操作，および形式的操作の問題は，各々の場合によって異なる．家族のシステムでは，多くの同化が可能である．特に，各々の家族員が多数の発達課題を扱っているからである）．

　　c．　自分のクライエントの1人の生活状態を上の観点から分析しなさい．

構成概念3　〈発達は，文化的状況のもとで起こるが，その多くは意識的気づきを超越している．〉

（1）　**学習目標**　　思考と行動を駆り立て，しばしば自分自身を「管理している」と考えられる無意識的経験の一部として，文化の役割を説明できるようにする．

（2）　**認識事項**　　図22〜26では，文化とカウンセリングで起こり得る関係について説明している．このパラダイムの含みを完全に理解するためには，この基準において自分自身の経験を熟考し分析することが必要である．

（3）　**体験的学習課題**

　　a．　北米流の心理療法とカウンセリングのほとんどは，個人主義のモードで操作する傾向にあり，文化的次元を充分に考慮していない．精通している様々な理論的定位（orientation）をリストアップし，基本的な文化的要因を考慮するものとしないものに分けてみよう．

　　b．　図23に関する具体例を提供しなさい．この場合，セラピストは個人としてクライエントに語りかけ，クライエントは文化の典型として

セラピストに反応している．このことは，異なる性別，異なる性的定位，様々の無能の度合，人種，民族性，および他の様々な要因をそなえた2者間のカウンセリングで起こりうる．同様に，セラピストはクライエントのステレオタイプのわなに陥ることがある．

c．図24では，クライエントとセラピストがその相互関係において，意識的に気づくことなしに，どのように互いの文化を統合するかを説明している．両者は，自分達は話していると思うかもしれないが，実際には，会話は基本的に無意識のレベルにある．自分自身の経験または観察から，これについての例を挙げてみよう．

d．ラカンのZダイアグラム（図26）は，文化的相違と他者の役割に焦点を合わせようとしている．フェミニスト療法の多くはこれと同じモデルに従うと言われてきた．この説に同意するか？　こうした問題を具体化する例を挙げることができるか？

e．図25では，個人の問題と同時に文化の問題を考慮することは，一般的には望ましい治療であることを示唆している．ダイアグラムの四つの各ポイントで考慮する必要のある特定の問題をリストアップし，個人あるいは文化（広く定義した場合）の葛藤が起こる状態を考えてみよう．

構成概念4　〈発達は意識的レベルだけでなく，意識性を超越したレベルでも起こる．この意識を超越したレベルは，しばしば無意識と称される．〉

（1）　**学習目標**　　現在の意識性を超越した発達の起こり方を定義できるようにする．

（2）　**認識事項**　　344〜349ページでは，無意識の概念を現在の意識性を超越した「未知」として定義している．知覚されるものの起こり（始まり）に関するウェスターランドとその一派の業績に特に注目している．

（3）　**体験的学習課題**

a．上記の無意識の定義を，自分の知識，および過去の経験と比較

対照してみよう．ここに提示されているものをどのように修正することができるだろうか？

b． 無意識の定義づけに重要なことは，行動を促しはするがしばしば意識性を超越する文化的および社会的要因を容れることである．自分自身の個人的経験およびクライエントの観察から，このポイントを説明するものを挙げなさい．

c． 友人または同僚にウェスターランドとスミスの最初の刺激図（図27）を見せなさい．紙で絵を隠し，すばやく紙を引きおろした後，また絵の上に置く．そこで何が見えたか尋ねなさい．これがスムーズに行われた場合，絵を見た人によって多くの様々な構成が報告されることに気づくだろう．ここでは，絵を見た人は長期記憶（もしくは，無意識）の援助によって絵に関するゲシュタルト的閉合が起こったということであるが，これは，絵が示されている間には起こらなかったものである．

構成概念5　〈意識と無意識の概念は，互いの関係においてだけ存在しうるものである．不安定な弁証法では，両者は対立して共存する．独立した位置では，容易に分解する．〉

（**1**）　**学習目標**　ここで略述された分解を定義，実践し，ラカンの米国流自我心理学への批判の基盤を理解し，無意識および意識の分解を理解できるようにする．

（**2**）　**認識事項**　349〜353ページに，いくつかの主要ポイントが記されている．その中には，次のようなものが含まれる．

　　　1)　デリーダの分解理論の解釈．

　　　2)　ラカンの米国流自我心理学批判．

　　　3)　無意識および意識の概念の否定．

（**3**）　**体験的学習課題**

a． 分解は，言語による全ての表現は，結局非合理的であると証明されるという仮定に基づいていることを示唆する．第1段階として，エ

リスの言う非合理的叙述を記し，そしてその内的論理的矛盾のためにこの叙述がいかに容易に分解するか（否定される，誤りであると示す）を考えよう．次にもっと高尚な，個人および文化の持つ信条を評価し，その論理的誤りを詳細に記述してみよう．

b．ラカンが米国流心理学および精神医学の原則を支持していないことは明らかである．「無意識は‘他者’の話である」というラカンの叙述を時間をかけて解読し吸収しなさい．この過程では図22〜26が役立つ．

c．半ばユーモラスな気分で次の比較をすることは，デカルトの見解の論理的誤りを指摘する試みとなる．

$$\frac{我思う，ゆえに我あり}{我思わず，ゆえに我あらず}$$

分解（否定）の叙述は，それなりの意味においてはデカルトと同じぐらい論理的である．しかし，どちらの叙述にも論理的な誤りが含まれる．一対一の関係（相互関係）において，各々がどのように強化されるのだろうか？　これらの叙述からは，意識と無意識の弁証法がどのように演じられるだろうか？

構成概念6　〈我々の意図とは無関係に，我々は他者の無意識に影響を及ぼしている．「意識性を超越して起こるもの」を計画することを試みることは役立つ．しかし，「超越したもの」は常に存在するため，これを謙虚に行うのがよいだろう．〉

（1）　**学習目標**　意識的に気づかずに他者およびクライエントに影響を与える例を挙げることができるよう，我々が意識的気づきとして焦点を合わせるものを超えた複数のレベルで，どのように治療が行われるかを論じることができるようにする．

（2）　**認識事項**　353〜365ページに，次の主要ポイントが述べられている．

8. 生涯にわたる愛着と分離　　*371*

　　1)　各クライエントとともに分離と愛着のテーマを演じなおす（例
　　　えば，クライエントに会い面接を終了する方法，共感においてク
　　　ライエントに参加する方法，および，影響を与えつつ共感を追加
　　　することによってクライエントと分離する方法）．

　　2)　ブロイアーによるアンナの症例は，分離と愛着の過程における
　　　転移関係は，クライエントにどのように否定的な影響を与えるか
　　　について特に豊富な材料を提供している．

　　3)　第6章のジョージの症例は，発達心理療法のモデルにのっとっ
　　　て参入と分離の研究をする機会を提供している．

（3）　体験的学習課題

　　a.　異なる療法において用いられる分離あるいは愛着のいずれかの
　　形式（解放，巻込み，転移，抵抗）を示す様々な言語を挙げなさい．説
　　明する場合，個人および家族療法の言語システムを用いること．クライ
　　エントをいっそう分離させ，個性化することが我々の援助の目標である
　　場合，我々セラピストの明白な意識的行為は同時に無意識的レベルでも
　　作用している．クライエントへの意識的作用においては，直接観察する
　　よりも多くのことが起こっているのである．

　　b.　分離と愛着の意識的および無意識的問題の具体例として，アン
　　ナの症例を考察してみよう．アンナはハーレイのいう「家を離れる」段
　　階にあることに留意しなさい．アンナはどんな発達課題を満たす必要が
　　あるだろうか？　発達心理療法モデル（感覚運動，前操作的など）で
　　は，アンナの徴候をどう分類するか？　発達心理療法モデルの特定の局
　　面はアンナの症例にどう適用されるか？　アンナとの作業（治療）には
　　どんな理論的定位が最もふさわしいと思われるか？

　　c.　メアリー・アイビィは，直接的な気づきを超越してジョージにど
　　んな影響を与えたか，具体的に説明しなさい，メアリーに対し，どんな
　　理論的選択，または実践的選択をすすめるか？

　　d.　上記諸課題は，自分自身の治療の実践，および人生経験にどの

ように適用されるか？

　e．上記の説明から得た中心概念をフロイトの「燃える子供」の夢に
適用し，この夢を分析しなさい．

　f．フロイトの燃える子供の夢の話に対するあなたの個人的な反応は
どんなものか？　この話を思い浮かべるような記憶や夢があるか？　こ
こに示した構成概念および練習のいくつかは，あなた自身の気づく経験
と気づかれる経験といった個人的体験とどう関係するだろうか？　気づ
かれること（愛着されること）は，分離することと個性化に必要な前兆
であるといえるだろうか？

要　　約

　本章では，発達心理療法の理論を意識的発達の重視から，既知と未知，ある
いは意識と無意識の間の発達の弁証法へと進めた．この過程に不可欠なもの
は，ボウルビィの分離と愛着の構成概念，および自分の片割れに再び結合しよ
うとするプラトーのおもしろい球形創造物である．我々は再び結合したいのだ
ろうか，それとも分離したままでいたいのだろうか？　このことは，ハムレッ
トの「生きるべきか死すべきか，それが問題だ」のもう一つの変形のように思
われる．

　他者と一緒にいたいが離れたいという基本的な両面感情（アンビバレンス）
は，我々が常に難しい欲望の弁証法を行っていることを意味している．我々は
何を欲しているのだろうか？　おそらく，持っていないものを欲しがるのだろ
うが，せいぜい，「自分の欲望と不可能な夢を探すことをあきらめるな」とい
うラカンの格言に従うことしかできない．

　本章の図21では生涯の発達の理論を示しているが，ここでは多くの様々な
発達の構成概念をアーチ形に統合しながらこれらを一つのチャートに示してい
る．しかし，このチャートは決定的なものではない．他にも探究すべき問題が
たくさんある．治療過程における発達の概念の意味および位置づけの探求は，

おそらく，今始まったばかりであろう．

心理学のおおかたは，無意識の概念を扱わない方を選んだ．けれども，現在の意識性を超越した未知のものと解釈しなおした場合，無意識は，長期記憶の研究および学習と認知の研究における堅実な経験的研究と関連づけることができる．無意識の治療についての組織的な公式化は，ボウルビィの分離と愛着の基本的な隠喩，同化と調節という一対の課題のバランス，および療法の弁証法的基盤と思われる人間と環境の相互作用等によって次第に明確になることが予想される．

文化は我々の実践を支える．文化は，意識的な気づきを伴わずに，自己の多くを占める他者の話を形成する．そして，発達心理療法に文化の概念が加えられると，一連の全く新しい教化が定着する．発達心理療法は今始まったばかりのようだ——ここで示した考え方は，決して終局を迎えない．

多くの人がフロイトを，絶対主義者かつ独断的と批判したがる．おそらく，これは不公正な人物描写だろう．しばしばフロイト（[1920] 1966）がやっているように，彼に最後の言葉を話してもらおう．

さて，書き記されたすべての論議で，「拒絶」は非常な近づき難さ，強情さ，丁寧な科学用語でいうならば「頑固さ」（Verrantheit）であるという結論に達することは疑いない．私は，それに答えてこう言いたいのである．難しい研究が終わった後，一度信念に達すると，同時にある程度のねばり強さでその信念を保つためのある種の権利が得られるものだ．また，私は自分の研究の途中で二，三の重要なポイントに関する見解を修正し，変更し，さらに新しいものと置きかえたことも強調しておこう——そして，もちろん，それぞれ，公的に知らせた．この率直さの結果はどんなものだろうか？　私がどんな自己訂正をしても全く気にとめずに，私にとっては考えていた時点とは同じ意味を持たなくなってから何年もなる仮説を，今日まで批判しつづけている人もいる．また，変更箇所について私を厳しく非難し，自分にとっては信用できないと見なす人もいる．もちろん，時たま自分の意見を変える人は，最新の主張さ

えも誤っているとあまりにも安易に認めるため，少しも信念を持っていないといわれても当然であるが，一度主張したことを断固として曲げない人，あるいは誤りを指摘されてもそれを容易に撤回しない人は，強情とか頑固とかいわれる人にちがいなかろう！　批判者によるこれらの矛盾した指摘に直面しながらなおも自分を維持し，自分自身の判断に従って行動するにはどうすればよいか？　私は積む経験が要求するとおりに，自分のいずれの理論を修正することあるいは撤回することも決して止めることはないと決めている．しかし，これまで何も変更することがないとわかった〈基本的な発見〉については，今後も変わらずに真実であることを願おう．

(p. 245-246)

エピローグ：発達とは
──プラトーの寓話が示すもの──

　我々が本当に存在の中の一つであるなら，自分自身，他者，相手についての相互構成的な探究──すなわち，神々あるいは主たる神の球形創造物としての忙しい活動のすべて──は，おそらく，あまりにも野心のありすぎる追求である．気づくこと以外に何もしなければ，我々は既にそこに存在するのである．父親，母親，あるいは自分をこれ以上探す必要はない．

　「進んでも，まだ出発点にいることに気づく」──これは，おそらく発達心理療法を1行で最も適切に要約したものである．我々は全体ではあるが，それにもかかわらず，相違性の探求は，自分自身の存在，および他者や神との関係の理解に役立つ．

　プラトーの意識の4レベル，および弁証法の構造は，発達心理療法の公式化に不可欠であった*．同時に，新プラトー派の哲学者プロティノスの一者内部の統一体の概念は，重要な批判であり理解する上で補足的なものとなる．

---

　*　哲学者であり精神分析学者であるイリガリィ（1985）は，*Speculum of Other Woman* の中で，プラトーの「ほら穴の寓話」と無意識の概念について批判した．「命題の鎖」を，真理の見解の名のもとに男性指向の探究に通じるものとして，はっきりと，あるいは暗に批判している．プラトーの業績の考察においては，寓話は子宮の隠喩と考えられるだろうと示唆している．イリガリィは，話の中に女性が登場しないことを指摘している．この意味で，彼女に関する本書の謝辞に注目してほしい．イサカ大学哲学科のエルブレヒトは，ほら穴は「最高のものの探求」の線形モデルではなく，むしろ

連続して繰り返す課題についての弁証法的気づき──すなわち，始点へ戻ることと考える必要があると示唆した．

本書の試みは，プラトーの二つの解釈──発達面に関して線形と循環する形の間のバランスについて考察することである．

言うまでもなく，プラトーに対するイリガリィの力強い批判は重要である．彼女は，プラトーが至高善および社会の秩序化に関わりすぎていることを示唆している．特に，秩序立てられた無報酬の階層を拒絶している．ここで表した解釈はプラトーの思想から組み立てられているが，結局のところプラトーの見解を批判すると同時に依存もしている．プロティノスの位置，および一者（根本実在）における多数性の概念は，プラトーとピアジェに対する重要な補足を提供しているようだ．

本書はギリシャ人で始まっているので，終わりもギリシャのもので締めくくるのがふさわしいだろう．おそらく，哲学と心理学は，すべてプラトーに対する脚注にすぎない．発達心理療法の要約を表すものとして，プラトーの「ほら穴の寓話」を次に掲載する．

ほら穴の寓話

ここに，自然が啓発されたりされなかったりする度合を描く比喩がある．光の入る入口とそこに続く長い通路がついた一種の地下のほら穴部屋に住む人々の状況を想像してみたまえ．子供のころからずっと鎖で足と首をつながれ，頭を動かせないため身動きもできず，目の前のものしか見えない．少し離れたところで高く昇っているのは，彼らの後ろで燃えている火の明りである．囚人と火の間には，まわりに手すりのついた通路がある．あやつり人形のショーのスクリーンのようなものであり，人形使いが上から人形をあやつっているのを隠しているのに似ている．

見える，と彼が言った．

さて，この手すりの後ろの人間達のことを想像してみよう．木や石などの材料でできている人や動物の形をしているものなど，様々な人工的物体を運んでおり，それが手すりの上に映るのである．

当然，この囚人達の中には話している者もいれば黙っている者もいる．

彼が言うには，それは一風変わった図であり，一風変わった種類の囚

人達である．

　私は答えた．我々自身のごとく．というのは，第1に，それほどまでに監禁された囚人は，自分達に向いているほら穴の壁の火の明りによって投じられる影以外，自分自身のことも，他の人のことも何一つ見えなかったのではないだろうか？

　一生頭を動かすことを禁じられた，とまでは言わない．

　けれども，過去に運んだ物体はほとんど見えなかっただろう．

　もちろん．

　さて，もし彼らが互いに話すことができたら，彼らが見た，通りすぎる影のことしか話さなかったと想像できないだろうか？

　当然である．

　牢獄では，向かい合っている壁からこだまが聞こえるとしたら？　彼らの1人が，話をしている人達の後を通りすぎるとき，その音は目の前を通りすぎる影から来ると思うだろう．

　間違いない．

　あらゆる点で，この囚人達は，人工の物体の影だけを現実と認めていたにすぎないのだろう．

　避けられないことである．

（プラトーの Republic［『国家篇』］より抜粋）

以上の文は，プラトーの認知の最低の形（想像すること，エイカシア）を示す．ほら穴の壁に鎖でつながれた囚人は，自分は意識はあるが混乱したイメージしか見えないと考えている．この形の意識では，個人は背後にあるものに気づかず，他の形について意識がない．発達心理療法の意味においては，囚人は感覚運動の意識に陥っている．彼らは自分達の知覚は内的に方向づけられていると考えるかもしれないが，外的環境に支配され方向づけられているのである．

　この，認知スタイルに対する治療においては，もちろん，囚人やクライエントを光に導くところの構造化した環境を提供することである．セラピストは，

クライエントが自分で知覚した経験についてより理解しうる意味を形成するのを援助する．セラピストは，クライエントを経験の構成と結びつけると同時に，ゆがんだ知覚とイメージへの愛着から分離するのを援助しなければならない．

　　今度は，囚人達が鎖をほどかれ，自分の愚かさの治癒がこんなふうに生じたとしたら何が起こるか考えてみよう．囚人の1人が解放され，突然頭を上に向けて回し，光の方に目を向けて歩かされたとしたらどうだろうか．これらの運動は苦痛になり，まぶしすぎて，影を見慣れていた物体がわからなくなるだろう．もし，誰かが彼に，「今まであなたが見てきたものは無意味な幻想だが，今，現実に多少近づき，もっと現実的な物体に向かったことによって，いっそう真実を見るようになりつつあるのだ」と言ったら，彼は何と言うだろう？　さらに，次々と運ばれる様々な物体を見せられ，各々が何であるかという質問に答えさせられるとしたらどうだろう．囚人は途方にくれて，今示されている物体は前に見たものほど現実的なものではないと信じるのではないだろうか？

　　そう，それほど現実に近くはない．

　　そして，火の明りをむりやり見せられたなら，囚人の眼はうずき，逃げ出して，はっきり見えた物のところに戻ろうとしないだろうか？　そして，それらは今見せられている他の物体より実際には明確であると確信するだろう．

　　そのとおりである．

　この話は，呪術的思考に固執する前操作期の子供や成人の問題とだいたい似ている．クライエントは一片の「現実」を見るが，古い知覚から内面化した基本的な感覚運動期の基準枠を使用することによって，その現実を組織し，そこから逃げ出すのである．

　以下は，我々カウンセラーが見て信じている「現実」にクライエントをもっと近づけようと援助するときに直面する課題にいくぶん似ていると考えられよう．クライエントが愛着から離れて次の発達レベルに進まないといけないなら

ば，我々はクライエントの非合理性を指摘し，その構造を理解する必要がある．

　　誰かが無理にも囚人を坂の上にひきずって行き，彼が日光にさらされるまで，でこぼこの上り坂をひきずり回したとした囚人は，その処置に苦痛を感じ困惑しないだろうか．そして，日光を浴びたとき，眼が明るさでいっぱいになったあまり，今現実であると聞かされたそのものが見えなくなるのではなかろうか？

　　確かに，すべてを同時に見ることはできないだろう．

　　囚人は，高い位置にある世界で物が見えるようになる前に，慣れることが必要であった．最初は影を，次に水に映った人間と物体のイメージを，そして後には物体そのものを，理解する方がやさしいだろう．その後は，昼間太陽と太陽の光を見るよりも，夜天体と空を見て，月と星の光を眺める方が楽になるだろう．

　　確かにそうである．

　　最後に，彼は太陽を見てその本質をじっくり考えることができるようになるだろう．水や相容れない媒体に映ったときの姿ではなく，本来の位置におけるあるがままの太陽を見るのである．

　　疑いない．

　　そして，四季との流れを生み出し，視覚の世界のすべてを統制し，さらには，ある意味で自分と仲間達が見慣れていたすべてのものの原因をつくるのは太陽である，と結論しはじめるだろう．

　　遂に，彼の結論は明確になる．

　目に見えるものの世界への移行，そして外観へのさらに完全な理解が達成された．プラトーはこの精神の状態をピスティス，または信念と称した．これは，具体的操作段階に類似している．子供，個人，またはクライエントは，外観的「現実」の世界を目で体験し，線形の因果関係を熟考することができる．

　この第2段階への移行は，コーチングスタイルの教授法や療法によってもたらされるが，ここで，発達心理療法のセラピストは，クライエントの現在の認

知スタイルに働きかけ，過去の知覚に新しい観念および概念を加えていくことを援助する．このとき，古い意識は否定され，よりいっそうの知識と理解に対する欲望がかきたてられる．次の叙述では思考の世界および形式的操作への移行が明らかになる．

　　彼が仲間の囚人のこと，そして，以前の穴ぐらで体験してきた知識のことを思い出すと，変化した自分自身を確かに幸福に思い，仲間を気の毒に感じるだろう．彼らは，互いに名誉と賞賛を実践していたのかもしれない．通りすぎる影に最も鋭い注意を払い，互いに従う順番（秩序）を最もよくおぼえている人間にほうびが与えられたため，彼は次に何が来るかをうまくあてることができた．解放された囚人は，このほうびをむやみに欲するだろうか，それとも，ほら穴での名誉と権力を高めた男をうらやむだろうか？　彼は，ホーマーのアキレスのように，すぐにも「土地を持たない人の家にやとわれた召使いとしてこの世にある」と感じないだろうか，あるいは，古い信念に戻り，古い様式で生活するぐらいなら何でも我慢すると感じないだろうか？

　　そう，彼は，そんな生活よりもどんな運命でも今のものをとる．

　さきの囚人は，思考の世界（ディアノイア）および形式的操作期に入った．情緒と情動への気づき——自分の思考と感情について考えること——に気づくだろう．プラトーが，この気づきの状態にある人間は，自分自身の仮定を検証することに失敗すると気づいたことを思い出さなければならない．ここでは囚人が新しい知識を分け合うためにほら穴に戻ったとき，自分自身の仮定に気づかないと危険であるということが示されている．意識性を超越したものが常に存在しているようだ．

　　囚人が，ほら穴における以前の地位に就こうと戻って行ったとしたら，何が起こるか想像してみよう．突然日光から出ると，眼は暗さでいっぱいになるが，再び，一度も解放されたことのない囚人達と競って影についての意見を述べることを要求される．その間にも，彼の視界はぼんやりし，安定していなかった．暗やみに馴れるのに時間がかかった．

エピローグ：発達とは　　*381*

仲間達は彼を笑いものにし，視力を駄目にして戻ってくるために地上へ
行ったのかと言うだろう．地上へ行く試みは，誰の価値でもないのである．彼らを解放し，地上に連れて行こうとした人間に手をかけることが出来れば彼らはその人間を殺してしまっただろう．

　　そう，殺してしまっただろう．

　　　　　　　　　　　（コンフォード，［1941］1982, p. 227-231より引用）

コンフォードが評したように，「ほら穴の一つの道徳は，暗やみから日光へあまりにも突然移ったことから生じる困惑から引き出されている」（［1941］1981, p. 227）．次のレベルの会話をみる前に，各段階の発達をしっかり理解する必要がある．プラトーは，寓話的な質問と弁証法を持ち出し考察することができるようになる前には，10年間の純粋数学の訓練が必要なこと（当時，数学はそれ自体の仮定を疑わなかった）を示唆した．

　弁証法の研究は，ほら穴の性格とそこでの相互作用の考察を含む．したがって自分を考察しながら自分を考察している自分を考察することが必要である．また，他者を考察する過程と同じ過程が必要である．「知識」（ディアノイア，あるいはエピステムという確固たる真理）だけを伴ってほら穴に戻った囚人は，まだほら穴につながれている他の囚人との弁証法的関係を試す準備が十分にできていない．したがって，プラトーは，弁証法の研究を最高形式の知性（ノエシス）と考えた．

　この点で，プロティノスは，プラトーを暗に鋭く批判している．プラトーが常に高い形式の知性を探求していたことは明らかであるが，プロティノスは一者の概念に焦点を合わせた．「一者」はおそらく「最高」よりも高い原理と考えられよう．一者の概念はギリガンとグレゴルクの思想には暗示されており，また自分の知識に関する理論はプロティノスから得ているとするラカンのものには明示されている（1973, p. 134）．ここでいうプロティノスの思想の含みは，以下に表されている．「すべての認知という行為はたとえ自己認知であっても対象と主体の二重性を前提としているため，プロティノスは，一者とはいかなる認知もなく，それ自体さえも知らないことを何度も強く述べている．プ

ロティノスによれば，一者の領域には，知性の領域が'続く'のである……ここで初めて，多数性が現れる」（マーラン，1967，p. 353）．

　プロティノスの「一者」の概念をプラトーとピアジェの諸段階においたとき，発達心理療法でいう球形の相互発達，相互進化の概念のもう一つの正当性が出てくる．認知の段階は，終始それ自体を取り巻き，始点へ戻る．形式的操作期の囚人はほら穴へ戻ってきたとき，無意識的無知の「子供」になった．けれども，我々が自分の存在を概念化しようとするとき，そこには次第に複雑にはなるが統一されたパターンのうちに，一体性および多数性が常に存在するように思われる．

　「ほら穴の寓話」は，賢明にも未完成であり，弁証法的公式化の必要性を示しているがそれは，プロティノスの一者の概念によってなお豊かになる．一者の考えは我々に，我々が統一体ではあるが，逆説的には，まだ見つけるものがあるということを思い出させてくれる．この寓話は，心理療法過程の隠喩となり得る．この過程では，セラピストの課題はクライエントが暗やみから日光に向かって動くことを援助をすること，そして願わくは，他者のところにその光を運ぶことである．光は，既にそこに存在するのである．

訳者あとがき

　アイビィ先生から，やがて出版するので意見があればと，原著の草稿が送られてきたのはもう数年も前のことになる．それが出版され(1986)，翻訳を手がけることになったが，ちょうど折しも身辺が多忙を窮めてその作業は遅々としていた．しかし，原著者の開発によるマイクロカウンセリングの日本への紹介の役割を務めた訳者（福原）にとって，原著者のその後の学問的推移や進展を追跡し，同学の方々と学ぶ機会を分かち合うことは半ば責務であると考えていたので，なんとか早くこれを完成したいと考えた．幸い，母校の先輩仁科弥生教授が翻訳の半分を手伝ってくださった．氏は先にエリク・エリクソンの翻訳を手がけられており，また学生のカウンセリングにもかかわっておられるので，共訳者として最適の方であると考えた．

　アイビィ博士は実に多筆・速筆で，『マイクロカウンセリング』(1972)の初版刊行以来，それに関する多くの著書やビデオテープを出版された．発達心理療法 (developmental therapy) における基本的姿勢は「セラピーにおけるクライエントへのアプローチは──その個人がノーマルであれ，いわゆるアブノーマルであれ──心理・病理的というより心理・教育的，そして教育的・発達的なものを考えなければならない．そこでは，構成体としてのクライエントの世界に焦点をあて，これを理解するために発達理論家による発達モデルを用いる」というものであることを，アイビィ博士は指摘されている．ここでは，特にピアジェの認知発達のレベルを比喩的に用いた横の発達（問題解決に対する

心理レベル）の状態と本来の縦の発達（年齢の変化に伴う精神発達）の状態からクライエントをとらえ，それぞれのレベルに対応する技法を用いることをすすめている．マイクロカウンセリングで「認知的行為」を特徴の一つとして重視する原著者アイビィが，このような形で発展的に，理論と実際のさらなる統合を試みようとしたのは当然の推移であると考える．

　このような原著には，難解な内容や用語も多く，この点慎重に翻訳作業を進めたつもりではあるが，まだまだ不十分であろう．読者諸氏の御批判をあおぎたい．なお，原文や文脈等との関係で，therapy の訳語として「治療」という言葉も用いたが，これはいわゆる医学的モデルにおける治療というより，「心理療法」や「カウンセリング」と同義語と考えていただきたい．

　最後に，電話やファクシミリによる質問等にも快く応じ，この作業を励まし続けて下さったアイビィ先生，そして本書においてカウンセリングや心理療法の多次元的とらえ方につき，多くの気づきを促して下さったアイビィ先生の英知に感謝申し上げる．また，精力的に出版の労をおとりいただいた丸善出版事業部の原田和夫氏に御礼を申し上げる．

　　1991 年 6 月　　　　　　　　　　　　　　　　　　訳者代表

　　　　　　　　　　　　　　　　　　　　　　　福 原 真 知 子

参　考　文　献

Altman, I., and Gauvain, M. "A Cross-Cultural and Dialectic Analysis of Homes." In L. Liben, A. Patterson, and N. Newcombe (eds.), *Spatial Representation and Behavior across the Life Span*. New York: Academic Press, 1981.

Anderson, J. *Cognitive Psychology*. New York: Freeman, 1985.

Anderson, T. *Style-Shift Counseling*. Abbotsford, B.C.: Interpersonal Effectiveness, 1982.

Appignanesi, R. *Freud for Beginners*. London: Writers and Readers Publishing Cooperative, 1979.

Atkinson, R., and Shiffrin, R. "The Control of Short-Term Memory." *Scientific American,* 1971, *225,* 82–90.

Ballou, M., and Gabalac, N. *A Feminist Position on Mental Health*. Springfield, Ill.: Thomas, 1984.

Bandler, R., and Grinder, J. *The Structure of Magic I*. Palo Alto, Calif.: Science and Behavior Books, 1975.

Bandura, A., and Walters, R. *Social Learning and Personality Development*. New York: Holt, Rinehart & Winston, 1963.

Basseches, M. "Dialectical Schemata." *Human Development,* 1980, *23,* 400–421.

Bateson, G. *Mind and Nature*. New York: Dutton, 1979.

Beck, A. *Cognitive Therapy and the Emotional Disorders*. New York: International Universities, 1976.

Beck, A., Rush, A., Shaw, B., and Emery, G. *Cognitive Therapy of Depression*. New York: Guilford, 1979.

Bekesy, G. "Bermerkungen zur Theorie der Gunstigen Nachall-dauer von Raumen." *Annuals der Physik,* 1931, *8,* 851–873.

Bettelheim, B. *Freud and Man's Soul.* New York: Vintage, 1982.

Blumenthal, A. *The Process of Cognition.* Englewood Cliffs, N.J.: Prentice-Hall, 1977.

Bonaparte, M. *The Life and Works of Edgar Allan Poe: A Psychoanalytic Interpretation.* New York: Humanities Press, 1971.

Bowen, M. *Family Therapy in Clinical Practice.* New York: Aronson, 1978.

Bowers, K. "On Being Unconsciously Influenced and Informed." In K. Bowers and D. Meichenbaum (eds.), *The Unconscious Reconsidered.* New York: Wiley, 1984.

Bowers, K., and Meichenbaum, D. (eds.). *The Unconscious Reconsidered.* New York: Wiley, 1984.

Bowlby, J. *Attachment.* New York: Basic Books, 1969.

Bowlby, J. "Affectional Bonds: Their Nature and Origin." In R. Weiss (ed.), *Loneliness: The Experience of Emotional and Social Isolation.* Cambridge, Mass.: MIT Press, 1973a.

Bowlby, J. *Separation.* New York: Basic Books, 1973b.

Brentano, P. *Psychologie vom Empirischen Standpunkt.* Vienna, 1874. (3rd ed., Leipzig, 1925.) (Cited in R. Chisholm, "Intentionality." In P. Edward (ed.), *The Encyclopedia of Philosophy.* New York: Macmillan, *4,* 201–204.)

Breuer, J., and Freud, S. *Studies on Hysteria.* New York: Basic Books, 1893.

Carkhuff, R. *Helping and Human Relations.* Vols. 1 and 2. New York: Holt, Rinehart & Winston, 1969.

Carroll, L. *Alice's Adventures in Wonderland.* Chicago: John C. Winston, 1923.

Chesler, P. *About Men.* New York: Simon & Schuster, 1978.

Chomsky, N. *Language and Responsibility.* New York: Pantheon, 1977.

Clement, C. *The Lives and Legends of Jacques Lacan.* New York: Columbia University Press, 1983.

Comfort, A. *Reality and Empathy: Physics, Mind, and Science in the 21st Century.* Albany, N.Y.: State University of New

York Press, 1984.

Cornford, F. (trans.). *The Republic of Plato.* London: Oxford, 1982. (Originally published 1941.)

Daly, M. *Beyond God the Father: Toward a Philosophy of Women's Liberation.* Boston: Beacon, 1973.

Derrida, J. *Speech and Phenomena.* Evanston, Ill.: Northwestern University Press, 1973.

Derrida, J. "The Purveyor of Truth." In *Yale French Studies.* Vol. 52: *Graphesis: Perspectives in Literature and Philosophy.* Millwood, N.Y.: Kraus Reprint Co., 1975.

Derrida, J. *Of Grammatology.* Baltimore, Md.: Johns Hopkins University Press, 1976.

Derrida, J. *Writing and Difference.* Chicago: University of Chicago Press, 1978.

Derrida, J. *Positions.* Chicago: University of Chicago Press, 1981.

Diffily, A. "Aaron Beck's Cognitive Therapy Catches On." *Brown Alumni Monthly,* May 1984, pp. 39–46.

Eagleton, T. *Literary Theory.* Minneapolis: University of Minnesota Press, 1983.

Eliot, T. S. *Four Quartets.* New York: Harcourt Brace Jovanovich, 1943.

Ellis, A. *Reason and Emotion in Psychotherapy.* New York: Lyle Stuart, 1962.

Ellis, A. *Growth Through Reason.* Palo Alto, Calif.: Science and Behavior Books, 1971.

Erickson, M., Rossi, E., and Rossi, S. *Hypnotic Realities.* New York: Irvington, 1976.

Ericsson, K., and Simon, H. *Protocol Analysis: Verbal Reports as Data.* Cambridge, Mass.: MIT Press, 1984.

Erikson, E. *Childhood and Society.* (2nd ed.) New York: Norton, 1963. (1st ed. 1950.)

Fairbairn, W. *An Object Relations Theory of the Personality.* New York: Basic Books, 1952.

Feldenkrais, M. *Awareness Through Movement.* New York: Harper & Row, 1972.

Fleming, P. "The Family Life Cycle Model: A Paradigm for Separation and Attachment." Unpublished paper, University of Massachusetts, Amherst, October 1986.

Frankl, V. *The Doctor and the Soul.* New York: Bantam, 1952. (1st ed. 1946.)

Frankl, V. *Man's Search for Meaning.* New York: Pocket, 1959.

Freud, S. *The Interpretation of Dreams.* In J. Strachey (ed.), *The Standard Edition of the Complete Works of Sigmund Freud.* Vol. 5. London: Hogarth. 1953. (Originally published 1900.)

Freud, S. *Beyond the Pleasure Principle.* New York: Bantam, 1959. (Originally published 1928.)

Freud, S. "Negation." In J. Strachey (ed.), *The Standard Edition of the Complete Works of Sigmund Freud.* Vol. 5. London: Hogarth, 1961. (Originally published 1925.)

Freud, S. *Analysis Terminable and Interminable.* In J. Strachey (ed.), *The Standard Edition of the Complete Works of Sigmund Freud.* London: Hogarth, 1964. (Originally published 1937.)

Freud, S. *Introductory Lectures on Psychoanalysis.* New York: Norton, 1966. (Originally published 1920.)

Freud, S. "Repression." In A. Richards (ed.), *On Metapsychology: The Theory of Psychoanalysis.* London: Pelican, 1984. (Originally published 1915.)

Fry, P., Kropf, G., and Coe, K. "Effects of Counselor and Client Counselor Racial Similarity on the Counselor's Response Pattern and Skills." *Journal of Counseling Psychology,* 1980, *27,* 130-137.

Fukuhara, M. "Is Love Universal?--From the Viewpoint of Counseling Adolescents." Paper presented at the 42nd Annual Conference of the International Association of Psychologists, Mexico City, 1984.

Furth, H. *Piaget for Teachers.* Englewood Cliffs, N.J.: Prentice-Hall, 1970.

Furth, H. *Piaget and Knowledge.* (2nd ed.) Chicago: University of Chicago Press, 1981.

Gelso, C., and Carter, J. "The Relationship in Counseling and Psychotherapy: Components, Consequences, and Theoretical Antecedents." *Counseling Psychologist,* 1985, *13,* 155-243.

Gilligan, C. *In a Different Voice.* Cambridge, Mass.: Harvard,

参 考 文 献 　389

1982.

Glass, G., and Kliegl, R. "An Apology for Research Integration in the Study of Psychotherapy." *Journal of Consulting and Clinical Psychology,* 1983, *51,* 28–41.

Glasser, W. *Reality Therapy.* New York: Harper & Row, 1965.

Goldstein, A. *Structured Learning Therapy.* New York: Academic Press, 1973.

Goncalves, O. *Intentionality in Counseling: Behavioral, Cognitive, and Unconscious Dimensions.* Unpublished doctoral comprehensive paper, Amherst, Mass., 1985.

Gray, E. D. *Patriarchy as a Conceptual Trap.* Wellesley, Mass.: Roundtable, 1982.

Gregorc, A. *An Adult's Guide to Style.* Maynard, Mass.: Gabriel Systems, 1982a.

Gregorc, A. *Gregorc Style Delineator.* Maynard, Mass.: Gabriel Systems, 1982b.

Guntrip, H. *Personality Structure and Human Interaction.* New York: International Universities Press, 1961.

Gurman, A., and Kniskern, D. (eds.). *Handbook of Family Therapy.* New York: Brunner/Mazel, 1981.

Haley, J. *Strategies of Psychotherapy.* New York: Grune & Stratton, 1963.

Haley, J. *Uncommon Therapy.* New York: Norton, 1973.

Hegel, G. *Phenomenology of Spirit.* (Also translated as *Phenomology of Mind.* (A. Miller, trans.) Oxford: Oxford, 1977. (Originally published 1807.)

Hersey, P., and Blanchard, K. *Management of Organizational Behavior.* Englewood Cliffs, N.J.: Prentice-Hall, 1982.

Ivey, A. *Microcounseling.* Springfield, Ill.: Thomas, 1971.

Irigray, L. *Speculum of the Other Woman.* Ithaca, N.Y.: Cornell, 1985.

Ivey, A. *Microcounseling.* Springfield, Ill.: Thomas, 1971.

Ivey, A. "Educational Change Planning with Psychiatric Pa- 343.

Ivey, A. *Intentional Interviewing and Counseling.* Monterey, Calif.: Brooks/Cole, 1983a.

Ivey, A. *Three Approaches to Counseling.* North Amherst, Mass.: Microtraining, 1983b.

Ivey, A., and Alschuler, A. (eds.). "Psychological Education." Special issue of *Personnel and Guidance Journal,* 1973, *51,* 581–692.

Ivey, A., and Authier, J. *Microcounseling.* (2nd ed.) Springfield, Ill.: Thomas, 1978.

Ivey, A., and Gluckstern, N. *Basic Attending Skills.* North Amherst, Mass.: Microtraining, 1974. (2nd ed. 1982.)

Ivey, A., and Gluckstern, N. *Basic Influencing Skills.* North Amherst, Mass.: Microtraining, 1976. (2nd ed. 1983.)

Ivey, A., and Goncalves, O. *The Epistemology of Intentionality: Implications for Clinical Practice and Research.* Unpublished manuscript, University of Massachusetts, Amherst, 1985.

Ivey, A., and Hurst, J. "Communication as Adaptation." *Journal of Communication,* 1971, *21,* 199–207.

Ivey, A., Ivey, M., and Simek-Downing, L. *Counseling and Psychotherapy: Integrating Skills, Theory, and Practice.* (2nd ed.) Englewood Cliffs, N.J.: Prentice-Hall, 1987.

Ivey, A., and Matthews, W. "A Meta-Model for Structuring the Clinical Interview." *Journal of Counseling and Development,* 1984, *63,* 237–243.

Ivey, A., Normington, C., Miller, D., Morrill, W., and Haase, R. "Microcounseling and Attending Behavior: An Approach to Pre-Practicum Counselor Training." *Journal of Counseling Psychology,* 1968, Part II (monograph supplement), 1–12.

Ivey, A., and Simek-Downing, L. *Counseling and Psychotherapy.* Englewood Cliffs, N.J.: Prentice-Hall, 1980.

Ivey, M. "Interpretation." Videotape selection in A. Ivey and N. Gluckstern, *Basic Influencing Skills.* North Amherst, Mass.: Microtraining, 1983.

Jacoby, L., and Witherspoon, D. "Remembering Without Awareness." *Canadian Journal of Psychology,* 1982, *32,* 300–324.

Janis, I. *Short-Term Counseling.* New Haven, Conn.: Yale, 1983.

Jaynes, J. *The Origins of Consciousness in the Breakdown of the Bicameral Mind.* Boston: Houghton Mifflin, 1976.

Jonas, H. *The Gnostic Religion.* Boston: Beacon, 1958.

Jones, E. *The Life and Work of Sigmund Freud.* Vol. 1. New York: Basic Books, 1953.

Keeney, B. *Aesthetics of Change.* New York: Guilford, 1983.

Kegan, R. *The Evolving Self.* Cambridge, Mass.: Harvard, 1982.

Kelly, G. *The Psychology of Personal Constructs.* Vols. 1 and 2. New York: Norton, 1955.

Kernberg, O. *Object Relations Theory and Clinical Psychoanalysis.* New York: Jason Aaronson, 1976.

Klein, M. *Envy and Gratitude.* London: Hogarth, 1975.

Knowles, D., and Reeves, N. *But, Won't Granny Need Her Socks?* Dubuque, Iowa: Kendall/Hunt, 1983.

Kohlberg, L. *The Philosophy of Moral Development.* San Francisco: Harper & Row, 1981.

Korman, M. *Levels and Patterns of Professional Training in Psychology.* Washington, D.C.: American Psychological Association, 1973.

Kragh, U., and Smith, G. (eds.). *Percept-Genetic Analysis.* Lund, Sweden: Gleerup, 1970.

Lacan, J. "Seminar on 'The Purloined Letter.' " In *Yale French Studies. French Freud: Structural Studies in Psychoanalysis.* Millwood, N.Y.: Kraus Reprint Co., 1975.

Lacan, J. *Ecrits: A Selection.* New York: Norton, 1977. (1st ed. 1966.)

Lacan, J. *The Four Fundamental Concepts of Psychoanalysis.* New York: Norton, 1978. (1st ed. 1973.)

Lankton, S. *Practical Magic.* Cupertino, Calif.: Meta, 1980.

Laplanche, J., and Pontalis, J.-B. *The Language of Psychoanalysis.* New York: Norton, 1973. (1st ed. 1967.)

Larson, D. *Teaching Psychological Skills: Models for Giving Psychology Away.* Monterey, Calif.: Brooks/Cole, 1984.

Lawler, J. "Dialectical Philosophy and Developmental Psychology: Hegel and Piaget on Contradiction." *Human Development,* 1975, *18,* 1–17.

Lieberson, J. "Putting Freud to the Test." *New York Review of Books,* 1985, *32,* 24–28.

Loevinger, J., Wessler, R., and Redmore, C. *Measuring Ego Development.* Vols. 1 and 2. San Francisco: Jossey-Bass, 1970.

Lorenz, K. *On Aggression.* New York: Bantam, 1966.

Løve, E. *The Self.* Oslo: Universitetsforlaget, 1982.

Lowen, A. *The Betrayal of the Body.* New York: Macmillan, 1967.

Lukas, E. *Meaningful Living.* Cambridge, Mass.: Schenkman, 1984.

Luria, A. "The Development of Constructive Activity in the Pre-school Child." (Written in 1929.) In M. Cole (ed.), *The Selected Writings of A. R. Luria.* White Plains, N.Y.: Sharpe, 1978.

McAdam, E., and Milne, G. (eds.). *Samuel Johnson's Dictionary.* New York: Pantheon, 1964. (Originally published 1755.)

McGoldrick, M., Pearce, J., and Giordano, J. (eds.). *Ethnicity and Family Therapy.* New York: Guilford, 1982.

Mahler, M. "A Study of the Separation-Individuation Process and Its Possible Application to Borderline Phenomena in the Psychoanalytic Situation." *Psychoanalytic Study of the Child,* 1971, *26,* 403–424.

Mahoney, M. *Psychotherapy Process.* New York: Plenum, 1980.

Mahoney, M. "Behaviorism, Cognitivism, and Human Change Processes." In M. Reda and M. Mahoney (eds.), *Cognitive Psychotherapies: Recent Developments in Theory, Research, and Practice.* Cambridge, Mass.: Ballinger, 1984.

Mahoney, M. "Psychotherapy and Human Change Processes." In M. Mahoney and A. Freeman (eds.), *Cognition and Psychotherapy.* New York: Plenum, 1985.

Marlatt, G. "Relapse Prevention: A Self-Control Program for the Treatment of Addictive Behaviors." Invited address presented at the International Conference on Behavior Modification, Banff, Alberta, Canada, March 1980.

Marlatt, G., and Gordon, J. *Relapse Prevention: Maintenance Strategies in the Treatment of Addictive Behaviors.* New York: Guilford, 1985.

Marshall, E., Kurtz, P., and Associates. *Interpersonal Helping Skills: A Guide to Training Methods, Programs, and Resources.* San Francisco: Jossey-Bass, 1982.

Marx, R. "Relapse Prevention for Managerial Training: A Model for Maintenance of Behavior Change." *Academy of Management Review,* 1982, *7,* 433–441.

Marx, R. "Self-Control Strategies in Management Training: Skill Maintenance Despite Organizational Realities." Symposium chaired at the American Psychological Association Annual Meeting, Toronto, Canada, August 1984.

Masterson, J. *The Narcissistic and Borderline Disorders.* New York: Brunner/Mazel, 1981.

Masterson, J. *The Real Self: A Developmental, Self, and Object Relations Approach.* New York: Brunner/Mazel, 1985.

Meara, N., Pepinsky, H., Shannon, J., and Murray, W. "Semantic Communication and Expectations for Counseling Across Three Theoretical Orientations." *Journal of Counseling Psychology,* 1981, *28,* 110-118.

Meara, N., Shannon, J., and Pepinsky, H. "Comparisons of Stylistic Complexity of the Language of Counselor and Client Across Three Theoretical Orientations." *Journal of Counseling Psychology,* 1979, *26,* 181-189.

Meichenbaum, D. *Cognitive-Behavior Modification.* New York: Plenum, 1977.

Meichenbaum, D., and Gilmore, J. "The Nature of Unconscious Processes: A Cognitive-Behavioral Perspective." In K. Bowers and D. Meichenbaum (eds.), *The Unconscious Reconsidered.* New York: Wiley, 1984.

Merlan, P. "Plotinus." In P. Edwards (ed.), *Encyclopedia of Philosophy,* Vol. 6. New York: Macmillan, 1967.

Mitchell, H., and Rose, J. (eds.). *Feminine Sexuality.* New York: Norton, 1982.

Morris, W. *The American Heritage Dictionary.* Boston: Houghton Mifflin, 1978.

Mosher, R., and Sprinthall, N. "Psychological Education." *The Counseling Psychologist,* 1971, *2,* 3-82.

Muller, J. "Hegel and Lacan." Presentation at the University of Massachusetts, Department of Comparative Literature, Amherst, Mass., Spring 1985.

Muller, J., and Richardson, W. (eds.). *The Purloined Poe: Lacan, Derrida, and Post-Structuralist Reading.* Baltimore, Md.: Johns Hopkins University Press, 1987.

Osgood, C., Suci, G., and Tannenbaum, P. *Measurement of Meaning.* Urbana: University of Illinois Press, 1957.

Ouspensky, P. *Tertium Organum.* New York: Random House, 1970. (Originally published 1920.)

Parloff, M., Waskow, I., and Wolfe, B. "Research on Client Variables in Psychotherapy." In S. Garfield and A. Bergin (eds.),

Handbook of Psychotherapy and Behavior Change. New York: Wiley, 1978.

Paul, G. "Behavior Modification Research: Design and Tactics." In C. Franks (ed.), *Behavior Therapy: Appraisal and Styles.* New York: McGraw-Hill, 1967.

Perls, F. *Gestalt Therapy Verbatim.* Lafayette, Calif.: Real People Press, 1969.

Perry, W. *Forms of Intellectual and Ethical Development in the College Years.* New York: Holt, Rinehart & Winston, 1970.

Piaget, J. *The Construction of Reality in the Child.* New York: Basic Books, 1954.

Piaget, J. *The Language and Thought of the Child.* New York: New American Library, 1955. (Original version 1923; trans. 1926; 2nd ed. 1930.)

Piaget, J. *The Origins of Intelligence in Children.* New York: Norton, 1963. (1st ed. 1952.)

Piaget, J. *The Moral Judgment of the Child.* New York: Macmillan, 1965.

Piaget, J. *Six Psychological Studies.* New York: Unilage Books, 1968.

Piaget, J. *The Principles of Genetic Epistemology.* London: Routledge & Kegan Paul, 1970a.

Piaget, J. *Structuralism.* New York: Basic Books, 1970b. (1st ed. 1968.)

Piaget, J. *The Child's Conception of Physical Causality.* Totowa, N.J.: Littlefield, Adams, 1972. (1st ed. 1960.)

Piaget, J. "Creativity." Given as a talk in the 1972 Eisenhower Symposium, "Creativity: Moving Force of Society," Johns Hopkins University, Baltimore, Maryland, 1972. Reprinted in J. Gallagher and D. Reid, *The Learning Theory of Piaget and Inhelder.* Monterey, Calif.: Brooks/Cole, 1981.

Poe, E. A. "The Purloined Letter." (Written in 1845.) In E. A. Poe, *Complete Stories and Poems.* Garden City, N.Y.: Doubleday, 1966.

Richardson, W. "Lacan's Seminar on the Ethics of Desire." Presentation at the International Lacan Conference, University of Massachusetts, Amherst, June 1985.

Ridings, D. *Neuro Linguistic Programming's Primary Represen-*

tational System: Does It Exist? Unpublished doctoral dissertation, University of Massachusetts, Amherst, 1985.

Rivera, M. *Sociological Analysis of Psychotherapy with an Application to Gestalt Therapy.* Unpublished doctoral dissertation, University of Massachusetts, Amherst, 1980.

Rodger, B. "Preoperative Preparation." In *A Syllabus on Hypnosis and a Handbook on Therapeutic Suggestions.* American Society of Clinical Hypnosis, Education and Research Foundation, 1973.

Rogers, C. "The Necessary and Sufficient Conditions of Therapeutic Personality Change." *Journal of Consulting Psychology,* 1957, *21,* 95-103.

Rogers, C. *Becoming a Person.* Boston: Houghton Mifflin, 1961.

Rosenbaum, M. "Anna O. (Bertha Pappenheim): Her History." In M. Rosenbaum and M. Muroff (eds.), *Anna O.: Fourteen Contemporary Interpretations.* New York: Free Press, 1984.

Rouse, W. (trans.). *Great Dialogues of Plato.* New York: Mentor, 1956.

Sartre, J. *Being and Nothingness.* New York: Philosophical Library, 1956.

Schneiderman, S. *Jacques Lacan: The Death of an Intellectual Hero.* Cambridge, Mass.: Harvard University Press, 1983.

Selman, R. "A Developmental Approach to Interpersonal and Moral Awareness in Young Children." In T. Hennessy (ed.), *Values and Human Development.* New York: Paulist Press, 1976.

Shervin, H., and Dickman, S. "The Psychological Unconscious: A Necessary Assumption for All Psychological Theory." *American Psychologist,* 1980, *35,* 421-434.

Shipley, J. *The Origins of English Words.* Baltimore, Md.: Johns Hopkins, 1984.

Silhol, R. "Demand and Desire in Lacan." Presentation at the University of Massachusetts, Amherst, October 1985.

Smith, G., and Westerlundh, B. "Perceptgenesis: A Process Perspective on Perception-Personality." In L. Wheeler (ed.), *Review of Personality and Social Psychology.* New York: Sage, 1980.

Spitzer, R., Skodol, A., Gibbon, M., and Williams, J. *DSM-III*

Casebook. Washington, D.C.: American Psychiatric Association, 1981.

Sullivan, J. "Franz Brentano and the Problems of Intentionality." In B. Wolman (ed.), *Historical Roots of Contemporary Psychology*. New York: Harper & Row, 1968.

Teilhard de Chardin, P. *The Phenomenon of Man*. New York: Harper & Row, 1959. (1st ed. 1955.)

Tillich, P. "The Importance of New Being for Christian Theology." In J. Campbell (ed.), *Man and Transformation*. Princeton, N.J.: Princeton University Press, 1964.

Van Den Bergh, O., and Eelen, P. "Unconscious Processing and Emotions." In M. Reda and M. Mahoney (eds.), *Cognitive Psychotherapies*. Cambridge, Mass.: Ballinger, 1984.

Ver Eecke, W. *Saying "No": Its Meaning in Child Development, Psychoanalysis, Linguistics, and Hegel*. Pittsburgh, Pa.: Duquesne University Press, 1984.

Ver Eecke, W. "Lacan, Hegel, and Dialectics." Presentation at the University of Massachusetts, Department of Comparative Literature, Amherst, Mass., Spring 1985.

Vygotsky, L. *Thought and Language*. Cambridge, Mass.: MIT Press, 1962.

Wadsworth, B. *Piaget's Theory of Cognitive and Affective Development*. (3rd ed.) New York: Longman, 1984.

Weinstein, G., and Alschuler, A. "Education and Counseling for Self-Knowledge Development." *Journal of Counseling and Development*, 1985, *64*, 19–25.

Weiskel, T. *The Romantic Sublime: Studies in the Structure and Psychology of Transcendence*. Baltimore, Md.: Johns Hopkins Press, 1976.

Westerlundh, B., and Smith, G. "Psychodynamics of Perception." *Psychoanalysis and Contemporary Thought*, 1983, *6*, 597–640.

Winnicott, D. *Through Pediatrics to Psychoanalysis*. London: Hogarth, 1958.

Woodworth, R. *Experimental Psychology*. New York: Holt, Rinehart & Winston, 1938.

Zajonc, R. "Feeling and Thinking: Preferences Need No Inferences." *American Psychologist*, 1980, *35*, 151–175.

邦文参考文献

アイビィ，E. A.：『マイクロカウンセリング』，福原真知子他訳，川島書店，1985.

エリクソン，E. H.：『幼児期と社会 I，II』，仁科弥生訳，みすず書房，1977.

小出浩之編：『ラカンと臨床問題』，弘文堂，1990.

サルトル，J. P.：『存在と無1,2』，サルトル全集，渡辺一夫他編，人文書院，1956.

スィーガル，H.：『メラニー・クライン入門』，岩崎徹他訳，岩崎学術出版，1982.

永野重史編：『道徳性の発達と教育』，新曜社，1985.

波多野完治：『ピアジェの児童心理学』，国土社，1966.

波多野完治(監修)：『ピアジェ理論と自我心理学』，ピアジェ双書6，国土社，1983.

ピアジェ，J.：『知能の心理学』，波多野完治・滝沢武久訳，みすず書房，1960.

ピアジェ，J.：『判断と推理の発達心理学』，滝沢武久・岸田秀訳，国土社，1969.

プラトン：『国家 上,下』，岩波文庫，藤沢令夫訳，岩波書店，1979.

フランクル，V. E.：『意味への意志』，大沢博訳，ブレーン出版，1979.

フロイト，S.：『フロイト著作集 1〜17』，井村恒郎他訳，人文書院，1970.

ヘーゲル，G. W. F.：『精神の現象学 上』，ヘーゲル全集4，金子武蔵訳，岩波書店，1971.

ヘーゲル，G. W. F.：『精神の現象学 下』，ヘーゲル全集5，金子武蔵訳，岩波書店，1979.

ボウルビィ，J.：『母子関係の理論 1. 愛着行動』，黒田実郎他訳，岩崎学術出版，1976.

ポオ，E. A.：『黒猫・モルグ街の殺人事件 (他5編)』，岩波文庫，中野好夫訳，岩

波書店，1978.

　星野美賀子：「四つの四重奏——T. S. エリオット (III) 詩その 2」，津田塾大学紀
要，No. 10, 1978.

　マリーニ，M.：『ラカン　思想・生涯・作品』，新曜社，1989.

　ラカン，J.：『ディスクール』，佐々木孝次・市村卓彦訳，弘文堂，1985.

　ルメール，A.：『ジャック・ラカン入門』，長岡興樹訳，誠信書房，1983.

索　引

太字の数字は，その項目が節または項と
して取り上げられていることを示す.

あ 行

愛着 → 分離と愛着
アイビィ（アレン）…………56,93,261
アイビィ（メアリー）…………253,360
アドラー ………………………………110
アルシュラー …………………………177
アルトマン ……………………………39
アンダーソン ……………………57,148
アンナ（症例）…………69,355,357

イーグルトン …………………………349
意　識 …………………25,59,350,352
　　ラカンの批判 ……………………351
　　──の発達 …………………………25
意識的現在 …………………………61,62
意志決定カウンセリング ……………228
意味差判別法 …………………………123
イリガリィ ……………………………14
　　──のプラトー批判 ………………375
因果関係 …………………………88,96,102

か 行

ウェスラー ……………………………6
ウェスターランド ……………62,346
　　──とスミスの実験 ………61,347

エイカシア ……………………14,377
エイミー ………………………………292
エディプスコンプレックス ………291
エピステム ……17,23,26,27,118,310
エリオット ……………………………3
エリクソン（エリク）…………9,331

オーク夫人（症例）……………93,119
オズグッド ……………………………123

か 行

解釈技法 ………………………………255
カウンセラー → セラピスト
カウンセリング → 治療過程，治療環
　　境，治療環境のスタイル，治療効果
　　の維持，治療スタイル，治療的介

入，治療理論

かかわり行動 …………………56, 64, 89

過剰般化 ………………………………96

家　族

　親 ………………………………333

　父親と息子 ……………………291

　母親と子供 ………103, 123, 286, 297

　母親と自己 ……………………124

　母親と娘 ………………………291

　ハーレイのライフサイクル

　　モデル ………………………332

家族療法 …22, 127, 163, 168, 170, 336

課題解決法（ピアジェ派）

　アルファ──…71, 203, 209, 215, 253

　ガンマ── ………72, 204, 211, 257

　ベータ── …71, 204, 211, 215, 254

過渡的対象 ……………………………167

ガバラック ………………………18, 163

感覚運動期 …………9, 84, **87**, 90, 302

感覚運動的データ ……………………94

感　情 ……………89, 101, 117, 123

感情的認知 ……………………………**122**

干与関係主義 …………………………51

管理者訓練モデル ……………………221

気づき ………108, 128, 215, 218, 248,

　341, 345

キーニー ………………………………168

強迫観念 ………………………………85

強迫神経症 ……………………………69

ギリガン …………7, 119, 269, **291**, 311

均衡化 ………**66**, 68, 71, 298, 300, 330

具体的操作 ……………………9, 90, **100**

具体的操作思考 ………………………216

クライエント ………68, 72, 90, 175

　アルコール中毒の── ……226, 228

　形式的操作の── …………110, 174

　減量中の── ………………………231

　具体的操作の── …………………173

　性的不一致の夫婦 …………………168

　前操作の── ………………………96

　同化に問題のある── ……68, 105

　──の言語行動と非言語行動 …176

クライエントの評価

　発達レベルでの──…**172**, 176, 178,

　　180, **252**

　反応レベルでの──…**209**, 210, **252**,

　　268, 272

クライエント中心療法 → 人間中心療

　法

グラス …………………………………226

グラディ ………………………26, 152

クリーグル ……………………………226

グレイ …………………………………291

クレイン …………………122, 288, 333

グレゴルク ……………………**305**, 312

　成人の認知スタイルモデル ……**305**

形式的操作 ……………84, 91, **107**, 224

形式的操作思考 …………174, 216, 224

形式的操作療法 ………………………157

傾聴技法 …………48, 52, 65, 112, 208

ケーガン ………………………………7

ケリー …………………16, 46, 200, 289

　──の人格構成体心理学 …46, 48,

200

個性化 ……………104, 273, 330
ゴードン ………………226, 230
ゴーバイン ……………………39
ゴルトシュタイン ……………97
コールバーグ ………………7, 119
ゴンカルベス …………………348
コンフォート …………355, 363
コンフォード ……13, 16, 17, 160

さ 行

催眠療法 ………………………92
サッシー ………………………123
サルトル ………………………314

自我心理学
　ラカンによる批判 …………166, 351
死 …………………………84, 118, 298
　――の衝動 …………………298
ジェーク ………………………292
シェマ ……………………64, 67
シェマ理論 (ピアジェ派) …64
至高体験 ………………………230
実存的動き …………………198, 199
質　問
　ソクラテスの―― …………202
　ピアジェの―― …………201, 204
　ワインシュタインとアルシュラー
　の―― ………………………178
自動化 …………………………66
シメック-ダウニング …………261

ジャクリーン …………………328
ジャニス ………………222, 227, 229
自由連想 ………………………50
呪術的思考 …15, 84, 96, 120, 272, 378
主張訓練 …………………224, 267
循環反応
　第 1 次―― …………………195, 338
　第 2 次―― …………………338
　第 3 次―― …………………338
順応と進化 ……………………**42**
情　動 …………………………101
情報処理モデル
　2 人の人間の―― …………58
　面接の―― …………………57
情報処理理論 …………………**55**
ジョージ (症例) ……………253, 360
進化モデル (セイラン) ………43
心理教育 ………………………170

スタイル転換カウンセリング ……**148**
スミス …………………………62, 346

精神分析 ………………………51, 110
青　年 …………………………107
青年期 …………………………84
積極技法 …………………52, 207
Z ダイアグラム ………………343
セラピスト
　ゲシュタルト派―― …………205
　現実主義―― …………………151
　行動主義―― …………………206
　催眠―― ………………………91
　精神力学的―― ………………206

人間中心主義—— ……………206
　　フェミニスト療法の—— ………163
　　——の誤り ……………………55,99
セルマン ……………………………51
前操作 …………………9,83,91,**95**
前操作的クライエント ……………96
前操作的思考 …**95**,96,120,200,209,
　215,302

早期感覚運動学習 …………………87
相互構成 …………4,19,21,195,285
創造性 ………………**192**,196,**200**

た　行

対　決 ……………194,**197**,269
　　各派別—— ………………………205
　　治療における—— ………**200**,253
対象関係理論 ………103,105,110,329
他　者 ……………………146,286
多世代間家族理論 …………………169
ダリー ……………………………291
短期記憶 …………………………59,62
タンネンバウム ……………………123

知識 → エピステム
知性 → ノエシス
知　能 ……………………193,237,345
注　意 ………………………**55**,56
治癒の定義 …………………………29
長期記憶 …………………59,64,248
調節 → 同化と調節
調節的技法 …………………………54

調節的療法 …………………………52,54
治療過程 ……………………**84**,98
治療環境 …………………………45,220
治療環境のスタイル ……**150**,152,254
　　環境の構造化 …………………**154**
　　コーチング ……………………**155**
　　相談 ……………………………**156**
　　弁証法 …………………………**160**
治療効果の維持 …………………**225**
　　後退の予防 ……………………231
治療スタイル ………………………149
治療的介入 ……………………**209**
治療理論 ……………………………**52**

ディアノイア ………………15,380
ティリヒ …………………………282
デカラージュ
　　水平的—— ……………116,228
手–眼協応 ………………88,195
テヤール・ド・シャルダン ………278
デリーダ …………………………349
転　移 ……………………85,120
　　関係の—— ……………………105
　　知識の—— ……………………96
　　治療における—— …………356,357

同化的技法 …………………………54
同化的療法 ………………50,52,54
同化と調節 ……40,**45**,**52**,59,105,226
　　過度の—— ………………47,49,71
　　治療での—— …………48,55,208
　　ピアジェの—— ………………45
道徳性 ……………………………8

な　行

人間 - 環境相互交渉 ……… 39, **55**, 58
人間 - 環境相互作用 ………… 22, 225
　治療での―― …………… 51, 54, 65
人間中心療法 ………… 109, 119, 224
認知 - 行動療法 ………… 157, 218, 224
認知的再構成 …………………… 229
認知的バランス ……… **66**, 68, 71

『盗まれた手紙』 ………………… 142

ノエシス ………… 23, 26, 27, 118, 345
ノールズ …………………………… 83

は　行

ハーシィ ………………… 221, 238
発　達
　意識の―― …………………… **25**
　生涯にわたる―― …… 297, 300, **331**
　情緒的―― ………… 101, 108, 118
　女性の―― ……… 119, 163, 292, 295
　全体論としての―― ……… **283, 336**
　縦(垂直)の―― ………………… 8
　段階間の―― …………………… 217
　段階内の―― …………………… 217
　男性の―― ………… 119, 292
　知能の―― …………………… 193
　長期記憶の―― ………………… 64
　無意識の―― ………………… **344**
　横(水平)の―― ………… 10, 116

　――の定義 …………………… **4**
発達課題
　家族の―― …………………… 331
　女性の―― ………… 292, 296
　男性の―― …………………… 292
発達心理療法 …………………… **2**
　――と無意識 ………………… **344**
　――の技法 …………………… 112
　――の志向 …………………… 11
　――の定義 …………………… 3
　――のマイクロ的分析 ……… **252**
　――のモデル ………… 26, 336
発達段階
　エリクソンの―― ………… 9, 338
　クライエントの―― …… **84**, 90, **111**
　ピアジェの―― ……… 9, 13, 83, **87**,
　　104, 338
　マスターソンの―― ……… 104, 338
発達モデル …………………… **6**
　意識の―― …………………… 25
　エリクソンの―― ………… 9, 338
　階層的・線形―― ……………… 6
　球形―― ………………… 26, 284
　ギリガンの―― …………… 7, **291**
　グレゴルクの―― …………… **306**
　ケーガンの―― ………………… 7
　コールバーグの―― …………… 6
　自我の―― ……………………… 6
　知的・倫理的―― ……………… 6
　道徳性の―― …………………… 6
　認知の―― …………………… **215**
　ハーシィとブランチャード
　　の―― …………………… 221

ハーレイの—— …………332
ピアジェの—— …………13,338
プラトーの—— …………13
フロイトの—— …………338
ペリーの—— …………6
マスターソンの—— …………338
螺旋形—— …………6
レービンガー，ウェスラー，レッドモアの—— …………6
発達理論 …………**8**,291
発達レベル
　——と治療スタイル …**150**,**154**,**160**
　——の評価 ………**172**,176,178,180
話す療法 …………69,355
パールズ …………92,109
　——のゲシュタルト療法 ………121
ハーレイ …………331
バロウ …………18,163
反映的抽象 …………196

ピアジェ …8,19,46,87,**192**,**195**,219
　——による批判 …………116
　——のコップの実験 ………95,204
ピカソ …………126
ピスティス …………15,379
ヒステリー …………69

ファース …………48,86
フィードバック …………42
フェミニスト療法 …18,22,127,163,218,302
福原 …………270
プラトー …………13,283,327,375

——の『饗宴』 …………327
　——の精神の状態 …………14
　——の『ほら穴の寓話』 ………376
フランクル …………71
ブランチャード …………221,238
ブルメンタール …………57,61,63
フレミング …………332
ブレンターノ …………288
ブロイアー …………69,355
フロイト …………62,298,328,364
　——の意識のメカニズム ……62,63
　——の発達モデル …………338
　——の燃える子供の夢 ………364
プロティノス …………290,381
分析心理学 …………50
分離と愛着 …104,271,286,298,**329**,332,337
　過剰な愛着 …………104,269,286
　母親からの分離 ………104,287,297

ヘーゲル …………128
ベック …………97,159,303
　——の3ステップモデル ………158
ペリー …………6
ベル・イーク …………197,199
変換過程 …………**218**
弁証法 …17,**18**,22,**23**,**125**,127,160,195,**197**
　感情の—— …………**117**
　治療の—— ……**19**,99,130,**243**,**247**
　人間と環境の—— …………196
　反映的抽象の—— …………196
　2人の子供の—— ………19,195

索　引　*405*

２人の人間の── **244**
ヘーゲルの── 128,129
メタ状況の── 169
欲望の── 299
──の定義 247
弁証法的思考 175
弁証法的段階 217
弁証療法 163

防衛機制 212,348
ボウエン 169
ボウルビィ 329
ポ　オ 142
ポスト形式的操作 125,127
ポスト形式的操作思考 217
保　存 103
ピアジェのコップの実験 95
数の── 100
関係の── 105
知識の── 95
──の欠如 95
──の複雑性 100
ホメオスタシス 70
『ほら穴の寓話』 376

ま　行

マイクロ技法 253
マイヘンバウム 97,303
マスターソン 104,123,270,288,329
──の境界人格 104,329
マホーニー 346,353
マーラット 226,230

ミュラー 198

無意識 248,344,352,354
ラカンの── 286
──の概念 345
──の発達 344

瞑　想 300
面　接
──効果の維持 **225**
──内容の評価 252
──での情報処理モデル 57
──の文化的背景 177,340
──の歴史的背景 340
面接技法 **111,112**,205
面接事例 1
アイビィ(アレン)の── 94
アイビィ(メアリー)の── 253,360
パールズの── 92
バロウの── 163
福原の── 271
ロジャーズの── 93,120

や　行

役割演技 35

夢 94,364

ら 行

ライフサイクル ……………………**331**,338

ラカン ………126,166,**296**,310,312,
340,355
──の意識批判 ……………………351
──の自我心理学批判 ………166,
310,351
──のZダイアグラム …………343
──の「他者の話」 ……………290
──の正しい距離 ………………168
──の「話の途中」 ……………296
──の「四つの話」モデル ……**296**

リーブズ ……………………………83

ルシエンヌ ……………………195,219

ルリア …………………………………161

レービンガー ……………………………6
レッドモア ……………………………6

ロウエン ……………………94,121,224
ロゴセラピー ………………109,159
ロジャー ……………………………91
ロジャーズ ………40,49,93,157,208
──の鏡映法 ………………………40
ロ ブ ………………………………162
ローレンツ ……………………………43
論理主義 ……………………………51,157

わ 行

ワインシュタイン ……………………177
ワズワース ……………………………67

新装版にあたって

　本書の初版が発行されたのは 1991 年である。当時は本書の「発達心理療法」のような心理療法は，日本ではとくに受け入れる素地がまだなかったようだ。発達といえば，心理学には伝統的な発達心理学のジャンルがあり，「発達」という考え方がカウンセリングや心理療法に結びつくことなど想定できなかったのであろう。原著者のアイビイ博士は一足早くそれを成し遂げた。

　人間はそもそもマルティカルチュラル（多重文化）的存在であるゆえにその精神的発達段階はそれぞれユニークである。そのような人間にかかわるには，適切なアプローチが必要となる。ここではマイクロカウンセリング技法が功を奏するのである。このような視点で，本書にはマイクロカウンセリングの神髄が凝集されている。一見難解であるが，今やマイクロカウンセリングになじんだ読者には，いちいち納得のゆくものであると考える。

　人間の発達に密接に関連する生理的レベルの介入に関する検証が，近年心理学者の間でも関心を持たれてきている。いわゆるニューロサイエンスの登場により刺激されたものであり，脳波や fMRI など基本的には医療機器を用いての実験研究も行われている。

　それに先んじ福原は 1980 年頃から，"ニューロカウンセリング"と称して生理的レベルに視点をおきながらも，心理学の範疇で有効なカウンセリング／サイコセラピイの理論と実践の統合をこころみるべく，実験的研究を続けている。最近では，アイビイ博士ら米国における研究者グループが，サイコセラピイにおける brain-based counseling の検証・理論構築に励んでいる。実際アイビイ博士のマイクロカウンセリングテキスト "*Basic Attending Skills*"新版には，脳機能とクライエントの問題解決（発達的変化）に介入するマイクロ技法の関連を考える材料を提供している。

　これらをふまえて，あらためて本書を紐解くと，これが現代のカウンセリング／サイコセラピイに新たなそして重要な概念を提供してくれていることに気づく。本書は，人間の発達について，そしてその援助について考える手がかりとなる。Scientist-Practitioner と名乗る援助の専門家には必読の書と考える。

　2019 年 2 月 10 日

福原眞知子

本書は，1991年7月に丸善株式会社より出版された同名書籍を
再出版したものです。

発達心理療法 新装版
実践と一体化したカウンセリング理論

2019年2月28日　第1刷発行

訳　者　　福原眞知子
　　　　　仁科弥生
発行者　　中村裕二
発行所　　(有) 川島書店
　　　　　〒165-0026
　　　　　東京都中野区新井2-16-7
　　　　　電話 03-3388-5065
　　　　　(営業・編集) 電話 048-286-9001
　　　　　FAX 048-287-6070

© 2019
Printed in Japan

印刷・製本　(株)シナノ

落丁・乱丁本はお取替いたします　　振替・00170-5-34102
＊定価はカバーに表示してあります
ISBN978-4-7610-0934-2 C3011